図説—西欧の修道院建築

ヴォルフガング・ブラウンフェルス

［図説］
西欧の修道院建築

渡辺 鴻 訳

Abendländische Klosterbaukunst

八坂書房

Wolfgang Braunfels
Abendländische Klosterbaukunst
Verlag M. DuMont Schauberg, Köln, 1969

序

この書は、アーヘン工科大学建築学科における一九六四年度の講義から生まれたものである。私はこの問題について、個別的にはすでに三十年以上も前から関心をもっていた。それは私の学生時代にまで遡るものである。そしてこの研究課題は、ミュンヘン大学美術史学科における一九六六年度の演習用テキストに拡大された。その際私は多数の学徒諸君から、構想、判断、考証など、いろいろな形で一貫した援助を得ることができた。

この書を記すにあたってもっとも心を砕いたのは、いかにして対象を選択するかということであった。すなわちこの広範な対象領域を概観するのは、とうていこの叢書の枠では不可能であり、事実この枠にはおさまりきらなかったのである。元来西ヨーロッパにおいては、五世紀から十八世紀にかけて、ほぼ四万にも及ぶ修道院が存在した。そして私のみるところでは、少なくともその中の五千については、なんらかの建築形式が把握できると考えられる。このように豊富な作例の中から対象を選択する場合には、どうしてもある種の偶然性に頼らざるをえない。事実が豊富であるということは、厳密な分類原理を必要とする歴史学にとっては、けっして有利なことではない。またクリュニーやモン・サン・ミシェルやアッシジのサン・フランチェスコやエスコリアルなどのように、すでに浩瀚なしかも相矛盾する研究が発表されている建築複合体について、きわめて簡単な記述しかできなかったことについては、当然批判が出るであろう。さらにまた、周知のしかも重要な事実を記述するために、未知の個別的事実を割愛せざるをえなかったことについては、多くの心残りがある。これらの個別的事実は、また別の機会に改めて報告することになるであろう。

この書は、修道会とその生活形式を問うことから始まる。修道会は戒律によって精神と生活の形式を規定し、修道院建築は、いかにその時代の芸術的影響を受けようとも、つねにこれに対応するものでなければならなかった。内面的形式は外面的形式として視覚化されればければならなかった。各修道会は、それぞれ時代の流れの中において、あたかも芸術形式のように、指導性を発揮した。新しい修道会は新しい指導使命をもつとともに、新しい生活形式と新しい信仰形式を確立した。そしてこの信仰形式は、建築と図像に反映したのである。よき修道院は、いずれもまず戒律生活を実施するための建築複合体を建設し、ついでそれを合理化し、最後にそれを象徴化するのである。修道院は、地上の幸福も天上の至福もすべて神の国の原理に従って建設された区域においてのみ実現されうる、という信仰に基づいて、芸術的に整備されたのである。よき修道院は、いずれも神の国 Civitas Dei を具現することに努力した。これはバロックの豪華な貴族修道院にもあてはまることである。

修道院は、いずれの時代においても、聖堂の建築に大いなる努力を傾けた。この書は修道院建築という標題をとってはいるが、それは修道院聖堂を無視したり、あるいはこれが修道院建築の配置形式に影響を及ぼしたという面からのみ、記述するということではない。大修道院が都市に比定される場合には――第八章はこのような標題になるのであるが――その聖堂は都市計画上の重点になるのである。しかしながらこの書は、あくまで狭義の修道院建築、すなわち修道士や修道会員や女子修道会員が生活している建造物と空間を中心に考察することになる。この書は、各修道会がそれぞれの形で理想化したあの共同生活 Vita communis が展開された空間の形成原理を探るのが、目的なのである。

ここではまた、巻末に付した文書資料の選択方法について一言述べておけなければならない。各修道会の戒律は、また中世の著作者は、修道院建築の規則については一言も触れていない。これらの文書には、あくまで個別的に指示や規制が示されているだけであって、ごく稀に建築複合体についての記述があり、そこにある種の原型が認められるという程度である（文書VI）。彼らは、つねに建築作品の内部で実施される生活を問題にしていたのであって、けっして建築作品そのものを問題にしていたのではなかった。また、ここでは確かにいくつかの文書を抜萃することができたが、元来修道院建築に関しては、たとえ当時その必要性が了解されていたとしても、とうてい文書として残すだけの価値があるものとはみなされていなかった、という事実が認識されなければならない。これらの文書は、あくまで偶然に、また副次的に、建築活動や建築規制について記しているだけである。要するに、これらの報告はほとんどすべて教化や指導のための著作物の中に見出されるのである。しかしながら、またこれらの修道院の建設者は、現在のわれわれと同様に、建築構造上の美について明確な自覚をもっていた。修道士は彼らの建造物を愛していた。しかし、彼らはそれについては語らなかった。建築計画、新築、改築は、けっして修道士の本来の目的を妨げてはならなかった。クレルヴォーの改築が必要になった時に、数名の修道士は聖ベルナルドゥスに請うて、暫くの間天上から地上へ降りてきて、この改築について耳を傾けて下さいと申し出ている（文書XII）。この時、あの古典的なシトー会修道院が成立したのである。修道院建築というものは、オディローのクリュニーやベルナルドゥスのクレルヴォーやグィーゴーのシャルトリューズのように、あくまで修道指導の目的で計画された中から、最高の傑作が生み出されたのであった。

W・ブラウンフェルス

図説―西欧の修道院建築

目次

第一章　修道会戒律と建築計画

ベネディクト会修道院あるいはシトー会修道院を訪れる者は、建築における形式、静寂、謙譲、厳格、禁欲、神の平和などについて知る歓びを覚え、それはやがて建築芸術全体の条件についての認識にまで発展する。ここでは、修道院建築というものが、すべて修道会戒律の制約を受けていることが理解されるのである。大建築は、つねに情熱的な、また一貫した生活態度を前提として、はじめて可能となるものであった。このような建築について考察する場合に、もしこの建築形式の独自性と必然性の根源となった生活態度についての知識がなければ、その試みは必ずや不可能となるであろう。ギリシャの敬虔性についての知識がなければドーリア式神殿の意義が理解できないのと同様に、修道会戒律と修道士の理想を知らなければ、西ヨーロッパの修道院建築を正しく理解することはできないのである。

シトー会修道院複合体の静寂区域を訪れる者は、あるいはまた雪中の廃墟や森林の中に放棄された聖堂内陣やピレネー山中の岩山の修道院をみつけた者は、つねにある種の感動に襲われる。ここでは石の厳粛さが、石の静寂が、石の尊厳が語りかけてくるのである。人は、このような建築を生み出した無限の自己犠牲に対して、つねにある種の憧憬を抱かずにはいられない。それは、世俗を捨て孤独の地に共同生活をいとなみ、そこにおいて日々、神についての不断の瞑想と不断の讃美によって、自らを放棄しつつ自らを獲得するという至高の真実による独自の意義と尖鋭な理想を実現することである。修道院に対する憧憬は、仏教、イスラム教、ギリシャ教会、ラテン教会など、多くの宗教にみられる現象である。修道思想とは、人間の一つの偉大な生き方を示すものである。厳しい精神をもった人々は、つねにこの思想を、その時代と文化段階に適応した形式のものにしてきた。東方教会とは異なって、西方教会においては各世紀ごとに新しい修道会が成立して、あたかも芸術形式のようにその時代を指導した。遁世者さえもがその時代から遁れることはできなかった。このようにしてクリュニー会とシトー会は、ロマネスクを確立したのである。クリュニー修道院長の権威や聖ベルナルドゥスの禁欲修道は、一つの典型であった。またフランシスコ会とドミニコ会は、それぞれ抒情詩と論理におけるゴシック形式を確立した。イエズス会の建築はマニエリスムの新形式を生み出し、また十七世紀、十八世紀の貴族修道院はバロックの新世界観を決定した。修道院は、戒律の意義を、それぞれの時代の変化に即応して解釈したのである。

このようにして今日までに、無数の修道会が成立し、無数の戒律が伝えられた。修道士は、同僚のために生活戒律を著わすかもしくはそれを改善することによって、はじめて修道指導者となることができた。戒律こそ、中世における指導的努力の頂点を示すものであった。その中でもとくに五つの規則集が重要である。すなわち、聖バシレイオスの戒律は東方教会におけるほとんどすべての修道士の生活を規定し、聖アウグスティヌス、聖ベネディクトゥスの戒律、聖フランシスクスの会則は西方教会におけるすべての規律の模範になり、最後にイエズス会の会憲はイグナティウス・デ・ロヨラが繰り返し改善して、一五五六年に彼が歿した際にはじめて完全なものになったのである。一方また、カルトゥジオ会の規則は特殊な発展をとげた。これらの戒律はいろいろに解釈され、またいろいろ補足された。いくつかの修道院は習慣規則 consuetudines を確立し、戒律を解釈して後世の生活に適応させた。このように強化と緩和が交互に繰り返される中にあって、結局はつねに厳格な修道会だけが生き残ることができた。トラピスト会はその好例である。戒律なくしては修道院は存在することができない。戒律の精神は修道士の生活形式を規定するとともに、また彼らの芸術を規定した。しかしながらわれわれは、修道士の清貧義務とその修道院を視覚的に秩序づけ芸術的に整備したいという希いが、修道会の歴史の中で、つねに新たに矛盾対立を生み出した事実を、繰り返し示すことになるであろう。多くの修道院において造形的意志の方が立ち勝っていなかったならば、この書は成立しえなかったであろう。

ギリシャ教会の修道士は、聖バシレイオスの戒律に従って生活し、大規模な修道院複合体を建設した。それは修道院という村落であり、修道院という都市であった。さらにまたエジプトのテーバイのように、修道院が一つの州を形成するものがあり、またアトス山のように、修道院が一つの国家を形成するものもあった。しかしながら、東方教会は、修道院の模範形式を発展させることはできなかった。アトスを訪れる人は、未踏地や隔離地や牧歌的な隠蔽地や、あるいはほとんど登攀不能とさえ思われるような山頂が、修道士の状況克服への意志を誘っているのをみるであろう。ギリシャ的な個人主義は、つねに同一の建築形式と装飾形式が繰り返し結合される中にあって、依然として変わることがなかった。このようなわけで、修道院の純建築的な配置形式は、ラテン的な秩序感覚によって発展させられたのである。七世紀末期からはベネディクト会の修道院長は、その修道院を、戒律を完全に実施するための施設にした。このようにして厳格な伝統が確立された。この同一の命題は数世紀にわたって拡充され、あるいはライヘナウのように湖中の半島の隠蔽された平地において、あるいはまたモン・サン・ミシェルのように海上の急峻な円錐形の山上において、それぞれの場所に適した形式で実施されたのである。

西方教会の修道院の基礎をなす聖ベネディクトゥスの戒律の第六十六章の規定は、東方教会のバシレイオス修道院にもあてはまる。すなわち「修道院は、できることならばすべての必要な設備、すなわち水路や粉挽所や庭園や仕事場をその周壁の中にそなえていることが望ましい」(文書I、第六十六章)のである。アトス山上においてもまた自給自足の生活が行なわれた。修道院はすべて静寂が義務づけられていた。バシレイオスは修道士が手仕事に従事することを命じたが、同時にそれが騒音の原因になることを警めた。初期のバシレイオス修道院は、ベネディクト会修道院とは異なって、修道士や修道女がそれぞれの小屋や小亭や洞窟で生活した。これは、エジプト、シリア、スペイン、アイルランドなどの初期の修道院においても同様であった。彼らは、共同礼拝と共同会食の時刻に、その修道院や都市の各区域から中心の場所に急ぎ参集したのである。修道士は求心的に参集し、遠心的に離散した。これに対してベネディクト会修道院においてはすべてが共同で運営された。彼らは、ともに就寝し、ともに礼拝し、ともに読書し、ともに会食し、またできるかぎりともに労働した。またここでは、修道士が参集離散する代わりに、厳格に定められた聖務日課に従って修道院区域の中で行進礼が行なわれた。この行進路をできるだけ短縮しようという要求が、ベネディクト会修道院の配置形式を完成させたのである。ベネディクト会修道院の中心をなす回廊が北ヨーロッパにおいてはじめて最終的に決定されたという見解は、北ヨーロッパにおいては気まぐれな天候に対してこの行進路を確保しておく必要があったからである、という理由によってこそ、はじめて支持されるであろう。このことは、たとえばカロリング朝時代のサン・リキエすなわちケントゥーラのように、特別な礼拝や連禱を実施するためにこの行進路をあえて長くとっている例をみても、肯けるであろう。

聖ベネディクトゥスの戒律は、修道院に必要な建造物を数多くあげているが(文書I)、実際の建築や芸術については一言も触れていない。これらの戒律はあくまで修道士の生活を、すなわち聖務日課、礼拝、労働、食事、衣服から、相互の態度、上位者、世俗、女性、所有、金銭、名誉に対する態度を規定しているだけである。しかしながら、この戒律の精神について考察するということは——多くの修道会規則はこの戒律の精神についての瞑想に献げられている——実は、戒律の定める聖務日課を正しく実施するための最良の外枠について考察することにつながっている。後の教会会議はさらに多くの個別的規則を付加していった。完全なる修道生活は、完全なる修道院を要求した。修道院共同体は、つねに新たに建築の完全なる機能を追求した。軍事的建築を除外すれば、中世の世俗建築のいかなる分野においても、かくも明確に機能と形式の対応が考慮されたものはない。このようにして修道院は、聖堂とは別途に、純粋な理想主義と厳格な機能主義を結合する一個の世俗芸術に発展するのである。

すでに述べたように、ギリシャやアイルランド・ケルトの修道制は、ラテン的修道制とは異なっていた。聖バシレイオスの戒律や聖コルンバヌスの戒律は、修道士のための戒律であった。そこには修道士個人に対する規則と警告があった。聖コルンバヌスはその思想を贖罪の形式で、すなわち考えられうるすべての過失に対する罰則の形式で、アイルランド的な禁欲希求の記念碑にしたのである。これに対して、聖ベネディクトゥスの戒律は修道院長のための戒律である。これは修道院長や修道指導者のあり方を規定したものであり、その指導施設を規定したものである。東方教会においては修道士が木や石で自らの小屋を建設し庭園を管理するという牧歌的風景を展開したのに対して、西方教会においては修道院長がすべてを判断し決定し、その命令によって実施した。建築史のいかなる分野においても、建築依頼者がかくも厳しく建築家を支配し、またしばしば修道院長自身が建築家として活動したという例をみることはできない。ザンクト・ガレンの理想的平面図においては、薬草園についてまでも規定しているのである(七六頁参照)。ヒルデスハイムのザンクト・ミハエルやパリ郊外のサン・ドニなど、ベネディクト会修道院が計画される場合、司教ベルンヴァルトや修道院長スゲリウスは自ら建築家として活動した。建築は彼らの義務の一つであった。彼らには義務として設計上の構想力が要求されたのである。修道院は結局は彼らの作品であり文字どおり彼ら修道院長 abbas の修道院 abbatia であった。そしてまた戒律には、修道士の芸術的自己意識を規制する規則があった。「修道院において手仕事に従事する者は、修道院長の許可を受けて、あくまで謙譲な心で仕事に従事しなければならない。もし自分はこの手仕事によって修道院に役立っていると考える者があれば、この者にはただちに仕事を止めさせなければならない。そしてこの者は、謙譲の心を示し、修道院長から再度許可を受けた後において、はじめてこの仕事を続けることができる」（文書I、第五十七章）のである。

聖バシレイオスは時禱の反復を規定した。聖アウグスティヌスの戒律は、時禱を時間ごとに厳格に配分した。聖ベネディクトゥスは、さらにこれを完全なものにした。一日の日課は、礼拝、読書、労働、食事、瞑想、睡眠の時間に区分された。これらの日課の多くは、戒律によって定められた建造物において実施されなければならなかった。聖務日課の時間は聖務日課の空間に対応すべきものであり、その厳密な対応に基づいてはじめて完全な姿の修道院建築が成立することになるのである。すべての日課はそれに対応する空間において実施されるべきであり、その空間はけっして他の目的に使用されるべきではなかった。睡眠、食事、労働、瞑想、沐浴、談話は、それぞれ規定された場所で行なわれなければならなかった。

戒律についての考察は、各建造物に、それぞれの地位に応じた形式を賦与した。修道院聖堂 ecclecia monasterii はすなわち神の家であり、また福音書が朗読される場所であり、修道院の中でとくに壮大で豪華で支配的な建造物でなければならなかった。修道院が一つのよく整備された仕事場に比定されるかぎり（文書I、第四章）、聖堂は、この仕事場で生産される作品ともいうべき礼拝が、神に献げられる場所であった。この戒律は、合誦や朗読の際の音の間違いや読み違いに対して厳しい罰則を課しているが（文書I、第四十五章）、それはこの修道院で生産される作品ともいうべき礼拝に、絶対の完全性が要求されたからにほかならない。そしてまた聖務日課の中で修道院区域を巡回する永い行進礼も、これと同様の権威と完全性が要求され、食事や洗濯や労働にもより高い威儀が賦与され、それぞれ象徴的に救済過程に対応させられた。そしてこの象徴性は、建築作品としてまた芸術作品として、実現されることになるのである。

戒律は、聖書に次ぐ、もっとも重要な修道的瞑想の対象であった。修道士はこの戒律を熱心に、すなわち日々、この同じ文章を反復して講読しなければならなかった。戒律の簡素さと明快さと秩序は、修道士の生活態度を規定するものであった。修道院聖堂が、礼拝と聖書講読のための場所として、より豪華に芸術的に整備されるようになると、やがてまた修道士が共同で戒律書を講読するための第二の地位の空間が必要になった。十一世紀以後には、ほとんどすべてのベネディクト会修道院が、集会室 capitulum をそなえるようになった。この集会室という名称は、ここで講読される戒律の章 capitulum という言葉から出たものである。集会室は、聖堂に次いで豪華に整備されるのがつねであり、それは十五世紀のフランシスコ会およびドミニコ会修道院において頂点に達するのである。修道士や修道院援助者の中で聖堂に埋葬される権利のない者は、この集会室に埋葬されることを望んだ。この集会室は、豪華さの点でもまた設備の点でも、まさしく聖と俗の中間にある建造物ということができる。またこの集会室は次第に発達して礼拝堂になった。ブルネレスキの手になるパッツィ礼拝堂は、実は集会室だったのである。

聖アウグスティヌスは命じている。「おんみらは食卓についたならば再度ここから立ち上がるまでざわめきと諍いを却けて規定の朗読に耳をかたむけよ。おんみらはただ口に食物を求めるだけではなく、耳に神の御言葉を求めなければならないからである」。この規定はベネディクト会によって採用され、食事そのものが救済過程に対応するものとされた。すでに早くから、食事は最後の晩餐の秘蹟に比定されていたのである。このようなわけで、大食堂 refectorium は修道院建造物における第三の地位を獲得し、キリストと十二使徒がいままさにここに在すという壁画の伝統が生まれ、レオナルドによるミラノのドミニコ会修道院サンタ・マリア・デッレ・グラツィエの大食堂の壁画において頂点に達するのである。しかしながら修道士が洗手する噴泉 lavabo も、瞑想し読書する回廊 claustra も、大寝室 domitorium も、これらはすべて形式の上からも設備の上からも、また柱頭や窓や絵画や舗床さえもが、福音を視覚的に表現するものであった。さらにまた、よき修道院が外来者の接待や病者の看護にどのような意義を見出していたかということを考えれば、ザンクト・ガレンの平面図やクリュニーにおいて宿泊所や病室がとくに豪華に整備された理由が判るのである。

ベネディクトゥスは、戒律の第三十一章において、修道院の経営者というべき総務長（貯蔵庫管理者 cellerarius）の義務について述べている。「この者は、修道院におけるすべての道具や品物を、聖具と同様に慎重に扱わなければならない。かかるものは、けっして疎略に扱ってはならない」（文書Ⅰ、第三十一章）のである。この規定は、よき修道院は、家具や道具を完備すべきであるという主張の根拠になった。ここにおいて修道士は、日常的な事物をも、それが修道院に所属するという理由で、聖別化されたものとして扱うように義務づけられたのである。これらの事物に対する倫理的な態度は、同時にまた、これらのものを美しく整備しようという態度につながっていた。

これよりもほぼ一世紀前に定められた聖アウグスティヌスの戒律の場合と同様に、聖ベネディクトゥスの戒律の中心をなすものは、日々の礼拝についての規定である。修道士は、「日に七度われおんみを讃えん」という章句を詩篇、第一一九の中に見い出すのである。彼らは早暁より薄明に到るまで、日に七度礼拝のために参集した。ベネディクトゥスはまた週の日と安息日の、冬の月と夏の月の、そして四旬節の礼拝を時間ごとに厳格に規定した（文献12、一六八―一七三頁）。この規則は実に千年以上にわたって遵守されたのである。早朝時課から最終時課までの時禱日課は、ダヴィデの詩篇が中心になっていた。この詩篇は人類の最古の歌誦の一つである。その中の幾つかは、すでに王の讃歌としてファラオの前で歌われた。詩篇そのものが、すでに千年の歴史をもっていたのである。ベネディクトゥスは、少なくとも一週間にこの詩篇百五十篇全部が詠誦されなければならないとしている。その多くは日々の共同礼拝において詠誦され、少なくともその十四篇は起床後の第一時課で詠誦され、二篇ないし三篇は薄明の中で詠誦されなければならなかった。戒律の厳粛で簡素で謙譲で明快な性格とともに、詩篇作者の情熱的でまたしばしば昏さをもった神との不断の対話における希いと嘆きこそ、修道生活の精神を規定するものであった。そのあるものは嘆きの歌であり、またあるものは歓びの歌であった。

彼らは悔恨と屈辱の深淵から、神によって選ばれ、護られ、救われ、他に勝れるものとして高きところに上るのである。

戒律と詩篇は、西方教会の修道精神の姿勢、思考、感覚、空想を規定する二つの極点である。そしてこれはまた広般な修道院芸術の根源でもある。神との対話という東方の最高度に情熱的な作品は、戒律というローマ的な最高度に厳格な規律精神と結合して、修道院における典礼となり、その寂漠の中にただ讃美歌のみが高く響くのであった。なにがゆえにといずこにおいては戒律が規定し、なにをといかには詩篇が規定した。そして建築家は、この二つのものに対応する空間を創造することを、自らの義務としたのである。

第二章　出発点

紀元五二九年、ウンブリアのヌルシア出身の隠修士ベネディクトゥス（四八〇頃―五五三以前）は、ローマからナポリに通じる古代の軍道にそったモンテ・カシーノ山上に修道院を設立し、ここで修道士は厳格な戒律に従って生活することになった。この紀元五二九年という年は、また皇帝ユスティニアヌスがアテネの智恵の学園を閉鎖させた年でもある。いまや人類の精神史の一頁がめくられたのである。アカデメイアに代わって、修道院が登場した。そしてこの修道院はアカデメイアの課題を引き継ぐことになった。修道院は中世の教育施設になるのである。モンテ・カシーノは一つの伝統の出発点であった。そしてこれはまた、三世紀以上も続いた一つの伝統の終着点でもあった。

エジプトの隠修士および修道士

キリスト教のもっとも初期の時代からすでに隠修士 anachoretes すなわち自己を聖別化するためにすべての

人間共同体を遁れた修道者がいた。キリスト教以外の多数の宗教においてもまた、旧約のユダヤ教をはじめとして、偉大な修道思想が示されている。一切を放棄し、神についての無限の瞑想にひたり、極端な禁欲修道のために自己の生存そのものをも危うくするような生活条件を受け入れ、荒野に遁れ、山峡に身を隠し、島の海ぞいの断崖に限りない孤独の生活を求め、あるいはまたローマ時代の円柱の柱頭に昼は太陽を夜は寒気をあびて数十年間も立ち続け、あるいはまた薄暗い湿った壁の中に閉じこもりたいといったいろいろな希いは中世全期にわたって存在し、個別的には十九世紀まで存在し、またインドでは今日でも存在しているのである。これはいずれも、希求する彼岸と神との直接の対話を此岸において実現し、自己を放棄しつつ自己を確立しようとしたものにほかならない。このようにして極端に排他的な孤独生活が行なわれた。柱上修道はその一例である。この柱上においては修道士は孤独そのものであり、天国にもっとも近い位置にあり、いずれにもまして自らの周囲に天国を感じとることができた。十一世紀にトリーアを訪れたシリア人シメオンは、ローマ人によって建てられたポルタ・ニグラの不動の巨石をみて、この中で生涯を終りたいという希いを抑えることができなくなった。ゲルマンの侵入に対する武力誇示のために積み上げられた巨石は、この隠修士によって中世的に解釈されたのである。この巨石は、聖者と神との不断の対話を世俗から明瞭にかつ有効に保護したのであった。ポンテ・アッレ・グラーツィエの橋上に個室をおいて、人々の行き交う傍に閉じこもって瞑想にふけった隠修女は、これまた中世フィレンツェの一風景である。十三世紀から十四世紀にかけてこの志願者は絶えることがなく、その祈禱は、神がつねに都市共同体の運命に参加されるのを保証すると信ぜられた。

隠修生活と世俗からの逃避は修道の根源である。これは流行病的性格をもつものであった。聖アントニオスはほぼ三〇五年頃率先して隠修活動を開始し、その後ほぼ二十年間ナイル東岸の荒野に隠修生活をおくった。四世紀末期には、五千名に及ぶ後継者がエジプトのニトリア山(今日のワァディ・ナトローン)の麓に、ある者は個人でまたある者は小集団を組んで厳格な禁欲生活をいとなんでいたとされる。彼らの日常生活は記録や伝説や図像によって伝えられ、またその原始的信仰と苦行の記録が伝えられた。牧歌的な隠修生活は古代世界の一つの理想であった。後には、この隠修士の徳を慕って多くの弟子がその居屋の周囲に居住した。しばしばこのような居住地が修道院に発展した。共同生活はより高度の形式を必要としたのである。この共同生活形式は、修道活動の第二の基礎になった。そしてこのような生活形式が修道会を成立させることになるのである。

エジプト人パコミオスは、ほぼ三二〇年頃デンデラーの対岸のタベンニシ近傍に修道院を設立して、修道士たちに、ともに祈りともに労働しともに食事する生活を命じた最初の人物と考えられている。ここでは修道士はすべて読み書きを学ばなければならなかった。三四六年パコミオスが歿した際には、すでにエジプト全土に九つの大修道院と二つの女子修道院が設立されていた。それは村落に似たもので、修道士や修道女はそれぞれ独自の居室に住み、この居住地の中心に共同の大食堂と共同礼拝のための一つないし若干の礼拝堂が設置されていた。今日偶然にも、すでにパコミオスの時代にこれに似たエジプト修道士の居住地がローマに設立されていたという記録が残されている。またアンブロシウスとその妹マルケリーナは、ミラノ郊外の領地にこれに似た修道院村落を設立した。

大バシレイオス

大バシレイオス（三三〇頃―三七九）は、東方教会の修道思想の概括的形式を確立した人物である。彼は弟のニュッサのグレゴリオスおよびセバスティアのペトロス、姉のマクリネとともに、さらにまた友人であるナジアンゾスのグレゴリオスとともに、小アジア教会の革新に重要な役割をはたした。東方教会の修道思想は根源においてバシレイオス的である。彼は詳細な戒律を書き下した最初の人物であり、そこには後のベネディクト的修道思想の特徴になるものがすでに数多く現われている。このすぐれた指導者が定めた長短二つの戒律は、後のすべての戒律の基礎になった。彼はここで義務の順位、すなわち夜半から始まる永い時禱、沈黙、節制、謙譲、服従、労働、共同生活の優先などを示し、また信仰と隣人愛について示している。バシレイオスはまた、聖務日課、すなわち礼拝、労働、聖書講読などの時間を区分した最初の人物であった。修道士はすべて世俗の中に、すなわち所有欲や高慢さや肉欲の中に完全なる生活の妨げになるものを見出してそこから遁れようとするものであるのに対して、バシレイオスは断乎として修道士が世俗の中でまた世俗のために活動することを要求した。バシレイオス修道院は孤児院、病院、癩病院とともに、貧者のための授産施設を保有していた。修道士は社会活動を行なった。このようにして巨大な修道院が成立し、その大規模な建造物の中には、たとえば修道院と世俗世界を遮断する周壁のように、後の西方教会の修道院建築の原型になるものが数多くあった。しかしながら、ここではまだ修道会は成立しなかった。バシレイオスはあくまで個々の修道院と修道士について関心を示しているにすぎない。またカッパドキアの聖サバス（四三九—五三二）の影響の下に、この戒律の枠の中で、修道士が散修居屋 laura で生活することを再認した新しい生活形式が、とくにパレスティナにおいて成立した。このサバスの定式書 typikon は、後にストゥディオスとアトスの戒律の基礎となって、ビザンツのほとんどすべての修道院生活を律することになるのである。

いまここに二つのバシレイオス修道院の配置形式を再現してみよう。これはバシレイオス修道院の形式を説明するためではなく、後のベネディクト会修道院の配置形式と比較するために必要なのである。この二つの修道院は、ともにアトス山の修道院共和国に属し、またこれらは中世後期の形式に依拠したものであった（この図式は、発掘古美術学的にみて、かならずしもすべて正当ではない）。図1は、聖ラウラ修道院の平面図を図式的に再現したものである。中心には回廊があり［5］、さらにその中央には小さな修道院聖堂［4］がある。そしてその周囲に修道院建造物が配置されている。また聖堂の前面には噴泉［6］がある。大食堂［7］は聖堂より大きなきわめて特異な三翼形式の建造物であり、聖堂側に入口柱廊がついている。これは最大の建造物である。つまり、これは聖堂と並ぶまた聖堂に次ぐ唯一の共同空間であり、ここに修道士は食事の時刻に規則正しく参集したの

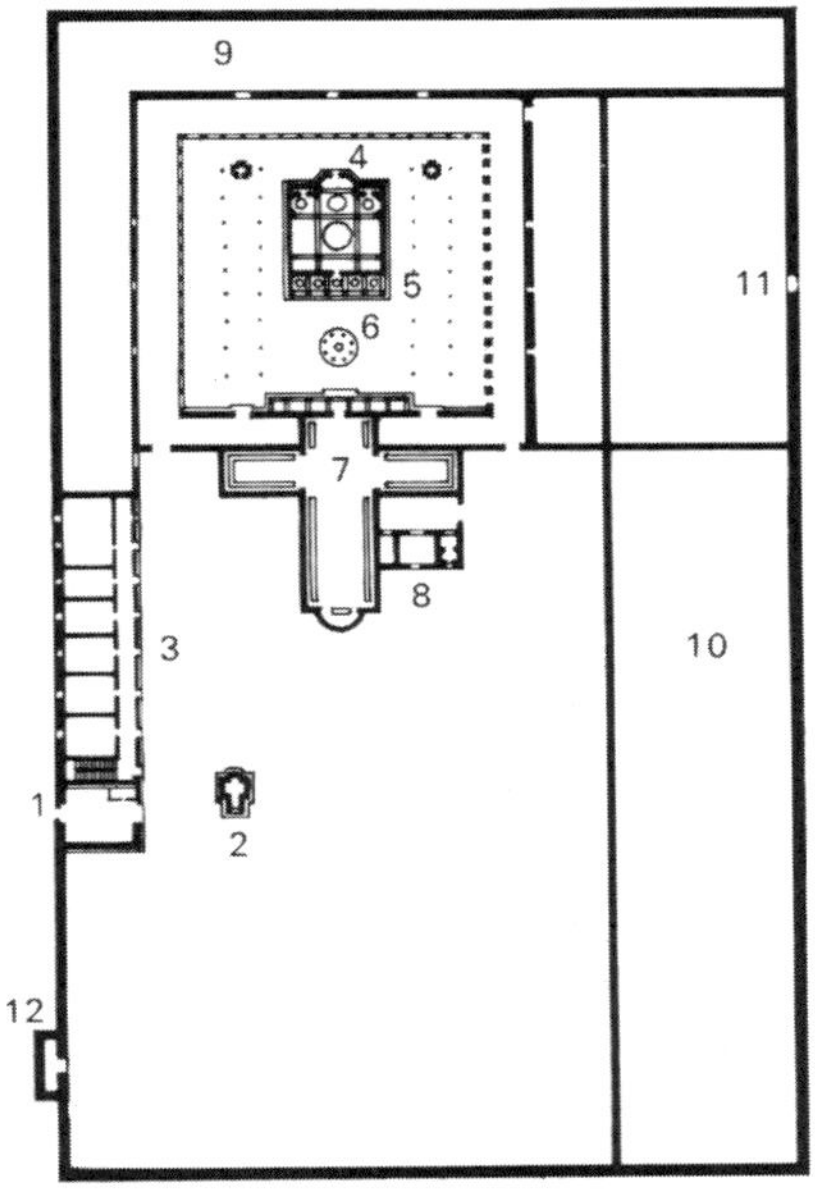

図1　アトス山、聖ラウラ修道院の
理想的平面図（A. ルノワールによる）

1　修道院正門　　7　大食堂
2　礼拝堂　　8　厨房
3　外来者宿泊所　　9　個室
4　聖堂（カトリカ）　10　側部建造物
5　回廊　　11　通用門
6　噴泉　　12　塔

であった。共同で食事をするということは、東方教会においても西方教会においても、共同生活を発展させる基礎であった。しかしながらバシレイオス修道院は、これ以上に発展することはあまりなかった。

図2はまた、アトス山の修道院がもっとも発展した姿を示している。これは十七世紀あるいは十八世紀のギリシャの原画に基づいた十九世紀の版画である。これは、東方教会の大部分の修道院と同様に、巨大な四角形をなし、その短辺は修道士の居住建造物によって、またその長辺は高い周壁によって区切られている。修道院には防衛設備が必要であった。しかしながら個々の建造物はその形式から使用目的を判断することはできない。二つの聖堂がこの全域を支配している。そしてこれとは別に、多数の聖堂が周壁に衛られて配置されている。このように多数の聖堂をそなえた形式は西方教会にも存在し、聖堂群とよばれた。しかしながらギリシャの修道院建築においては、各建造物が独立して存在していることが重要である。これらの建造物は、修道士が共同で聖堂から聖堂へと巡る行進礼の巡路になるように配

図2　アトス山、ヴァトペディ修道院（A. ルノワールによる）

置されたわけではなかった。このような行進礼は、ここではただ特別な場合に実施されたにすぎなかった。

シリアの修道院文化

東方教会の修道士は、その理想に従って多数の建造物を生み出したが、その中でもキリスト教発祥の地における活動は、とくに注目に値しよう。ただしこの地の修道院も、東ローマ帝国の他の地域よりも早く確立されたわけではない。その起源は四世紀であり、キリスト教が国教として認定されてから後のものである。それはけっして最大のものではなく、また一つの方向を規定するものでもなかったが、当初のままの姿で今日まで残存しているのである。

シリアは四世紀から六世紀にかけて文化の花開いた土地であった（文献30）。この地のキリスト教は、イタリアやギリシャのように、ゴートやヴァンダルの侵寇によって発展を阻まれるということがなかった。これらの修道院はほぼ三百年間独自の建築の伝統を展開し、七世紀初期にはじめてペルシャの征服者の脅威を受け（六一〇—六一二年）、次いでアラブの征服者によって破壊されたのである（六三三—六三八年）。これらの初期の建造物は、ギリシャ各地の修道院のように、後世において改築されるということがなかった。これらの建造物は放棄され、その文化が抹殺され全土が放棄された後にはまったく顧みられなくなった。この地は完全に不毛の地になった。四世紀から六世紀に及ぶシリアの修道院の廃墟は、人口稠密な海岸地域から遠く離れ、またダマスクス、アレッポ、イェルサレムなど豊饒な背後地をもつ都市から遠く離れた場所にあった。南、北、東北シリアの各地域は、歴史的にも建築的にもほとんど共通性が認められない。

ここではひとまず、この興味ぶかい教会建築の発展を追うことは断念して、シリアの修道院はどのようなものであったか、またその配置形式はどの程度まで修道士の共同生活を反映していたかということを考察しなければならない。

パレスティナにおいてもまた、バシレイオス修道院では共同生活が行なわれ、一方また聖サバスの信奉者は、散修居屋において隠修生活と共同生活を綜合しようとした。

この特異なシリアの修道院を研究するには、これがまず大規模な巡礼巡路かあるいはその目的地であったことを考慮しなければならない。北シリアの修道院は、大部分がこの国の至聖の地であるカラト・シメーン修道院への巡路になっていた。この地において柱上修道者シメオン(三九〇—四五九)は、三十年間、最後には一九メートルにも及んだ円柱の上に立って過ごしたのである。おそらく彼の生存中から、八角堂を中心にして行進礼の通路のように集中する四つのバジリカからなる特異な聖堂があったと推定され、その中心に聖者は空を仰いで立ち続け、ただ礼拝のためにのみ跪き、日に二回聴衆に説教したという(図3・4)。その伝記によれば、はじめ彼は四旬節の期間中は完全な断食を守って壁の中に閉じこもり、後には自らを厳に鎖ぎ、最後には石塊の上に立ち、さらに円柱の上に立ち、崇拝者たちから身を護るために次第にこの円柱を高くしていった。彼はまた日曜日と祝祭日には一日中両腕を天にさしのべていた。こうして彼は円柱の上で四五九年の九月に歿したのである。彼が立ち続けていた期間中に、その周囲には、ローマ帝国の東半分の地域において、二世紀のバールベック神殿と六世紀のハギア・ソフィアの中間に位置するもっとも重要な建築作品が成立したのである。H・C・バトラーは、この聖堂は四五〇年から四七〇年までの間に建てられたものであると推定した(文献30)。しかしながら正確な年代は不明であり、この影響を受けた後世の作例によって推定するほかはない。この聖者が立ち続けていた周囲には、まず最初は天空の下に、次いで過渡的な建造物が建てられさらに柱廊が建設され完成された全期間を通じて、この中心を驚き仰ぎみる無数の巡礼者が蝟集していた。またこの聖堂の南側には、当時からすでに巨大な修道院があったことが知られている。しかしここでは修道院建造物と巡礼者宿泊所を区別することはできない。この修道院を最初に発見してその著『中部シリア』(一八六五—九七年、文献26)に紹介したヴォギュエ以来、多数の来訪者研究者は、誰ひとりとして個々の空間がかつてはどう使用されていたのかを

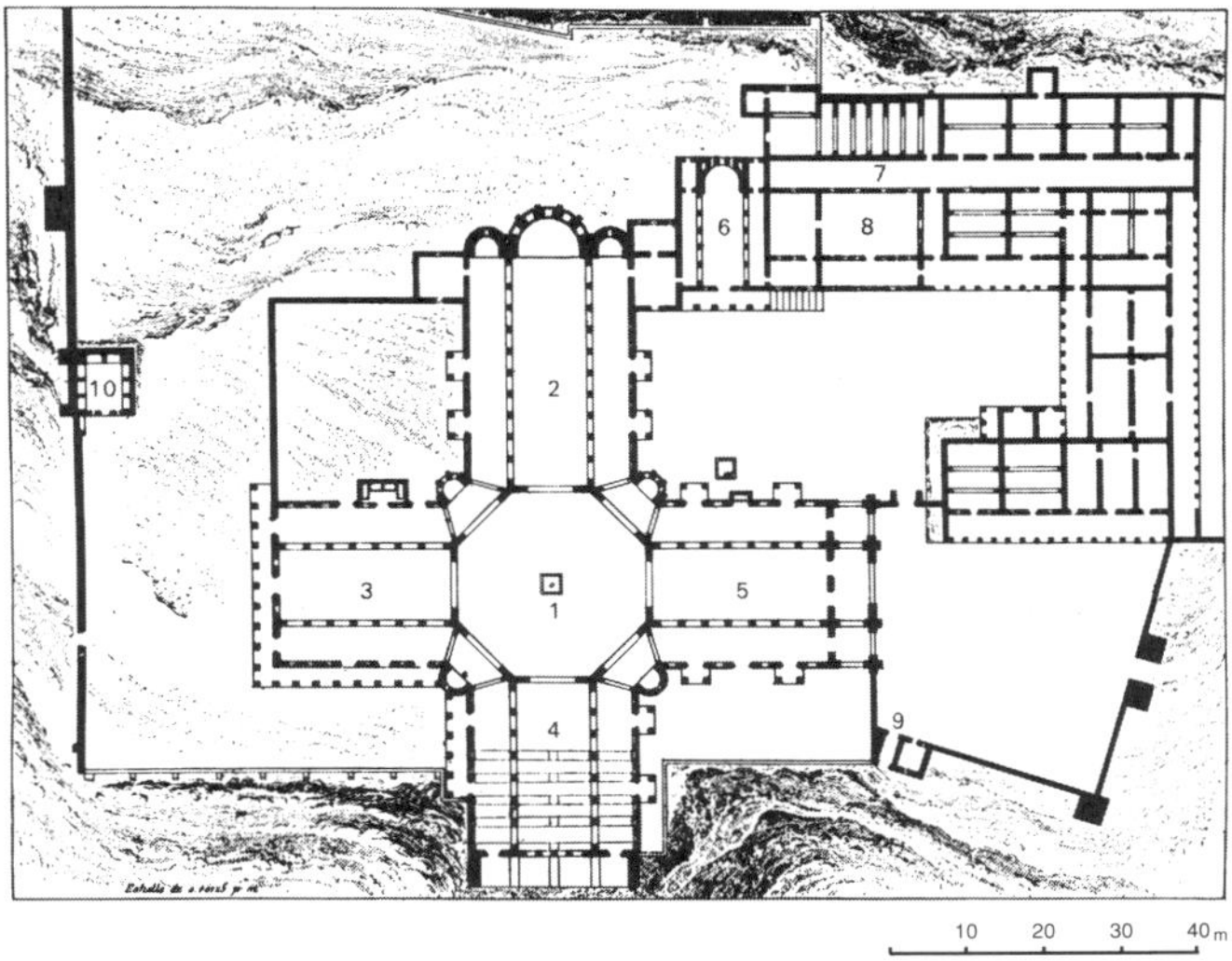

図3（上） 現在のカラト・シメーン（柱上修道者シメオンの聖堂と修道院）
図4（下） カラト・シメーンの平面図（H. C. バトラーによる）

1 聖シメオンの円柱	6 小聖堂
2 東側バジリカ	7 通路
3 北側バジリカおよび入口柱廊	8 居住区域
4 西側バジリカ	9 入口
5 南側バジリカ	10 礼拝堂

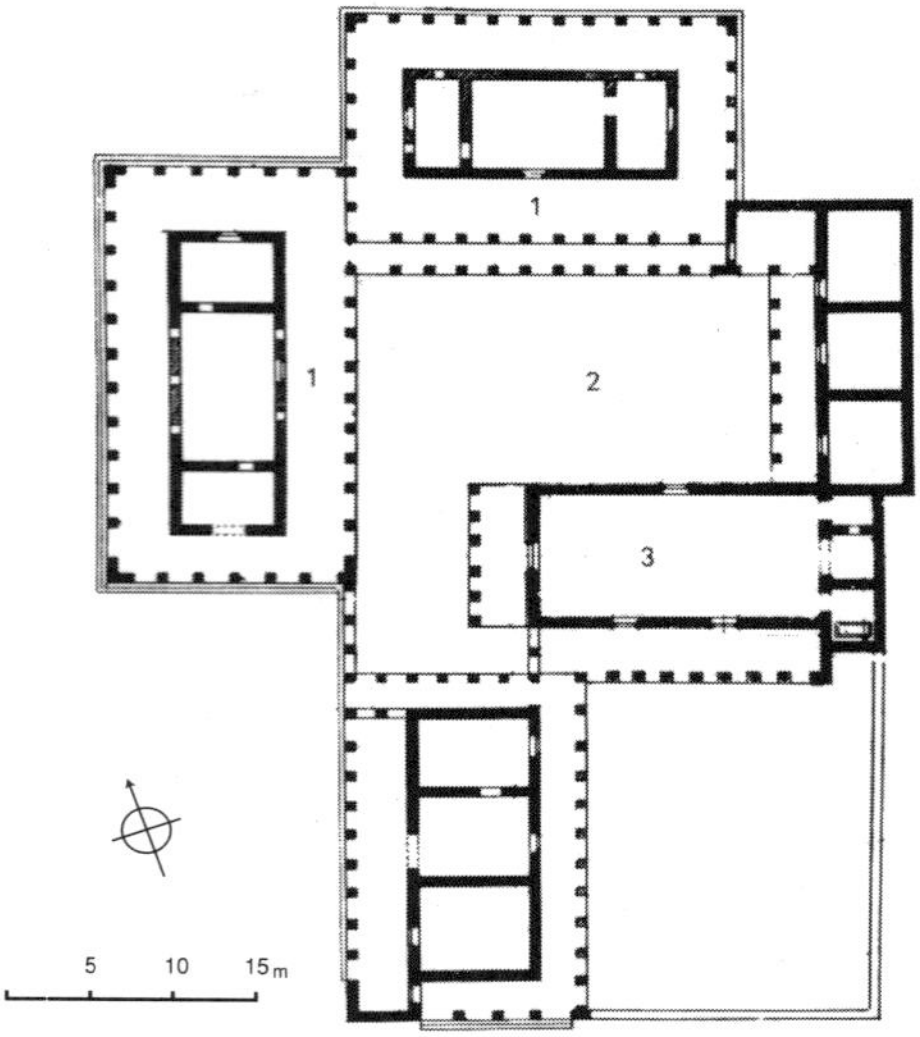

図5　デール・シメーン、南修道院
（H. C. バトラーによる）
1　巡礼者宿泊所
2　修道院中庭区域
3　聖堂

断定することはできなかった。今日もなお、中庭に面して開かれた柱廊や通路にそって並ぶいろいろな規模の広間をみることができるが、そのどれが個室なのか寝室なのかまたどれが食堂なのかは依然として明らかにはならない。

さらにまたこの平面図はけっしてこの修道院全体を示したものではない。防衛周壁をみると、東側と南側に、より広大な区域が拡がっていたことが判る。さらにまたここには多数の木造建築があったことは確実であるが、今はその痕跡をたどることはできない。しかしながらこの修道院はあくまで聖者のための修道院であって、修道士の共同生活は二義的なものでしかなかったことは明らかである。ここでは、聖者個人とその禁欲修道が中心であった。彼は生存中から視覚的にこの共同体よりも高い位置にあったのであり、これを中心にして聖堂や修道院が建設されたのであった。これはあくまで円柱という記念碑とそれに付随した建造物であったのである。

ここでもう一つシリアの修道院をあげてみよう。それは聖堂と巡礼者のための建造物から成り立っている。デール・シメーンの南修道院はその一つである（図5）。この都市はカラト・シメーンの丘の麓にあり、三つの大修道院が

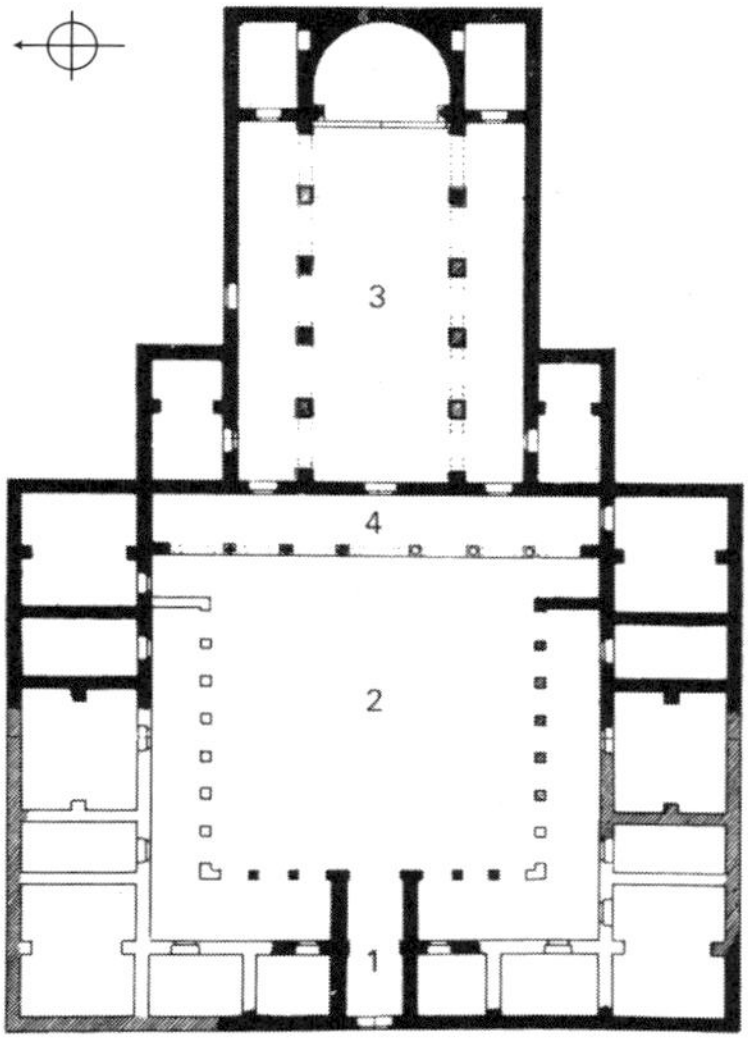

図6　イ・デール修道院（H. C. バトラーによる）
1　入口通路　　3　聖堂
2　前庭　　　　4　柱廊
5　10m

あって、その一つは聖シメオンの禁欲巡路の一地点になっていた。この南修道院には、比較的小さな聖堂［3］があるにすぎない。そして中庭［2］の周囲には二階建ての柱廊をもった二階建ての建造物が四つあって、ここから聖堂に入れるようになっていた。聖堂の北側に接する建造物には三つの大きな広間があり、また聖堂の左手南側の建造物も修道の目的に使用されたのであろう。北側と西側のより大きな石造建造物［1］は、巡礼者の宿泊施設であり隊商宿泊所《キャラヴァン・サライ》であり、人々はこの大広間と柱廊に泊ることができた。この建築は、野心的であるとともにまた実用的でもあった。ここには隠修生活のための空間はほとんど存在しなかった。

数世紀にわたってヘレニズムが支配した土地に、一方では即興的で個性ある修道院とともに、他方ではまたあくまで規則的な配置形式が存在するのは、けっして不思議なことではない。H・C・バトラーはその研究旅行において、一つの重要な例として、南シリアのイ・デール（その土地の言葉でいう修道院）をあげている（図6）。すでにこの名称が示すように、これは特別の崇拝を受けていた。これは古代建築の一部を修道院に転用したもので、ヘレニズムの神殿の場所にあるのである。聖堂［3］の前面には前庭のような正方形の中庭があり[2]、その周囲に石造建築物が配置されている。しかしこのそれぞれの広間は、形式の上からも規模の上からも、何に使用されたかは明らかではない。聖堂入口の真正面に入口通路がある[1]。人はこの入口通路の半円筒穹窿をくぐり、中庭を通り、柱廊に入り、聖堂のアプシスに進み、規則的に並ぶ三つの東窓に到るのである。しかしながら、ここにもまた修道生活のための区域は存在しない。東方教会の修道士は、寂寥地に赴くか共同体から離れて個室で生活する場合以外は、昔から今に到るまで、かならずしも巡礼巡路の騒がしさを遁れる必要はなかったのである。

ここではまた、西方のベネディクト会修道院の建築主題は、とくにその回廊は、すでに東方において成立していたという事実を改めて認識しなければならない。これらの建築主題はすべて、すでに以前から地中海世界において、世俗建築の分野で熟知されていたのである。しかしながら八世紀あるいは九世紀のベネディクト会修道士は、カラト・シメーンやイ・デールには、なにひとつ学ぶものがなかったであろう。それというのは、東方教会の修道思想は、きわめて厳格な隠遁禁欲と巡礼者や旅行者に対する公的奉仕という相対立する要素をみても明らかなように、あくまで多様な生活習慣に依拠していたからである。

聖アウグスティヌスの戒律

聖アウグスティヌス（三五四—四三〇）の戒律は、西方教会における最古の戒律とされている。ただしこれは、古い時代に成立したことが疑問視され、聖者の文書を後世になって編集したものであるとみなされてきた。しかしながら、一般史学と最近の文献批判学はこれを否定している。アウグスティヌスはミラノにおいて修道思想を学んだ。彼は三八七年にアフリカへ帰り、聖職者に叙任される以前に、友人とともにタガステにおいて最初の修道院を設立した。そしてその後間もなく最初の戒律を示して、新しい共同体の生活習慣を規定した。この戒律には、聖務日課についての最古の規則が含まれている。彼は数年後さらに第二の戒律を付加して、修道士の神学的道徳的義務を規定した。彼が後に著わした文書はすべてこの戒律に依拠したものである。彼が歿した時には、アフリカにおいてすでに二十以上もの修道院が設立されていた。しかしその形式については全く知ることができない。

ヴァンダルによってアフリカが征服された後には、多数の修道士が亡命を余儀なくされた。このようにして彼らは南イタリアやスペインやフランスに戒律をもたらしたのである。彼らは聖務日課と讃美歌とともに、労働についての規則をもっていた。そしてここには、後の聖ベネディクトゥスの戒律の特徴となるものがすでに姿をみせており、独自の権威をもって遵守されたのである。七五五年にクロデガングがメッスの大聖堂参事会に共同生活を命じた際に、彼はその戒律の三十四章にわたって、アウグスティヌスの戒律とベネディクトゥスの戒律を採用している。八一六年のアーヘン教会会議は、この規則をすべての司教区で採用するように定めた。またこのアウグスティヌスの戒律は、多くの修道会において、純粋な形で実施された。聖職者修道会、十二世紀のプレモントレ会、十三世紀のドミニコ会は、この戒律を受け継いでいる。また多数の騎士修道会がこの戒律を採用した。やや後には、一連の隠修連合がこの戒律を採用した。そしてこの修道連合は、一二五六年に教皇アレクサンデル四世の勅許 *Licet ecclesiae catholicae* によって認可された。このようにして、新たにアウグスティヌス隠修士会が成立したのである。ここに四つの大修道会が、多数の小分派とともに、この偉大なる教父の規則を遵守することになった。第一はアウグスティヌス参事会、アウグスティヌス女子参事会、および聖堂参事会であり、これは一六〇〇年頃には、西ヨーロッパ全域で四千五百の男子参事会施設を擁していた。後にはプレモントレ会とドミニコ会が加わり、最後にアウグスティヌス隠修士会が成立した。またここにはつねに新しい修道会が参加した。一五一四年に、あるベネディクト会修道士は、三十四の修道会がこの戒律を遵守していると述べている。一六二三年には四十三の修道会と二十八の修道連合が数えられた。ここには、三位一体修道会、奉仕修道会、ウルスラ女子修道会、聖母訪問修道女会などが含まれていた。もしこれらの修道院をことごとく数え上げたならば、それはベネディクト会とその改革分派をも含めた他の修道会以上になるであろう。

しかしながらこの修道会は、各時代を通じて、ついに独自の修道院建築形式をもつことがなかった。ここには、この戒律に従う修道士共同体のすべての姿を、あるいはその本質的な姿を示すに足る修道院建築図式は存在しなかった。聖堂とそれに隣接する回廊とその周囲の建造物で構成される図式が、聖アウグスティヌスの戒律に従う聖堂参事会の区域で成立したのかそれともベネディクト会で成立したのかということについては、当然後者であるとされなければならない。これは再度確認することになるであろう。この聖アウグスティヌスの戒律は、聖ベネディクトゥスの戒律以前に時禱日課を確立したのであるが、一方アウグスティヌス参事会は、ベネディクト会の一貫した発展の成果をいろいろな形で採用したのである。このようなわけで、アウグスティヌス参事会修道院の独自の建築を歴史的に把握するのは不可能である。これは今後の研究にまつべきものである。ここにも当然修道院建築史上重要な多数の個別的作例があるのではあるが、すくなくとも一つの新しい方向を指示する建築思想をみることはできない。

ガリアのトゥールとレラン

四世紀の中期以後には、ガリアにも修道思想が到達した。トゥールの聖マルティヌス（三一六頃—三九七）は、フランスにおける最初のすぐれた修道指導者であった。この三一六年にハンガリーにおいてキリスト教に改宗したローマ軍団の一軍人の子弟は、フランクの国家的聖者になるのである。三六〇年から三七〇年にかけて、ロワール河にそった彼の居屋の周囲に最初の大修道院が成立した。これは、歴史的にもまた伝説の上でもたちまち大規模なものになり、それに続く五世紀から六世紀にかけて多数の修道分院が設立された。このようにしてフランス西部は修道院の国になった。すでに四〇〇年頃スルピキウス・セウェルスは、聖マルティヌスの伝記の中で、このトゥールの大修道院について記している。修道士は、周壁に衛られた区域の中で周壁にそって

図7　ジュアール、地下墳墓礼拝堂

居屋を建てて生活し、一方この区域の中心には二階建ての建造物があり、一階にはマルティヌスと数名の修道士の個室があり、二階には共同の食事用広間があったとされている。ここではまず小聖堂が建てられ、さらにいくつかの小聖堂が建てられた。ここにはまた地下墳墓礼拝堂があり、後には聖遺物礼拝堂にされた。これは修道院というよりはむしろ村落や居住地というのがふさわしく、修道思想がまだ独自の建築形式を生み出すまでには到っていなかったことを示している。この、ローマ帝国が没落しゲルマンの侵寇と新しい蛮族国家が創設された時代においては、記念碑的建築は望むべくもなかった。この民族大移動時代の建造物は、ポアティエの洗礼堂やジュアールの地下墳墓礼拝堂のようにすべて小規模で、建築形式よりもむしろ、壁体、円柱、石棺の装飾が人目を惹く（図7）。この世紀は小芸術の世紀である。聖堂は今日残る基礎から推定しても、すべて小規模なものである。ローマ時代の建造物を外枠として利用することができない場合には、大修道院でさえもが、古代都市というよりはむしろ遊牧民族が天幕に分散して生活するキャンプに似た姿のもの

図8　レラン島

であった。そしてただ周壁だけが、この聖なる区域を区切っていた。聖マルティヌスのトゥールは、ローマ風の石造居屋を中心にした修道院円型村落であった。

　トゥールとともに修道院発展史上重要なのは、ブリタニアから遁れてきたローマ人といわれる聖ホノラトゥスが、四〇〇年から四一〇年の間に南フランスのカンヌの前面の島上に設立したレランである。彼らはこれといった戒律をもたず、このレランの四つの島と対岸に分散して隠修生活を行なった。七世紀初期には、三千七百名の修道士がこの修道院国家の中で生活したとされる。七三二年のサラセンの侵冦の際には、修道院長とともに五百名の修道士が殺戮された。ここでは聖ベネディクトゥスの戒律を導入しようという試みは成功しなかった。この地の修道士は、六七七年には、規律生活を強制して禁欲修道をも制限しようとした修道院長を撲殺するという事件を起こした。この初期の時代には、建築形式が確立することはありえなかった。かつては七つの小聖堂が栄えたのであるが、それは今日荒廃するにまかせられ、人々が何世紀にもわたってこの天国のような島で神と太陽に身をゆだねて生活したことを示しているだけである。しかしながらこの修道院は、南フランスの神学の発祥地になった。すなわちここからは七十名以上の聖者と多数の司教・大司教が世に出たのである。そして十世紀以後には、ここでもまたベネディクト会の生活形式が採用された。

フリードリッヒ・プリンツは、修道思想がこのトゥールとレランを起点として南・西から北・東に拡がってゆく状況を、三段階にわけて、地図の上に印象ぶかく描き出している（文献33）。またアルブレヒト・マンも、九世紀中頃、つまり皇帝ロタールの歿年までに成立したといわれる大聖堂と修道院聖堂などのいわゆる大建築を地図の上に記して、カロリング朝の文化が発展してゆく状況を示している。[1] ここにはフランク帝国の一六九五に余る大建築が示されているが、その中の一二五四は修道院であった。当時の都市の規模は、その内部や周辺部にある修道院の数で判断することができた。この統計によって西ヨーロッパの主要都市をみると、ローマには五十四の修道院があり、ラヴェンナには十六、パリには十七、ル・マンには十五、ヴィエンヌには十三、リヨンには十、トゥール、ケルン、ミラノには八、またメッス、オルレアン、トリーア、パヴィア、ルッカには七あったとされる。ジャン・ユベールは、ル・マンではすでに七世紀において八つの修道院が城壁外の幹線道路ぞいに二百メートルから九百メートルの距離に設置されていたという。[2] 時にはまたローマ時代の城壁が防衛施設として使用された。しかしながらこれらの修道院は、司教の統治権にはなかなか服そうとはしなかった。権力ある貴族は、他人が設立した修道院に入るよりはむしろ自らが修道院を設立することを望んだ。ただしこのような都市修道院は、全体のごく一部にすぎない。多くの修道院は、より小さな場所かあるいはより広大な場所にあった。これらは大部分五世紀から七世紀にかけて設立されたものである。ことにレランは、四〇一年にスティリコがその軍隊と帝国行政府をミラノとアルルに撤収させ、ローマの上流階級が北部ガリアとライン・モーゼルの地域から逃避してきたことによって、五世紀初期に驚異的な発展をとげたのである。蛮族の攻撃からより安全な地域に遁れるということは、そのまま世俗から修道院に遁れることにつながっていた。メロヴィング朝時代の修道院の文化・建築・芸術の成果がきわめて乏しいのは、この逃避ということに起因している。すなわち、次に述べるような後期のわずかな作例を除いて、これらの多数の修道院は一つとして平面図を再現することができない。当時の作例としてはつねにジュアールの美しい地下墳墓礼拝堂（図7）とそのアキテーヌ様式の柱頭だけがあげられるのは、これが今日も残存するほとんど唯一の修道院的内部空間だからである。これは七世紀末期のものとされている。当時は、修道院内部においても、記念碑的な創造力は存在しなかった。ここには大建築を生み出すだけの労働倫理は存在しなかった。彼らは新しいものを建設することも、また新しい修道会を設立することもしなかった。数名の著名な学者や歴史家を除いては、この初期の禁欲修道者は、東方においてもまた西方においても、数世紀の間ほとんどなにごともなしえないという状態であった。ベネディクト会の労働倫理は、まだ具体化されるまでには到っていなかった。当時の三つのゲルマン王国、すなわちイタリア、スペイン、フランスの修道院で著わされた書物が一つとして今日に伝わっていないのは、けっして偶然ではない。最古の書物は、六六九年にルクスィユで著わされたものである（ニューヨーク、ピーアポント・モルガン図書館蔵三三四号）。むろんこれより古い書物があったことは確実ではあるが、それらは一つとして後世に伝えられるだけの価値があるものとはみなされなかった。

われわれの知るところによれば、東方的な修道戒律は、レランからローヌ河を遡って北方へ展開していった。聖パトリクスは五世紀に、レランの修道分院であるオーセールから修道思想の本質をアイルランドへもたらしたのであった。

アイルランドの修道思想

四世紀および五世紀のイタリア、フランス、イギリスの修道思想は、最初はすべて東方教会の影響を受けた。この場合アフリカの無謀に近い極端な禁欲希求は、アジアのギリシャ諸州の中庸なる精神より以上に大きな影響を及ぼした。ケルト的修道思想はエジプト的隠修思想を基礎にして、五世紀末期以来、アイルランドから修道士教会に発展した。これはブリトン的基盤から出発してブルゴーニュ的影響を受けたのである。聖パトリクス（三八五／六―四六一）はブリトン人であり、アイルランド人に捕って奴隷としてアイルランドに来り、レランに遁れて修道士になり、オーセールにおいて聖職者に叙任されたのであった。四六一年に彼が歿した時には、アイルランドはキリスト教国になっていた。いくつかの修道院は、パトリクス自身によって設立されたことを誇りにしている。ダウンパトリックとアーマーはその一つである。しかしながら、修道思想は六世紀になってはじめて完全な展開を示した。聖フィニアン（五四九歿）は聖パトリクスの司教座クロナードを修道院とし（五一三年頃）、多数の修道院を設立し、全島のキリスト教的生活は、やがてローマ的・階級的なものから禁欲的・修道的なものに変わった。当時は、人口のかなりな部分が修道院にあったと想定される。修道院長は、代々、土地を寄進し地域を支配する名家の出身者であった。クロナード自身数千におよぶ修道士、教師、学徒を擁していたという。聖ブレンダン（五七七歿）はやや後に、クロンファートにおいて、三千名以上の修道士とともにほとんど耐えがたいほどの厳格な戒律生活を送ったといわれる。このようにして禁欲修道はほぼ十年ごとにいよいよ厳格なものになっていった。聖コルンバ（五二一―五九七）は食事と睡眠を極度にきりつめた生活を命令し、懼るべき鞭身礼と永い荘厳ミサを要求した。クローニナのフィンタンは、石だらけの畑を耕やすのに、家畜を使うことを禁止した。修道士は自ら犂を引かなければならなかった。禁欲修道には、隠修生活とともに、アイルランド特有の修道形式である懺悔のための永遠の放浪があった。ここでは、修道院に留まることさえもが、自己放棄の妨げになると感ぜられたのである。

アイルランドのもっとも重要な修道指導者聖コルンバヌス（五三〇／四〇―六一五）は、贖罪規定すなわち官能的空想に対する罰則規定をもうけて、修道思想の発展に大きな影響を及ぼした。この罰則規定は、九章からなる戒律の第十章として付加され、聖ベネディクトゥスの戒律とともに、多くのフランク修道院において採用されたのである。この極端な厳格主義は、今日の医学的概念や道徳的神学的概念で評価すべきではない。修道院の数世紀にわたる官能に対する防戦は、ことに不自然な行為に対する防戦は、その罰則とともに優に一冊の文化史になるであろう。アイルランドの海岸の荒れ狂う海中に首まで浸り、日没から夜明に到るまで讃美歌を誦して肉欲を懺悔した孤独な修道士の姿は、けっして忘れることはできないであろう。修道士は単独でまた少数で生活すべきではないとされた。戒律を実施するには最小限度の人員が必要であり、それ以下の人員ではしばしば風儀が退廃する恐れがあったのである。さらにまたコルンバヌスは、ヨーロッパ大陸においてボッビオとともに重要なルクスィユを設立し、ここにおいて修道士の交代制による不断の礼拝を導入した。冬期における夜間の合誦礼拝には、七十五の詩篇が課せられるまでになった。夏期には二十四の詩篇が課せられた。睡眠時間はわずか四時間しか許されなかった。

五世紀、六世紀の西ヨーロッパにおける修道思想について考えてみれば、また、没落してゆくローマ帝国の混乱した世界において修道者が身を隠したスペインの最初の修道院や、南フランスの海岸やアイルランドやスコットランドの状況を考えてみれば、ここにはとうてい建築作品という名に値するものを想像することはできない。また一方文化財についても、大カシオドルス(四九〇—五八三頃)がその修道院ヴィヴァリウムにおいて破壊を防いだという程度のことしか伝わっていない。当時の修道精神は、むしろ、修道士が定住しまた稀にその記念碑が発見されるアイルランドやスコットランドの海岸風景によって、象徴されるであろう。島嶼、岩礁、山峡、荒野、無住地、居住不能地は、禁欲修道の好適地であった。彼らは居住不適地や到達困難な未踏地に惹きつけられたのである。荒れ狂う海辺の断崖や乏しい沖積地の洞窟修道院こそ、これら禁欲修道者の居住地であった。隠れた山峡やオーバーハングした岩塊は、彼らをして生涯そこに閉じこもるように招きよせたのである。ここにもまた建築作品はあった。ただしそれは粗石を積み重ねたほとんど光の入らない聖堂や、塔や十字架や高い周壁などであった。このような修道院がロマネスクの世紀まで永続した場合には、たとえばサン・ファン・デ・ラ・ペーニャのように、この文化形式と融合した。図9は、この小修道院の聖堂とロマネスクの回廊が、ともに巨大なる岩塊のオーバーハングに衛られている姿を示している。このように、建築ではなくして

図9
サン・ファン・デ・ラ・ペーニャ修道院
（スペイン北東部）

大自然が、また場所の選択と広大な無住地に居住することが、当時の修道精神を示していたのであった。

アイルランドの修道院は、その建築があまりにも小規模であったために、ほとんど痕跡を残していない。それはとうてい記念碑的なものではありえなかった。修道士は分散して生活し、粗石を積んで居屋をつくり、穹窿をつくり、漆喰を用いることはなかった。これはアプリア地方の円錐居屋《トゥルロ》に似た簡素なものであった。彼らは、しばしば東方の修道士のように草食で満足していた。聖コルンバが設立して成果を上げたハイあるいはアイオナの島上修道院（スコットランド）の記録によれば、ここでは修道院長がやや大きな居屋 tuguriolum を丘上に設置し、修道士は十二の木造ないし土造の小居屋で生活したという。この形式はトゥールのそれを想起させる。アイルランドのイニッシュマレー島にはこのような蜂巣状の居屋が残っている（図10）。聖堂は小さな薄暗い穹窿空間であり、たかだか全長十メートル程度のものであった。それは石造の籠に似ていた。またここには塔があった。広大な修道院区域を囲繞する周壁

図10　修道士の蜂巣状小居屋　イニッシュマレー島（アイルランド）、7世紀初期

は、地中海地域の葡萄山に似た姿を示していた。これらの修道士の手による書籍や金細工などのすばらしい装飾芸術が、ゲルマンやケルトの先史時代の伝統を伝えているのは、よく知られている通りである。アングロサクソン芸術とともに、アイルランドの細密画は、大陸におけるカロリング朝ルネッサンスに大きな影響を及ぼした。フランク帝国におけるアイルランド修道士の伝道活動は有名なものである。しかしながら、彼らもまたすくなくとも十一世紀以後には、重要な修道院を建設したが、そこにはほとんど独自の形式がみられなかった。彼らの建築は、イギリス海峡を越えて大陸にまで影響を及ぼすことはできなかった。新しい修道院が設立される場合には、アイルランド様式よりはむしろ豪華な様式が採用された。このようなわけで、アイルランドの修道院建築は、西ヨーロッパ芸術史の中に地位を得ることができなかった。アイルランドにおいて記念碑的建築の成立を妨げたのは、あの放浪への憧憬であったと思われる。彼らは即興性を愛し、持続性を軽蔑し、不当なる永遠性を軽蔑した。ベネディクトゥスが主張した定住義務 stabilitas loci こそが、記念碑的建築の、すなわち建築における安定性 stabilitas の前提であったのである。

ヌルシアのベネディクトゥス

ケルト特有の豊富な想像力、幻想性、情熱的急進主義、そして極限を志向する気負った意志は、アイルランドの修道精神の特徴である。それはエジプトやシリアの修道精神に対応するといえるであろう。しかしながら、イングランド教会によって広く採用され西ヨーロッパにおいて勝利を得たのはけっしてこのような精神ではなく、むしろ中庸にして寛容なヌルシアのベネディクトゥスの精神であった。ベネディクト会修道士こそ、はじめてラテン的中世の基礎をきずくことができたのであった。このベネディクト会修道院は、ギリシャ的、ケルト的、ガリア的試行の後に現われた、最初のラテン的修道院とみなされるのである。

この修道会の基礎をなすものは、七十三章からなる小さな書物、聖ベネディクトゥスの戒律 *Regula Sancti Benedicti* である（文書Ⅰ）。この戒律がすべて聖ベネディクトゥスによって著わされたということは、今日ではもはや一般には信じられていない。この短い文書には元来二つの異質な戒律、すなわち修道院長の戒律と修道士の戒律が重ね合わされているのが認められる。いずれにせよ、各章は一度に書き下されたものではなく、逐次付加されたものであった。要するにこの戒律は、計画も区分もなく、各章ごとに付加されたのである。この著者は標準語を用いず、簡素なラテン俗語を用いている。この著者は、ローマで修辞学を学んだ階層には属していない。そしてここにはまた、より古い修道戒律に由来する思想や命題が数多く挿入されている。この単純性とローマ的明快性は、この戒律が世界的に拡まることを約束していた。すなわちこの小著は、キリスト教という聖典宗教において、福音書に次ぐ第二の書となり、伝道に際して必ず携行されたのである。シャルルマーニュはその写本を作成し、加筆することなく、そのまま全修道院に配布させた。今日、ザンクト・ガレンに保存されている写本は、古代の原本から直接筆写した唯一の文書とみなされている。この写本を製作した二名の修道士は、一語一語、一字一字原本どおりに筆写したことを証言している。また八一六年のアーヘン教会会議は、修道士がつねにこの戒律の各章を暗誦することを義務づけている。(3) 修道院長はおおむね毎日、少なくとも週に一度は必ず、修道士を集めてこの戒律を講読し解説した。彼らはこの簡素な章句を瞑想の対象にしたのであった。

西ヨーロッパの修道士の父ともいうべきこのベネディクトゥスについて、今日われわれはほとんどなにも知ることができない。大教皇グレゴリウス(五四〇以前—六〇四)が著わしたその最初の伝記でさえもが、すでに伝説の形をとっている。ただ確実なのは、このローマ人はサビニ山中のスポレトから五〇キロメートルほど東方の小都市ヌルシア(ノルチャ)の出身であり、ほぼ二十年間スビアコの寂寥地で生活したということである。彼は隠修士として三年間を洞窟で過ごした。やがて彼の奇蹟が伝えられた。彼は弟子を集め、主修道院を中心にして十二の修道院に十二名の修道士が生活する共同体を設立しようと考えた。しかしこの最初の試みは成功しなかった。そこでベネディクトゥスはわずかな弟子とともに南に下り、モンテ・カシーノの山頂に遁れることになった。このように最初は隠修士を組織し、次いで小居屋に散住する経験を試みた後に、はじめて大居屋における共同生活が始められたのである。これは紀元五二九年のことであった。

この偉大なる指導者が示した戒律は、すべての章においてまたその選択配列において、彼の寛容で明快でまた素朴な精神をよく反映している。彼はすべて極端なものを排した。一年を通じての一日ごとの聖務すなわち聖暦年の規定と、修道院共同体の任務と運営と、礼拝義務は、多様な人間性と巧みに調和させられている。しかしながら彼は、この時計のように正確な生活機構に対応する住居については考慮しなかった。聖ベネディクトゥスの戒律は建築については一言も触れていないのである。

この戒律を理解するには、ローマ時代においては日の出から日没までが十二等分され、また日没から日の出までが十二等分されていたことを知らなければならない。この区分方法は、今日でも春分と秋分の二日だけには妥当する。モンテ・カシーノの緯度においては、夏至の日の昼間の一時間は七十五分であり、夜間の一時間は四十五分であった。冬至においてはちょうどその反対である。彼らは一年を通じて、同じ時間労働し礼拝し学習しまた睡眠したが、これはけっして同じ永さのものではなかった。夏至の夜には彼らは、今日の時間でいえば、ほぼ午前一時に起床し、ほぼ午後八時に就寝した。この場合睡眠時間はわずかに五時間である。これは昼の休息で調整された。冬には彼らはほぼ午前二時三十分に起床し、ほぼ午後五時に就寝した。この場合睡眠時間は九時間三十分であった。修道士は、季節に応じて一日に六時間から八時間労働し、三時間半礼拝し、さらにこれと同程度の時間学習し瞑想し講読した。そして労働時間の長短は、この学習と瞑想と講読の時間で調整された。彼らは夏は永く労働し、冬は永く読書したのである。またこの戒律は礼拝と労働と睡眠の規則とともに、食事の時間と規格を厳格に規定していた。一方虚弱者、若者、老者、病者についても考慮していた。彼らはすべて同じ時刻に、ともに祈り、ともに働き、ともに睡りについた。しかしながらベネディクトゥスはすべての人々がかならずしも敏速に起床できないことをよく承知していたので、朝の最初の讃美歌はゆっくりと詠誦し、遅れて来た者もともに加わることができるように配慮した。このように、彼はそれ以前の修道会の苛酷主義を否定したのである。ベネディクト会修道士は永遠の沈黙よりも寡言 taciturnitas が、完全な貧困よりも節倹がまされるものであるとした。葡萄酒さえもが許されていた。処罰は指導であり、贖罪を目的とするものではなかったのである。

ベネディクトゥスは、その戒律の第一章において修道士を四種に区別し、その成立の歴史とは逆の順序で記述している。第一の共修修道士 coenobites は、父なる修道院長の下に修道院でともに生活し、厳正なる戒律に従って戦闘する者である。このベネディクトゥスというローマ後期の人物は、修道士を兵士に比定し、修道院を屯営や要塞に比定した。隠修修道士 anachoretes は個人的戦士であり、「修道院における長期の試練によって知徳を修め、同僚会員に援助されて、ただ一人で悪魔と戦う」者である。しかしながらベネディクトゥス自身は、他の修道指導者と同様に、これとは逆の経歴をたどったのであった。彼は、最初隠修生活をした後に修道院を設立し、ただ特別の場合にだけ共同体を離れて再度隠修地へ入ったのである。彼は、いかなる戒律をも認めない散修修道士 sarabaites に全的な怒りを向けている。「彼らは自らが述べ選んだものを聖なるものとし、それにそぐわないものは許されないとしている」とするのである。要するにこれは、いろいろなニュアンスをもった芸術家や予言者のように、特異な個性や生活態度を持している者のことである。またベネディクトゥスは遍歴修道士 gyrovagus すなわち生涯国から国へ放浪し、三日ないし四日そこかしこの修道士の個室に宿泊し、つねに旅していて定住することなく、恣意の奴隷になっている者を、より悪質であるとした。彼自身、若い時代にこの遍歴修道士にひどく悩まされたのである。彼はたしかに、アイルランド修道士を、その遍歴生活のゆえに誤解していたと思われる。定住義務 stabilitas loci は彼の戒律のもっとも重要な命題であった。ここには、修道士が生涯同一の場所に、同一の修道院に留まり耐えることが命ぜられていた。

ベネディクトゥスはそれぞれの修道院において修道士の数がつねに把握できるように義務づけていた。彼がモンテ・カシーノにおいて活動した最後の数年間には、ほぼ百五十名の修道士がいたとされている。彼は東方教会の巨大な修道院が三千名にも及ぶ修道士を擁していることを否定した。彼は修道院にラテン的な家族概念をあてはめたのである。修道院長は、父として全修道士を知り、指導しなければならなかった。この修道院はまた学校 scola dominici servitii でもあったが、このスコラという言葉は、学校という意味とともに軍事的単位という意味もあったのである。ベネディクトゥスはこの戒律から多くのものが成長発展することを望んでいた。彼の戒律は一つの起点を示したものであり、修道生活の創始を示したものであった。しかしながら、彼は、この戒律が自らの共同体の外部において成果を上げるとは考えてもいなかったのである。

彼が歿した時には、モンテ・カシーノには、すでに十二の修道分院があった。彼の名声はすでに遠くまで行きわたっていた。五四三年にはトティラ王が彼を訪問している。ところがこのモンテ・カシーノは、五八〇年から五九〇年にかけてランゴバルドによって征服され破壊されてしまった。その活動は終止符が打たれたかにみえた。

しかしながら、まさしくこの破壊から成果が生まれたのである。数名の修道士はローマに逃避した。大教皇グレゴリウスは、この修道会の一員であったかどうかはともかく、すくなくともこの戒律を遵守する一人であったのである。ベネディクト会の修道思想が西ヨーロッパに普及したのは、この教皇の力によるところが大きい。彼の聖ベネディクトゥス伝 *Dialogus II* は、戒律の細い巻物とともに、つねに修道院長を指導するものになったのである。彼の命を受けたイングランドのベネディクト会修道士アウグスティヌスは、伝道者と図書を伴って故国へ帰り、カンタベリーにおいてイングランド教会を設立し、この修道士教会のもっとも重要な司教座をベネディクト会修道士のために用意したのである。このイングランドから、ウィリブロルドやボニファティウスなどがフランク帝国の東部を伝道し、教会を組織した。またこのベネディクト会の精神とローマ的精神は、カロリング朝の宮廷に大きな影響を及ぼした。シャルルマーニュがその帝国内の全修道院にベネディクトゥスの戒律を実施させたのは、その頂点であった。ここにおいてこの修道会設立者の活動は、教皇グレゴリウスと皇帝シャルルマーニュによって、西ヨーロッパ文化の基礎にされたのである。

ベネディクト会修道院配置形式の成立

ほぼ八二〇年頃に成立したと推定されるザンクト・ガレンの理想的平面図は——そのユートピア的な完全性についてはすぐ次の章で述べることになるが——ベネディクト会修道院がほとんど完全に発展をとげた姿を示している。これは中世を通じて修道院配置形式の模範となるのである。聖堂の南側には回廊があり、その周囲には修道院基本建造物である、大寝室、大食堂、厨房、貯蔵庫が配置され、さらにこの外部に、修道院長居館、病者、修練士区域、巡礼者・外来者宿泊所、学校、医師居屋、仕事場、世俗業務所、などが配置されている。ただし集会室だけはやや後の時代に大寝室の下部に配置されることになるために、ここではまだ姿をみせてはいない。当時は、集会は聖堂ぞいの回廊翼部で行なわれた。この配置形式はいつどこで成立したのであろうか。そしてまた何がこの発展段階を示しているのであろうか。

これについては、多くの研究が試みられている（文献27—31）。個々の建造物は、すでに以前から存在していた。ここではあえて新しい建築主題を創造する必要はなかった。主題はすべて用意されていたのであり、それを新しく機能的に配置し直したことに意義があるのである。

発掘古美術学 Archäologie はここでは役に立たない。東方教会には大規模な配置形式があるが、聖ベネディクトゥスの戒律は存在しない。西方教会においてもまた、民族大移動の時代には、記念碑的意識は存在しなかった。この時代の建造物は、すべて不規則で小規模である。放棄されたローマ時代の廃墟を使用するのでもない場合には、ごく粗末な建造物で我慢しなければならなかった。しかしまた後世の配置形式にみられる各要素は、すでに各地で成立していた。この配置形式が成立したのはオリエントかローマかという問いは、個々の要素について考察されるべきものであって、その答がオリエントでもありローマでもあるという事実は、問いそのものが無意味であることを示しているのである。

この古典的配置形式については、とくに規則があったわけではなく、せいぜい付加的な指示があったにすぎない。西ヨーロッパの古典的ベネディクト会修道院の前段階を研究しようという試みは、存在しないものを研究しようという試みである以上、はじめから不可能である。ザンクト・ガレンの平面図は、この意味であくまで中世の作品であり、古代後期のものではない。これはフランク帝国が修道院に課した特別な役割を表現しているのである。世俗を遁れた修道士は、ゲルマンの君主から、また新しい世俗的役割を負わされた。彼らは、この文化的役割を実施してゆくのにふさわしい建築複合体をつくらなければならなかった。このようにして修道院は土地管理の中心施設になり、防衛線の一環になり、さらにはまた旅して巡る宮廷の宿泊施設になったのである。そしてこれは学校になり、宮廷官房になり、研究施設になり、伝道拠点になった。修道院長はしばしば行政官になり、しばしば司教や貴族以上の地位に立った。このようにして修道院全体が行政施設になったのである。ベネディクト会修道院配置形式は、この行政施設の成立の問題と並行して考察しなければならない。

モンテ・カシーノは、多くの点からみて、この配置形式の創始者ではありえなかったはずである。この修道院は、六世紀末期に破壊され放棄された。八世紀初期には新たに数名の隠修士がこの山上に住みつき、七二〇年前後には、ブレシアのペトロナクスが新しい共同体の編成を試みたとされている。また聖ウィリバルドは、七二九年に、イェルサレムからの帰途、ここに再び小さな共同体ができているのを見出した。このイングランド人は、そのままここに十年間も留まり、その活動によってこの修道本院は新しい影響力を獲得し、またカロリング朝の援助によって、かつての勢力を再獲得することができたのである。

フランク帝国の修道院はよりよい条件の下に出発し、またそれについての良質の記録が残されている。その中でもとくに初期の二つの大修道院、すなわちセーヌ河の彎曲部のジュミエージュとルーアンに近いフォントネルをあげることができるであろう。ジュミエージュの記録は、ほぼ六五五年頃この修道院を設立した聖フィリベルトゥスの伝記の八章と九章にみることができる。われわれはこの八世紀中期の文書の重要な部分を、この書の巻末に再録した（文書Ⅱ）。フィリベルトゥスは、コルンバヌスの戒律から出発して、聖ベネディクトゥスの戒律の重要部分を自らの修道院において実施した改革者であった。またこの文書によれば、この新しい修道院建築は各方面から賞讃され模倣されたという。これは修道院長の下に九百名の修道士を擁する大修道院であった。それは塔のある四角形の周壁によって防衛され、内部には十字形の聖堂があった。またこの聖堂に接して回廊があり、石造のアーケードがあり、豊かな装飾が人目を驚かせたという。これは西ヨーロッパにおける最初の大建築といえるもので、無限のヴァリエーションを生み出す可能性があったのである。聖堂東側の袖廊に接する大寝室は、全長二九〇歩・全幅五〇歩という規模で、大きなガラス窓で採光されていたといわれているが、この数字が事実ならば、それは九七メートル、一六メートルに相当し、後世の大寝室をはるかに上まわるものであったことになる。しかしながら、回廊の西側にもこれと同じ第二の建造物があったかどうか、またこの著作者はこの建造物が二階建てであるといっているのかどうかということについては、この文書からは知ることはできない。同様にまたザンクト・ガレンの平面図においても、大寝室の階下の空間が何に使用されたかということについては不明である。この部分は後に集会室と修道士室になるのであるが、これらの室は当時はまだその場所にはおかれてはいなかった。フィリベルトゥスの伝記作者はただ貯蔵庫と大食堂をあげて、「ここにはキリストに仕えるのにふさわしい者が集い、なにものをも所有せずいかなる所得をも必要とせず、ただ神を信じることによって、すべてのものが与えられる」と記している。この貯蔵庫と大食堂は、後世の配置形式と同様に、回廊に接して建てられていたのであろう。

またフォントネルの年代記作者は、修道院長アンセギス（八二二―八三三）の伝記に触れて、各建造物とその成立の順序を記している（文書Ⅳ）。フォントネルとジュミエージュはその当時から今日まで同一の司教区に属し、フォントネルを建てた建築家は当然ジュミエージュを知っていたはずである。われわれはここに、ルイ敬虔帝治下のカロリング朝後期、つまりノルマン侵冦の数年前に当るルネッサンスの頂点において、すべてが沸騰している姿をみるのである。アンセギスは、中心の聖堂は従来のものをそのまま拡大整備して、この複合体の建設に着手した（図11）。この年代記作者は、とくに回廊周囲の三つの同じ高さの建造物、すなわち大寝室［3］と、その反対側の貯蔵庫・大食堂［6・5］と、北側にある第三の建造物として小室と煖炉室［4］をあげている。この第三の建造物はおそらく修道士の学習室であり、また衣服室であったであろう。この三つの建造物はほぼ二一メートルの高さをもち、当然二階建てであったであろう。大寝室は、その詳細な記録によれば、全長八五メートル・全幅九メートルという長大なものであるが、その階下についてはなにも述べられていない。大食堂翼部は半分が貯蔵庫で半分が食事用広間であったとしているが、ここでもまた立面上の区別ははっきりしない。第三の建造物は後の修道院ではみられなくなった。また東側の大寝室と西側の大食堂に、それぞれ記録室と写

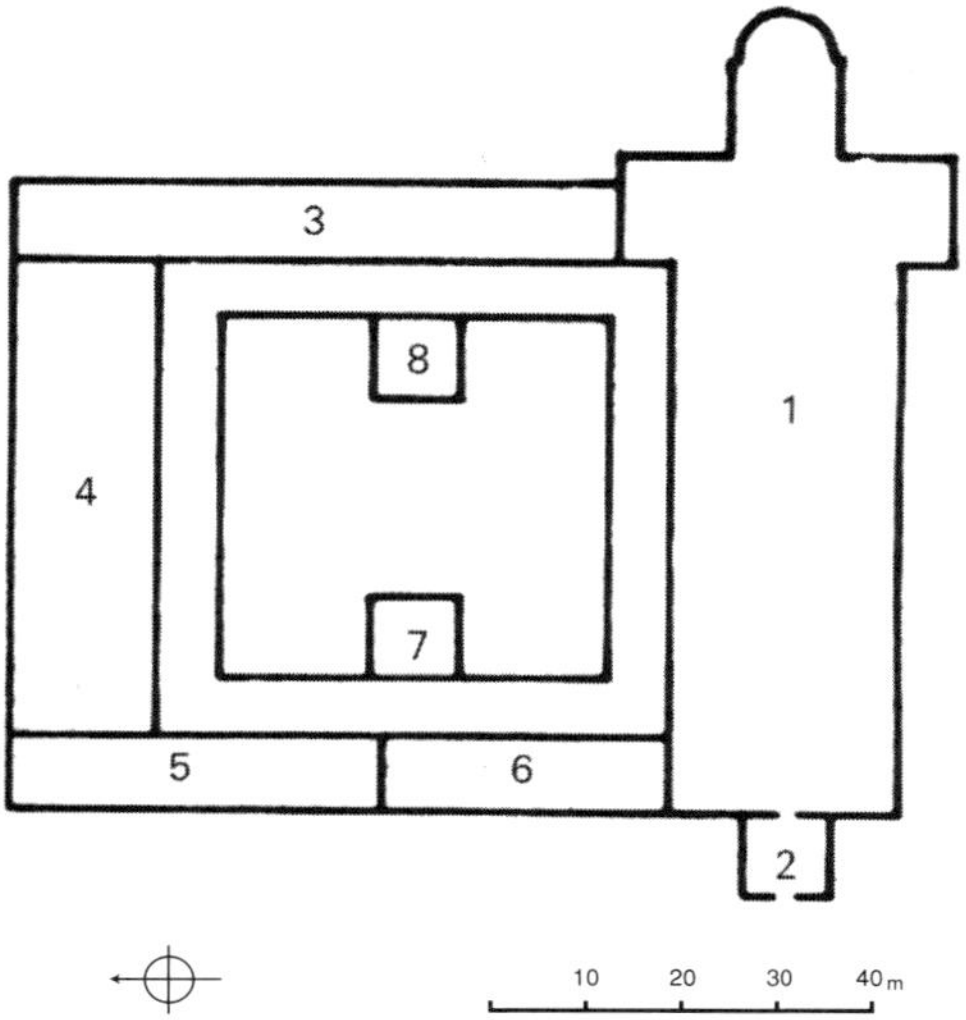

図11　フォントネル修道院
（G. ハガーによる）

1　聖堂
2　前室
3　大寝室
4　小室、煖炉室のある大翼屋
5　大食堂
6　貯蔵庫
7　記録室
8　写本室

本室という張出部があるのが目につく。集会は、聖堂の入口柱廊と回廊南側翼部で行なわれた。初期の修道院においては、おおむねこの場所で集会が行なわれたのである。ここにはまた初代修道院長の墳墓や記念碑がおかれ、その習慣は後世にまで伝えられた。この場所を選んだのはけっしてアンセギスが最初ではなかったであろう。集会の広間はつねに修道院長の主要なる活躍の場であったのである。

フォントネルの記録は、カロリング朝の最盛期においては、ベネディクト会修道院の古典的配置形式がまだ完全に発展しきっていなかったことを示している。事実この時代には、大寝室はジュミエージュの場合のように図式上の最終的な位置に定置されてはいたが、大食堂と貯蔵庫を二つの建造物に分けて南側と西側に配置しその中間に厨房を配置するのがより合理的であるということは、知られてはいなかった。また当時は、大寝室の階下を修道士室にすればあえて別個の建造物にする必要がないということも、理解されてはいなかった。記録室と写本室を回廊から張り出した独立の建造物にするという構想は、この後すぐに廃止された。

これは大規模な建造物であり、その装飾には膨大な費用を要したはずである。このようにして修道院は、宮殿や大聖堂とともに、この時代を代表する記念碑になったのである。

回廊周囲の三つの巨大なそして同じ高さの建造物を機能的に統一するには、まだ多くの問題が残されていた。このアンセギスの修道院の記録は、当時はまだこの三つを継ぎ合わせた配置形式が完成していなかったことを示している。この意味で、ザンクト・ガレンの平面図は重要な進歩を示すものである。まさしくアーヘン教会会議において、はじめて、戒律と建造物配置形式の対応が詳細に論ぜられたのである。しかしながらこの場合もなんの結論も得られなかったということは、集会室が大寝室階下のもっとも重要な場所に定置されるのは十一世紀初期をまたなければならなかったという事実からみて明らかである。この集会室は、おそらく十世紀末期に、クリュニーにおいてはじめて設置されたのであろう。いずれにせよ、中世における修道院の古典的配置形式が、カロリング朝ルネッサンスの成果であることは、多くの点からみて明らかである。

カロリング朝時代の大修道院

フランクの王は修道院に対して次第に大きな役割を課したために、その建造物は、七世紀のジュミエージュにおいてまずみられたように、きわめて大規模なものになっていった。それはより富裕に、より大規模にまたより強力になっていった。シャルルマーニュは帝国第一の学者アルクィンに、トゥールにおけるフランクの国家的聖所の運営をゆだね、二万名の人員を擁する修道院国家にさせた。しかしながらこの巨大な修道院は、とうていベネディクトゥスの戒律に対応するようなものではなかった。このようなわけで、トゥールではアルクィンの死後わずかの間一定の生活形式が実施されたにとどまり、やがて参事会の自由な生活形式が導入された。ベネディクト会修道院にこれほど多数の人員がいたということは、その大部分が個人的な意志よりもむしろ君主の命令で送りこまれたことを考慮に入れても、ヨーロッパ大陸においては空前絶後のことであった。この中には、バイエルンのタッシロやランゴバルド王デジデリウスのように、国王に捕えられた敵対者も数多くいた。修道士は兵士のように徴募され、また奴隷や奴僕のように売買された。要するに少しでも役に立つと思われる者は、すべて修道院に送りこまれたわけである。国家がまた——あえてこれが国家とよべるかどうかはともかく——修道院を支配した。アンギルベルトは、アッベヴィル近傍のケントゥーラを運営するのに三百名の修道士と百名の若年者が必要であるとし、シャルルマーニュの従弟アダルハルドは、コルビーを運営するのにこれまた三百名の修道士と百五十名の雇人が必要であるとした。これは当時まだ人口が希薄であった都市と比較すれば、驚異的な数である。そしてこれらの人員を収容する建造物は、当然いよいよ巨大なものになっていった。美術史の分野では、多くの古拙文化にしばしばこのような巨大化の現象がみられるのであるが、一方またこのように巨大なものや不定形なものが、適度なまた概括可能なものに収縮する現象がみられるのである。これはたとえばギリシャの古拙時代の青年像 kuroi と古典時代の青年像を比較すれば、また一三〇〇年代のフィレンツェの建築とブルネレスキの初期の作品を比較すれば、肯けるであろう。カロリング朝時代におけるこの収縮現象は、アニアーヌのベネディクトゥス(七五〇頃—八二一)によって用意された。彼の新しい修道院であるアーヘン近傍のインデンすなわち後のコルネリミュンスターは、驚くほど小規模なものである(文献35)。

八世紀におけるカロリング朝文化の西方から東方への進出は、たんに修道院新設の地図の上だけにみられる現象ではなかった。まず西方においてジュミエージュやコルビーやトゥールのような大修道院が建設され、次いで東方の伝道の最前線近くに大修道院が建設されたのである。その成長の速度は、すなわちシャルルマーニュの熱意のほどを示すものであった。ヘルスフェルトとフルダにおいては、わずか数十年の間に、最初の小規模な聖堂に代わって、全中世を通じて最大のものに数えられる新建築が出現した。ヘルスフェルトの聖堂平面図を互いに比較してみれば、この成長速度がよく理解できるであろう(図12)。修道院長が強大な権力によって修道士にかくも巨大な建築義務を負担させたのは、実は二つの理由によるものであった。その一つはローマの

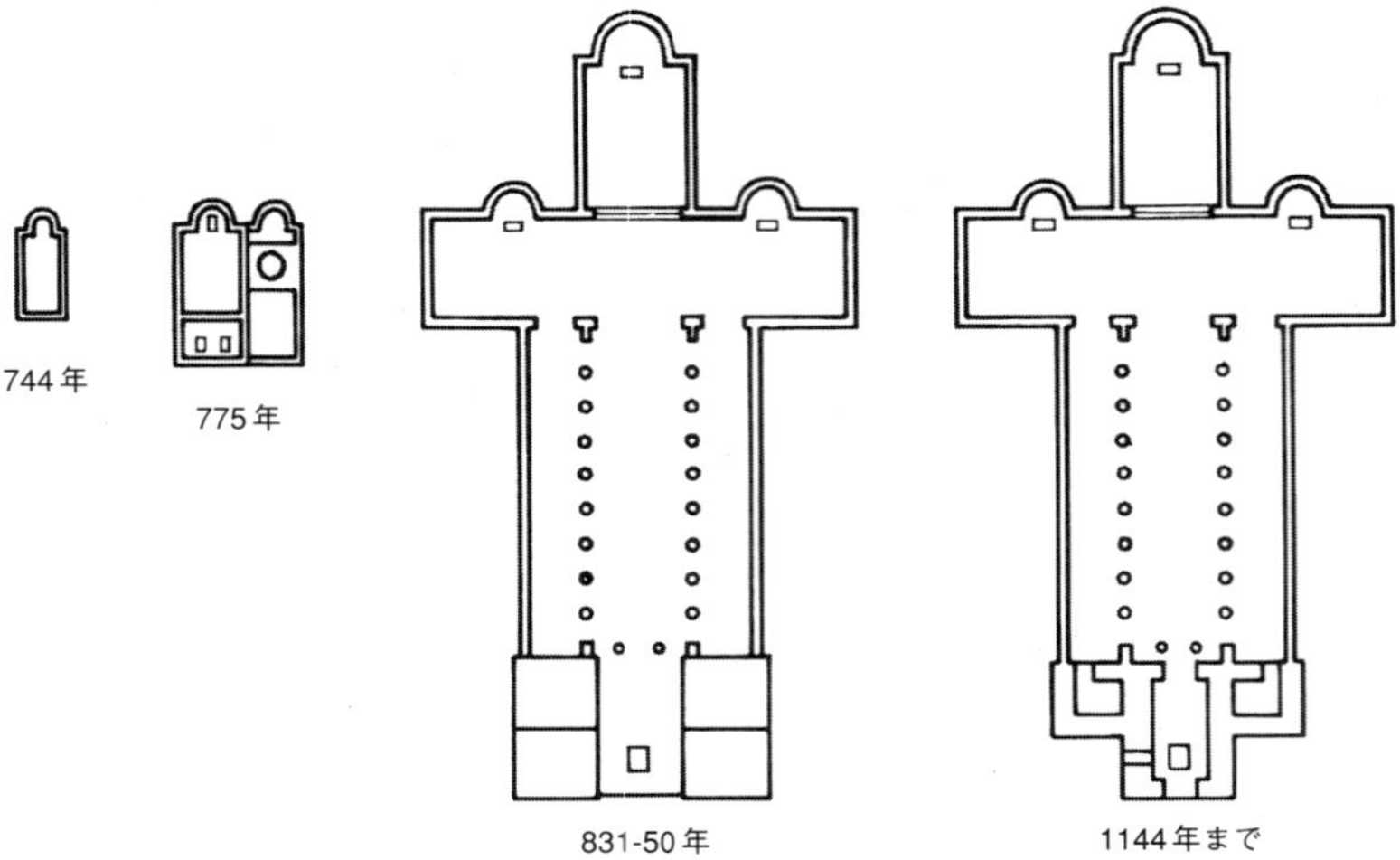

図12　ヘルスフェルト、建築計画の発展（D. グロッスマンによる）

偉大さを復興しようという建築的情熱であり、他の一つはユートピア的な豪華な儀式に対する憧憬であった。この第一の要求を実現したのはフルダであり、第二のそれを実現したのはケントゥーラであった。フルダの新聖堂は七九一年に着工され、またケントゥーラは七八九年に着工され、この二つの建築は、ほぼ同時に進行したのである。

フルダにおいては、修道院長バウグルフの下に、ラートゲルが規模の点からも形式の点からもペトルス聖堂に匹敵する建築を計画した（図13）。これは東方における建築のはじまりであった。八〇二年には、このラートゲルがバウグルフの後継者に選出されて、ついに建築家が修道院長になったのである。彼は思うままに計画を推進し、全修道院はすべて彼の情熱を実現しうるかにみえた。しかしながら修道士は、シャルルマーニュに対して、われわれは礼拝と勉学のために修道院に入ったのであって、けっして建築技術者になるためではなかったのだ、と抗議した。ルイ敬虔帝は八一七年にこの抗議を受け入れ、後の修道院長録に聡明なる建築家と記されたラートゲルを更迭させた。ラートゲルは、この後継者エイギリス（八一七―八二二）の伝記の中で、モノケロスすなわち突きかかってくる一角獣と記され

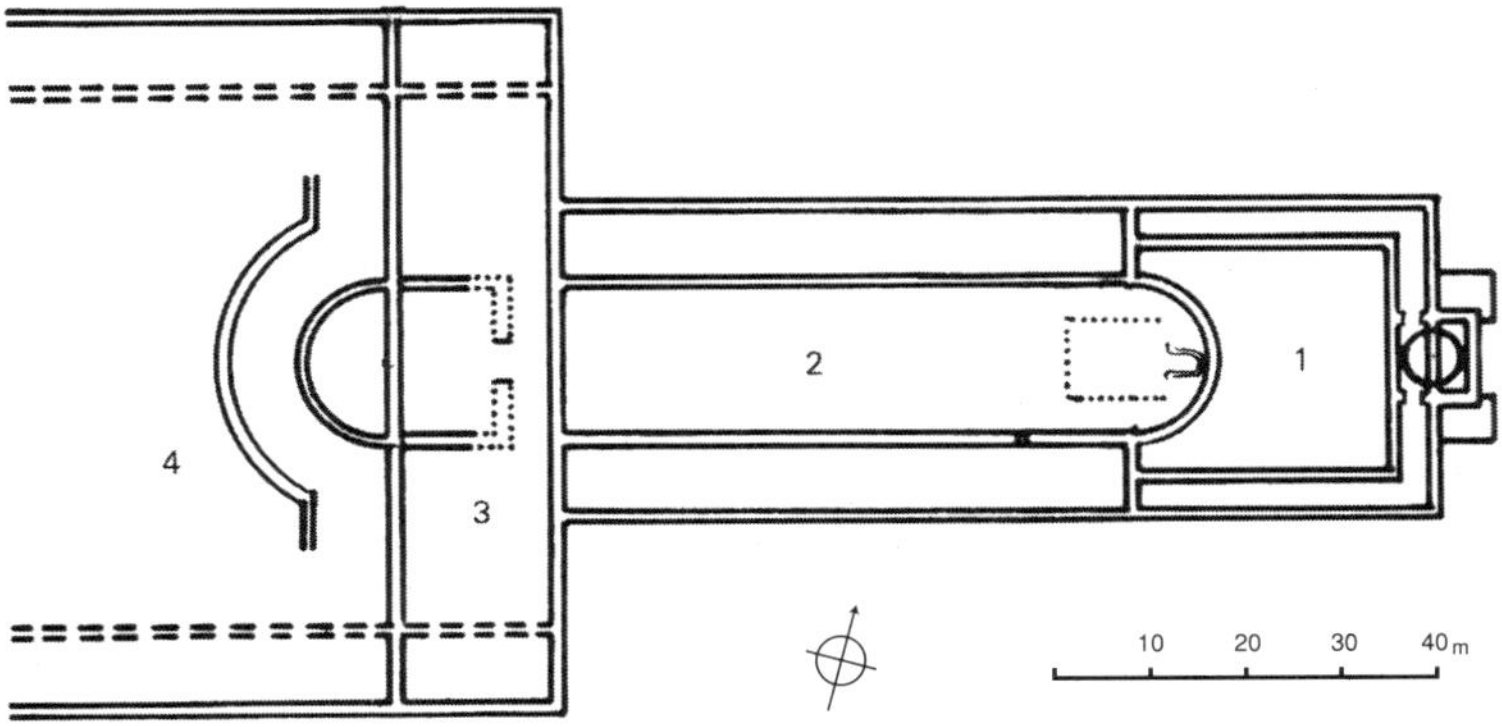

図13 フルダ、聖堂および修道院（D. グロッスマンによる）

1 前庭　　3 西側袖廊
2 聖堂身廊　4 修道院建造物

ている。今日この伝記のカロリング朝時代の細密画を基にした版画が伝えられているが、それによるとラートゲルは新しい聖堂の中に閉じこめられ、一方一角獣が修道士である羊の群を追い回している。[4] 聖堂西側の巨大な袖廊［3］の背後、南側の修道院は、八一九年から建設が開始された。しかしながら今日この建造物については、計画はおろか具体的な形式さえ知ることができない。当時の状況から判断すれば、たとえこれが同時代のライヘナウやザンクト・ガレンの平面図（次章参照）のような配置形式をとらなかったとしても、当然これらのものと同一の思想に基づいて推進されたはずである。エイギリスとまたその後継者であるフラバヌス・マウルス（八二二―八四二）は、明らかに完全なる修道院を要求していたのであり、またそれを完成させたのであった。これは当然、聖堂と同様に、記念碑的規模のものであったはずである。

ケントゥーラ（サン・リキエ）においても、修道院建造物についてはなにひとつ伝えられていない。この修道院は、当時の大修道院と同様に、聖堂がいくつもあって、エドガー・レーマンのいう聖堂群を形成していた。このきわめて重要な修道院聖堂の姿はエッフマンによって再現され、その祭壇配置形式が明らかにされた。[5] さらにまた最近の発掘によって、三つの聖堂の一つである小さなマリア礼拝堂は、アーヘンのファルツ礼拝堂に似た集中形式であることが確認された（文献46、三六九頁）。このケントゥーラにおいては、三つの聖堂を屋根のある回廊で連結し、行進礼の通路にするという新しい構想が生まれたのである。すなわちこの回廊は、基本建造物に囲まれた中庭を形成するのではなく、聖堂から聖堂を連結する通路を形成したのであり、この点にこそ重要な意義があったのである。そしてこの通路は、聖堂から聖堂を巡る行進礼の際に永い讃美歌の詠誦が課せられたために、できるかぎり長大でなければならなかったのである。

この修道院長アンギルベルトは、厳格な礼拝形式を規定した（文献43、二九六—三〇六頁）。聖堂と修道院は、礼拝を完全に実施するための施設であった。ここでは、礼拝は二十四時間中けっして中断してはならないという基本思想があった。この不断の礼拝 **laus perennis** は東方教会で発展し、西方教会では、まずヴァリスの山上修道院ザンクト・モーリッツで実施されたのである。アンギルベルトは、この修道院の一切を礼拝という交代制勤務に改組した。修道士はそれぞれ百声の三部合誦群に編成され、さらに少年による三十声が加えられた。祝祭日には、この三部合誦群は、主聖堂の所定の場所で、また行進礼において、さらに副聖堂において、なにを詠誦するのか、どの合誦に加わるのか、またなにを合誦するのか、ということが厳格に規定されていた。いまこの文書を一読すると、聖暦年を通じて修道士が群をなして詠誦しつつ合体し分散し、独誦し合誦し、さらにまた交誦しつつ行進した姿が、彷彿としてくるのである。

この有名な十七世紀の版画（図14）は、十一世紀の細密画かあるいは素描を写したものであり、三つの聖堂と回廊が、一〇七一年から一〇九七年にかけて全面的に改築される以前の姿を伝えている。ジャン・ユベールは、アッベヴィルの地籍簿によってこの区域の規模を調査することを考えた（文献45、二九三頁）。それによれば、この回廊は全長ほぼ七二〇メートルにも達し、主聖堂からマリア礼拝堂までの距離だけで三〇〇メートルもあったという。この弓形の通路は、ケントゥーラのアンギルベルトの慣例規則 *Institutio Angilberti Centulensis* に従

図14 ケントゥーラ、11世紀の図に基づいた17世紀の版画

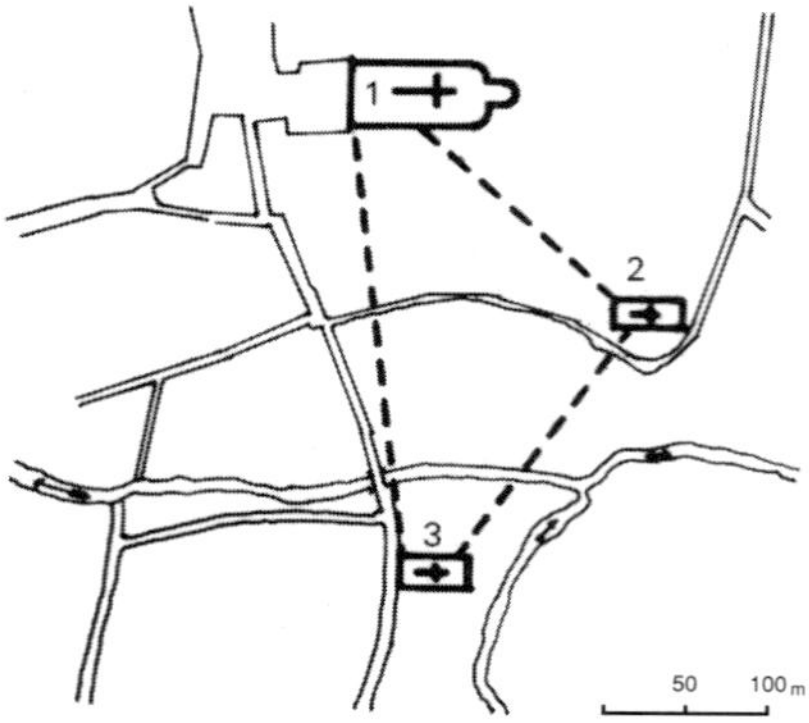

図15 ケントゥーラ修道院
発掘の調査結果に基づき、
聖堂の位置関係を示す略図
（J. ユベールによる）
1 聖リカリウス聖堂
2 聖ベネディクトゥス礼拝堂
3 聖母マリア礼拝堂

って、機能を発揮した（文献43、七〇—七五頁）。すなわちこの通路は、修道士が一日に何回となく合誦しつつ行進したのである。この通路は、祝祭日には、聖堂における典礼の一部を荷うことになった。三つの聖堂と主聖堂の各祭壇は行進礼の順路になり、合誦群が形成されたのである。この修道院の機構は、日常生活のためのものであったというよりはむしろ、典礼のためのものであったのである。このケントゥーラは修道院長アンギルベルトの指導の下に最盛期を迎え、彼の死後はその子息でまた皇帝の孫に当り、さらに大歴史家として知られたニタルトの指導によってさらに発展したが、ノルマンによって破壊され、再興されることがなかった。

一方コルビーは、シャルルマーニュの従兄弟で政治家でもあった修道院長アダルハルドの七八一年から八二六年というほとんど半世紀に及ぶ在職中に最大の発展を遂げ、過去の成果とともにまた大いなる未来が約束されたのである。この修道院はほぼ六六〇年頃クローヴィス二世の妃バティルディスによって設立され、メロヴィング朝時代のフランク王国のもっとも重要な官房になった。修道院長マウルドラムヌスは、七八一年以前に、ここにおいて純カロリング様式の小文字を制定して、今日のアルファベットの基礎をつくったのである。またこのコルビーは、七七四年にシャルルマーニュに捕えられたランゴバルド王デジデリウスの牢獄にされたといわれている。アダルハルドは八二二年に定めた規約の中で、修道士は三百名、雇人は百五十名必要であるとした。そしてここに記された修道院建造物の数から推定すると、これは驚異的な大修道院であったことが想像されるのである。(6)

この修道院には、少なくとも三つの聖堂と、二つないし四つの礼拝堂があった。またこの目録に記された世俗建造物は、明らかに二つに分類できる。それは回廊周囲の建造物と、周壁内部の建造物と、周壁外部の建造物である。回廊の周囲には、慣例のとおり大寝室と大食堂と厨房と貯蔵庫があった。ここには煖房室もあったが、集会室はまだ存在しなかった。ここにはまた修道院長居館と病室も記されているが、その位置は不明である。周壁内部には多数の世俗業務所、すなわちパン製造所、醸造所、洗濯所、仕事場などがあった。さらにまた巡礼者宿泊所と外来者宿泊所と、二名の医師の居屋が記されている。一方周壁外部には、厩舎や粉挽所や車庫や平信徒の学校まであったが、これらの建造物の規模も不明である。ただ、ザンクト・ガレンの平面図において、大寝室に七十二名の寝台が用意されていることと考え合わせれば、この大修道院の規模も想像できるのである。ここでもまた当然、大寝室の下の空間がどうなっていたかということが問われるのである。さらにまた中央入口という記名があることから考えると、配置形式についてもなんらかの規則性があったのであろうし、第二の入口が聖アルビヌス門と記されているのは、周壁前面に同名の聖堂があったためであろう。

すでに述べたように、これらの大修道院はフランクの伝統から生まれたものである。この宮廷の第一級の人物、すなわちシャルルマーニュの友人アンギルベルトはケントゥーラにおいて、またシャルルマーニュの従弟アダルハルドはコルビーにおいて、競って新修道院を組織した。彼らは、フランク戦士の騎馬競技にも似た修道士の合誦交禱を好んだ。この合誦交禱は、アダルベルトの庶弟ヴァラの規則に依拠したものである。ルイ敬虔帝は、ヴァラが帝国の統一を擁護し分割計画に反対したため、コルンバヌスが設立した北部イタリアのモンテ・カシーノともいうべきボッビオに追放した。彼がここで建築計画にたずさわったかどうかは知るよしもないが、彼が修道院長をつとめた短い期間(八三四―六年)に、この修道院の管理職を区分する規則が制定されたことを考えても、彼がいかにふかく修道院組織体について考慮していたかが判るのである。彼はこの修道院において二十四にあまる管理職を制定した。すなわち首席管理者 praepositus primus は一般管理を、司祭長 decanus は規律を、聖堂監督 custos ecclesiae は礼拝を担当したのであった。ここにはまた図書室管理者、記録室管理者、貯蔵庫管理者があり、貯蔵庫担当者 cellerarius familiae は葡萄酒を、貯蔵庫業務者 cellerarius junior は食器を、製パン担当者 cellerarius panis はパンを扱うものであった。また宿泊所接待者 portarius hospitum と宗教者接待者 hospitalarius religiosorum と貧窮者接待者 hospitalarius pauperum があった。財務管理や建築管理や手仕事など各種の業務も、すべて修道士によって行なわれた。その一つ一つについては述べるまでもない。[7] 要するにこの指導者は完全なる秩序を求め、小さな事柄にいたるまで細かく配慮していたのであった。すべてはこの計画どおりに実施されなければならなかった。いまや宮廷組織がこの大修道院に適用されたのである。修道士は互いに、だれがこの二十四の職務に最適であるかを検討した。このような組織が実際に可能であったかどうかはともかく、これはすでにユートピアであり、理想がそのまま現実化していたのである。ザンクト・ガレンの平面図は、このユートピアを、建築の分野で実現しようとしたものであった。

修道本院であるモンテ・カシーノ自身は、修道院配置形式の成立については、あまり寄与するところがなかったといわなければならない。モンテ・カシーノにおける最初の修道院は五八一年にランゴバルドによって破壊され、第二のカロリング朝時代のそれは八八三年にサラセンによって破壊され、今日の発掘古美術学によっても相互関係を知ることはできない。カロリング朝時代の修道院は、七一七年にウィリバルドの援助によって発足し、その聖堂は七四八年に教皇ザカリアスによって献堂され、またここにはピピンの兄弟カールマンが隠棲し、七八七年にはシャルルマーニュ自身が訪問していることから考えても、当然重要な配置形式のものであったであろう。しかしながら、今日多少の確実さをもって再現できるのは、修道院長デジデリウス(一〇五八―八七)がクリュニーのオディローの修道院の影響の下に建設した修道院までである(図16・17)。この修道院の場

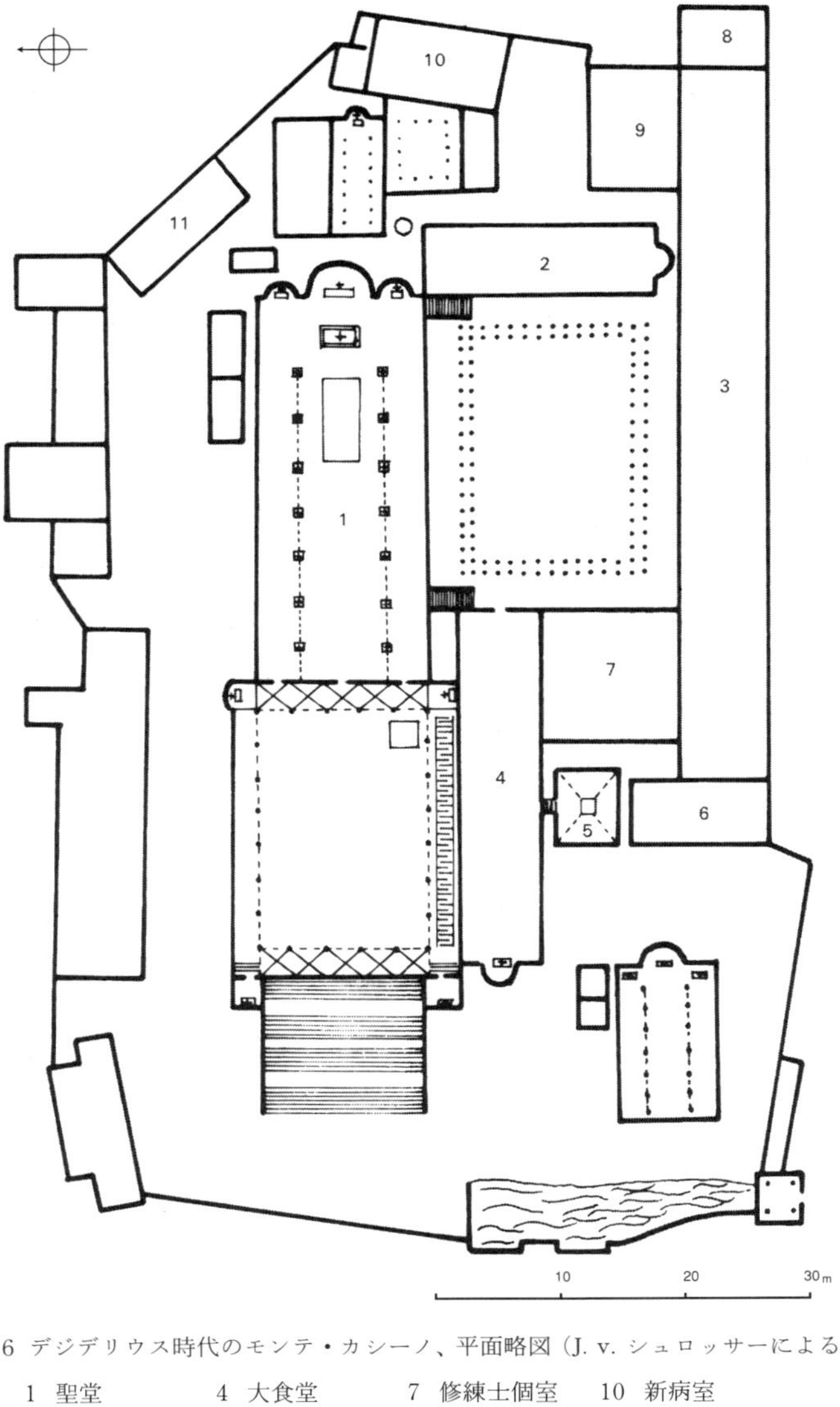

図16 デジデリウス時代のモンテ・カシーノ、平面略図（J. v. シュロッサーによる）

1 聖堂	4 大食堂	7 修練士個室	10 新病室
2 集会室	5 厨房	8 衣服室	11 修道院長居館
3 大寝室	6 貯蔵庫	9 旧病室	

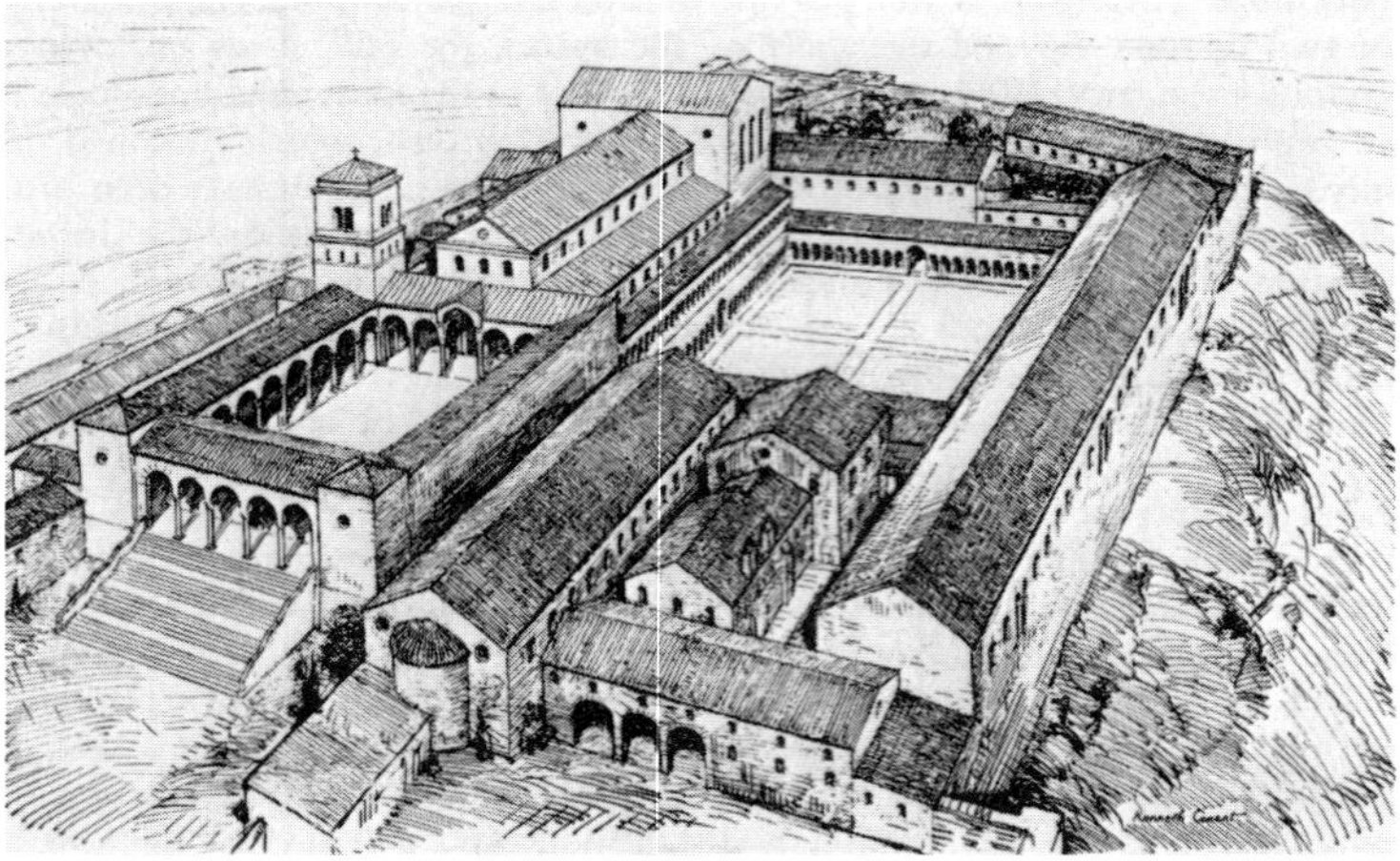

図17　モンテ・カシーノ（K. J. コナントによる復原図）

合は、フランスの建築思想がイタリアの配置形式に影響を及ぼしているのである。モンテ・カシーノにおいて基本的配置形式が実施されなかった最大の理由は、これが細い山の背上にあるという地理的条件によるものである。この平面図によれば、回廊東側区域はすべて集会室になり、また回廊の南側には大寝室が長くのび、大食堂は回廊に開口しかつ前庭ぞいに配置されている。厨房と病室と貯蔵庫は、ここでもまた合理的に配置されていた。しかしながらさらに想像を廻らせば、さきに述べた八世紀の修道院もまた、フランクの修道院に影響を及ぼしたのではなく、むしろその影響を受けたものであると考えざるをえない。すなわち、ベネディクト会修道院配置形式は、カロリング・ルネッサンスの偉大なる成果であったという命題が、ここでまた改めて確認されるのである。

第三章　ザンクト・ガレンのユートピア

中世初期のベネディクト会修道院建築に関するもっとも驚異的な文書は、ザンクト・ガレンの修道院図書室に保存された、カロリング朝時代の修道院の理想的平面図である（図1）。これはヨーロッパにおいて実際の建築計画を記した設計図として、十三世紀以前に遡る唯一のものである。この図面は、幸運にも十二世紀にその裏側に聖マルティヌスの伝記が書かれたために、図書として大切に保存されて今日に伝えられたのである。すでに十七世紀の学者はこの平面図の価値について注目していたが、その中でもとくにベネディクト会最大の歴史家であるマビヨン（一六三二―一七〇七）は、この平面図について言及した最初の一人であった。それ以来、この平面図の正しい解釈をめぐって幾多の研究が試みられた。ウォルター・ホーンがこの模型を製作し（図2）、さらに包括的研究をまとめつつあるのは、その頂点を示すものである。

この平面図は七七センチ×一一二センチ、すなわちカロリング朝時代の尺度によれば、三〇インチ×四四インチの大きさに相当する。これは注意ぶかく鞣された五枚の犢皮に鉛丹で描かれたものである。そしてこの平面図は、詳細な技術的研究の結果、じつはこれ以前にあった別の原図を筆写したものであることが判明した。

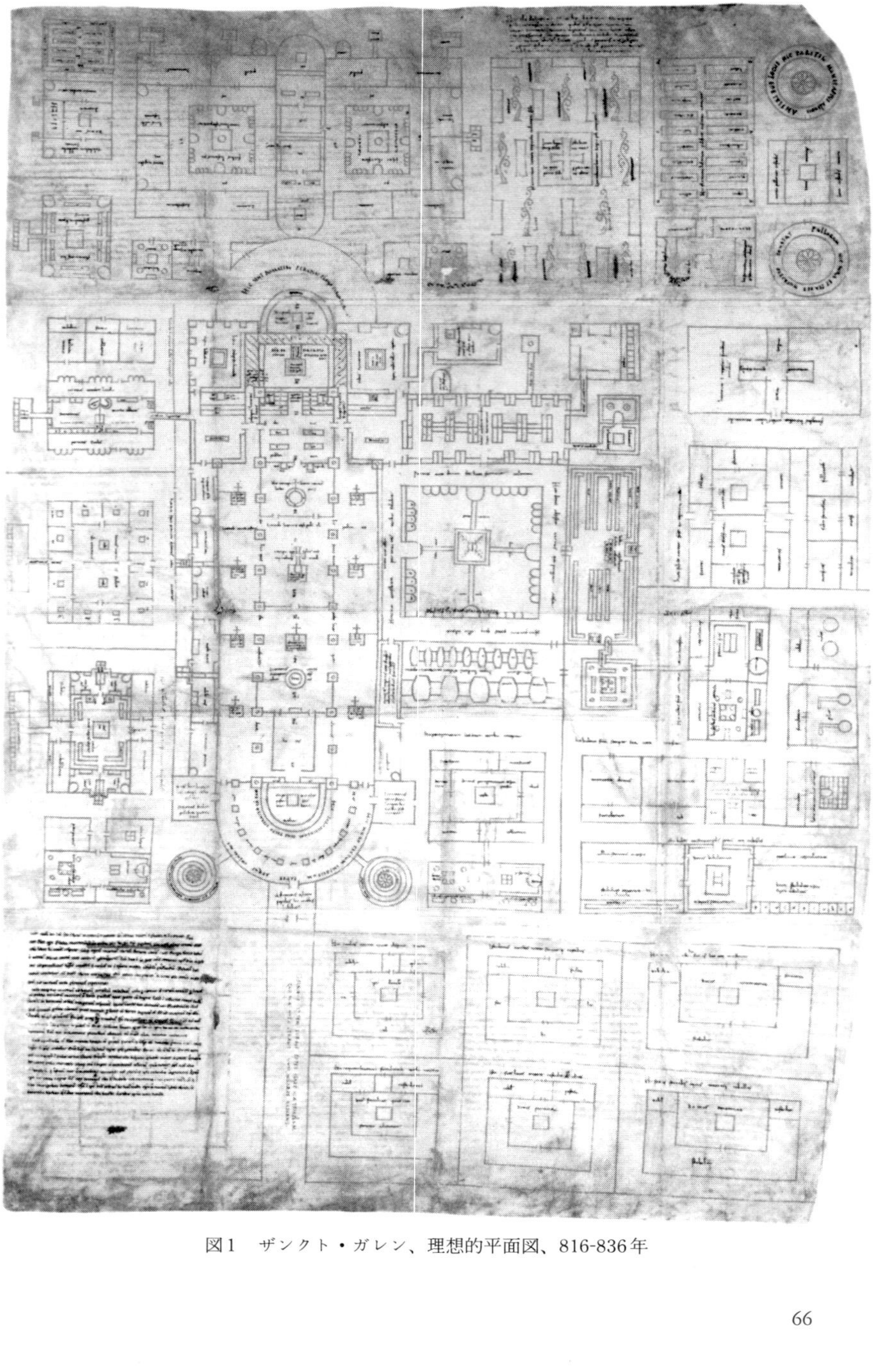

図１　ザンクト・ガレン、理想的平面図、816-836年

図2　ザンクト・ガレン、平面図にもとづく模型
（W. ホーン、E. ボーン、S. カルチェンケによる）

またこの平面図は四十にあまる建造物を一九二分の一の縮尺で示しているが、ウォルター・ホーンはこのことについて、図面上のカロリング・インチの一六分の一が実際の建造物におけるカロリング・フィートに相当するものであるとした（16×12＝192）。今日でもアングロサクソン諸国ではこの一二インチ＝一フィートの計数を使用している。ここにはまた各建造物の使用目的や各祭壇の名義や器物や規格などが表記され、さらに庭園の樹木の名称まで表記されている。またこれらの名称が精神的意味を示す場合には、散文的表記は韻文化して、この図面依頼者の熱烈な意欲を示すことになる。たとえば墓地の中央に描かれた十字架の周囲には、次のような表記をみることができる（図4）。

十字架は野の木々の中で至聖なるものにして、
ここに永遠の救いの果実がみのる。

この思想は十字架の上下に記された次の二行に続く。

この十字架のみもとに死せる朋友の屍を埋め、
その光によりて天上の御国を得しめん。

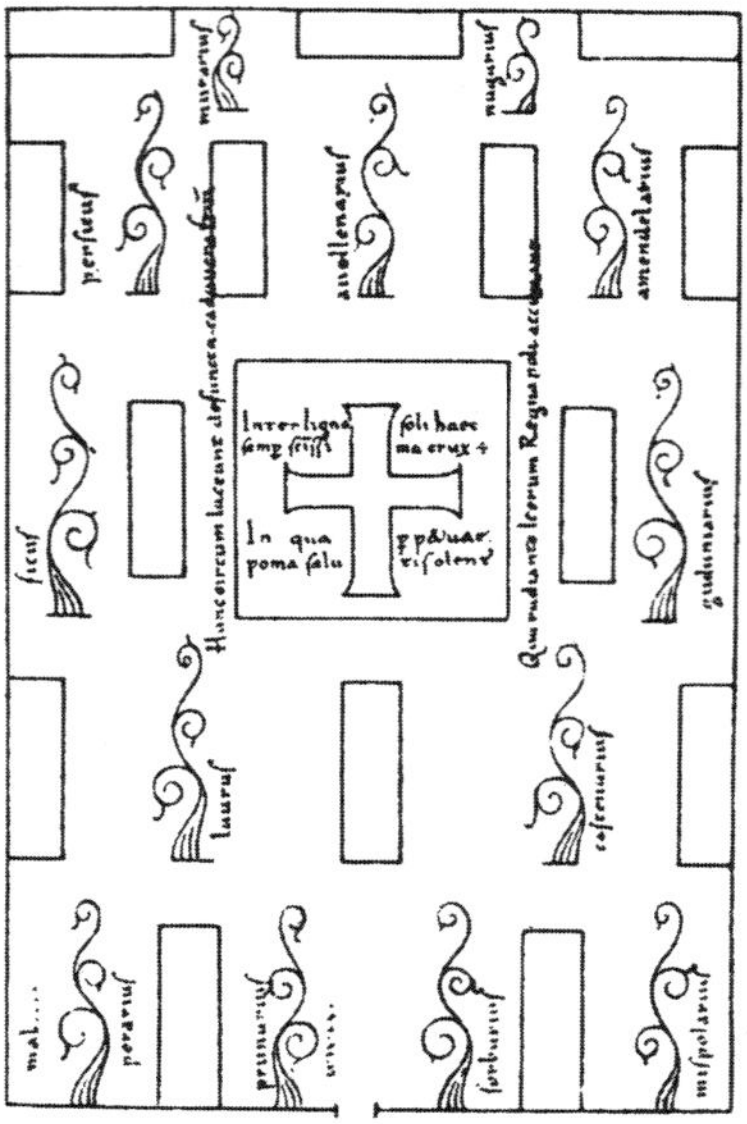

図3　聖堂東側の、
修練士と病者と老者のための区域
（図2の模型の部分）

図4　理想的平面図（図1）の、
「墓地」部分の拡大図
（模型では図3の左端にみえる）

われわれはいま一つの理想国にいるのである。この図面依頼者は、あくまで理想的原型をつくることを求めていた。彼はこのように完全な修道院が実現できるとは考えてはおらず、またこの計画を具体化しようともしていない。それは次の表記をみても明らかである。「親愛なるゴッツベルトよ、われはおんみが修道院建築の精神を会得されるようにと、このささやかなる図面を贈るものである……」。ゴッツベルトは、八一六年から八三六年までこのザンクト・ガレンの修道院長を務め、すくなくとも八三〇年以後かあるいはその数年前から、この修道院の新築計画を考えていたのであった。いまここに、この平面図に記された三四一の表記の中の二六三を記した人物として、ライヘナウの一修道院長の姿が浮上してくるのである。このゴッツベルトに宛てられた平面図は、新築計画の基礎になり出発点になるべきものであった。ライヘナウにあったと想定される原図は、建築技術的な点でこの平面図と同じものであろうけれども、それもまた具体的な建造物を想定したものではなかったはずである。なぜならば、今日知られているかぎり、ライヘナウは当時はまだ改築の必要がなかったからである。ただこの図面作製者は、各祭壇の名義と配置形式に関してのみ、当地の事情に配慮したように思われる。このようなわけで、この平面図を製作させたのは、八〇六年から八二三年までライヘナウの修道院長を務め、同時にまた八〇二年から八二三年までバーゼルの司教を兼任し、シャルルマーニュの宮廷の指導的人物の一人であったハイトー（七六三―八三六）であろうということが、いろいろな点から推測できるのである。それというのは、彼がこの計画を切願していたことが知られているからである。

初期のフランクの王は、修道院に対して新しい世俗的国家的役割を課したが、シャルルマーニュは、聖ベネディクトゥスの戒律こそいずれにもましてこの役割を実施させるのに適していることを認めた。修道院は、学校として、伝道拠点として、土地管理所として、行政拠点として、厳格で緊密な統一体でなければならなかった。このようなわけで彼は、一貴族の子息でかつて青年時代の戦友でもあったアニアーヌのベネディクトゥス

(七五〇頃—八二一)が、南フランスで展開した改革運動に好意をよせていた。このベネディクトゥスはまさしくフランク人であった。しかしながら彼は、東方教会やアイルランド修道士がつねに反文化的姿勢を示したのと同様に、無限の禁欲生活を望んでいたのであった。彼が南フランスの修道院に主聖堂を建設したのはむしろ例外のことであった。この聖堂はきわめて華麗なものであったといわれている。ルイ敬虔帝は、青年時代をアキテーヌの宮廷で過ごし、早くから彼の影響を受けていた。彼こそはまさしくこのフランクの王子を一個の敬虔者に、すなわち良心の不安のために自らを虐む躊躇者に育てあげ、自らの神聖なる使命に対する疑惑からこの帝国を分裂に導いた責任者であったといえるであろう。シャルルマーニュは修道士教会の集権化を意図したが、その子ルイはまさしくその頂点に立つべき当時ただ一人の適材を擁していたのである。このようにして、ルイはベネディクトゥスをアーヘンに招請して、新しい模範的修道院インデンすなわち後のコルネリミュンスターを建設させた。ここにアニアーヌのベネディクトゥスは、帝国修道院長として、アーヘンのラテラン宮殿において八一六年と八一七年の二回にわたる教会会議を主宰することになったのである。この会議の成果は、八一六年八月二十三日と八一七年七月十日の布告として今日に伝えられている(文書Ⅲ)。すなわちこの八一六年の厳格な決議は、多くの修道院長、とくにおそらくは帝国北部の修道院長の反対のために、やや緩和されて八一七年に再度布告されたのである。ベネディクトゥスは、戒律そのものに独自の解釈を示すとともに、支配者に密着した古い修道院の習慣を批判した。ザンクト・ガレンの平面図は、まさしくこの八一七年の、穏和な規約による修道生活を視覚的に表現した示威の図である。このことはA・ドブシュが一九一六年に詳細に指摘し、ウォルター・ホーンが大著にまとめつつあるところである(8)。

修道院長ハイトーは、南フランス的禁欲修道思想に反対した主導的人物の一人であったと考えられる。いわゆる「ムールバッハ条項」の中には、B・ビショッフが指摘するように、彼の司教座であるバーゼルで記されたという八一六年の決議集があり、それへの注釈は八一七年の穏和な布告を、一部先取りしまた主張していたのである。フランクの支配者が修道院に課した政治的役割は、修道士共同体の反世俗的な極端な禁欲修道とは相容れないものであった。ウォルター・ホーンはここで五つの重要な問題を指摘し、その最初の三つの問題は八一六年の厳格な決議によりながらもさらに八一七年に緩和されたものであるとし、第四の問題は八一六年の決議がそのまま実施されたものであり、第五の問題は八一七年にはじめて決議されたものであるとしている。この最初の三つの問題というのは、修道院長居館はどうあるべきか、修道士もまた病者や修練士のように何回かは沐浴が許されるか、修道士は修練士居住区域に学校をもつのと同様に平信徒や部外者の学校をもつのが許されるか、ということである。フランクの修道院は、この第三の問題について、すでに以前から議論していた。すなわち、修道士は支配者の教育を担当すべきか、それとも修道思想の根源でありまたアイルランド修道士が大陸の全土で擁護しようとしていた遁世思想に従うべきか、ということである。この二つの学校は、この平面図においては、聖堂内陣北側の筆記室の階上にある図書室からともにほぼ等しい距離の位置に記されている。その一つは平面図の上方に、他の一つは修練士居住区域にある。また八一六年に決議されたという第四の問題は、修道士の衣服や靴をつくる仕事場を修道院周壁の中に設置すべきであるということである。こうすれば修道院は自給自足が守られ、隣接する居住地との往来が最小限度で済むというのである。第五の問題は、とくに八一七年の布告と密接な関係がある。すなわちそれは、外来修道士の寝室は聖堂に接して設置すべきである、という指示であり（文書Ⅲ、第二十四章）、修道院長が外来者のプライヴァシーを守らなければならなかったことが判るのである。外来修道士は、ここで、厳格な修道生活に従って聖務日課をはたすことも、また外来世俗者のように自由に生活することもできたのであった。このことについてはまたヒルデマールの戒律解説書に詳細な規定がある（文書Ⅴ）。このほぼ八五〇年頃のものと推定される文書は、聖ベネディクトゥスの戒律が、外来修道士は聖堂に接した場所に宿泊し、これに対して平信徒はそこから離れた第三の区域に宿泊しなければならないとした理由を、明らかにしていないのである。

ザンクト・ガレンの平面図に描かれた聖堂が、当時ちょうど建設中であったケルンの大聖堂にかなり忠実に反映されていたということは、この平面図がアーヘンの会議と密接な関係にあったことをさらにつよく暗示するのである。アニアーヌのベネディクトゥスとともにこの会議を主宰したのは、宮廷の首席聖職者で同時にまたケルン大司教でもあったヒルデバルドであった。彼はまさしくこの新大聖堂の建設者であった。しかしながら、彼はその生涯において、ユートピア的な完全形式ということについては一つも文書を残していないために、ザンクト・ガレンの平面図は、やはりハイトーの依頼によるものと推定すべきであろう。このハイトーこそは、強力豪放でまた恣意的個性をもったカロリング朝時代の大人物であった。彼はライヘナウの修道院聖堂とバーゼル大聖堂の建設者であった。彼は八一一年にシャルルマーニュの宮廷から大使としてコンスタンティノープルへ派遣され、その報告書は今日失われてしまったけれども、きわめて詳細かつ印象的なものであったといわれる。また彼がバーゼル司教区聖職者の堕落に対して示した賢明にして厳格な条令 *Capitulare Hettonis* は、注目すべきものであった。彼が第一回アーヘン会議の布告を聖ベネディクトゥスの戒律に照合して解釈し、「ムールバッハ条項」を著わしたことは、先に述べたとおりである。この原本はJ・ゼンムラーによって一九五〇年ヴォルフェンビュッテルにおいて再発見され、この著者についての疑惑は解消した。また彼は、ライヘナウの二人の修道士グリナルドとタットーを八一七年にアーヘンに派遣して、シャルルマーニュがモンテ・カシーノから取り寄せた戒律の写本を正確に筆写させたと考えられている。この写本はこれまたザンクト・ガレンに保存されて今日に伝わっているのであるが、そこには「われらの写本は原本に対して一句一語はおろかただの一字も異なるところなし」と記されている。八一六年のアーヘン会議の第一の命題にして、ハイトーが「ムールバッハ条項」で詳細に説明しているのは、この戒律を一語一語修道院において検討せよということであり、第二の命題は、修道士一人一人がこの戒律をつねに暗誦できるように義務づけたことである。ここにわれわれは、ザンクト・ガレンの平面図と同様なユートピア的完全性を求める決意をみることができる。

ハイトーが齢五十六歳にしてバーゼルとライヘナウのすべての役職を辞して、戒律生活のみに生きようと決意したことは、彼の性格をよく物語るものである。ここにおいてこの年老いた修道院長は各方面に書翰を送り、知己である帝国の重要人物、司教、修道院のすべてを長大な祈禱兄弟盟約書に記し、この世紀の重要人物をあたかも彼岸における帝国議会に招請するかのごとき観を示した。さらにまた彼は煉獄の火と地獄の幻想をきわめて印象的に描き出し、そのために弟子ヴェッティは八二四年の死に臨んで不安に陥ったほどである。またこのハイトーの最大の弟子であるヴァラフリド・ストラボは彼の散文に韻を賦して、ダンテの神曲の原型をつくりあげた。要するにこのハイトーは、カロリング朝時代の教会人として、八世紀、九世紀に数多くみられた徹底性を志向した人物であったと考えられるのである。

この平面図（図5）においては、四つの主要区域がはっきりと区分されている。これはまさしくハイトーの新しい秩序思想を示すものである。彼は、アーヘンの会議とまた宮廷建築にたずさわった経験に基づいて、この修道院複合体を機能的に再編成した。

第一の区域はいうまでもなく基本建造物区域すなわち回廊周囲の区域であり、東側の大寝室［3］と南側の大食堂［6］と西側の貯蔵庫［7］が独立した世界を形成している。これは戒律に従って聖務日課を実施すべき区域であり、ここへは、修道士の談話室［i］でありまた外来者が戒律に従って洗足令を受ける場所でもある一つの通路から入っていくことができた。ここでは、おそらく後のクリュニーの場合と同様に、修道士が洗足しながらキリストの言葉、われおんみらに新しい戒めを与えん、おんみら互いに相愛すべし mandatum novum do vobis : ut diligatis invicem を詠誦したために、この通路全体がマンダトゥムとよばれるようになったのである。事実この平面図においてもこの通路は、回廊への入口にして出口であり外来者との談話が行なわれまた洗足礼が行なわれる場所 exitus et introitus ante claustrum ad conloquendum cum hostibus et ad mandatum faciendum と表記されている。この回廊周囲の建造物は、修道院の中の修道院すなわち基本建造物区域を形成しているので

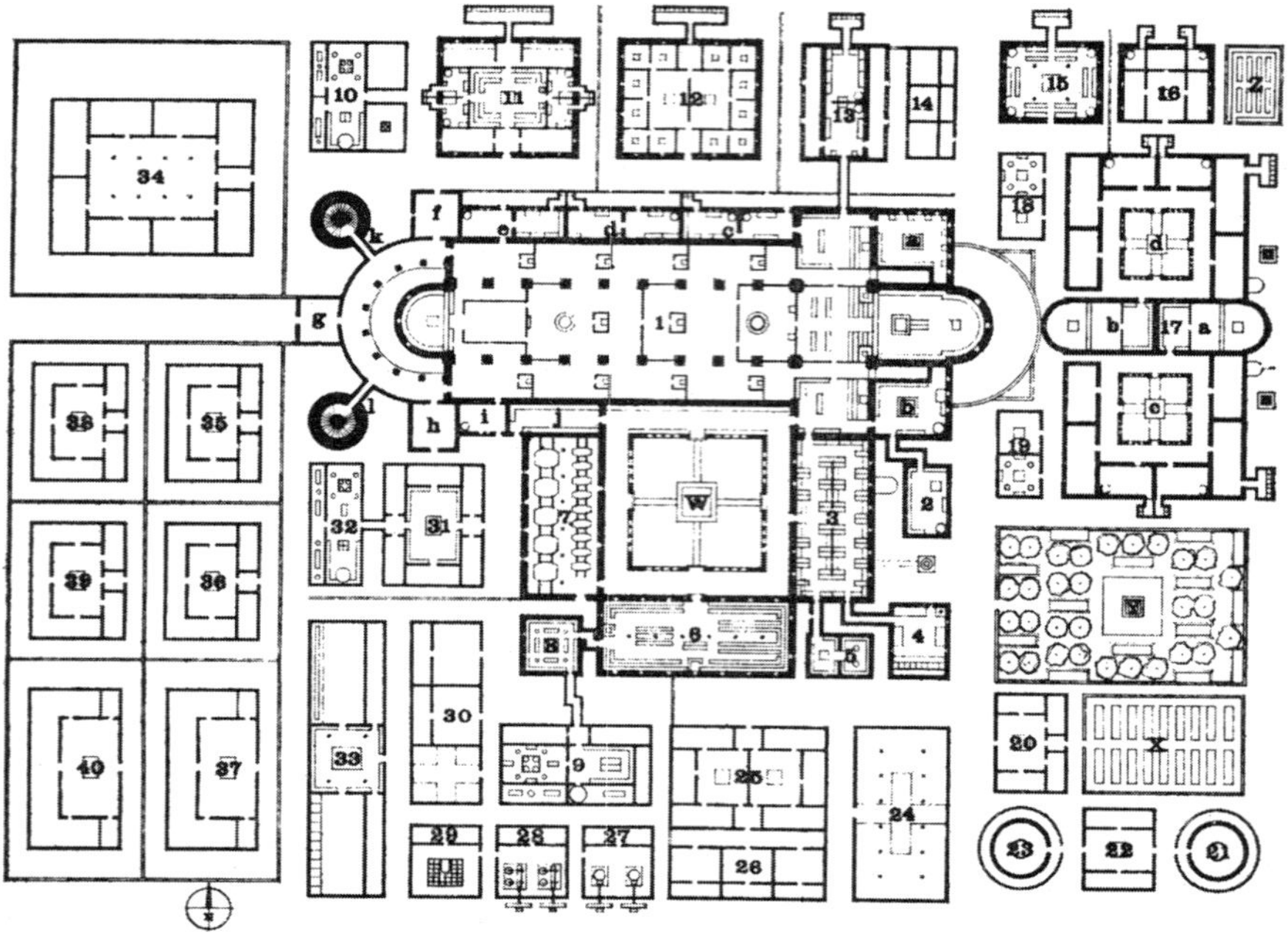

図5　ザンクト・ガレンの理想的平面図（図1の模式図）

1　聖堂
　a　筆記室（1階）
　　図書室（2階）
　b　聖具室（1階）
　　典礼用衣服室（2階）
　c　遍歴修道士居室
　d　部外者の学校管理者居室
　e　接待者居室
　f　高貴な外来者の宿泊所と
　　部外者の学校への入口広間
　g　外来者接待の広間
　h　巡礼者・貧窮者居屋と
　　世俗業区域への入口広間
　i　巡礼者・貧窮者居屋管理者
　　の居室
　j　修道士の談話室
　k　聖ミカエル塔
　l　聖ガブリエル塔

2　聖体および聖油保存所
3　大寝室（2階）、煖房室（1階）
4　修道士の手洗い
5　修道士の沐浴室および洗濯室
6　大食堂（1階）、衣服室（2階）
7　修道士の葡萄酒・ビール貯蔵
　庫（1階）、倉庫（2階）
8　修道士の厨房
9　修道士のパン焼き室
　および醸造室
10　高貴な外来者の厨房、
　パン焼き室および醸造室
11　高貴な外来者の宿泊所
12　部外者の学校
13　修道院長居館
14　修道院長の厨房、貯蔵庫、
　および沐浴室
15　刺胳室
16　医師居屋
17　修練士居屋および病室
　a　修練士の礼拝堂
　b　病者の礼拝堂
　c　修練士の回廊
　d　病者の回廊
18　病者の厨房および沐浴室
19　修練士の厨房および沐浴室
20　菜園管理人小舎
21　鶏小舎
22　鶏・鴨番人小舎
23　鴨小舎
24　穀物倉庫
25　職人居屋
26　職人側室
27　粉挽所
28　脱穀所
29　乾燥所
30　醸造者のための製桶・
　轆轤細工所および穀物倉庫
31　巡礼者・貧窮者居屋
32　巡礼者の厨房、パン焼き室、
　醸造室
33　馬・牛厩舎および番人宿泊所
34　皇帝の従者の居室（？）
35　羊および羊飼小舎
36　山羊および山羊飼小舎
37　牝牛および搾乳夫小舎
38　財物管理人および皇帝の従者
　の居屋（34参照）
39　豚および豚飼小舎
40　優良種馬・仔馬および番人小舎

x　修道士の菜園
y　墓地および果樹園
z　薬草園

ある。この平面図は、大寝室は階上に設置して七十七の寝台をそなえ、大食堂は一階に設置して修道士の食卓をそなえるように指示しているが、集会室はまだ独立した建造物にはされてはいない。当時は、修道士は、回廊の聖堂ぞいの翼部にしつらえられた長椅子に参集して戒律を講読した。またこの表記によれば、大寝室の階下は修道士室であり煖房室であり、大食堂の階上は衣服室であった。貯蔵庫翼部の階上は、脂肪その他必需品の倉庫であった。回廊は正確に一辺一〇〇フィートの正方形をなしている。また円柱やアーケードや支壁は極度に規格化され、厳格な対称性が示されている。ここでは内面的秩序が外面的にまた美的に表現されねばならなかったのである。

第二の区域は、聖堂右側の閉鎖された静寂区域とは反対側の、聖堂左側の世俗に開放された区域である。ここには高貴なる外来者宿泊所[11]と、平信徒および部外者の学校[12]と、修道院長居館[13]と、その厨房および沐浴室[14]がある。さらにまたここには、皇帝およびその従者など外来者用の厨房と醸造室とパン焼き室が用意されている。これをみると、修道院長は外来者と会食すべきであって、修道士と会食すべきではない、という戒律が想起されるであろう。モンテ・カシーノの十一世紀の修道院においても、修道院長居館と外来者宿泊所は聖堂の左側に配置されていた(六三頁参照)。数世紀後のバロックの修道院においては、この修道士区域とは反対の聖堂左側の開放された場所に、高位聖職者区域が発展するのである。ヴァインガルテンはその一例である(二九五頁参照)。このザンクト・ガレンの平面図における修道院長居館も、石造化し階下は二つの煖炉室と円柱アーケードによって戸外に開口する柱廊にしていることからみて、ロルシュの王の間やアーヘンの宮殿など今日再現できるカロリング朝時代の世俗建築の代表作品に匹敵するものにしたいという意図があったことがうかがえるのである。

この二つの区域とともに、聖堂の背後には、いまだ厳格な戒律に従う義務のない修練士とすでにその義務を免除された病者のための区域があり、また職人、雇人の仕事場や彼らが家畜とともに生活する建造物の区域がある。

聖堂前面から基本建造物ぞいに南側に拡がる世俗業務区域は、高位聖職者区域とともに、数世紀後には厳格な形式が成立することになる(二八九頁参照)。しかしながらこの作図者は、平面図全体を建築技術的に整備することよりもむしろ、この修道士の都市に必要なものを完備することに関心を示し、穀物倉庫、厩舎、仕事場を機能的に配置することに関心を示している。ハイトーとこの作図者は、これらの世俗業務所は互いに往来できるだけの空間が必要であること、つまりこの世俗業務区域を統一する中庭が必要であることを見抜いていたように思われる。彼らはこの修道院というノアの方舟に、鶏小舎[21]、鴨小舎[23]、番人小舎[22]を配置し、脱穀所[28]、乾燥所[29]、粉挽所[27]をそなえ、馬と牛の厩舎には番人を起居せしめ、羊と羊飼の小舎[35]、山羊と山羊飼の小舎[36]、牝牛と搾乳夫の小舎[37]、豚と豚飼の小舎[39]から、さらには優良な種馬、仔馬およびその番人小舎から火杭までも完備しようとしている。このように完全性を追求しようという努力と、家畜小舎や貯蔵庫や仕事場をそれぞれ別個の建造物に区分しようという意志は、この平面図にユートピア的性格を与えるとともに、後世のユートピア的城砦計画やユートピア的都市計画と同様に、これが貴族の遊戯になりうることを示しているのである。

またこの図面依頼者は、第四の区域である修練士および病者の区域に特別の関心を示していた。聖堂背後にある修練士と老者、病者の小修道院[17]は、それぞれ専用の礼拝堂、回廊、沐浴室、厨房をそなえていた(図3も参照)。この病者区域に隣接して医師居屋[16]と刺胳室[15]があり、これはまた手術室にもなったのである。医師は、その居屋に手洗いが二つあることからみて、常時二名いたものと推定される。彼らはまた小さな薬草園を管理した。これは病院 domus medicorum と表記され、重症病室 cubiculum valde infirmorum と主侍医室 mansio medici ipsius と薬剤室 armarium pigmentor をそなえるように指示している。墓地はこの病者の修道院からほど遠からぬところにあった。この小修道院にも、本修道院と同様に、寝室、食堂、貯蔵庫があり、回廊アーケードがあった。この八〇〇年前後には、多くのベネディクト会修道院に、このような小修道院があったのである。

この他にまたこの四つの区域のいずれにも属さない建造物や複合体が存在し、それぞれの目的に叶った場所に配置されているのは、まさに驚異に値しよう。その中でも、高貴なる外来者の従者用の宿泊所［34］と、修道院が伝統的に接待を義務づけられている巡礼者、貧窮者用の建造物［31・32］が重要である。これらの建造物は意識的に聖堂の傍に、また彼らを世話する接待者居室の傍［e］に配置されている。修道士のパン焼き室と醸造室は、世俗業務区域を通らずに行ける場所にあった。また修道士の沐浴室と手洗いは、大寝室だけから入れるようになっていた。この時代には、高貴なる外来者宿泊所や修道院長居館や手術が行なわれる病室や病者および修練士の小修道院には手洗いが十分用意されているのに対して、従者や雇人に対してはこの必要設備がまったく用意されていないのが特徴である。図書室と筆記室［a］は、聖堂に接して修道院長居館に向き合った場所に、それぞれ上下に配置され、聖堂の反対側には聖具室と典礼用衣服室［b］が配置されている。ただし図書室はこの場所に留まることはできなかった。図書室は、後に、回廊ぞいに大寝室の階下に定置されるのである。しかしながらこの平面図において、図書室が修道院長居館［13］に向き合った場所に記されているのは、図書という貴重な文化財が、つねに修道院長の監督下にあるべきで、またつねに高貴なる外来者に提示できるようにしておくべきであるという理由によるものであろう。ハイトーはまた、聖具室の右手に、聖体を用意し聖油を保存するための専用の建造物［2］をしつらえることまで、細かく指示していたのである。

この平面図に示された大寝室の寝台の数からみると、修道士は七十七名いたことになる。大食堂の食卓には、さらに多くの座席が用意されていた。修道院長居館には少なくとも八つの寝台が用意されている。高貴なる外来者宿泊所には四つの個室があり、貴族は従者とともにここで起居することができた。ここにはまた個人的雇人のための二つの前室まで用意されていた。馬もまたこの区域を通って厩舎に引き入れられた。外来者は馬と離れては眠れなかったからである。

この聖堂の形式と規格を確認し、またその周囲の木造建築と木骨構造を再現しようという二つの課題は、これまでもいろいろと試みられてきた。ウォルター・ホーンは、この聖堂周囲の建造物について、中世木造建築のすべての資料を駆使して研究し、模型をつくり上げたのである（図2・3）。この模型は、この平面図が意図している本質的な点を、今日想定できるかぎりの忠実さで再現しているのである。しかしながらこの聖堂の平面図とここに表記された規格の矛盾については、多数の独断的な推定意見が提起された。アドルフ・ラインレによる最近の試論も、その一つに数えられるであろう（文献55）。彼はこの問題について決定的な意味をもつ表記を読み換えることによって、すべてが解決できると考えた。すなわちAB ORIENTE IN OCCIDENTE LONGIT PED CCのPEDは、perumではなくて、pedareの縮小詞であり、それゆえにこれは「東から西まで二〇〇フィート」ではなく、「東から西まで二〇〇分の一の縮尺」と解釈すべきであるというのである。この解釈は明らかに正当ではない。すなわち、この表記数値は、すでにこれまでいわれてきたように、後に聖堂を縮小し全計画を変更しなければならなくなった際の試案を示したものであると考えるべきである。なぜならばこの平面図は、聖堂身廊の幅をモデュールにして、この四〇カロリング・フィートを二・五カロリング・インチに縮小し、この縮尺に基づいてすべてを割り出しているからである。すなわちこの図面上のカロリング・インチの一六分の一が、実際の建造物における一フィートに相当するのである。ことに回廊は、やや後にコルビーのヒルデマールが適切な長さであると規定した一〇〇フィート×一〇〇フィートという古典的数値を示しているのである。(9)

しかしながらA・ラインレは、別の点でこの平面図の正しい読み方を教えてくれる。すなわち彼が指摘するとおり、修練士および病者の小修道院は、三二・一六センチの長いカロリング・フィートで算出したものではなく、イタリアにおいて慣用されていた二九・六センチの短いカピトル・フィートで割り出したと考えられるのである。つまりこの小修道院は、明らかに別個の平面図であったと思われるものが嵌め込まれているのである。すなわちこの小修道院は、おそらく初期の時代にしばしばみられた修道士と修道女のための二重修道院であったものであろう。しかしながら、このカロリング朝時代の計画が圧倒的な規模であるということは、まさにシャルルマーニュの勝利を基礎にしたルネッサンスを象徴しているのである。またこのような原型が存在するということは、八世紀においては南方でも修道院の規則的配置形式が広く採用されていたことを示すものである。この礼拝堂の内部が厳重に区切られていて相互の交流が遮断されているのは、衛生的理由によるものではなくむしろ道徳的理由によるものだったろう。さらにまたこのような原型が存在したということは、このザンクト・ガレンの平面図がけっして唯一のものではなかったことを立証している。すなわち、フランク帝国においては、各地で修道院が新設され拡張されまた改築されたのであり、その間に各種の平面図が修道院長の間でとり交わされたのであった。

　ここで最後の問題について考えてみたい。この平面図はたんに完全性を具現した記念碑であるばかりではなく、中世後期において模範とされたカロリング朝の精神性と敬虔性を現わした記念碑なのである。このことは表記文字と比例数値と、さらにまた祭壇の名義聖者の選定とその聖堂内部における配置形式から明らかになるのである。

　このようなわけで、いまや先に述べた四つの区域とともに重要な、第五の区域に注目しなければならない。この聖堂は修道士聖堂であるとともに司教区聖堂でありまた巡礼者聖堂でもあったために、長大な規模が必要であった。回廊はわずかに聖堂身廊の東側半分に接しているばかりであり、修道士は、回廊かあるいは大寝室から、だれに見咎められることもなく聖堂袖廊に入ることができた。また修道院長と外来修道士だけは、これまただれに見咎められることもなく、聖堂に入ることができた。唯一の厳粛な聖堂入口は、すなわちこの修道院の正面入口の幅広い通路である。そこには次のような表記をみることができる。

これは人々が聖なる神殿にいたる通路にして、彼らはここにて祈りをささげ、愉びに満ちてここより出ずる。

この入口の両側には二つの高い塔があって彼らを迎えたが［k・l］、これは大天使ミカエルとガブリエルに奉献され、階上にはこの聖なる天使の名義祭壇がしつらえられ、四方はるか彼方までをも祝福するとされた。聖堂前庭は天国の広場とよばれ、左側からは高貴なる外来者が入場し、右側からは巡礼者が入場したのである。聖堂西側の龕のペトルス祭壇から聖堂中央の聖十字架祭壇までは、平信徒のための区域であった。洗礼盤と九つの祭壇は、すべて平信徒のためのものであった。それというのは、多数の代禱者や祝福授与者はすべて一つの内陣に参集していなければならなかったからである。

この聖堂内部における修道士の区域は、身廊袖廊交叉部の手前二つ目の桁間から奥であった。ここには説教壇と福音書および使徒書翰を朗読するための二つの机が設置されていた。身廊袖廊交叉部ではとくに詩篇合誦が、すなわち修道士の時禱合誦が行なわれた。そしてその奥には、左右七段の階段があって、中央祭壇がそびえていた。この二つの階段の途中には聖ベネディクトゥスと聖コルンバヌスの祭壇が、すなわちベネディクト修道会設立者の祭壇とこのザンクト・ガレンにはじめて個室を設置した聖者の祭壇が置かれた。中央祭壇は聖母マリアと聖ガルスに奉献され、背後には彼の石棺が置かれていたのである。このように、聖堂内部にある各聖者の祭壇をそのまま救済巡路にするということは、修道士の最大の義務であった。巡礼者は聖堂の右側側廊を通り、また高貴なる外来者は左側側廊を通り、各側廊祭壇を巡って真直ぐに聖ガルスの墳墓に到り、薄暗い地下墳墓礼拝堂においてこの祝福授与者に直接触れて、旅の目的を果たすのである。

この図面依頼者と作図者は、修道院を四つの区域からなる統一体と考え、聖堂は多数の聖者名義祭壇の星座とみなしていた。これらの聖者たちは、後世の「聖会話」の絵画にみられるように、ともに一堂に会していなければならなかったのである。さらにまたこの図面依頼者と作図者は、この統一体が聖別化された比例数値に合致した時に、はじめて完全なものになると考えていたのである。すなわちこの平面図においては、各部分の全長、全幅のフィート数は慎重に考慮されなければならなかったのである。各建造物は、その比例数値の完全性に従って、地位が定められたのである。各建造物は、その重要性に応じて、形式を決定する比例数値が明快で美しくなければならなかった。この基礎になるのは、誰がみても、青銅の身廊袖廊交叉部の四〇フィート×四〇フィートというモデュールである。これは聖堂の規格を決定するとともに、回廊とその周囲の建造物の規格をも決定するものであった。この図面依頼者が、どのような比例数値が決定的であると考えて特別な意義を見出していたかということについては、軽々しく断定することはできない。しかしながらラインレは各建造物の比例数値を配列して、これが単純な三数体系からなる黄金分割であることを示した(文献55)。それは次のように表示できる。

40: 80:120 =中央身廊全幅:身廊全幅:袖廊全長
80:100:180 =身 廊 全 幅:回廊全長:身廊全長
120:180:300 =袖 廊 全 長:身廊全長:聖堂全長

この数値は縦にみても横にみても同じである。この比例数値は調和の法則を求める意志を現わすとともに、またここに宗教的象徴性を求める精神を現わしているのである。すなわち、この三行三列は実は三位一体を現わし、縦にみても横にみても変わることのない中行中列は誰の目にもキリストの十字架と映じ、当時の図形詩 carmina figurata そのままの姿を示しているのである。この平面図は実はこのような比例数値の複合体なのである。ハイトーは、この平面図が機能的に戒律に対応し、聖なるものが数値法則に叶って表現されたときに、はじめて満足の意を表明したのであった。彼が修道院長ゴッツベルトに宛てた書翰には、これだけの意義があったのである。ハイトーは、この平面図を研究してその精神を会得することを望んでいた。いまここにこの書簡の全文を飜訳して提示しよう。

親愛なるゴッツベルトよ、われはおんみが修道院建築の精神を会得されるようにと、このささやかなる図面を贈るものである……希わくは、わが友情を受け入れられんことを。われはこの図面をおんみに教えんがために構想したと信じたまうなかれ。われはおんみとの神を愛するという絆において、おんみ自らの研究の一助にならんとして、この図面を贈るものである。キリストの御名において、アーメン。

このようにハイトーは、同僚の修道院長に理念を提示して、その精神を会得することを求めたのである。ハイトーは彼に教えようとしたのではなく、神の嘉したまう愛の奉仕を示したのであった。戒律とともにまたこのような平面図を構想するということは、修道院長にとって、ただ修道院長にとってのみ、修道生活の意義と価値を求める瞑想の対象になりうるのである。このような平面図は、完全であるかぎり、たんなる実用的意味を超えて、修道生活に対応しまた修道生活を讃美する作品にまで昂められるのである。修道院の使命を考えることが戒律についての瞑想の一つであるかぎり、その理想的平面図を製作するということは、中世においてもまた後のバロックにおいても、修道院長の想像力を義務として要求したのであった。ザンクト・ガレンの平面図はこの古い伝統を示したものであり、修道院長の間では、しばしばこのような平面図を添付した書翰がとり交わされたのであった。

第四章　クリュニー

歴史

十世紀および十一世紀において、すべての修道院の頂点に立ち、修道院帝国の首都になろうとしたのは、ブルゴーニュのクリュニーである。この西ヨーロッパに建設された最大の修道院は、十二世紀にはヨーロッパ全土にほぼ千五百の修道院と修道分院をもつまでになった。このクリュニーの指導の下に、従来の多数の強大な個別的修道院に代わる、集権化された修道院国家が成立したのである。この修道院長の中でも、とりわけ四名の人物は、まことに偉大で聡明で有能な指導者であり、貴族の地位にあった。彼らの対抗者は、彼らを嘲笑的に国王に比定した。彼らは大修道院長とよばれた。修道士は、自らが属する修道院長に対してではなく、この大修道院長に対して宣誓しなければならなかった。この大修道院長は、この改革運動に参加した修道院の助言者であり判定者であるとともに、また世俗世界における助言者であり判定者でもあった。教皇、皇帝、国王は、いずれも彼らの助言を求めたのである。

クリュニーの隆盛とその特殊な地位は、三つの条件に基づいていた。第一は、これが、ヴァラシュが指摘するように、支配権力の空白地域に、すなわち神聖ローマ帝国にもフランス王国にも属さない地域にあったということである。第二は、先に述べた四名の大修道院長のそれぞれほぼ半世紀にも及ぶ支配が、あたかも王朝のように継続したことである。そして第三は、これが新しい修道精神に立脚していたことであった。この新しい修道精神は、中世の古典主義ともいうべき新しいブルゴーニュ・ロマネスクの精華を生み、そのもっとも美しい作例は、クリュニー第三聖堂内陣の円柱柱頭に刻まれた九つの楽音の表現となって、クリュニーが追求した理想を内容と形式の両面から力強く証示しているのである（図9―11）。

この修道精神は、十一世紀の第三・三半期においてヨーロッパの歴史を決定した大きな動向の一つであった。この時期にはいろいろな地位が分立した。皇帝と教皇はそれぞれ別個の問題に関心を示し、貴族と司教はそれぞれ世俗と教会を統治し、市民はより市民的に、修道士はより宗教的に活動した。しかしながら、クリュニーは、ヨーロッパ全体の共通課題を担当すべき地位にあり、またこれを指導すべき立場にあることが、次第に明瞭になった。ここにおいてクリュニーは、オットー朝、ザリエル朝の皇帝の助言者、支持者の立場から、さらに進んで新しい教皇権の擁護者になる。この修道院は、世俗とは絶縁することを希いながらも、東方に向う十字軍とスペインにおける異教徒再征服運動 reconquista の推進者になるのである。この修道院は、精神的、世俗的権力を交互に要求しながら、それを拡大していった。この修道院は異常なほどに富裕になり、巨大な影響力をもつことになるのである。

クリュニーの歴史は、あたかも一つの小都市が大権力を獲得する勃興の歴史を読むような感がある（文献59・68・76）。この十世紀初期から十二世紀中期に及ぶ歴史には、ほとんど後退がみられない。この修道院は、ギヨーム・ダキテーヌが九〇九年に、ソーヌ河の支流グローヌの谷間に礼拝堂のある居館を新設したことから始まった。この新しい修道院は司教にも貴族にも従属せず、ただ教皇にのみ従属した。しかしながら、十世紀および十一世紀初期の教皇は、修道士教会を指導し保護するだけの力はなく、クリュニーの修道士はやがて逆に教

図1　クリュニー第三聖堂、現存する南翼廊の塔

皇権を指導することになるのである。クリュニー修道会とローマとの関係は、彼らが新聖堂をほとんどすべて聖ペトルスに奉献していることからも理解できるのであり、後のシトー会が、その聖堂をことごとく聖母マリアに奉献して敬虔性を証示しているのと対照的である。

第一代修道院長ベルノー（ド・ボーム、在任九一〇—九二六）は十二名の修道士のために最初の聖堂を建設し、そのベネディクトゥス祭壇の背後に葬られた。その後継者である修道院長オドー（九二六—九四四）は、皇帝ハインリッヒ一世から他の修道院を支配する特権を与えられた。また修道院長マイヨルス（九五四—九九四）は、オットー大帝の友人であり、最初の質素な聖堂に代わる新聖堂を完成し、これがいわゆる第二クリュニーとして美術史に登場することになるのである。すでに彼の先任者たちは、九五〇年頃からこの重要な作業を開始していた。この新聖堂は九八一年に献堂された。彼の後継者オディロー（九九四—一〇四九）とフーゴー（ユーグ・ド・セミュール、一〇四九—一一〇九）の時代に、クリュニー修道会は隆盛の頂点に達した。皇帝ハインリッ

図2　クリュニー修道院遠望　18世紀の水彩画

ヒ二世が帝国支配の標識である地球儀をこの修道院に遺贈したのは、まさに象徴的な事実である。この修道本院の修道士は、一〇六三年から一一二二年までの間に、七十三名から三百名以上に増加した。第三聖堂（一〇八八―一一二〇年頃）すなわち第三クリュニーは、この新しい権力と精神性の現われであった。これは実にロマネスク最大の、フランス最大の、また実際に建設された最大の修道院であった。

オディローは、五十五年に及ぶ在職期間中に、第二クリュニー聖堂に新修道院を付加して、その大理石の回廊は当時の人々を驚嘆させたものである。しかしながらフーゴーは、この修道院が修道士の増加に対してけっして十分ではないと考えていた。この世紀を通じて、彼らはつねにこれを拡大しようと考えた。彼らは、新しい建築計画と建築企画を次々に研究した。ただし、ポンス（ポン・ド・メジュイユ、第七代院長、一一〇九―一一二二）は、軽薄さの故にクリュニーを追放され破門されてローマで死んだのであり、その支配期間はむしろ進歩が後退したといえるのであろう。しかしながらその後継者フーゴー二世のわずか数ヶ月の支配の後を受けた第二の後継者ペトルス・ウェネラビリス（一一二二―五六）は、はじめてこの大建築に一応の完成をもたらしたのである。ここではこの偉大にして聖なる四名の修道院長の生涯の事蹟を記すことはできない。しかしながら、マイヨルスの支配は四十年、オディローの支配は五十五年、フーゴーの支配は実に六十年、そしてペトルス・ウェネラビリスの支配は三十六年という長期間に及ぶものであった。このように継続的に成果を上げることができた選挙王制は、他の歴史にはみあたらない。さらにまた聖堂や修道院基本建造物の建築や改築は、けっして修道生活の中心をなすものではないということが認識されなければならない。彼らは右手でこの修道院帝国を支配しながら、左手でこの建築を実施したのである。建築の目的はただ一つであった。修道生活はもっぱら典礼に捧げられるべきものであり、礼拝が大幅に拡大された反面、瞑想や学問はほとんど顧みられなくなり、労働は完全に放棄されるにいたった。詠誦と連禱が日々の生活のすべてであった。いまやこの「神のための芸術」が修道士のただ一つの義務であるかと思われた。今日残存する建築の一部や図像作品は、すべて模範的であることを意図して作られたのである。クリュニーは生活形式とともにまたその芸術をも指導した。一二四五年教皇インノケンティウス四世と聖王ルイがここで会合したのは、この修道院が隆盛の絶頂にあったことを示している。修道士は、自らの大寝室や大食堂や集会室やその他修道生活に必要な建造物を提供することなしに、教皇に従う十二名の枢機卿と二十名の司教を、国王、母后および王弟から成る宮廷を、さらにまたビザンツ皇帝とその従者までをもお泊めすることができたと誇らかに記している。[10] すでに十二世紀において、この大寝室や大食堂は、ほぼ千二百名にも及ぶ聖職者や修道士を収容することができたという。聖堂には千名の人員が入ることができた。

「クリュニーは中世最大の作品である」とエミール・マールは記している。「維持することは創始することよりも以上にむずかしい」とペトルス・ウェネラビリスは、友人でありまた対抗者でもあったクレルヴォーのベルナルドゥスに、予言するように答えている。事実彼の死を契機に、衰退が始まった。一二五二年、この修道院は自立を放棄して国王の庇護に服したのである。それ以来、修道院長の選出は、もはや自由ではなくなった。彼らはおおむね、後世の空位修道院長 abbés commendataires リシュリューやマザランのようにパリで生活した。

またクリュニーはサン・モール修族に吸収され（一六三四—四四）、さらにサン・ヴァンヌ修族に吸収された。最後の空位修道院長枢機卿ドミニック・ラ・ロシュフコー（一七五七年以後）は、時おりクリュニーを訪れる場合にも特別の居館に泊り、もはやこの修道院に住むことがなかった。

十八世紀において、クリュニーは、すべての中世的制度を敵視した二つの運動、すなわち啓蒙主義の古典的秩序思想・統一思想とフランス革命によって、徹底的に攻撃された。一七二七年、この古い修道院は解体された。パリにおいては、この修道院全体を城館にしようという計画が進められたが、それも一七五〇年頃以後ごく一部が実施されたにすぎない。一七九〇年の世俗化の後には、クリュニーの市民はこの巨大な聖堂を破壊し始めた。彼らはこの伝統的な権力の象徴に全的な怨恨をぶちまけたのである。進歩に対する信仰は、過去の一切を清算しようとした。十九世紀の二〇年代に始まった再建運動も、わずかに荒廃を救う程度のことしかできなかった。それ以来、フランスの発掘古美術学はつねに繰り返してこの破壊された偉大なる作品を讃美するのであるが、世間一般は今日もなおフランス革命の破壊行為を正当なものとみなしているのである。これは大規模な発掘作業が行なわれなかったことにも原因があり、また新しい所有者は残存部を維持しかねた。この十九世紀に行なわれた各種の復原作業の後に、最後にアメリカの建築史家ケニス・J・コナントが、数十年にわたる理想主義的努力によって、はじめてこの平面図と模型を復原して示したのである。彼は、一九二九年から一九六五年にかけて、このクリュニーに関して十二に余る論文を発表しているが、それでもなお最終的結論には到達していない（文献76—88）。彼はつねにトレンチを掘り、文献を解読し、数学的幾何学的規則を考慮しながら、この全体像を把握することに努力してきた。彼は研究の途中で、しばしば見解の変更を余儀なくされている。たしかに、多くの個別的事実を確認するには、あまりにも資料が乏しい。オディローの第二クリュニーも、またペトルス・ウェネラビリスの第三クリュニーも、とうていコナントの平面図のような妥協的な姿のものではなかったであろう。個々の建造物はあくまで全体の一部ではあるにしても、聖堂についてもまた修道院につ

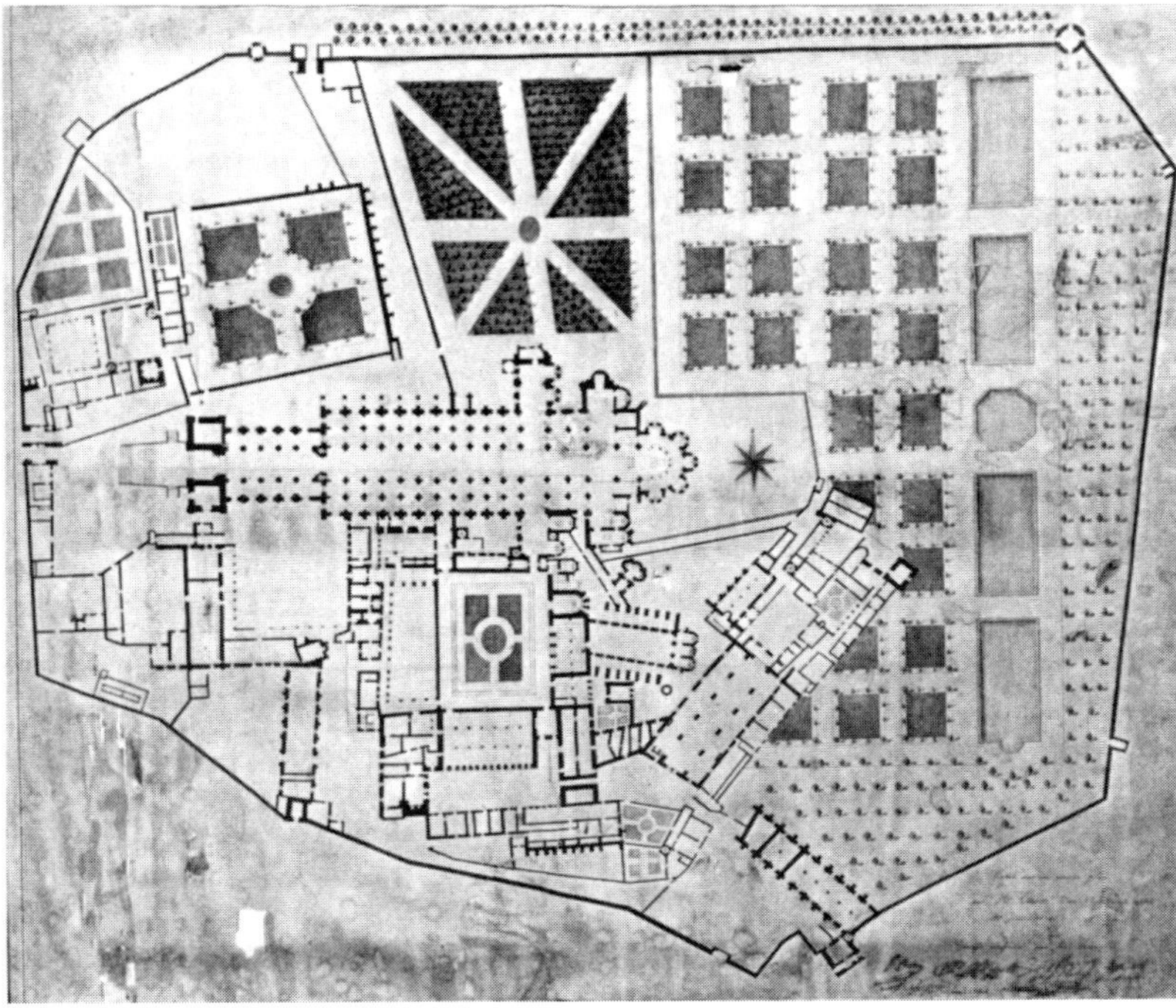

図3　クリュニー修道院平面図　銅版画、1710年

いても、ただ二つの計画しかなかったとはとうてい考えられるものではない。事実この巨大な複合体は、ほとんど二世紀にわたって反復して計画され、連続的に積み重ねられているのである。このような事実から考えれば、コナントが復原したオディローの修道院も、ペトルスの修道院も、ともに一つの抽象にすぎないということになるのである。

しかしながら資料の上から判断すると、この二つの復原図はすくなくとも十一世紀初期、十一世紀後期、十二世紀に建設され完成されたすべての重要な建造物を網羅していると考えられる。この復元作業においては、一六二三年と一七一〇年の破壊以前（正確には一六九八年以後、一七二七年以前）の測量に基づいた修道院全体の平面図が、もっとも重要な手がかりになった（図3）。聖堂と修道院の大部分は、それまでの五百年間はほとんど手が加えられることがなかった。それにもかかわらず、この十七世紀の平面図でさえ、十二世紀から十七世紀の間になにが新築されなにが改築されたかということについては、十分な解答を与えてはくれない。ただこの平面図とコナントが復原したペトルス・ウェネラビリスの修道院平面図を比較すれば、この五百年間にも、やはり一連の新築改築が行なわれたことが判るのである。クリュニーについては、個別的建築史が書かれなければならないのである。

ザンクト・ガレンの理想的平面図には、四つの区域が示されていた。その三つの地域はオディローの修道院にも認めることができる。しかしながら、ここでは手仕事が廃止されたために、仕事場はほとんど姿を消し、世俗業務区域は存在しない。修道士は、戸外労働を廃止し、土地を小作に出したのである。そしてその反面、聖堂の左側と前面には、高貴な外来者と巡礼者の区域が明瞭に姿をみせてきている。いまやここに、後世のバロックの高位聖職者区域が大きく浮き出てきているのである。回廊周囲の基本建造物の配置形式は、ザンクト・ガレンの平面図と同一である。しかしながら、ここではじめて集会室が姿を現わし、マリア礼拝堂と結合し、またクリュニー修道会は回廊、大寝室、大食堂において絶対の沈黙を守ったために、はじめて談話室が設置された。病室と墓地はザンクト・ガレンの場合と同様に聖堂の東側に配置され、とくに墓地は聖堂内陣に接して配置された。修道士は、この至聖所の翳に最後の休息の場所を求めたのである。ここではまた、修練士居住区域と病室が分離し、前者が回廊の南側に配置された。これはきわめて当然のことで、すでにカロリング朝時代から行なわれていたのである。

ここではまた、はじめて平信徒のための細く長い翼屋が修道院の西側の境界に配置されたことが重要であり、これはコナントの復原図に明瞭に示されているのである。この翼屋の一階は、この修道院と外来者のための厩舎であり、二階は平信徒と助修士の大寝室と大食堂であった。この区域は、シトー会修道院において重要な建築主題になるのである。この区域は、従来の修道院の世俗業務区域、すなわち後のシトー会修道院において平信徒区域のさらに外部で発展することになる世俗業務区域と、混同してはならない。この区域は、クリュニーいるのである。

ベネディクトゥスの時代においても、またカロリング朝時代の修道院においても、修道士が聖職者に叙任されるのは比較的稀であった。アルクィンやパウルス・ディアコヌスのような大学者や修道指導者でさえもが、低い地位で満足していた。いまや聖職者も修道士も、ともにすべての礼拝に参加し、聖務日課の妨げになる労働や家畜飼育は、すべて雇人や従属者にゆだねられたのである。その結果修道士が聖職者化し、誰もが聖職者に叙任されるようになった。むろんこの中には、聖職者になることを拒否して、修道生活を貫こうとする者もあった。修道士は戸外労働を廃止したが、その反面、きわめて謙譲な要求に対してさえもそれに応えるだけの能力も教養もない低い階級の人々が、多数、修道生活に参加するようになったのである。修道院従属者もまた、ひたすら修道士共同体に仲間入りすることを望んだ。このようなわけで、十一世紀から十二世紀初期にかけて、修道士と並ぶ助修士 conversus という新しい階級が成立し、独自の戒律と終身の誓約に従って、修道院共同体の外縁に生活したのである。しかしまた一方、贖罪と謙譲を求めて、より高位の修道士や騎士や貴族や聖職者や司教までもが、修道士の生活よりもむしろ助修士の簡素な生活を愛するということもあった。この助修士という制度は、一〇一二年に聖ロムアルドゥスがカマルドリを設立した際にはじめて成立したのである。シトー会は、この助修士をさらに明瞭な形式のものにした。ここでは聖職者 patres と修道士 fratres が区別され、この後者がやがて下級の仕事をすることになるのである。彼らは聖堂において特別の座席が与えられ、また修道院内部において特別な建造物が与えられた。しかしながら、第二クリュニーと第三クリュニーの建築様式をみると、当時はまだこの階級が完全に分離してはおらず、また修道院内部の一翼として位置づけられるまでにはいたっていなかったことが判るのである。

コナントによるオディローの一〇四三年の修道院とペトルス・ウェネラビリスの一一五四年の修道院の復元

作業は、批判に耐えられるものであろうか。むろんその全配置形式は十分な妥当性をもつものではあるが、なおいくつかの不完全な点が認められる。またここでは改革の段階が詳細に示されたわけではない。修道士は、戒律の規定による聖務日課を実施しながら、しかもつねにこの巨大な複合体を拡大し改善しなければならなかった。すなわちこの改築作業は、一日といえども修道生活を乱すことは許されなかったのである。私は建築科の学生とともにその可能性について研究してみたが、決定的な結論を得ることはできなかった。すなわちこのクリュニーにおいては、九五〇年から一一五〇年にかけて、つねになんらかの建築作業が進行し、聖堂と基本建造物が交互に改築されていったのである。すなわち、まず最初の聖堂が改築されて第一クリュニー聖堂が出現し、続いてその基本建造物が改築され、次いで第二クリュニー聖堂の計画が開始されたのである。そしてこの第二クリュニー聖堂に対応して、十一世紀初期に、オディローの修道院が建設されたのである。しかしながら、この第二修道院が完成した後に、すぐ続いて第三聖堂が計画されたわけではなかった。この聖堂と修道院は、一〇八〇年頃から、交互にまた同時に改築されていったのである。一一〇九年にフーゴーが歿した際には、この修道院は絶え間ない建築作業の結果、巨大な複合体になっていた。中世は、つねにこの巨大な複合体の各部を交換し改善しまた補足したのである。しかしながら十二世紀中期以後になると、この修道院は運営能力が低下し、建築作業は過重なものになってきた。大建築は、その基盤となる共同体が最盛期をすぎた後にはじめて完成するものであるという法則は、このクリュニーにもあてはまったのである。

オディローの修道院（第二クリュニー）

オディローの修道院は、聖堂の他は、トレンチによってもごくわずかな壁体が確認されるにすぎないというような状態であるが、一方またこの修道院については文献が残されていて、そこに記された配置形式は、後世の改築の際の状況と照合しても疑いないものとされるのである。

オディローの伝記によれば、彼は聖堂の壁体のほかは内外の一切を新築したという（文書Ⅶ）。また当時の一外来者は、この修道院の中に立ってすっかり感激し、個別的な問題についての記録を残している（文書Ⅷ）。元来、修道院には、巡回聖職者による基本建造物区域の視察が義務づけられていた。むろん平信徒は当然そこに入ることはできなかった。この記録は、当時は聖堂とともにまた基本建造物が視察の対象になっていたことを、はじめて明らかにしているのである。彼らは修道院長に導かれて、一定の順路に従って各建造物を視察した。さらにまたこの視察は、修道士が聖堂でミサをあげていて各室が空いている時間に実施されるように規定されていた。この視察順路は、コナントの復原図（図4）において明瞭に判るのである。

これは、外来者接待所 domus elemosinaria [16] すなわちザンクト・ガレンの平面図でいえば外来者が洗足礼を受ける場所から始まるのである。視察者はまず貯蔵庫 [15] と厨房 [13・14] を訪れ、次いで大食堂 [10] から修練士居住区域 [21] を訪れた。そしてもう一度回廊にもどり、大寝室 [6] を視察した。この文書は集会室 [4] については述べていないが、これが聖堂に接した場所にあったことは他の資料からも明らかであり、当然視察の対象になり、マリア礼拝堂 [19] も視察されたことであろう。この順路は病室 [20] で終っていた。聖堂と外来者宿泊所は部外者にも知られていたために、視察の対象にはならなかった。同様にまた仕事場 [22] も視察の対象に視察の対象にはならなかった。ならなかった。彼らが回廊からすぐ大食堂へ入らずに、まず貯蔵庫と厨房を訪れたことは重要である。これはらは建築技術的にも興味ぶかいものであったのであろう。また南側の修練士居住区域や東側の病室も視察されたということは、これらのものもまた修道院複合体の重要な要素であったことを示している。このようにして、クリュニーこそすべての戒律規則に合致する模範的修道院であることが示されたのである。

幸いなことに今日、十一世紀の一修道士がこの視察順路をたどった記録が残されている。それは、一〇六三年に枢機卿ペトルス・ダミアヌスの従者としてクリュニーを訪れた、ローマの一聖職者の旅行記である（文書Ⅷ）。彼はこの修道院の規模と美観に大きな印象を受け、ことに大寝室と大食堂の規模に感嘆している。また

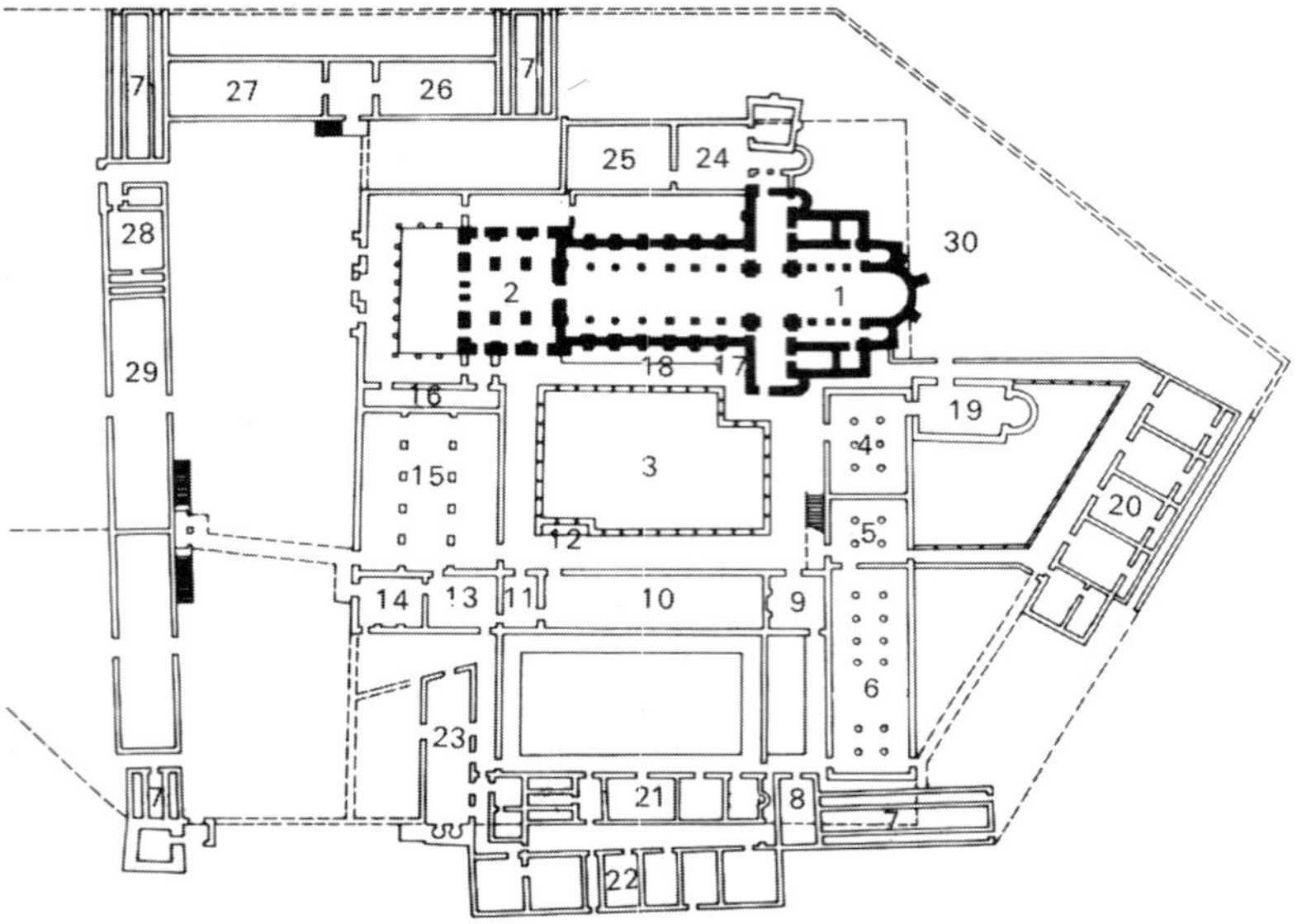

図4　第二クリュニー（1043年頃、K. J. コナントによる）
完全に確実なのは聖堂とマリア礼拝堂のみ。その他はすべて、ファルファの規則書の記述が第二クリュニーを示していることを前提とする。J. v. シュロッサー以来、各研究者はおおむねこの提案を受け入れている。

1　修道院聖堂
2　聖堂入口
3　回廊
4　集会室
5　談話室
6　修道士室
（4～6）階上・大寝室
7　手洗い
8　沐浴室
9　煖房室
10　大食堂
11　食器室
12　噴泉室
13　修道士の厨房
14　平信徒の厨房
15　貯蔵庫
16　外来者接待所
17　書籍棚
18　筆記者座席
19　マリア礼拝堂
20　病室
21　修練士居住区域
22　仕事場
23　パン焼き室
24　聖具室
25　仕立工・製靴工の仕事場
26　婦人室
27　高貴な外来者室
28　貧窮者宿泊所
29　厩舎および助修士居室
30　墓地

彼は、この修道院のすべての場所が隠れた水路によって給水されているのに、驚嘆している。このような給水設備は修道院建築における新課題であり、クリュニー修道院は、スペインの異教徒再征服運動の後にナバラ、アラゴン、カスティリアで行なわれていたローマ式典礼を採用した際にアラブの給水設備を学び、これを模範にして解決したと推定される。また一一四三年に、ペトルス・ウェネラビリスがイングランド人ロバート・ケットンに命じてはじめてコーランを翻訳させたということも、アラブ文化に対する関心を示したものであった。

このオディローの修道院についての記録は、また一〇四二年頃に記されたと推定される重要な文献、すなわちローマの北にあるファルファの規律書 *Disciplina Farvensis* の第二書にある模範的修道院の記述に対応している(文書Ⅵ)。これは一八八九年に、ユリウス・フォン・シュロッサーが、ファルファの規則書 *Ordo Farvensis* と名づけたものだが、すでに十九世紀中期から、オディローの修道院の記述であるとみなされてきた。モルトは一九一一年に、有名な『中世フランス建築史史料批判』において、これをそのままクリュニーの規則書 *Ordo Cluniacensis* とよんでいる。すでにマビヨンもこの関係を知っていたし、コナントによる外来者翼部と平信徒翼部の復原は、すべてこの記録に依拠しているのである。この規則書の第一書の序文によれば、これはヨハネスというアプリアの修道士がクリュニーを訪れた時の記録を基にして、グィードという修道士が記したものであるという。そしてこの文書とともにまた、たとえばすでに十二世紀からクリュニーの図書室に保管されている四旬節における六十四名の修道士のために用意された六十四冊の図書の目録のような資料を参考にしらべれば、この模範的修道院というのは、クリュニー以外ではありえないことが明らかになるのである。[11] また一般史的見地からも、この模範的修道院の個別的記述は、ファルファ自身にはあてはまらないことが判る。ことに聖堂入口の両脇の塔はクリュニーの象徴であるのに対して、十一世紀のイタリアの建築とは考えられない。さらにまた、西側正面の長大な平信徒翼部はファルファには存在するはずがないのに対して、クリュニーには、コナントが復原しているように、存在する可能性が大きいのである。

このファルファはシャルルマーニュの庇護を受けた帝国直属修道院であり、一度サラセンに破壊されながらも、十世紀末期にクリュニーの改革を導入してようやく復興し始めたのである。オディロー自身、このファルファを訪ねているのであり、この一〇四二年の規則書はクリュニーの精神をつよく反映している。さらにこの記録は、ザンクト・ガレンの平面図と比較してみると興味ぶかい。すなわちザンクト・ガレンの平面図が修道院の理想的形式を示すものとして隣のライヘナウから贈られたのと同様に、この一〇四二年の記録もまた模範的形式を示すものとしてクリュニーからファルファへ贈られた可能性があるのである。この記録には、当時すでに成立していた建造物とともに、また別の建造物が進行形で記され、当時もなお建築が続行していたことが判る。これらのことから考えれば、アプリアのヨハネスがクリュニーを訪れた時点においては、オディローの修道院はまだ全部が完成してはいなかったことになるのである（文書Ⅵ）。この問題はいちおうこれだけにとどめておこう。

コナントは、ほぼこの記録に依拠して復原作業を進めた。この記録は二十五の建造物をあげて、ほぼそのすべてについて規模と位置を示している。これはまず第二クリュニー聖堂について述べているが、その全長一四〇歩という記述は発掘された聖堂［1］の全長と正確に一致する。次いでこれは、集会室［4］について詳細に述べ、北側には三つ東側には四つの窓があり、また回廊に面して二重円柱で支持された十二のアーケードがあったという。コナントは、最初の復元作業の際にはただ一列の支柱列を考えていたが、一九五五年と一九六三年の復原作業の際には、二列の円柱列がより妥当性があるとした。この集会室に続いて修道士の談話室［5］と居住室ないし作業室［6］があり、その階上には、聖堂よりも長大な全長一六〇歩という大寝室があった。この大寝室は二三歩という高さで、細い窓が九十七あったという。大寝室の寝台が、それぞれあるいは幾つかまとまって高窓の光で照明され、戒律が示すように（第四十八章）、正午の休息の際にも読書できるようにするということは、ベネディクト会の習慣であった。このように目的不明の建造物において窓が緊密に並んでいる場合には、たとえばモン・サン・ミシェルの場合のように（二六四頁、註31）、とくに注意する必要がある。この大寝室は全幅三四歩であったということを考えれば、たとえこれが穹窿化されていなかったとしても、やはり二列の支柱列を想定するのが妥当であろう。いまこの大寝室の比例関係を考えてみれば、一〇六三年にここを訪れたローマの修道士が深い印象を受けたという事実が理解できるのである（文書Ⅷ）。また一〇四二年の外来者が、この寝台の上の窓の高さを実測できず、目測しかできなかったことは重要である。集会室とともに、このように細い高窓が連続して並ぶ長大な広間は、当然ブルゴーニュの建築と考えるべきで、イタリアの建築とは考えられるものではない。このような例は、今日も残存する十二世紀のシトー会修道院にみることができるのである。

この一〇四二年の記録はまた大きな手洗い［7］について詳しく述べ、便座が四十五あり、それぞれ「換気窓finestrella」があったという。この記録はさらに煖房室［9］と大食堂と修道士および平信徒の厨房［13・14］について述べ、視察順路に属するものとして、貯蔵庫［15］と、またこの貯蔵庫の幅だけの長さをもつ広間というよりはむしろ通路というべき外来者接待所［16］について述べている。この記録は、各建造物の規模について、確信をもって証言している。またこの記録者は自ら歩いた回廊については述べていないが、聖堂への入口から煖房室［9］までは七五歩あったとしている。この一〇四二年という時点においては、オディローの新回廊はまだ完成してはいなかったのである。さらにまた他の資料によれば、修道士は大寝室から直接聖堂に入らずに、回廊の一隅にある華麗な入口から入ったという。この回廊周囲の建造物がザンクト・ガレンの平面図と較べてすべて圧倒的に幅広くなっているのは重要である。これは、新しい建築計画が従来の建造物に付加的に実施されたことを示しているからである。すなわちこの新計画は多くの点で従来の建造物の制約を受け、一度に全体を改築することができず、一部ずつ付加していかなければならなかったのである。また、この修道院が、聖堂に対してむしろ大きすぎるということも重要である。これはあたかも聖堂の改築を要求しているかのような印象を与えるのである。すなわちここには、ザンクト・ガレンの平面図にみられた古典的統一性とは異なる、中世的多様性が存在するのである。

この記録は、回廊からさらにマリア礼拝堂［19］と病室［20］について述べている。しかしながら、医師居屋についいては説明していない。四つの病室には、八つの寝台が用意されていた。病室に四つの個室を用意するということは、ヒルデマールの戒律解説書の指示の通りであり（文書V）、従来の習慣に従ったものである。また別のより広い一室は刺胳室であり、他の一つは病者の衣料洗浄室であった。この驚異的な衛生設備は、第二修道院が建設された時点において、すでにアラブの影響があったことを示しているのである。

この記録はまた、巨大な外来者翼部［26・27］と長大な平信徒翼部［29］について述べている。ただし後者が雇人翼部 famuli とよばれているところをみると、彼らの特殊な地位はまだ確定してはいなかったようである。またここでは建造物内部の設備について、すなわち四十名の高貴な外来者室［27］と三十名の婦人室［26］の居住性について述べている。コナントは、手洗い［7］を修道院入口の脇と平信徒の墓地に面した場所に復原しているが、これは妥当性に乏しい。元来、手洗いはこの建造物の裏手北側にあったのであり、それが第三クリュニー建設の際に取り払われて、当時の姿が解らなくなってしまったのである。長大な厩舎［29］は、階上が平信徒の寝室および食堂で、これは聖堂と外来者宿泊所とともに前庭区域を形成し、ロマネスクの世俗建築の傑作に数えられた。この記録は、また外来者宿泊所の演出性について語り、祝祭日には豪華な材質 pallis の緞帳 cortinis が飾られたと述べている。聖堂入口［2］の二つの塔と入口通路は、長く平面的な聖堂前面のアクセントになっていた。この前庭区域は、第三クリュニーにおいてさらに拡大されるのである。しかしながら、この平面図はすでに、この区域がさらに複雑化することを暗示している。この世俗的豪華さと多様性は、基本建造物区域の静寂とまたそのアーケードの和音とは、まさに対照的なものであった。

この記録は最後に、回廊南側の建造物について述べている。十二の沐浴室 cripta［8］には十二の浴槽があり、そこにはまた修練士室[21]と、金細工工やエマイユ工やガラス工の仕事場[22]があった。この記録はまた、粉挽所とパン焼き室[23]までの間の建造物について述べている。この記録は、各建造物の特徴については明確に示しているが、相互の位置関係については明確な記述がなく、修練士区域の回廊についても記述がなく、その状態は不明である。このためにコナントは、とくに修練士区域の各部と沐浴室についてしばしば見解を変えなければならず、せっかくの発掘も決定的結論をだすまでにはいたらなかった。要するにここでは、修練士の小回廊を中心にして学習室や食堂や寝室を配置するには、スペースが足りなかったのであろう。修道士の沐浴室が大寝室近くの東側にあり、またパン焼き室が厨房近くにあったことは確実である。また一〇六三年の外来者が驚嘆した水路は、手洗いと沐浴室に通じ、またコナントが回廊の一隅に復原した噴泉室[12]に導かれていた(12)。金細工工やエマイユ工やガラス工の仕事場[22]がこの場所にあるのは、このきわめてゆきとどいた配置形式の中でいささか不似合いな感があるが、これはクリュニーが自らの思想を象徴するものとしてステンドグラスの発展を奨励したことと関係があり、これが後にシトー会から攻撃されることになるのである。このようなわけでこの仕事場は、これまた聖堂の北側の聖具室[24]の裏手といういささか不似合いな場所にある仕立工や製靴工の仕事場[25]とともに、第三クリュニーの平面図では姿を消している。元来、聖具室は、これとは反対側に、すなわち修道士の入口ぞいにあるべきで、その反対側にあるべきではなかったのである。

この記録や平面図は、すべて建築技術的に妥当なものであろうか。オディローの大理石の回廊と各所に噴泉を湧出させる隠れた水路は、当時の人々を感嘆させたものであった。この機能性は明瞭である。また聖堂前庭区域の豪華さはすでに述べたとおりである。大寝室は、高窓の並ぶ長大な広間であり、ひとつの伝統にさえなったのである。ただ筆記者の座席が回廊の北翼にあり[18]、しかもその一隅に書籍棚があったということ[17]は、奇異な感じがする。筆記者は実際にこの屋外で、円柱の並ぶ中庭と修道士の歩みを目にして仕事をしたのであろうか。

修道士ヨハネスによるオディローの修道院の集会室についての記録は、集会室という建築主題そのものの成立についての問題を提示している。すなわちこの集会室は、聖堂の袖廊に接し、アーケードの列によって回廊に開口する、中位の規模の室である(クリュニーの場合は四五歩×三〇歩)。また記録によれば、この集会室には、二重円柱による十二のアーケードがあったという。これは、修練士をはじめこの修道院に所属しながらも集会に参加することを許されない者にも、集会の経過をみせたいという配慮から生まれたものである。これらの人々をもまた、回廊において、天候の制約を受けることなく、聖務日課の一つに参加させようという意図は、数世紀にわたって豊富な建築的幻想を育んだのである。集会のための特別な建造物は、アンセギスが建設したフォントネルの記録でみた通りである。ただしこれは、回廊の聖堂ぞいの翼部を意味しているにすぎない(文書Ⅳ)。最古の独立した集会室として、壁体が確認できるのは、ハイデルベルク近傍のハイリゲンベルクであろう。これは一〇三〇年頃に成立したものと推定され、コナントが一〇三五年と推定したクリュニーの集会室よりもわずかに古く、また一〇四五年に成立したオディローの回廊よりも十年古いというにすぎない。この集会室の位置と規模と形式は、すくなくとも十一世紀初期以来、多くのベネディクト会修道院でいろいろ研究されていたのである。またこの集会室という建築主題は、まず修道院において成立し、次いで大聖堂にも設置されたのであって、けっしてその逆ではなかったであろう。いずれにせよ、クリュニーの集会室の豊かな形式が、この建築主題の確立に大きな影響を及ぼしたことは疑いない。

この集会室は、成立した当初から、しばしば修道院長のまた稀には修道院設立者の埋葬所になった。それはこの集会室の背後にマリア礼拝堂すなわち死者礼拝堂が結合したことが、一つの原因であったであろう。この形式はまずクリュニーで成立し、次いでクリュニーの影響下にあるヒルザウなどの修道院で踏襲された。この形式は、一〇三二年に成立したマリア礼拝堂によって誘発されたと考えられ、自らその前室になったのである。一方シトー会修道院においては、たとえばマウルブロンのように、この集会室の奥に独自の祭壇をもった小内陣が設置され、この形式はとくにイタリアにおいて、たとえばパッツィ礼拝堂のように、ルネッサンス直前まで、豊富な成果を示したのである。しかしながら、このオディローの修道院には、驚くべきことには、大修道院長の居館も寝室も執務室も存在しない。すなわち、この配置形式は初期ロマネスクの厳格さと明快さを示してはいるのであるが、それが完成した時点においては、すでに多くの点で修道会そのものが建築に先行して発展してしまっていたのである。ただしこの世紀においては、この修道院が狭隘にすぎるという不平はついぞ聞かれることがなかった。

ペトルス・ウェネラビリスの修道院（第三クリュニー）

あたかも両手をさしのべてかつてない大いなる奉献物を神に捧げんとするかのように、クリュニー修道会は、一〇八八年からほぼ一一三〇年にかけて、ほとんどその全力をあげて、従来の修道院の外部に、すなわち従来の聖堂の北側に、精神と理想と芸術意志の表現でありまた世俗的経済力の反映でもある新しい壮大な修道院大聖堂を建設した（図7）。それは大胆な無謀とさえ思われる計画であった。この聖堂は、普通の場合のように、従来の聖堂のあった聖なる場所に再建されるのではなく、はるか離れた新しい場所に新築されたのである。この聖堂は一〇八八年九月三十日、教皇の特使によって礎石が置かれ、一一三〇年、インノケンティウス二世によって献堂式が執行された。すでに一一二一年には、第二クリュニー聖堂身廊は取り払われていた。つまりこの聖堂の基本建築は、わずか三十年で完成したのである。この建設は、スペイン王が一〇八五年にトレドを占領し、アラブの捕獲品の中から一万枚の金貨を贈ったことが契機であった。この未だかつてない大建築の設計に要した三年間は、永すぎるというよりはむしろ短かすぎる感があった。この新聖堂の面積は従来の聖堂の十倍にも及ぶものであったが、その大胆さはけっして形式と規模だけにとどまるものではなかった。この新聖堂ははるか北側に建設されたために、この建設期間中も従来の建造物を一つも取り払う必要がなかったという事実は、この計画の巨大さを示すものである。修道生活は、この建設期間中も、旧聖堂においてとどこおりなく実施された。建築現場の騒音は、回廊の中までは届かなかった。ここでは、後のケルン、アミアン、ボーヴェ、フィレンツェ大聖堂改築の場合のように、改築し拡大しまた一部ずつ置き換えるというのではなく、すべての点でまったく新しいまったく別個のものが、なんの制約も受けることもなしに建設されたのである。従来の修道院は、精神的にまた技術的にさらにまた実質的に、この巨大なる建築現場に付属する仕事場になり、自らの修道生活を実施しつつ、この作業に全力を注いだのである。フランスは、十一世紀末期において、これだけの聖堂を建設する実力を備えていたのである。

この新聖堂建設計画は、かつてボームの修道院長を務め、晩年このクリュニーで過ごしたグンゾーに始まるのである。一一二〇年頃に編集されたといわれるフーゴー（ユーグ・ド・セミュール）の伝記によれば、この病める修道院長は、幻想の中で聖ペトルスと聖パウルスと聖ステファヌスからこの新聖堂の建設を命ぜられ、さらにこの聖者たちが自ら縄をとって聖堂の地割りをしたと伝えている（文書Ⅸ）。サン・マルタン・デ・シャンの一一八〇年頃の細密画は、この光景を描いているのである（図5・6）。当時の人々にとって、このような話はなんら疑う余地のない現実のことに思われた。しかしながら、病める修道院長がこの新築計画をつねに構想していたということは、より印象的である。すなわち、このキリスト教世界にはじめて出現した巨大な聖堂は、修道士の大寝室において構想されていたばかりではなく、また病室においても構想されていたのであった。

フーゴーの伝記はさらに、当時はこの修道院もまた狭隘になり、これを拡大するように決議がなされたと記している。またペトルス・ウェネラビリスによる一一四六年の修道規則も、この新修道院について言及している。このようなわけでコナントは、この修道院のどの部分がフーゴーの時代すなわち新聖堂以前のものであり、またどの部分がペトルスの時代つまり新聖堂以後のものであるかを考えなければならなかった。しかしながら、これについてはほとんど手掛りになる資料がない。また一七一〇年の平面図を参考にするにしても、これはさ

図5/6　第3クリュニー建設の由来を伝える写本挿絵（1180年頃）
グンゾーは聖者たちが新聖堂の地割りをするのをみて（左）、
それを修道院長フーゴーらに伝える（右）。

らに困難な問題を提起する。すなわち、この中のどの建造物が十一世紀、十二世紀まで遡りうるかということである。事実、この配置形式を変えることなくどの建造物が新築されどの建造物が置き換えられたかということは、依然として不明なのである。新聖堂建設計画と同時にまた、従来の建造物の外部に独立の建造物をつくる計画があったのであろうか。また、その萌芽はすでにこの修道院区域の中に存在していたのであろうか。

新しいマリア礼拝堂[33]は一〇八五年に献堂された。これは元来死者礼拝堂であり、墓地[30]の拡張に伴って拡大されたのである。この礼拝堂は、従来の病室の跡に建設された。当時はすでに、ファルファの規則書に記された三十二の寝台では数が足りない状態であり、さらにまた、グンゾーのように外部の修道士が多数、このクリュニーを魂の故郷としてまた自らの生涯を静かに終える場所として住みついていたのである。新しい病室区域が従来の場所よりもさらに東側に移されたという想定[35]は、配置形式上当然であり、コナントが指摘しているように、一〇八二年に完成したものと思われる。この東側への拡張とともに、また西側へも拡張が行なわれた。フ

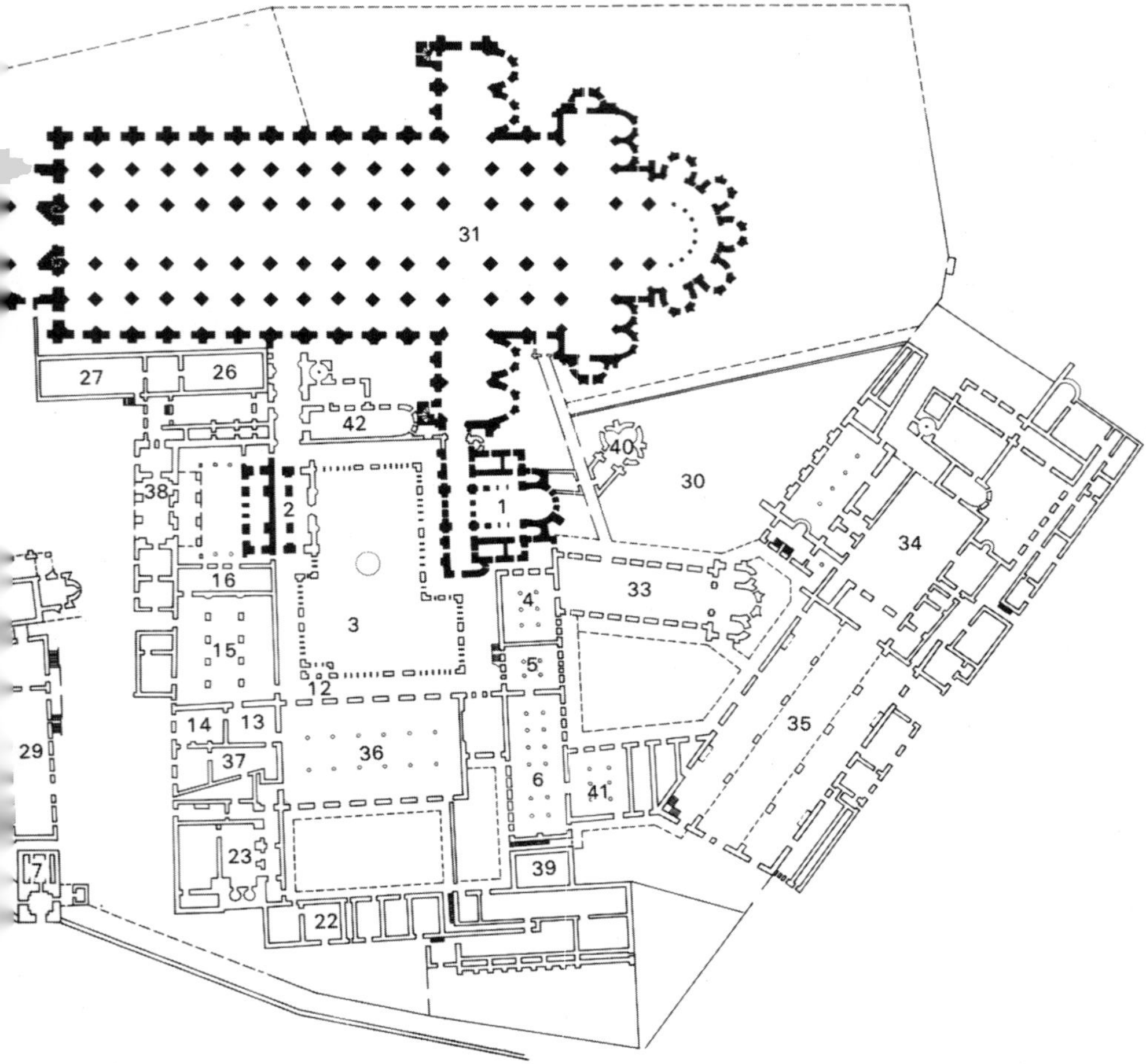
31
27
26
42
40
30
1
2
38
34
33
16
4
3
15
5
12
35
14
13
36
29
37
6
41
23
39
7
22

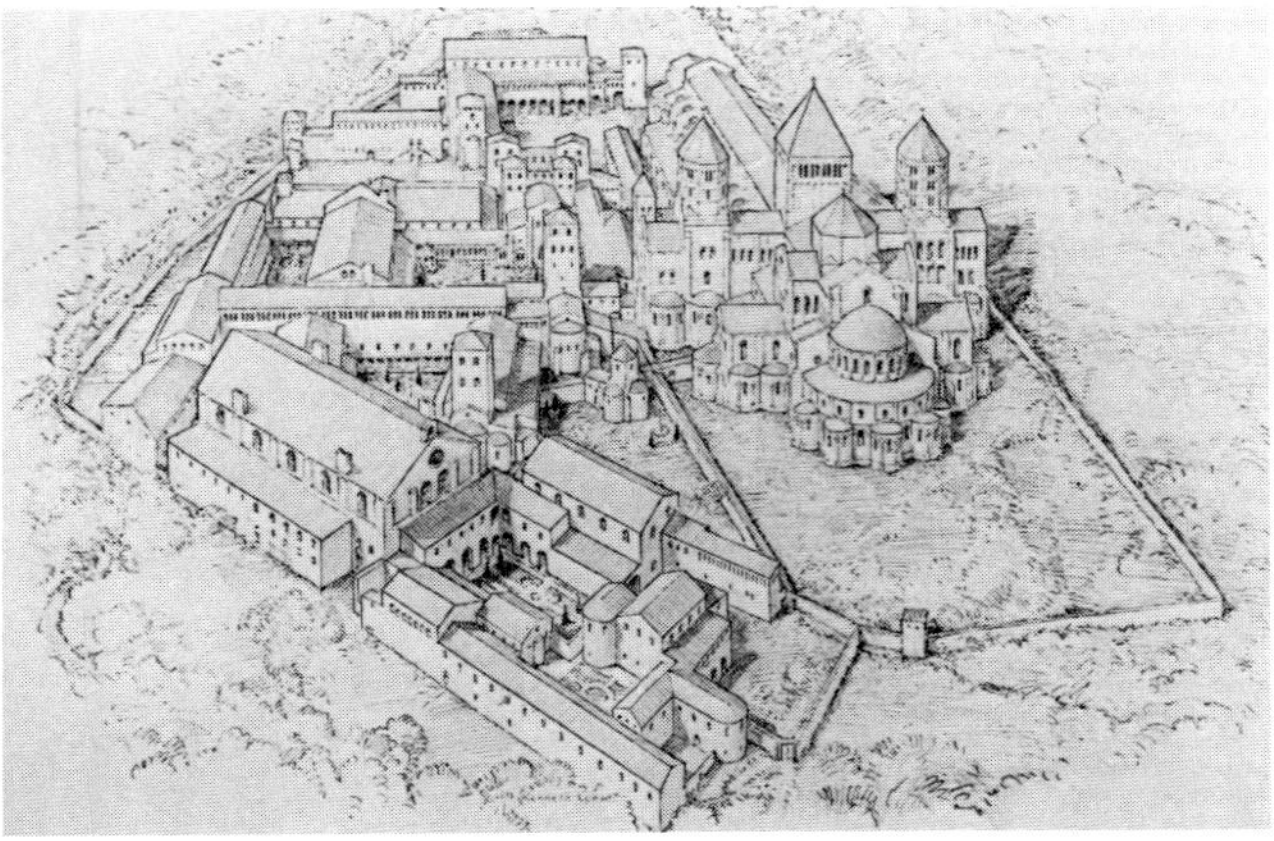

図8　第三クリュニーの復原図（K. J. コナントによる）

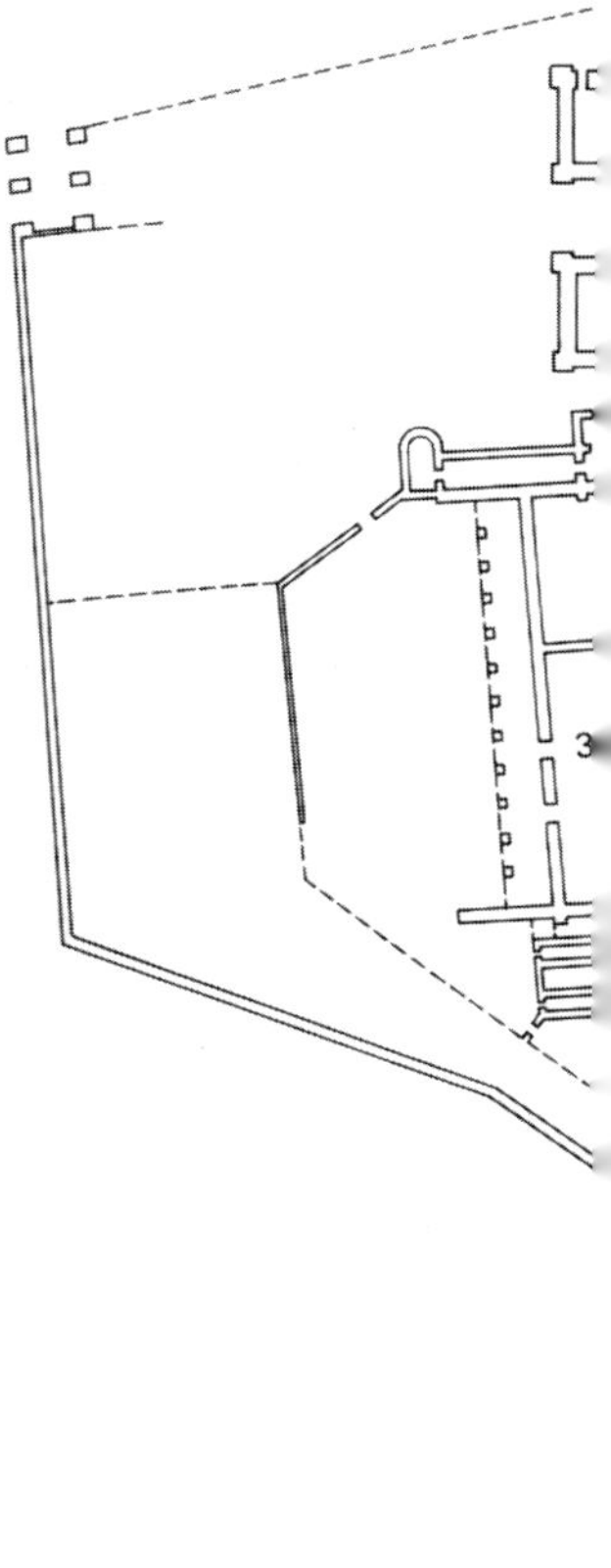

図7（右上）　第三クリュニー（1150年頃、K. J. コナントによる）

1　旧聖堂（第二クリュニー）
2　旧聖堂入口
3　回廊
4　集会室
5　談話室 ｝階上・大寝室
6　修道士室 ｝階上・大寝室
7　手洗い
9　煖房室
12　噴泉室
13　修道士の厨房
14　平信徒の厨房
15　貯蔵庫
16　外来者接待室
22　仕事場
23　パン焼き室
26　婦人室
27　高貴な外来者室
29　厩舎および助修士居室
30　墓地
31　新聖堂（第三クリュニー）
32　新聖堂入口
33　マリア礼拝堂
34　病室中庭
35　病室
36　大食堂
37　食器室
38　修道院長居館
39　宿泊所および厩舎
40　墓地礼拝堂
41　大寝室付加部分
42　修道院長礼拝堂

ーゴーが建設した新しい厩舎の記憶は永く生き続けた［39］。これはまたとくに大胆な規模のものであった。コナントは、この厩舎と階上の各室と宿泊所は、すべて一〇七八年までに完成したとしている。この構想は、平信徒翼部の半分を西側に後退させて、新しくできた中庭区域を第三の翼屋で区切ろうというものである。この拡張は、あたかも新聖堂前庭を建設する計画があったかのような印象を与えるが、それは一世紀後にも完成しなかった。従来の居館建造物の中で、ファルファの規則書に記されている外来者宿泊所［26・27］だけは、そのままの場所に残された。この、コナントによる大規模な復原図（Speculum 1963, p.27）は、ヴィオレ・ル・デュックの業績に匹敵するものであろう。この復原図は、詳細な点でいろいろ問題があるが、全体としては妥当なものといえるのである。数十年後には、旧聖堂入口［2］の上下に修道院長居館が設置され［38］、この中庭区域のアクセントになった。ある文書は、これを、後に教皇の宮殿の呼称になった Domus Superiores という名でよんでいる。これは、従来の貯蔵庫と外来者接待所［15・16］の前面に一連の建造物を付加したもので、多数の外来者、巡礼者を宿泊させることができた。また厩舎と宿泊所［39］には、入口柱廊が付加された。このクリュニーの宿泊設備は、コナントの推定によれば、二千名の収容能力があったとされ、カンタベリーの新中庭区域 aula nova の模範になったと考えられるのである。このようにして、クリュニーにおいてはじめて、壮大な規模と複雑な形式の高位聖職者区域が成立したのである。

フーゴーが新しい大食堂［36］を建設したという記録について、コナントはそれを一〇八〇年頃と推定している。これがオディローの大食堂と同じ場所に再建されたことは間違いなく、これは一六三二年の記録と一七一〇年の平面図によっても証明される。この大食堂は、従来のものと同形式であったのであろうか。オディローの大食堂は、ファルファの規則書の記述を信用すれば、全長三一・五メートル・全幅八・六メートル、つまりほぼ二七〇平方メートルという規模である。この大食堂は、厨房との間にあった食器室（図4［11］）を取り払っても、回廊ぞいにはわずか五メートル程度しか延長することができなかった。なぜならば、回廊の全長は、十八世紀まで変更されなかったからである。このようなわけで、フーゴーは、この大食堂の幅を拡げることで必要な広さを確保しなければならなかった。一五〇〇年頃成立したといわれるクリュニー修道会年代記 *Chronicon Cluniacense* は、当時の大食堂は、三八歩×二四歩（この場合は、一歩 pace ＝約三フィート）あったとしている。この一歩をやや少な目にメートル換算すれば、これはそのまま十七世紀の建造物に、つまり三六・三七メートル×二一・七六メートルすなわちほぼ七九〇平方メートルの広さをもち、正面に「最後の審判」の壁画をそなえた大広間にぴったりと一致するのである。

この一〇七八年から一〇八六年までの八年間には、病室と修道院長居館と宿泊所とマリア礼拝堂と大食堂が新築された。しかしながら、大寝室が南側にまた付加的に東側に拡張された時点については、正確に知ることができない。従来の全長約五三メートル×全幅約一一メートルの広間では、三百名以上にも増加した修道士を収容することはできなかった。コナントが想定したこの付加部分は、後世の記録や平面図から割り出したものではあるが、当時の就寝規則ともよく適合するのである。

第三聖堂の内陣と身廊が完成した後、一一二一年から、第二聖堂の身廊が解体されて回廊が拡張された。しかしながらこの旧聖堂の内陣と袖廊はそのまま残されて［1］、回廊アーケードの変形部になった。そしてこの旧聖堂と新聖堂の中間に修道院長専用の礼拝堂［42］が建てられ、一一一八年に献堂された。そしてさらに後に、この第三聖堂の北側と西側に修道院長や外来者やその従者の建造物が建設され、この時はじめて、かつて一〇五〇年にオディローの修道院において確立された配置形式が、いままた改めてより大規模な姿で実現されたのである。ここには修道院長ジャン三世（ジャン・ド・ブルボン、一四五六―八五）や修道院長ジャック・ダンボワーズ（一四八五―一五一〇）の居館が出現し、テラスや庭園が繰り拡げられた。第二聖堂の袖廊は、残念なことに十五世紀に除去されてしまった。そして集会室と最後には大寝室までが改築されて、回廊は正規の形式になった。しかしながら、これはすでに一修道院としての問題であって、クリュニー修道会の歴史の上の問題ではない。

コナントの復原図と十八世紀の平面図をみると、北側の新聖堂、東側の病室および付属建造物区域、西側の宿泊所および厩舎など、いずれも旧修道院周壁の外部に建てられた建造物が、建築技術的に成功していることが判る。大食堂そのものは、美しく広く明るい広間であったに相違ない。しかしながら、回廊とその三方の建造物は、改築の結果調和が失われた。この時代を異にする建造物は、いとも中世的に付加されたり切断されたりしたのである。しかしながら、回廊の十一世紀初期の素晴らしい大理石円柱はそのまま使用され、柱頭彫刻のあるより太い豪華な円柱に換えられるということはなかった。この新回廊もまた穹窿化されなかったことは確実である。この新回廊区域がどのような姿のものであったかということは明らかではない。それはなお軽快な可憐なものであったであろうか、それとも、すでにロマネスク的な豊かさを示し威圧的なものであったであろうか。旧聖堂内陣と修道院長の墳墓は畏敬の対象とされていたために、そのままの姿で残された。さらにまた、集会室、談話室、修道士室、大寝室など、基本建造物の中心部は、容易に変更できるものではなかった。すなわち、この聖暦年と聖務日課を守りながら進められる改築作業は、基本建造物の中心部では成功しなかった。聖堂においてロマネスク最大の作品を創造した建築家は、ここでは、その多様性のために統一性を犠牲にしなければならなかったのである。この中心部には、第二クリュニーがそのままの姿で残された。各建造物は回廊から外へ向って発展しながらも、結局はここから離脱することはできなかった。中世の建造物がしばしばそうであったように、ここでもまた、各種の建造物、翼部、塔、入口通路などが、本来の形式を隠蔽してしまったのである。ここでは多くの計画が重ね合わされていた。これはまさしく巨大ないきものであり、その複雑な機能が、本来の形式を見失わせたのである。クレルヴォーは、はじめてこのような状態を本来の姿にもどすことができたのであった。

クリュニーは蜃気楼 fata morgana であった。コナントが全力を傾けたとしても、この幻を現実に再現することは不可能である。この修道院は、聖堂、宿泊所、病室、修道院長居館などに関して、西ヨーロッパの建築史に無限の足跡を残したのである。しかしながら、この世俗に向いた記念碑的性格は、やがてシトー会の攻撃にさらされるのである。むろんこの記念碑的性格も、基本建造物区域においてはごく一部に現われているにすぎない。あえていえば、それは、大寝室が拡大されたこと、集会室とマリア礼拝堂が新しい形式で結合されたこと、談話室と修道士室がもうけられたこと、などであろう。しかしながら、回廊周囲の建造物は、このクリュニーにおいてはじめて大建築として意識されるようになったのである。カロリング朝時代の修道院、たとえばジュミエージュやフォントネルやフルダやケントゥーラなどがいかに壮大であったとしても、それは規模の点でも装飾の点でも、とうていクリュニーに及ぶものではない。舗床、壁体、入口、窓枠は、クリュニーにおいてはじめて石造化されたのである。ここではまた、従来はただ聖堂においてのみ示された完全性への配慮が、建造物の各部にゆきわたるようになったのである。オディローの修道院は、すでにこれだけの威容を示していたのであり、それは一〇四三年のファルファの規則書と、一〇六三年の外来者の記録が示しているとおりである。これは十一世紀広範における修道院の模範であった。フーゴーの改築は、この傑作にさらに新しい翼を与えたのである。

この新しい信仰のために献げられた装飾もまた、先に引用したエミール・マールの言葉どおりである。すなわち、クリュニーは中世最大の作品なのである。幸いなことに、この信仰をもっとも正当に視覚化したと信じられる作品が、今日まで残されている。それは、第三聖堂内陣の柱頭に刻まれた九つの楽音の表現である（図9—11）。これは柱頭彫刻として、新しいそして素晴らしい主題である。これは比類なきものである。礼拝と典礼のために学業と労働を献げつくしたクリュニー会修道士は、この新しい聖堂の聖所に、音楽の体系を石で表現したのである。ペトルス・ダミアヌスのような厳格な禁欲的修道指導者さえもが批判しているように、クリュニーにおいては祝祭日の一晩中、また翌日の一日中典礼が継続し、聖堂建築とともにまた讃美歌の体系がつねに新たに拡大されたのである。この十二世紀初期のブルゴーニュ彫刻の初期古典主義ともいうべき傑作は、

図9/10/11
クリュニー第三聖堂内陣柱頭
いずれも楽音を表現したもの

福音書を主題としたものではなく、また一一二四年にクレルヴォーのベルナルドゥスが激しく攻撃したようなロマネスク的寓意象徴を主題にしたものでもない。それは表現することのできない楽音を視覚的に表現しているのであり、この感覚的にしてしかも超感覚的な表現によって、彼岸と此岸が分かちがたく結びつけられるのである。

楽音に関心を寄せるということは、とりもなおさず建築の比例数値とその理念的意味に関心をもつことにつながっている。コナントは、一九六三年の最新の研究でこの数値を確認し、これを体系化しようと試みた。このような体系が存在し、つねに建築家の考慮の対象になっていたことは事実である。美は正しい数値から生まれるものである。修道院建築史は、このような数値とその象徴性の歴史についても考慮しなければならないのではあるが、これについてはまだほとんど手がつけられていない。

モワサックとラ・ドーラドの回廊

クリュニー新聖堂内陣の柱頭を飾る九つの楽音は、中世修道院彫刻におけるもっとも崇高な作例である。これに対して、後に聖ベルナルドゥスによって攻撃されることになるクリュニー修道会の新しいロマネスク様式(文書X)は、修道院長デュランヌス(一〇四八—七二)とその後継者による、モワサックの聖堂入口と回廊の彫刻に、より明瞭に現われている。それはロマネスクの表現主義の傑作であり、先史時代の芸術主題と古代後期の彫刻の伝統が結びついたものである。このデュランヌスは、一〇四七年にオディローがこの修道院を訪問した際に修道院長に選出されたのであった。彼は後にトゥールーズの司教を兼任し、またラ・ドーラドをクリュニーの修道分院にしたのである。一一〇〇年を過ぎると、このモワサックとトゥールーズのサン・セルナンおよびラ・ドーラドに、一連の彫刻が出現した。これは、回廊に世界解釈・救済解釈を彫刻によって表現しようとする、ピレネー山脈をはさんだ南フランスとカタロニアの修道院に数多くみられる形式の先駆をなすものであった。これらの修道院は地図の上でもきわめて接近していることが判る。このモワサックの今日も残る記念碑

図12
修道院長デュランヌス
モワサック回廊角柱浮彫

図13 モワサック修道院回廊

的な聖堂入口は、クリュニーの新思想を受け入れた最初の作例であり、キリストの出現とそれをとりまく四つのいきものと二十四名の長老の浮彫りが、あたかも巨大な扇のようにこの入口上部に展開している（図14）。このように主の威容 Majestas Domini を聖堂身廊を回る巡礼順路の終着点から出発点に移し換えたということは、クリュニーの修道精神に基づいた聖堂の新解釈を前提にしたものであった。しかしながら、モワサック、ラ・ドーラド、サン・セルナンの回廊形式はより重要である（図13）。ラ・ドーラドとサン・セルナンの集会室入口には、普通は聖堂にしかみることのできないほどの彫像が飾られた。とくに、サン・セルナンの集会室入口には十二使徒が表現され、十二世紀においては回廊の起源が、「使徒行伝」第五章にみられる、使徒たちがソロモンの神殿の回廊に参集してはじめて共同生活したという記述によって解釈されていた事実を、想起させるのである。またモワサックの集会室前面には、死せる修道院長デュランヌスの等身大の浮彫りが飾られた（図12）。この修道院長は、九世紀のフォントネルの

図14 モワサック、修道院聖堂入口ティンパヌム

修道院長と同様に集会室に埋葬され、さらに、その入口前面に姿を示しているのである。このモワサックの集会室入口にも造形的装飾があったであろう。回廊の壁柱には同じように十二使徒が浮彫りにされ、今日もなおその九つが残存している。円柱の柱頭は、新約・旧約聖書の物語や聖者の事蹟や苦悩を表現した百科全書ともいうべきものであった。このようにして、回廊は指導と省察の場になり、生彩ある浮彫りによって厳粛と華麗を獲得し、自信と尊厳にみちたクリュニー的ベネディクト精神を明示したのである。これは当時の居住文化の頂点を示したものであることが認識されなければならない。修道士はすべて芸術作品に囲繞されて生活した。回廊は、すでに中世初期において特別な関心の対象になっていたが、一〇五〇年直前に完成したオディローの大理石の回廊は、さらにまた新しい意義を生み出したのであった。ここにおいて、回廊は修道院における第一の建築主題になった。この回廊は、さらに数世紀にわたって、よき修道院における建築形式の、また図像・彫刻の荷い手として、無限の表現を示すのである。

このようにして回廊は、次第に修道士の魂の故郷になっていったのである。

クリュニーは、後のより厳格なシトーと同様に、強く個性的な修道院を組織的に統合した。多様は統一され、戒律とともにまた建築も統一された。しかしながらクリュニーの第三修道院自身は、共同体的にも建築的にも最高度の個性を発揮し、これ以下の追随をまったく許さなかったのである。この新聖堂の建築形式の影響は、美術史における有名な主題で、改めて述べるまでもない。しかしながら、このクリュニー修道院複合体は、この過大さを批判したクレルヴォーおよびシトー会修道院の平面図の参考にはなったとしても、その影響をたどることは不可能であろう。聖ベルナルドゥスとシトー会は、新しい美学を用意してゴシックの修道院を発展させたのであった。

第五章　シトー会修道院

新修道会

十二世紀において、クリュニーとは正反対の方針を示したのはシトーである。それは、修道士が、時の流れのままに負荷されてきた世俗的課題に対して、ベネディクト的精神の本来の姿を再確認しようとした試みであった。いかにして修道士は、すでに深入りしてしまっている世俗的課題から遁れることができるであろうか。もしその共同体が過度に富裕になった場合には、その中の個人がはたして清貧の理想に生きることができるであろうか。ヌルシアのベネディクトゥスとその修道院には、ローマ帝国の崩壊期の世界にあって、このような問題を提起するだけの余裕はなかった。しかしながらアニアーヌのベネディクトゥスは、八一六年と八一七年のアーヘン教会会議において、同僚の修道院長にこの課題を提起しなければならなかった。十一世紀には、帝国直属修道院とクリュニーの改革運動が発展し、ここでまた改めてこの問題が起こってきた。現実は、純粋な理論とは矛盾するようになった。そしてシトー会自身もまた、やがてこのことを経験しなければならなくなるのである。彼らは寂寥地や荒寥地で隠修生活を送ったのであるが、彼らの労働倫理は、この寂寥の谷間や沼地を豊穣なものに変えた。十三世紀初期には、修道士が労働の義務を貫けば清貧は維持できないことが明らかになったのであるが、この場合も、聖フランシスクスは、たとえ労働を否定してでも清貧に生きるべきであると考えた。しかしながら、彼の後継者は、このような考え方は修道院そのものを否定することになるのを、よく認識していたのである(二一二頁参照)。

この新しい改革修道会は、一〇七五年に、ロベルトゥスが七名の修道士とともにサン・ミシェル・ド・トネールからモレームの森に遁れたことから始まった。そして彼らは二十二年後の一〇八九年に、この寂寥地がふたたび世俗と接触するようになったために、さらにシトーの沼地に遁れることになった。このまったく彼岸の世界かと思われる世紀のブルゴーニュにおいてさえも、人知れず聖なる生活をいとなむのは、けっして容易なことではなかった。当時ここには二十三名の修道士が定住していたが、その中の一人であるイングランド人ステファヌス・ハルディングスは、この修道院新設の目的を、わずか六頁で一六八〇語というラテン語散文の小傑作にまとめている。この『慈愛の憲章』*Carta Caritatis* は、一一一九年に教皇カリクストゥス二世によって認可された。そしてさらに、シトーの第二代修道院長であったアルベリクス(一〇九九—一一〇九)が定めたとされる新しい生活形式の『習慣規則』*Consuetudines* が付加された。この三つの章には、礼拝形式と修道士の生活形式と助修士の生活形式が規定されていた。またこの新しい共同体の第三の書として、モレームからの脱出と一一一五年までの歴史を記した『シトー修道院成立録』*Exordium Cisterciensis Coenobii* が生まれ、これは後に『小成立録』*Exordium Parvum* とよばれるようになり、さらにこの後に、多くの奇蹟物語と一一八〇年頃までの歴史を記した『大成立録』*Exordium Magnum* が生まれた(文献99)。この最初の三つの文書に対して、さらに毎年の総会の決議を一一三四年に記録し、ついで一一五二年に数章を付加した決議録すなわち『慣例規則』*Instituta* が補足された。この『習慣規則』と『慣例規則』は、聖ベネディクトゥスの戒律の意義をいままた改めて再確認しようとしたものである。衣服、住居、食事は、規定どおりのものでなければならなかった。当時多くの修

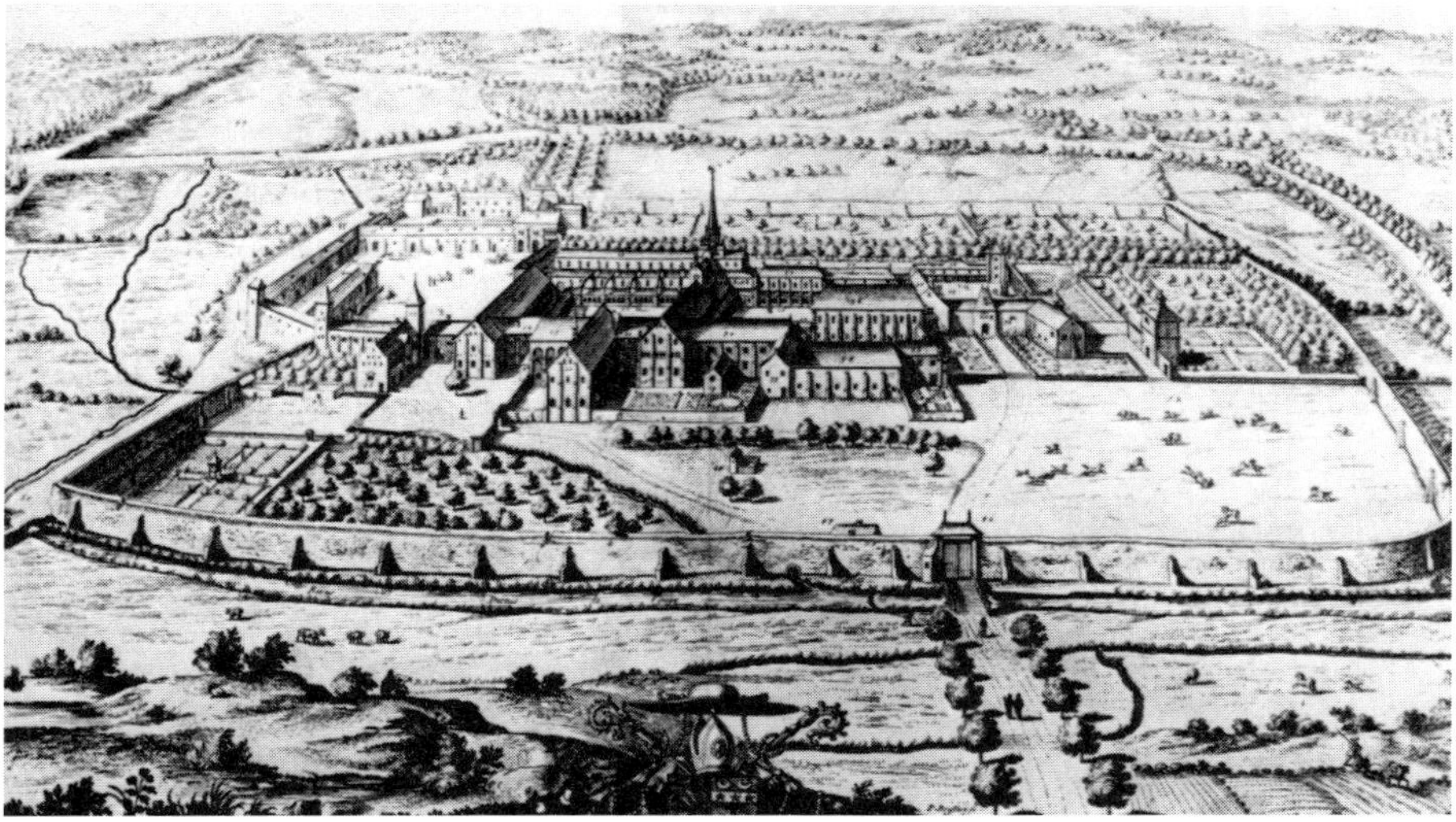

図1　シトー修道院全景図　18世紀の銅版画

道院では、礼拝と聖書講読と肉体労働の三つの義務の中で、ただその前二者だけが遵守されていた。ことにクリュニーにおいては、永く複雑な典礼のためだけに、一日のすべてが献げられていたのである。ステファヌス・ハルディングスの書は、すべての修道士が個々の修道院の枠を超えて愛に満ちた共同生活をいとなむことを目的としていたために、『慈愛の憲章』とよばれたのである。すなわちこれは、修道院の個別化と大修道院の独立化を批判したものである。修道院長はすべて毎年の総会に出席し、また年に二回、総長かあるいはその代理者の来訪を仰いだ。つまり彼は、自らの修道院においては、たんなる命令の伝達者にすぎなかったのである。一方またシトーの総長自身は、最初に成立した四つの修道分院の修道院長によって監督され、ときには廃されることもあった。ここにおいて、多数の個別的修道院に代わる、全能の修道院が出現したのである。

この集権主義は、クリュニー修道会の場合以上に建築形式に大きな影響を及ぼした。シトー会においては、日常生活はすべて同一の規則の下に実施されなければならなかったために、修道院もまたすべて同一の形式でなければならなかった。事実それは、基本的には同一の形式をとっていた。このようにして、シトー会のみがはじめて統一的な建築形式を確立し、これを基礎にしていろいろなヴァリエーションを生み出したのである（図6）。ここにおいて、中世のベネディクト会修道院は一つの頂点に達し、また一つの結末に達したのである。すなわち、この合理主義は、ロマネスク建築に新しいアクセントを記したのであった。

この修道会の歴史上重要な事件は一一一二年にフォンテーヌのベルナルドゥス（一〇九一―一一五三）が、四名の兄弟を含む三十名の貴族とともにシトーに入ったことである。これは、クリュニー修道会に批判的であったブルゴーニュの全貴族が修道院に入ったという印象を与えた。一一二〇年には彼の父さえもが、その最若年の子息とともにここに加入した。ベルナルドゥスは、その三年後に、十二名の修道士とともにクレルヴォーを設立した。そしてこの後わずか四十年間に、七十二の修道院が新設されたのである。これは、ベルナルドゥスという、中世の聖者の中でももっとも中世的な人物の強い説得力によるものであった。彼は、尖鋭な神学的意識と無限の実行力と無限の禁欲希求を兼ねそなえていた。彼が語りまた書く言葉は、抒情性に溢れ、当時の若年者に修道思想を鼓吹したのである。このベルナルドゥスの無限の精神力は、この世紀を白い修道士の世紀に変えた。いまや修道士は、アイルランドからロシアの国境にいたる全ヨーロッパの寂寥地に、修道院新設の場所を探しもとめた。一一三三年の総会には六十九名の修道院長が参集し、またベルナルドゥスが歿した時には三四三の修道院が、また中世末期には七四二の修道院が存在し、この上にさらに七六一の女子修道院が存在したことが知られている。これらの修道院の中の五二五は十二世紀に成立し、さらにその一六九は十三世紀に成立した。そしてこの動向は退潮を示した。十四世紀にはわずかに十八の修道院が新設されたにとどまり、十五世紀には二十の修道院の成立をみたが、それはほとんど今日のオランダに局限されていた。フランスでは二四六の修道院が設立され、イングランドでは七十六、スコットランドでは十三、アイルランドでは四十一の修道院が設立された。イタリアには九十五のシトー会修道院が存在し、スペインには五十九、ポルトガルには十三、ベルギーには十八、そしてオランダには十四を数えるほどであった。また十字軍は、ギリシャと聖地に十五の修道院を設立した。ドイツとこれに隣接するスラブ地域には、百以上の修道院があった。これらの修道院の数と位置は、フレデリック・ファン・デル・メールが編集した便利なシトー会の地図と統計で知ることができる（文献101）。ちょうど樹の枝が岐れて出るように、シトーとその最初の四つの修道分院である、ラ・フェルテ（一一一三年）、ポンティニ（一一一四年）、そしてモリモンとクレルヴォー（ともに一一一五年）から、多くの修道院が分立した。クレルヴォーは三五五の修道分院を擁し、モリモンは一九三、シトー自身は一〇九、ポンティニは四十三、ラ・フェルテは十七の修道分院を擁していた。このようにして、全ヨーロッパは修道院によって分割されたのである。これらの修道院長が若い修道士をふかく信頼し、十二名の修道士とともに年ごとに寂寥地に送りこみ、修道院を新設させたことは驚嘆に値しよう。このようにして最後には、ヨーロッパにおいては寂寥地は稀になった。一一五二年には、総会が、今後修道院を新設するには許可が必要であると決議したほどである。一つの修道院は、少なくとも他の修道院から一万五千歩離れた場所になければならなかった。

これらの新修道院の精神を特徴づけるものは、無限の献身ということであった。修道士は、禁欲生活のために平均年齢が二十八歳にまで低下したほどである。これらの若年者は、少なくとも十五歳以上、そして聖ベルナルドゥスのようにおおむね二十一歳で修道院に入ったことを考えれば、このシトー会禁欲修道士は、平均してわずか十二年しか生きられなかったことになる。聖ベルナルドゥスは、クレルヴォーへ修練士が入所する際に、「もし諸君がすみやかに信仰を実現しようと志すならば、まず諸君の肉体を放棄せられよ。ここにはただ魂のみが入所できる。肉体は不要である」と述べた。それにもかかわらず、一一四八年には、シトー王国の首都であるクレルヴォーには、修道士と助修士が七百名も定住していたのである。これはクリュニーには及ばないにしても膨大な人員である。騎士の十字軍参加と修道士による修道院新設という理想主義は、はたしてどちらが狂気であったといえるであろうか。これはけっして別個のものではなく、ともに数十年に及んだ熱狂の成果であったのである。ベルナルドゥスは、自分は半ば修道士で半ば騎士という「この世紀のキマイラ」であると述べている。このキリスト教の聖者でありまたキリスト教的詩人でもあったベルナルドゥスは、自らを古代の寓話のいきものに譬えたが、彼はこのようなものを芸術として表現することを禁止したのであった（文書X）。

この修道会は、神の瞑想の妨げになるすべての虚飾に対して急進的に戦った。まさしくこの急進主義こそが、十二世紀の若年者を統合し、すべての世俗的所有を否定することによって世界が救済でいるという信仰を確立したのである。修道士は禁欲修道を競った。この禁欲修道への欲求はまた、学問、文学、芸術をも否定することになった。このような態度は百年ほど維持されたが、それ以後は維持できなくなった。禁欲修道は、つねに芸術への要求に圧倒されがちであった。総会は、しばしば個別的に命令を出して芸術の洪水を阻止しなければならなかった。この個別的命令はやがて集大成されて、秩序と完全性をもった芸術を育てる明快な規則になるのである。すでに一一三四年には、「いかなる修道院長もいかなる修道士もまたいかなる修練士も、総会の許可なくして新しい書物を著わすことは許されない」とされた（文献91）。一一九九年には、特別布告によって下手な作詩に手を染めていた人々がより厳格な修道院へ移住させられた（同）。なに人も韻律について語ることは許されなかったのである。修練士は、学問が許されなかった。助修士や雇人は書物を読むことが許されず、主禱文、信条文、求憐文など、暗誦を義務づけられた祈禱以外は学ぶことが許されなかった。彼らはこの祈禱書をみることさえ許されなかった。個々の修道院に置かれた図像や彫像に対する禁止目録は、長大なものになった。それにもかかわらず、なお初期の簡素な建築が維持できなかった理由については、また改めて述べることになるであろう。

この改革運動の精神を明瞭に示した二つのエピソードがある。一つはドイツにおける勝利の物語であり、他の一つはイングランドにおけるそれである。

二つのエピソード

一一二三年には、ドイツにおける最初のシトー会修道院である下ラインのカンプが設立されたが、それは貧弱でまた誤った方向に進む可能性があった。ここでは、ブルゴーニュの新しい修道思想が理解されなかったのである。一一三二年、当時二十歳であったオーストリア辺境伯の子息オットーは、パリ留学からの帰途、十五名のドイツ最高の貴族の同行者とともにモリモンを訪れた。このハインリッヒ四世の孫にしてコンラート三世の兄弟でありまた皇帝バルバロッサの伯父にあたるオットーは、この若々しい修道院に深い感銘を受け、この一団はそのままそこに留まってシトー会の白衣をまとうことになったのである。このパリにおいておそらくアベラール（一〇七九―一一四二）に、また確実にサン・ヴィクトールのフーゴー（一〇九六―一一四一）に師事したと推定される貴公子が、帰路においてどのような理念に駆られたかを考え、またこの行動がオーストリア辺境伯バーベンベルクのレオポルト三世にどのような驚愕を及ぼしたかを考えれば、この決意の重大さが理解できるであろう。元来レオポルトは、その子息のためにクロスターノイブルクを設立し、一一一四年にその主席聖職者に任命していた。彼はこの基金で外国留学することができたのである。レオポルトが一一三五年にオーストリアのシトー会修道院ハイリゲンクロイツを設立したのは、オットーの影響によるとともに、彼を呼びもどそうという意図によったものであった。しかしながらオットーは、すでにこの年わずか二十四歳にしてモリモンの修道院長になっていた。このオットーがモリモンに留まった六年間に、大部分の同行者は、さらにここを出てドイツ各地に新しいシトー会修道院を設立した。この若い修道士共同体は、きわめて印象ぶかいものであった。この大公子が、一一三八年、二十六歳にしてフライジング大司教の座につくためにこの修道院の静寂と若い共同体の指導的地位を去らなければならなかったのは、かなり辛いことであったであろう。しかしながら、シトー会は、いまや神聖ローマ帝国内部において成果を上げることになったのである。そして彼は、一一四七年、コンラート三世によるあのイェルサレムへの宿命的な十字軍に従う以前に、その、『二つの国の年代記あるいは歴史』*Chronica sive Historia de duabus Civitatibus* の第七書に、世界が永遠にあるためには不可欠な修道会の使命について記した[13]。

「われらの罪とこの限りなく不安なる時代の悪しきわざのゆえに、神の国のまことの市民である修道士の多様にして秩序ある組織があまねく世に拡がって世を支えなければ、この世は永遠ではありえないであろう」。彼はさらに続けていう。「彼らはこの世に身を隠して生き、名声を求めず、地上においてひたすらに天国のようにまた天使のように清らかに生きる。……彼らはともに生活し、ともに就寝しともに睡り、ともに起床してともに祈り、一室においてともに食事し、日夜ともに祈り、ともに読書しともに労働する」。そしてオットーはきわめて印象的な表現でこの記述を終わる。「このように、彼らは心身ともに自らをただし、あまねく世に拡がり、わずかの間に大いなるいとなみをはたした。いまや彼らは、象徴と奇蹟によって世を照らしている。彼らはまたしばしば神の啓示によって昂められ、隠修生活においてもしばしば主と天使の慰めを受ける。彼らは病める者を癒し、悪霊を追い、また時には、瞑想によって天上の故国の歓喜をこの世において知り、たとえ労働に疲れ、夜の勤めに瘁れ、断食に衰え、空腹のために蟋蟀のように悶えながらも、一晩中詩篇や讃美歌や聖歌を誦して過ごすのである」。

この記述はあえて歴史的にまた精神病理学的に解釈する必要はない。シトー会の建築は、この天国を地上において実現するのにふさわしい静寂の空間をつくりだした。修道士は堅固な穹窿の下で禁欲修道を競い、若年者は、共同生活の高い意義を知るとともに、友情を神への愛に昇華させたのである。このようなことは、現代の言語では十分に説明することができないので、資料そのものに語ってもらうよりほかはない。シトー会の改革運動には、厳格さとともにまたこのような繊細さがあったのである。第二のエピソードはこのような事実をさらに明瞭に示している。

一一三二年、イングランドのセント・メアリーの修道院長ジェフリーの指導方針と生活形式に対して、副院

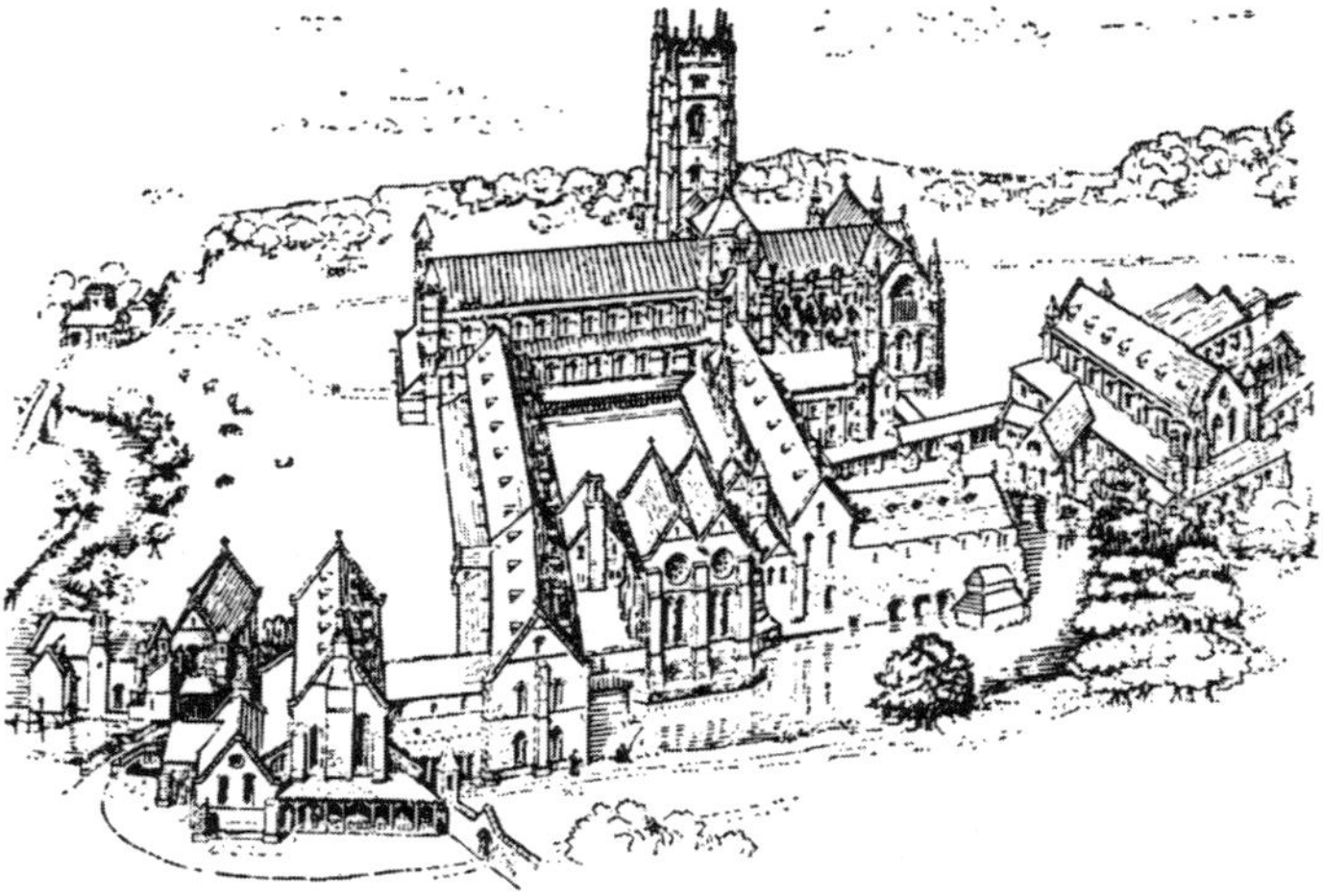

図2　ファウンティンズ修道院全景図（フレッチャーによる）

長リチャードと十二名の同調者の批判が高まり、それが危機的状況にまで達した。おそらくこの急進者たちはシトー会の規則を知ることによって、自分たちがいま聖ベネディクトゥスの戒律に即した生活をしていないということを覚ったのであろう。この事件については、セルローとよばれるほとんど百歳に近い老いたるシトー会修道士が、一二〇六年にその同僚に口述した記録によって、概要を知ることができる（文献17）。一一三二年、当時若い聖職者であったセルローは、ヨークの大司教サーストンに従ってこのセント・メアリーを訪れたのであり、またこの大司教がカンタベリーの同僚にあてた書翰からも、この老いた修道士が、自らの生き方を決定することになった若き日の事件を詳細に記憶していたことが判るのである。この事件は、最後には大司教自身が十三名の叛乱者とともにセント・メアリーの修道院聖堂にたてこもり、一方回廊では、修道院長と修道士が彼らの懲戒を主張したのであった。この騒動は数日続いたが、結局サーストンは、一一三三年十月十七日、この十三名の修道士を引き連れて帰ることになった。彼らはヨークの大司教居館にほぼ三カ月間逗留した。

ここにおいて、クレルヴォーのベルナルドゥスの判断が問われた。そしてこの聖誕祭に、サーストンはリポンの広大な所有地におもむいて、修道院を失った十三名に未開地を与えたのである。これがファウンティンズの起源であり、この修道院は、数年にわたる苦難の後に急速なまた驚異的な発展を示した（文献119）。この修道院は、初期にはクレルヴォーと密接な関係を維持していた。この初代修道院長すなわちかつてのセント・メアリーの副院長リチャードも、また第二代修道院長すなわちとくに行動的であった具室担当者であったリチャード二世も何回かクレルヴォーを訪れており、さらにこのリチャード一世は一一三九年にローマで、またリチャード二世は一一四四年にクレルヴォーで歿している。リチャード二世は十二世紀の瞑想的修道指導者であり、その謙虚な愛情を慕って多数の修道士がファウンティンズに集まり、わずかの間に多数の修道院が新設されたのである。またその後継者であるヘンリー・マルダックは、セント・メアリー以来の残渣的習慣を一掃し、クレルヴォーの規則を採用した。このファウンティンズは、ブルゴーニュの建築原型を正しく踏襲した最初の修道院である（図2、15―17）。この平面図をクレルヴォーからもたらしたのは、有名な修道院建築家ジョフロワ・ダレーヌであった。

このファウンティンズと時を同じくして、北イングランドに、シトー会の第二の中心地であるリーヴォーが発展した。一一三二年、ベルナルドゥスは、この初代修道院長に、自己の秘書であった聖ウィリアムを任命したのである。この修道院は二十五名の修道士と助修士で発足したのであるが、一一四二年には三百名の人員を数え、また一一六五年には、百名の修道士と六百名の助修士からなる総勢七百四十名の大集団になった。ベルナルドゥスが歿した際には、このファウンティンズとリーヴォーとサリーのウェイヴァリーを加えた三つの修道院から三十二の修道分院が分立したが、その中の十二はリーヴォーから岐れたものである。このリーヴォーの隆盛は、一一四七年から一一六七年まで修道院長の職にあってイングランドのベルナルドゥスとよばれた、聖エールレッドの努力によるところが大きい。エールレッドは交友の天才であった。彼の二つの重要な書、

図3（上）
リーヴォー
（ノース・ヨークシャー）、
修道院遺跡全景
図4（左）
同、聖堂内陣

『慈愛の鑑』*Speculum Caritatis* と『精神的友愛論』*De Spirituale Amicitia* は、ともに友情についての讃歌である。彼は、生涯を通じて友情と神への愛の綜合に尽した。この『慈愛の鑑』は、若き修道士サイモンの早世を悼んで書かれたものである。「わが眼がここかしこと定まらず、わずかに彼にみつめられて、なんとしばしば羞じ入ったことか。……われらの戒律はわれらがたがいに語りあうことを禁じてはいるが、彼の態度、歩み、沈黙は、そのまま私に語りかけてくるように思われた」。これを異常心理と考えるのはけっして正しいことではないであろう。修道士は、たがいに相手を瞑想上の模範にし、一方またこの寂寥地に建てられた修道院という石の孤島は、若き共同体の模範の象徴として仰がれたのである。エールレッドは、デーヴィッド王の王子ヘンリー一世とともにスコットランドの宮廷で教育を受け、官房の要職にあったが、一一三四年にヨークの司教座に帰る途中たまたまリーヴォーの丘を騎馬で通り、ちょうどその二年前にオーストリアのオットーがモリモンを訪れた時と同様に、ここにおいて自らの使命をはたしたいという希望を抑えることができなくなった。彼は、この修道院を一目みただけで、誘惑に克てなくなったのである。彼が修道院長としてまた修道士として過ごした数年間に、この修道院は木造から石造に改築され、今日もその名残りを留めているのである。これはクレルヴォーと同時代の建築で、また多くの類似点があり、もっともよく原型を残した作例といわれている。

清貧命令と奢侈禁令

シトー会修道院建築の成立については、四つの要因が認められるであろう。その第一は清貧思想であり、第二は隠修思想であり、第三は分立意志であり、第四は新しい戒律精神であり、とくにこの新しい戒律精神は新しい機能主義を生み、助修士居屋についてまでも詳細に規定したのである。これはすべてベネディクトゥスの戒律に依拠したものであり、また建築はすべてベネディクト会修道院の伝統に従っているのである。

この清貧思想は、修道士個人が清貧であるとともに、修道院も聖堂もともに簡素であるべきで、またそれが具体的に示されなければならないとして、建築と装飾の奢侈を厳重に規制した。修道士はみな簡素な居室で生活し、礼拝には簡素な聖具を用いた。十字架は塗装した木製のものであり、聖杯と聖皿は無装飾の銀であり、衣服は刺繍のない粗末な麻であり、燭台は鉄、香炉は銅であった。聖堂には塔がなく、窓は無彩色の模様だけになり、図像はただマドンナだけが許された（文書XI）。壁面は漆喰を用いず、ものの形を表現することは許されず、装飾も厳格に規制された。この古拙的時代においては、いたるところにロマネスク的幻想が充満し、やがてまたゴシック的彫刻表現が要求され、華美なそしてしばしば烈しい色彩の図像やステンドグラスが好まれるようになるのであるが、シトー会はただ無地の無装飾の石だけを使用した。クリュニー修道会が深い色彩の衣服を採用し、朱茜や紺青や黄緑の壁画に取り囲まれて生活したのに対して、シトー会はただ白灰色の無漂白無彩色の羊毛ないし亜麻の修道服をまとい、明灰色の壁体の中で生活したのである。衣服と建造物はともに簡素でなければならなかった。聖ベルナルドゥスの抒情的急進主義は、黒い衣服は教会の伝統でありまた教会の礼装であるというペトルス・ウェネラビリスの見解を認めなかった。彼は目の禁欲のために、色彩に馴れた人々に色彩を禁じたのである。色彩は奢侈であり、感覚をいらだたせた感覚を麻痺させる。彼はクリュニー修道会とサン・ドニの修道院長スゲリウスに対して、一一二四年に有名な『ギレルムスへの弁明』*Apologia ad Guillelmum* を提示し、すべてのロマネスク芸術を断罪した（文書X）。しかしながら、これはまたそのままゴシック芸術への道を開くことになったのであった。[14] 彼は大規模な聖堂や華麗な壁画や豪華な聖具を非難し、回廊の柱頭の装飾彫刻を憎悪した。「修道士が読書する場所である回廊にいる、あの醜なる美あるいは美なる醜ともいうべき怪物は、いったいなにごとか」。彼はここで、醜い猿や、荒々しい獅子や、奇怪なケンタウロスや、半獣神や、戦う兵士や、一頭多身像や、多頭一身像などをあげている。要するに彼は、ロマネスク彫刻のすべてを呪詛しているのである。それというのは、これらの彫刻が当時からすでに有名なものになっていて、そのためにとかく世俗的関心の的になり易かったからにほかならない。彼は、芸術の世俗的要素は、ひたすらに神をもとめる精神の妨げになると考えていたのである。

それにもかかわらず、シトー会の歴史は、清貧は富裕ほどには確実に維持できなかったことを示している。彼らの寂寥の森の谷間における自給生活は、一世代ないし二世代は継続した。彼らは毛皮や羊毛の外套を用いず、また下着や敷布を用いなかった。彼らは小作人や雇人を用いず、粉挽所や森林も必要なだけにとどめ、修道院外部に聖堂や居室を建てることはなかった。彼らは、もっとも寂寥のまたもっとも荒れはてた森の谷間に居住地を求め、数十年にわたって草根と燕麦で生命をつないだ。しかしながら、この労働と清貧は、やがて富裕をもたらしたのである。彼らは、騎士や農民のいずれにもまさる高い教養と指導力をもち、土地経営、森林経営の経験を伝えてその向上に貢献した。彼らは、中世後期における最良の農学者であり、最良の畜産者であり、最良の森林管理者であった。彼らは、養魚と給水設備の技術者であり、採鉱冶金技術の先駆者として高く評価されている。このようなわけで、聖ベルナルドゥスの神学的卓見は、労働と献身と富裕という関係の中で見失われていった。この、賞讃されるべき敬虔な修道院はいずれも世俗社会に関与せざるをえないという矛盾は、最後まで認識されることがなかった。聖ベルナルドゥスとその弟子である後の教皇エウゲニウス三世（一一四五―五三）の個人的提唱によって実現された一一四七年の第二回十字軍の際には、従軍者も残留者もこぞってシトー会修道院に大量の寄進をした。多くの騎士は、その財産を修道院に遺贈して出発していった。ヴュルテンベルクのマウルブロンは、新しい共同体がいかに十字軍の恩恵に浴したかを示す好例である。十三世紀初期には、この修道院はすでに百箇所以上の所有地をもっていた。このような富裕化とともに、中世の慣例上当然とされた各種の債権が生じた。十三世紀には、クリュニー会修道院以上に富裕なシトー会修道院が現われた。それらは広大な所有地をもち、小作地や村落全体を、森林中に製材所や採鉱所や粉挽所をもっていた。一一二四年には、そのあまりの清貧さのために、ケルン大司教フリードリッヒの弟、ケルンテンのアルノルトが逃亡し、また一一三三年には、その無限の禁欲生活が若き日のフライジング大司教オットーを魅了したあのモリモンが、百年の後には、千六百ヘクタールの農耕地や小作地と七百頭の牛と二千頭の豚をもつという状態であった。

清貧は隠修の基本的条件である。そしてこの清貧、隠修とともに、第三の要因として、分立 filiatio という命題があった。シトー会修道院は、都市や村落や城砦から離れたまったくの寂寥地に建設された。これらの修道院は、近傍に村落ができるのを好まなかった。このために彼らは、戒律上絶対に必要とされる川の流れのある狭い谷間を好んで修道院建設地にしたのである。いずれにせよ、それは処女地でありまたとくに未耕地であることが望まれた。彼らは、最初の開墾で異常な困難に出会うと、それは自らの禁欲修道にふさわしいものであると考えた。沼地、痩地、岩地、山峡、進入不能の密林は、彼らにとっては神の谷 Gottestal であり、マリアの谷 Mariental であり、恩寵の谷 Gnadental であり、それがそのまま新しい修道院の名称になった。また彼らは、修道院を設立する場合には、司教や貴族の干渉の及ばない場所を選んだ。彼らは、既存の修道院を改革することは好まなかった。彼らは、修道院を新設することが自らの義務であると考えていたのである。彼らはまた、自らに従う修道分院を設立することが、信仰の熱意を示すものであると考えた。これが分立という言葉の内容である。修道会が地にあまねく拡がることは聖ベルナルドゥスの希いであった。このように、修道院長と十二名の修道士が寂寥地に住みついては新しい修道院を発足させる方法が繰り返された。この雪達磨方式こそ、この世紀の可能性をたちまちのうちに実現し尽した秘密である。最後には、もう手をつける場所がなくなった。そして、この分立による発展を示す地図は、同時にまた、それが頂点に達した時には衰退に向かわざるをえない宿命を示していた（文献101）。しかしながら、これらの修道院は、東方の極限にあるものまでをも含めて、すべてブルゴーニュとの連繋を維持し、ブルゴーニュの生活形式と建築形式を維持していたのである。

第四の要因は、新しい戒律精神と機能主義であり、ここにおいてはじめて建築の問題が登場してくるのである。この改革運動の推進者は、聖ベネディクトゥスの戒律を詳細に検討して、当時の状況に適用した。聖暦年を通じての聖務日課は、いままた改めて一時間ごとに再検討された。クリュニー修道会が看過していた礼拝と学業と労働の調和がいままた改めて確立され、さらにまた助修士の生活形式と義務が規定された。『クリュニー会修道士とシトー会修道士の生活形式の相違についての対話』*Dialogus inter Cluniacensem monachum et Cisterciensem de diversis utriusque ordini obseruatis* によれば、シトー会の修道院長は、修道士の修道院と助修士の修道院という二つの修道院の指導者でなければならない、とされる（文献89）。この二つの修道院は、形式と規模と位置がきわめて厳格に規定されていて理想的平面図を示すことができるのである（図6）。この新しい生活形式は、すべてを単純にし、明確にし、精密にした。しかしながら、労働義務が必然的に清貧生活を富裕化させたのと同時に、この厳格な生活形式は芸術の開花をうながすことになった。奢侈はすべて禁止されたが、一方ではまた明快性、純潔性、永続性が要求されたのである。このようなわけで、いままた改めて、石の慎重な処理が、その接合が、またそのつくりだす空間の比例関係が注目されるようになった。すべては、同質の平らに削り出された石材で建設された。鋪床、窓枠、扉、壁体は、すべて石造化され、さして重要でない広間も木造天井が石造穹窿に変えられた。広間を穹窿化するためには当然中央に円柱列が必要になり、これがそのまま堅固さの象徴になった。そしてまたしばしば屋根もが平らな石で葺かれるようになった。石はつねに木材や漆喰よりも永続的であり、厳格であり、堅固である。修道士は、この穹窿の列の中に永遠に閉じこめられているのではないかと思われるほどであった。ここではすべてが正確でなければならなかった。これはまさしく牢獄であるとともにまた天国でもあったのである。

このように、シトー会は石の世界において自らの美学を展開して、ゴシックへの道を開いたのである。彫像と色彩が禁止され、それに代わって高度な石の処理方法が完成した。この簡素な、幾何学的に明快な形式は、一つの理想にまで昂められた。抑えられていた芸術意志は新しい活路を見い出した。すなわち、清貧を守りとおすことができなかったのと同様に、極端な簡素さもまた守りとおすことはできなかったのである。この形式

図5　フォントネー修道院回廊

音楽的な世紀においては、労働の集積はそのまま芸術の充実化につながっていた。この簡素な幾何学的な石造形式は、一一四七年の十字軍と一一五三年のベルナルドゥスの歿年までは維持されていた。しかしながら、すでにフォントネーの回廊にみられるように、あたかも歴史の法則にうながされるかのごとく、この形式は十年また十年といよいよ充実したものになっていった（図5）。ぎこちなさが和らぎ、ふくらみが増し、蕾状柱頭が発達し、装飾が充実した。まさしく修道院は世紀とともに歩み、また世紀は修道院とともに歩むのである。このようにして、すべてが進歩していくのである。

しかしながら、図像と記念碑的彫刻は依然として否定されていた。あの『慣例規則』に従うかぎり、ファサードや塔を建設することは不可能であったが、その反面、日常生活の空間にも円柱が飾られるようになった。十三世紀には、シトー会修道士は、全中世を通じてもっとも華麗なる修道院空間を完成するのである。すなわち、スペインのポブレや、南イタリアのカサマーリや、ヴュルテンベルクのマウルブロンや、ラインガウのエーベルバッハなどにおいては、集会室や大寝室や修道士および助修士の大食堂などが、規模においてもまた豪華さにおいても、初期の聖堂建築をはるかに凌駕するものになったのである。

シトー会修道院の理想的平面図

シトー会修道院は、すべて谷間の小川にそった場所に建設され、けっして山上や湖畔や河岸や海岸や島上に建設されることはない。典型的なシトー会修道院、たとえばクレルヴォー(文書XIII)、フォントネー、マウルブロン、ヒンメロートなどをみれば判るように、それは北・東・南の三方を山や丘で囲まれ西方に開けた谷間に建設されている。この小川や河が開けた平地に流れ込んでくるところこそ、修道院長と十二名の修道士が新修道院を建設すべき場所なのである。クレルヴォーの場合のように、彼らはまず最初は高地のとくに狭隘な場所を選ぶのがつねであった。このために、彼らは、修道院を拡張する場合には、当然西方の谷間の開口部に移転せざるをえなかった。この形式は、しばしば土地利用の傑作を生み出した。修道院は、周囲の土地を統合して独自の風景をつくり、谷間は文字どおり祝福されたものになるのである。都市もまた、山脈から流れてきた河の出口にある、両側を丘で囲まれた平地に建設されることがあった。フィレンツェがその一例である。シトー会修道院は、厳格な形式と記念碑的性格を示し、しばしば独立した建造物として視界全体を支配し、つよい印象を生み出した。これはまさしく文化が自然を支配する姿であった。その周囲には、庭園や葡萄山や農耕地や養魚池があった。このようにして、土地は生命を受け、建築によってさらに精神性をも受けることになったのである。

マルセル・オーベールは一九四三年に、またディミエ神父は一九六二年に、このシトー会修道院の理想的平面図を描いているが、いまここで、さらにその末端を補足してみよう(図6)。これは、修道院建造物がすべて完備し複合体が完成した姿であり、過剰部分は除去され、聖堂がその特別の地位のゆえにより大きな規格を示している以外は、すべてが同一の建築要素で構成されているのが判るのである。すべては直角形が支配し、厳格で明快である。ベネディクト会の習慣に従えば、聖堂はできるかぎり北側に、回廊はできるかぎり南側に配置されるべきであった。しかしながら地形の関係上、とくに大食堂翼部を水路に近い側に配置しなければならないという条件から、例外の形式が生まれることもあった。聖堂は、あくまで修道院のためのものであった。これは民衆や巡礼者のためのものではなく、彼らは、永い間ここに近づくことが許されなかった。このようなわけで、ここに復元したベルナルドゥスの聖堂には、ファサードがなく、また入口柱廊もない。外来者は、ただこの入口までしか入ることが許されなかった。聖堂は単純な列柱バジリカ形式で、東側に袖廊があり、また初期のブルゴーニュの習慣と聖ベルナルドゥスの主張に従って、小さな四角形の内陣をそなえていた。袖廊にしつらえられた四つないし六つの簡素な礼拝堂は、修道士が個人的にミサをあげるためのものであった。

聖堂は、内陣格子[5]によって、修道士の内陣[3]と助修士の内陣[6]に区分された。そしてこの二つの内陣には、病者のために二つの長椅子が用意されていた[4]。修道士は主祭壇で礼拝したのに対して、助修士は、内陣格子にしつらえられた二つの副祭壇、すなわち聖母マリアの祭壇と死者の祭壇で礼拝したのである。修道士と助修士は、それぞれ別個の入口からそれぞれ別個の内陣へ入った。修道士は回廊から聖堂に入り[12]、助修士は、回廊と彼らの区域を分離する静寂の場である「助修士通路」とよばれる狭い入口[13]から聖堂に入った。修道士は、彼らをみることも彼らの声を聞くことも許されなかった。修道士は、夜間においては、聖堂への第二の入口である急な階段[8]を通って、大寝室から午前一時あるいは二時の早朝時課のために聖堂へ降りていった。彼らは、着衣のまま板寝台で六時間から七時間の睡眠をとり、途中わずかの中断があるにしても、六時間から七時間、火の気のない聖堂で合誦礼拝を務めなければならなかった。修道士と助修士がともに使用できるのは死者の出口[2]だけであり、彼らは死者を、別離と短い礼拝の後にここからすぐ戸外へ、つまり聖堂の背後に隣接する墓地へ搬び出したのであった。この出口は、ただこの目的のためだけに使用されたの

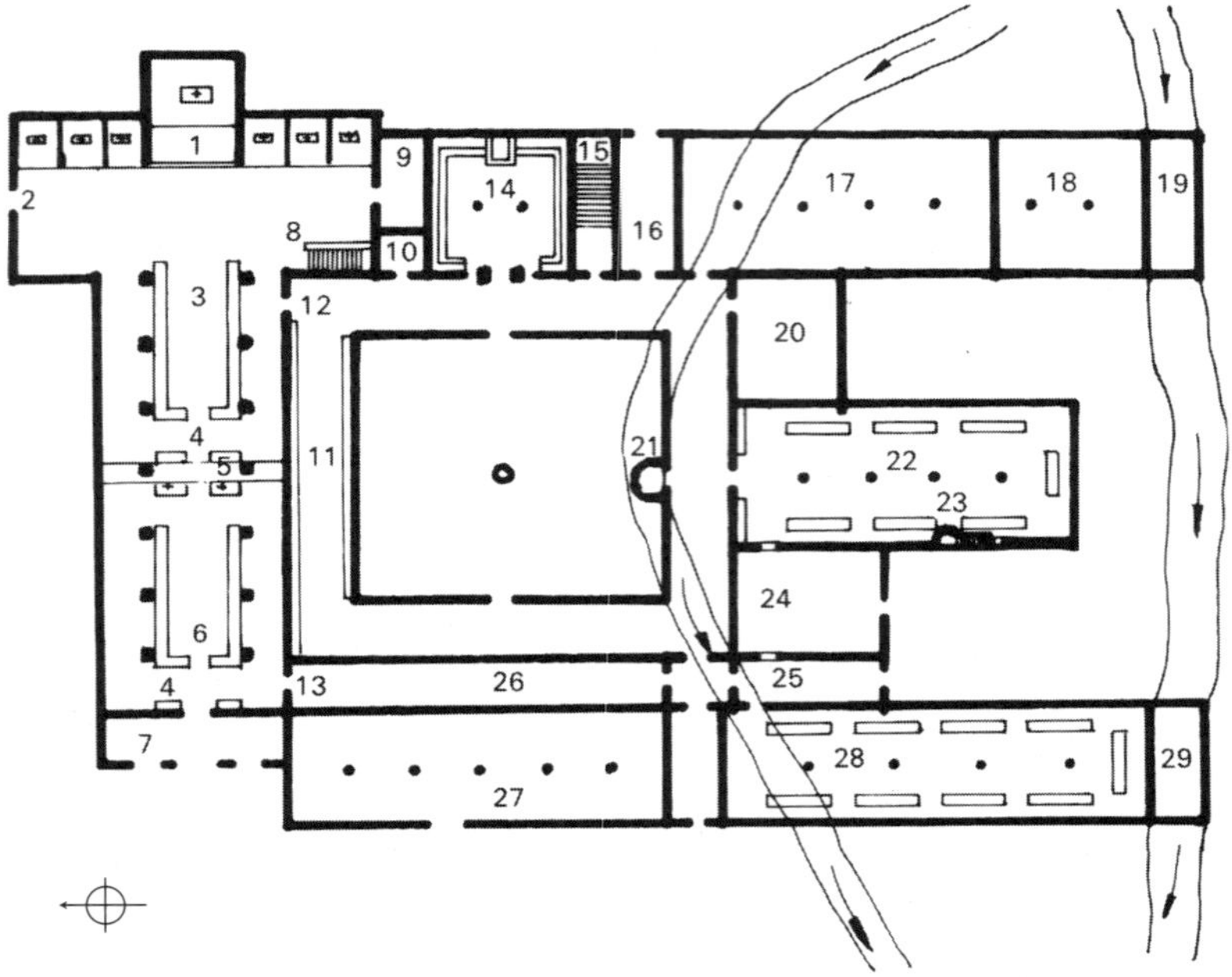

図6　シトー会修道院の理想的平面図（オーベール、ディミエによる）

1　至聖所
2　死者の出口
3　修道士の内陣
4　病者用長椅子
5　内陣格子
6　助修士の内陣
7　入口柱廊
8　大寝室への階段
9　聖具室
10　書庫
11　読書および洗足礼用の長椅子
12　修道士の入口
13　助修士の入口
14　集会室
15　大寝室への階段
16　談話室
17　修道士室
18　修練士室
19　修道士の手洗い
20　煖房室
21　噴泉室
22　修道士の大食堂
23　講読壇
24　厨房
25　貯蔵庫担当者談話室
26　助修士通路
27　貯蔵庫
28　助修士の大食堂
29　助修士の手洗い

＊以下本章で紹介するシトー会修道院の平面図中の数字は原則として本図のものと共通である。

である。

シトー会修道院においては、聖具室[9]は小さなもので十分であった。彼らは無装飾のミサの祭服を祭壇礼拝堂に保管していて、祭壇の前で着用した。書庫 armarium[10]は修道院の図書室であり、これは聖堂からは入ることができず、回廊から入ることができた。初期のベネディクト会修道院と同様に、回廊の聖堂側翼部[11]には石の長椅子がしつらえられ、この図書室に隣接した場所で、戸外読書をすることができた。土曜日になると、彼らはここで、その週と次の週の炊事を担当する二名の修道士によって脚を濯われた。そしてその時、洗足頌 Mandatum が誦せられたのである。ザンクト・ガレンやクリュニーのような沐浴室は設置されなかった。集会室[14]は、聖具室の隣に設置されるのが普通であった。この集会室に続いて階上の大寝室に通じる階段[15]があり、修道院長の談話室[16]には、修道士が一人ずつ入ることになっていた。彼らは、ここで仕事の指示と道具を受けて、そのまますぐ東側の庭園に出ることができた。修道士室[17]は、クリュニー以来伝統的に設置されるようになった。また、ここは修練士区域になりうると考えられていた。元来この空間は、各ベネディクト会修道院において、あくまで建築技術的な要求から生まれたのである。すなわち、修道士の人員が増加して大寝室が延長されるのにともなって、集会室と談話室と階段だけでは、この階下の部分を塡めることができなくなったからである。ベルナルドゥスの戒律はこの空間については指示していないが、彼の監督下にあった修道士がここで労働することが許されたとはとても考えられない。またここには、小さな修練士室[18]と修道士の手洗い[19]が付属していた。

煖房室[20]は、修道院における唯一の煖房設備をもった室で、特別の目的に使われた。修道院の中には、比較的小さな夏期煖房室と比較的大きな冬期煖房室をもつものがあった。修道士は、ここで身体を煖め、羊皮紙とインクを調整し、靴に油脂を塗り、雨に濡れた身体を乾かしたのである。彼らはここで、初期には年に七回、後期には年に十二回髪と鬚を剃り、年に四回刺胳した。この暖房室もまた回廊からしか入ることができなか

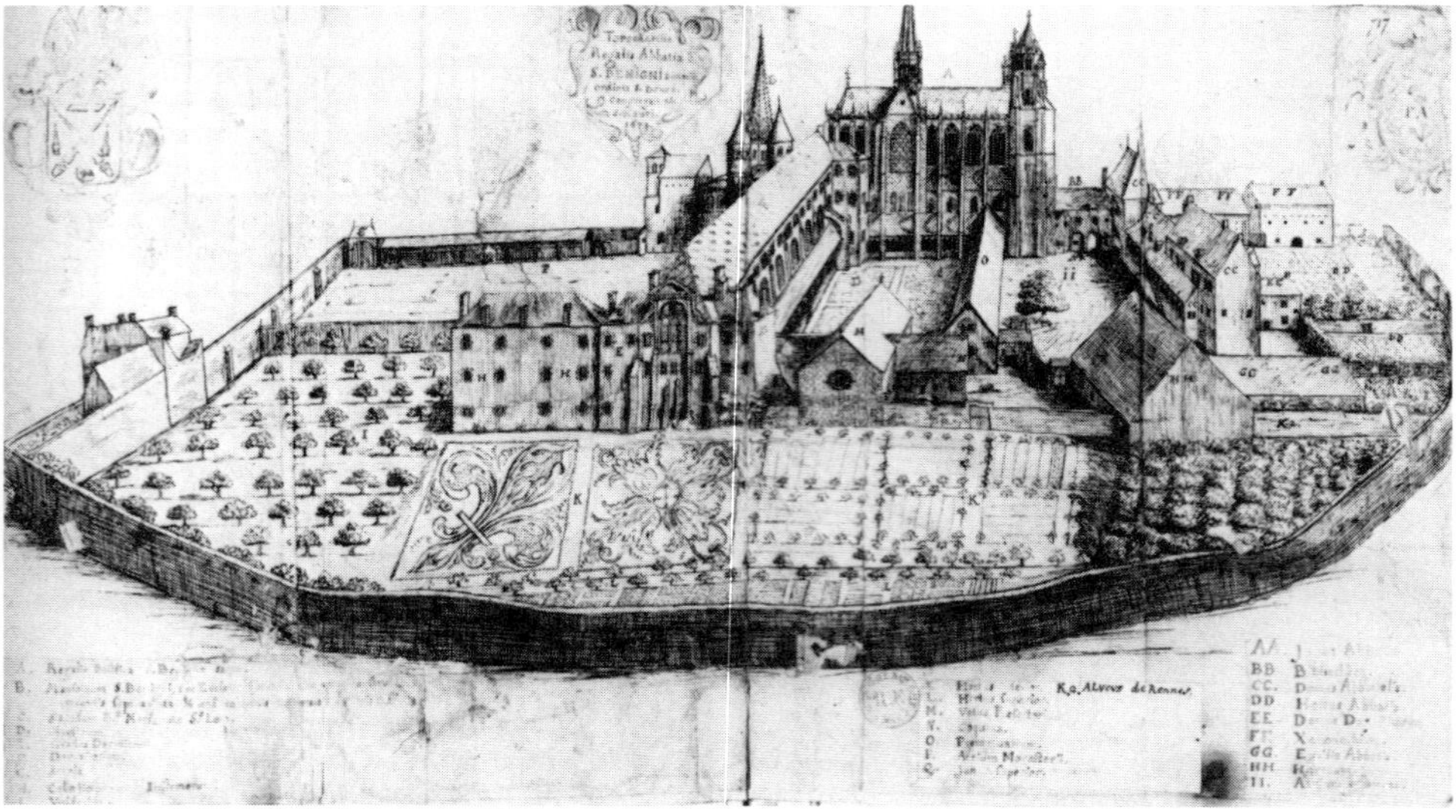

図7　ディジョン、サン・ベニーニュ修道院全景図、17世紀（手前中央の記号Mが大食堂）

った。このようにして、ザンクト・ガレンやクリュニーにおいては基本建造物区域の外部に別個に設置されていた衛生設備が、シトー会修道院においては再び基本建造物区域に設置されたのである。ここでは、戒律によって定められたことはすべて、回廊区域で実施されなければならなかった。

シトー会修道院は、大食堂［22］の位置を改めた。それは、しばしば述べられるように照明を改善するためというよりは、むしろこの大食堂と助修士居屋の中間に厨房［24］を設置するために、回廊に対して直角に配置されたのである。この形式は、クリュニーの改革運動に参加しているベネディクト会修道院でもそのまま採用された。ディジョンのサン・ベニーニュの大食堂はその著名な例であって、今日もなお十七世紀当時の正確な図面と記録が保存されている。聖ベルナルドゥスは、この故郷の首都の修道院と密接な関係をもち、その母アレット夫人をここに埋葬した。この新構想は、やがて広く行なわれるようになった（文献13）。しかしながら、この翼部全体の階上については、明確な規定がなかった。すなわち、煖房室の階上は衣服室になることがあったが、厨房には階上が存在せず、一方、大食堂は、独

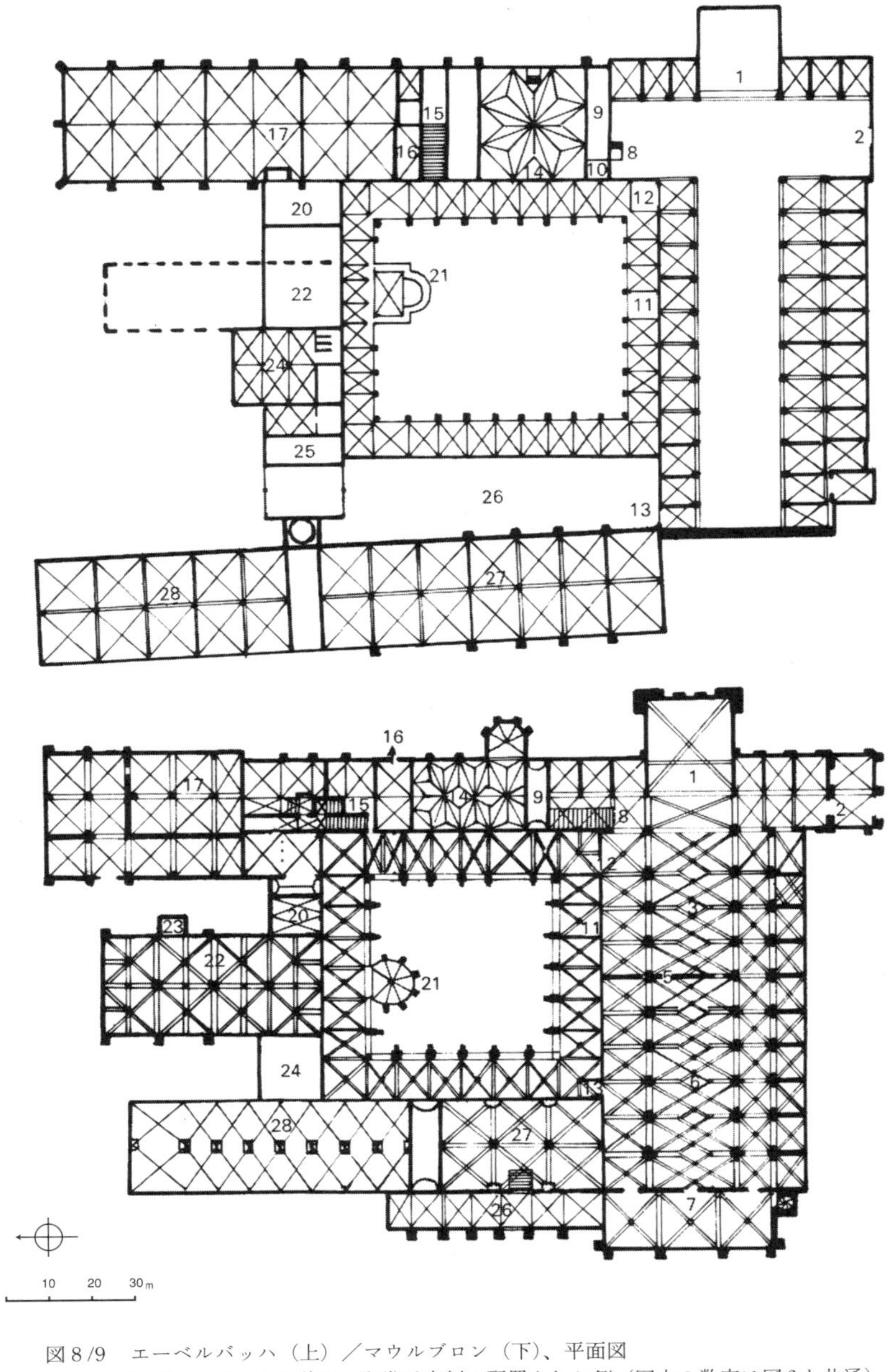

図8/9　エーベルバッハ（上）／マウルブロン（下）、平面図
いずれも図6とは逆に、聖堂が南側に配置された例（図中の数字は図6と共通）

図10 マウルブロン、大食堂

立した建造物として、たとえばマウルブロンの大食堂のように記念碑的形式を示すこともあったのである（図10）。この大食堂は二階吹抜けで、聖堂とほぼ同じ高さであった。大食堂の入口の真向いには、回廊から張り出して噴泉室[21]が配置された。これは、十二世紀に広く慣例化したことであって、けっしてシトー会修道院だけにかぎられたものではない。これは、一一六〇年頃のカンタベリーの平面図にも現われている（図18）。シトー会修道院においては、沐浴の代わりに洗手礼が行なわれた。彼らは毎日頭を洗い、また食事時間には大食堂に入る前に手を洗った。ザンクト・ガレンにおいては、ローマの沐浴習慣に由来する衛生思想があったのに対して、シトー会修道院においては、むしろ清浄性が重視されたのである。大食堂の右側の厨房[24]は、修道士大食堂へも助修士大食堂へも通じていた。これはまた、当然のことながら外部からも入れるように、また品物をもち込めるようになっていた。復活祭から九月十四日までは、彼らは日に二回つまり昼と晩に食事した。夏期は戸外労働を継続するために、昼食は午後二時にされた。九月半ば以後は毎日二時に一回食事するだけになり、さらに四旬節の間は晩禱時課後の午後六時にされた。朝食については知られていない。

厨房をどう配置するかという問題は、聖堂、回廊、修道士区域に対して、助修士区域をどう調整するかという問題につながっていた。修道士は、助修士が近くにいることを必要としながらも、彼らとは隔離されていなければならなかった。助修士もまた世俗に背を向けることを望んだが、彼らは、仕事の関係上しばしば世俗と接触しなければならなかった。このために、彼らは聖堂と回廊の西側の区域が与えられたのである。この考え方は、とくに助修士区域の内部において、明瞭に現われている。クリュニーにおいては、まだすべてが開放されていた。すなわち、助修士は雇人と同様に厩舎の階上に住んでいた。彼らは、以前は厩舎の東側にあった貯蔵庫[27]を管理していた。このようなわけで、いまやこの貯蔵庫の延長線上に、彼ら自身の大食堂[28]が設置されたのである。彼らは、食事前後の祈禱、食事の時間、量、質などの習慣を厳守することによって、はじめて雇人の地位から修道院共同体の一員になることができた。食事の形式は、それに対応する建造物を必要とした。助修士の大寝室がこの翼部の階上全体を必要としたか、それともこの大食堂の階上だけで間に合ったかということは、あくまでその人員によって決められることであった。彼らの大食堂は、二階吹抜けになることはなかった。

ここでもう一度、助修士通路［26］について語らなければならない。これはクリュニーの前庭地域と同様に、修道士と助修士を分離するためのものである。これは、修道院における地位秩序の全問題を、視覚的に示しているのである。助修士は聖堂に入ることは許されたが、回廊に入ることは許されなかった。この助修士通路は必ずしもすべての修道院に設置されたわけではなかった。しかしながらこれは、クレルヴォーの改築の際には最初から計画されていたのである（図12）。

これらの建造物のほかに、東側には病室があり、西側には宿泊所と世俗業務所があった。これらはすべて、シトー会修道院の理想的平面図には示されていない。たしかに戒律は病者や外来者の接待について規定してはいるが、それは、ベルナルドゥスの考える修道院共同体にそのまま採り入れられるものではなかった。これらの建造物もまた、従来の修道院の場合と同様に、自由に発展することができた。しかしながら、基本建造物区域は、それ以下の区域とは厳格にまた確然と区別されていたのである。このようなわけで、病室はごく稀に大規模なものになることはあっても、宿泊所や世俗業務所は、けっして大規模なものになることはなかった。

模範形式としてのクレルヴォー

シトー会修道院の理想的平面図について説明することは、そのままその成立過程を説明することになるのである。ここには二つの問題があるが、それは現存する資料からはかならずしも十分に明らかにはならない。第一の問題は、この建築計画と実施に修道士と部外者がどの程度の割合で参加したかということである。十二世紀の記録作者オデリクス・ウィタリスの記すところによれば、「シトー会修道院は、すべて寂寥地にまた森林の中に設置され、修道士自身によって建設された」としている（*Hist. Eccl.*, Migne, *P.L.*, 188, col. 641）。しかしながら、より詳細な資料によれば、しばしば外部から多数の建築家や技術者が参加したことが知られている。このことは、建築装飾の形式や、また外部の石工技術者に対する支払書をみれば明らかである。修道院は、最初のブルゴーニュ様式を守りながらも、いたるところに、地方様式との密接なつながりを示していた。しかしながらまた、修道院長が建築計画全体を指揮し、修道士や助修士がその主要作業を担当したことも事実である。新しい居住地における最初の木造建築は、まさしく彼らの作品であった。この木造建築から石造建築への改築も、初期には、やはり彼ら自らが実施しなければならなかった。建築規模が増大するにつれて、経験が集積し、技術も向上した。各資料がおおむね外部の技術者との契約についてのみ記して、修道士や助修士の仕事についてはごく稀にしか記していないのは、当然のことで仕方がない。かつては、修道院はすべて修道士の手によって建設されたと想定されていたのに対して、このような資料や地方様式の影響が明らかになるにつれて、今日ではむしろ修道士の仕事を過小評価する傾向がみられるほどである。

このことは、第二の問題につながっている。それは、すでにクリュニーを考察した際にも問題になったことで、いかにして戒律の定める聖務日課を実施しながら小規模な修道院を大規模なものに改築し、また簡素な木造翼部を石造広間に改築したか、ということである。たとえばいまここで、マウルブロンの一一四七年つまりこの修道院が今日の場所に移転した時点から十三世紀末期ないし十四世紀におよぶ建築の歴史をみると、聖堂も基本建造物もほとんど十年ごとにつねに繰り返して改築されたことが判るのである。この場合は、建築家や技術者は、当然、部外者であったであろう。しかしまた、回廊や基本建造物を、より大きな、より耐久力のある、より明るいものにするために、修道士も助修士もともに当座の不便を忍ばなければならなかったことは事実である。このようにして、修道院は自ら拡大した。それは、後世の修道院のように外部の干渉を受けることなく、複合体自身で大きくなっていったのであった。

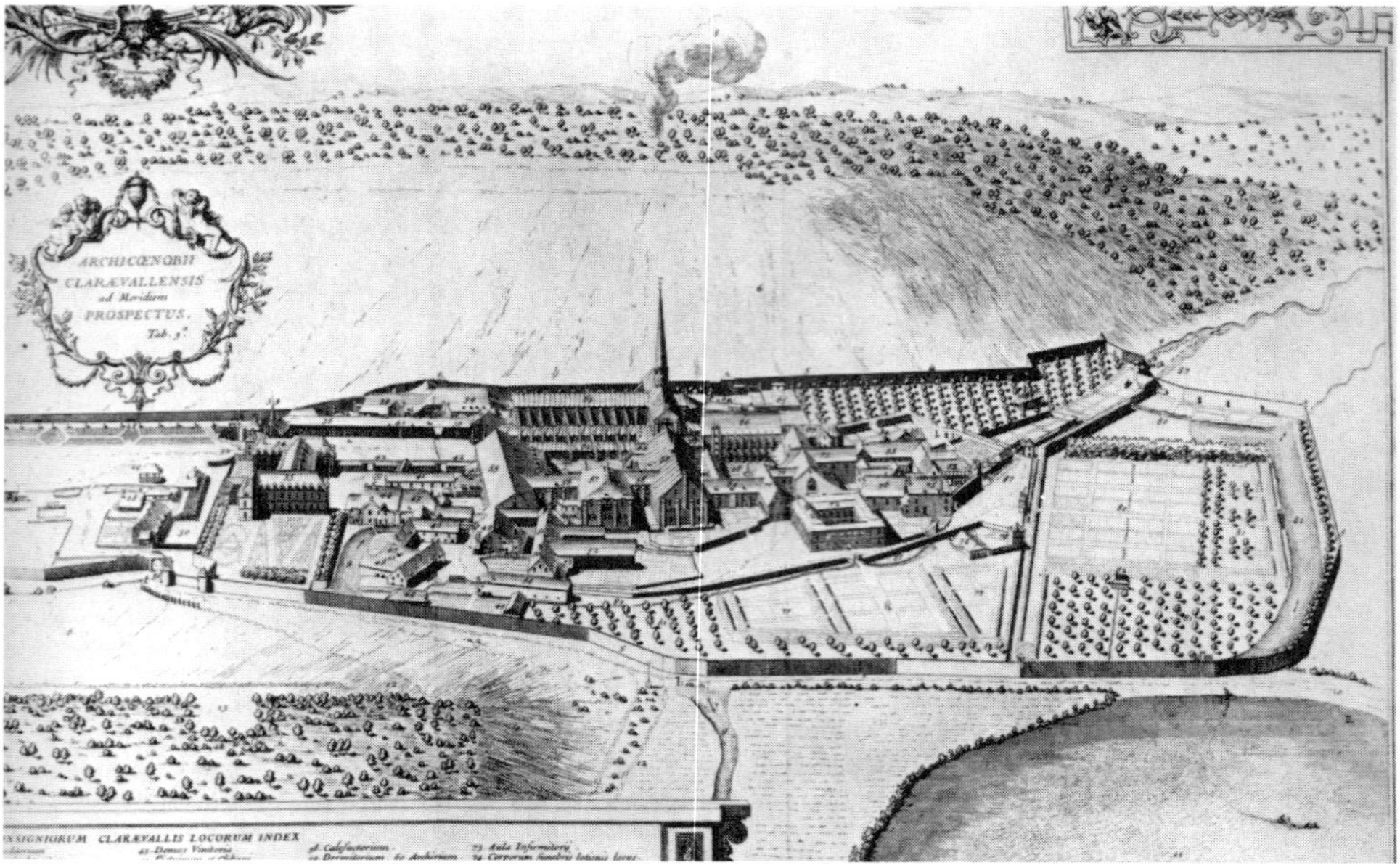

図11/12　クレルヴォー、全景（上）と平面図（左）、C. ルカスによる銅版画（1708年）

ベルナルドゥスの修道院であるクレルヴォーは、他の四つの創立修道院に比べて、とくにこの理想的平面図の成立過程を詳細に示している。この修道院は、不幸にして、フランス革命の際に理性の狂信者によって細部にいたるまで破壊されてしまったが、その詳細な歴史は、一一八〇年頃の『大成立録』や、最初の『聖ベルナルドゥス伝』（文書XII）や、あるいはスイスのシトー会修道士、ヴェッティンゲンのヨーゼフ・メグリンガーによる一六六七年の詳細な記録[15]や、また一七〇八年にイングランドのベネディクト会修道士ミレーが描きC・ルカスが製作した銅版画などによって、知ることができる（図11、12）。さらにまた、この新しい修道院は、すでに建設中から他の修道院の、すなわち今日も名残りをとどめているイングランドの二つの修道院ファウンティンズとリーヴォーの模範になったことが知られている。後には外部の修道院長が、建築家を派遣してこの模範的形式を正確に学ばせた。オーベールは、オランダのアドゥアルドの修道院長ヴィグボルトが、一二二四年にこの目的で助修士とその子息をブルゴーニュへ派遣したと述べている（文献105、九七頁）。この助

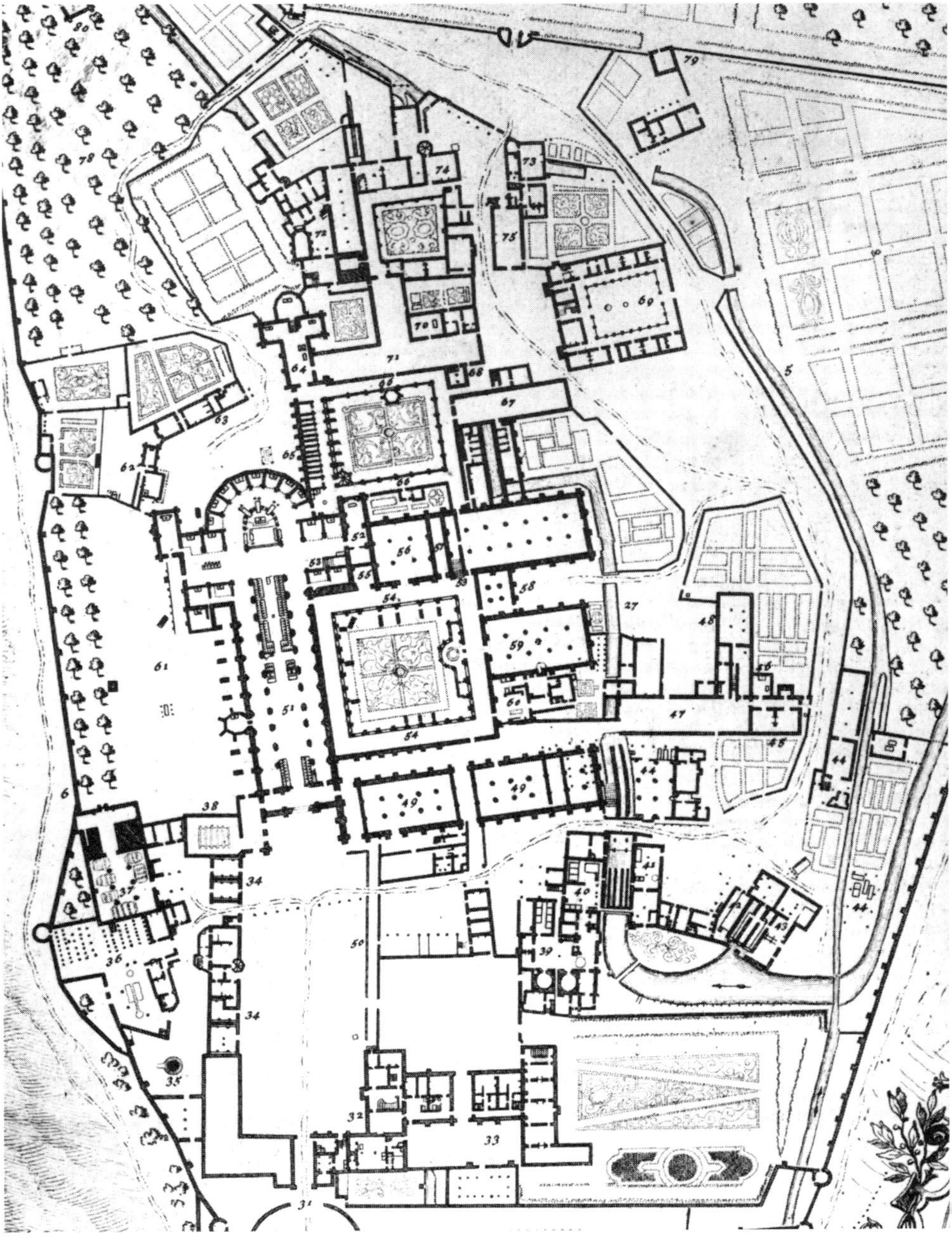
80
79
78
74
73
72
75
69
70
71
5
64
68
66
67
63
62
65
52
56
57
53
55
58
54
27
48
59
61
51
60
47
46
45
44
6
49
38
34
41
40
37
42
43
50
39
36
35
32
33
31

修士は後に聖堂と修道院を完成して、その主祭壇の前に埋葬されるという破格の栄誉を受けたのであった。

ベルナルドゥスは、一一一五年から一一三三年までの十八年間、修道士とともにきわめて簡素なまたささやかな環境で生活した。それは後の修道院の東側にあたり、一七〇八年の平面図をみると、当時は仕事場artificum manionesにされていたことが判る。この最初の聖堂は長方形で、それに接続する建造物は、階下が大食堂と厨房で階上が大寝室になっていた。そしてその階段の下には、立って歩けないほどの二つの薄暗い小室、すなわちベルナルドゥスの居室と外来者室があった。なおこの他にも建造物があったことは確実である。またベルナルドゥスの言葉によれば、ここには巧みに配置された水路があったという（文書XII）。また彼の言葉によれば、この建造物は、多くの困難の下に石造化されていたのである。つまりこれは、すでに厳密な意味でのベネディクト会修道院ではなかったのである。一一三三年にベルナルドゥスがローマに滞在していた時に、その従兄弟でまた副院長であるロシュタイユのゴッドフロワと修道士監督者でまた建築家でもあるアシャールは、有名な修道院建築家でベルナルドゥスがしばしば新しい修道院建設の際に派遣していたジョフロワ・ダレーヌの支持を受けて、当時の場所より約三百メートル西寄りのオーブ河の岸辺に新しい修道院を建設する計画を進言した。ベルナルドゥスの談話をみると、彼は躊躇した後にこの建築を許可したことが判る（文書XII）。彼にしても、当時の場所が、修道士や助修士の絶え間ない増加のために狭くなっていたことを、認めざるをえなかった。また各方面から援助の手がさしのべられた。『聖ベルナルドゥス伝』*Vita Sancti Bernardi*によれば、この作業は急速に進んだことが判る。いまや修道院は、この仕事に専念した。このようにして、早くも一一四五年には聖堂が献堂された。同時にまた、新しい基本建造物が建設されていた。そして、東側の従来の修道院は助修士に与えられたのである。しかしながら、聖堂身廊の形式と全長から判断すると、助修士翼部もまた最初から計画されていたのであり、すくなくとも一一五三年にベルナルドゥスが歿する以前に、その所定の場所に完成していたことが判るのである。聖堂身廊は三百名の修道士には五つの桁間空間を提供し、四百名の助修士には六つの桁間空間を提供した。一六六七年にメグリンガーが算出したところによれば、修道士席は一三八あり、それに対して助修士席は三一六あったという(15)。

この一一三三年の新築計画においては、シトー会修道院の二つの重要な革新課題、すなわち大食堂の位置を調整することと、助修士通路および助修士翼部をもうけるという命題が実現されていたのである。副寝室は、当時もなお修練士室として使用され、この世紀末期にヨハネス二世(在任一一八六―九二)が東側に新しい修練士区域を建設した際に、修道士室にされた。これは従来の経験によったもので、このようにしてはじめて、回廊は、本来の静寂と秩序を取りもどしたのである。この最初の修道院周壁は二、六五〇メートルにも達し、この大規模な建築計画が、東側の病者区域および書記区域からさらに西側の仕事場区域および外来者区域などの補助建造物が建設できるだけの十分な広さをもっていたことを示している。クレルヴォーの改築計画は二十年もかけて推進されたのであった。そしてクレルヴォーは、この一一三〇年前後という、この修道会がフランスの国境を越えてドイツ、イギリス、イタリア、スペインに進出し、また例年の総会の決議がはじめて布告の形で公表されるようになった時点において、完全なる姿を実現し、そのまま修道院建築の模範になったのである。

クレルヴォーとともに貴重な原型になるのは、フォントネーである。この修道院は、一一一八年に、ベルナルドゥスの命によって、さきに述べたクレルヴォーの副院長ゴッドフロワが設立したものである。これは、クレルヴォーの第二の修道分院である。これは、クレルヴォーが移転改築する数年前すなわち一一三〇年に、これまた谷間をほぼ一キロメートルほど下った場所に移転した。この土地は、ベルナルドゥスの伯父、レイナール・ド・モンバールが寄進したのである。この配置形式がとくに緊密にできているところからみると、この図式は一一三〇年にゴッドフロワがクレルヴォーへ復帰する以前に完成したものと思われる。またこの聖堂建設は、近くに居住したイングランドの高位聖職者ノーウィックの司教アランデルのエブラードの援助によって、一一三九年から強力に推進された。この今日も残るフランス最古のシトー会修道院聖堂は、一一四七年九月二

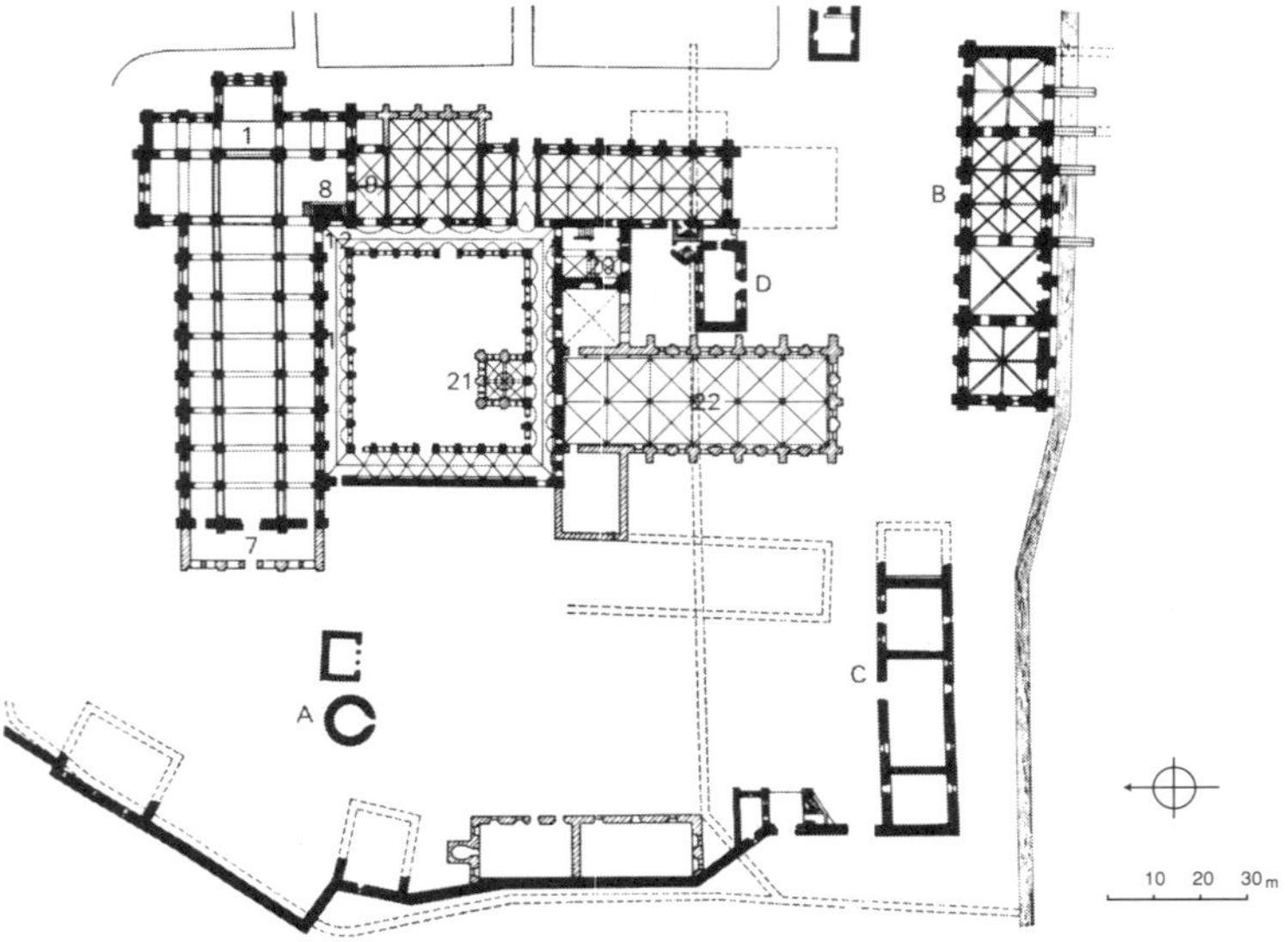

図13/14　フォントネー、全景（上）と平面図（下）

A　納骨堂　　C　外来者室
B　鍛造所　　D　留置室（寝室）
（＊数字は図6と共通）

十一日、教皇エウゲニウス三世によって、ベルナルドゥス臨席のもとに献堂されたのである。この回廊と集会室の装飾形式を詳細に調べれば、これが十二世紀中期のどの時点で成立したかが明らかになるであろう。この修道会の指導者は、クレルヴォーの計画と並行してこの計画をも推進していたのである。フォントネーにおいて実施されたことは、そのままクレルヴォーにおいて実施された。すくなくとも、クレルヴォーの集会室の平面図が、フォントネーのそれと一致するのはよく知られている通りである。

一一三五年ベルナルドゥスは、修道院建築家ジョフロワ・ダレーヌを、イングランドのファウンティンズに派遣した。ヘンリー八世によるイングランドの修道院破壊は、フランスの啓蒙主義の修道院破壊ほど組織的ではなかったために、この廃墟はかなりよく当時の面影を残している。この廃墟は、徹底的に研究された(文献119)。この修道院は、集会室がより大きいという点を除いて、細部にいたるまですべてクレルヴォーの図式と一致している。さらにまた、かつてベルナルドゥスの秘書であったウィリアムが一一三二年頃から建設を開始したリーヴォーをみると、この図式は三十年代のはじめに細部にいたるまですべて確定していたことが判るのである。煖房室、集会室、噴泉室、助修士翼部は、すべて最終的な場所に定置されている。また一一三四年の総会の布告によって禁止項目が決定される以前に(文書XI)、認可されるべきものはすべて姿を現わしていた。クレルヴォー、フォントネー、ファウンティンズ、リーヴォーは、すべて同一の図式に依拠していたのである。シトーは、やや後にこれに加わった。まさしくこの十二世紀の三十年代のはじめにおいて、聖ベルナルドゥス側近の若い修道士は、あの八一六年から八二〇年にかけてのライヘナウや十一世紀のクリュニーやヒルザウの場合と同様に、完全なる修道院複合体を建設しようという情熱に憑かれていたのである。これは、まさしく創造的な時代であった。本質的形式は、一一三〇年から一一四〇年の間に発展し、完成し、平均的模範形式が確立したのである。後の三世紀間は、ただ細部の装飾が変更されるにすぎなかった。

クレルヴォーの一七〇八年当時の平面図をみると、この周壁に囲まれた敷地は、最初から流れぞいに、すな

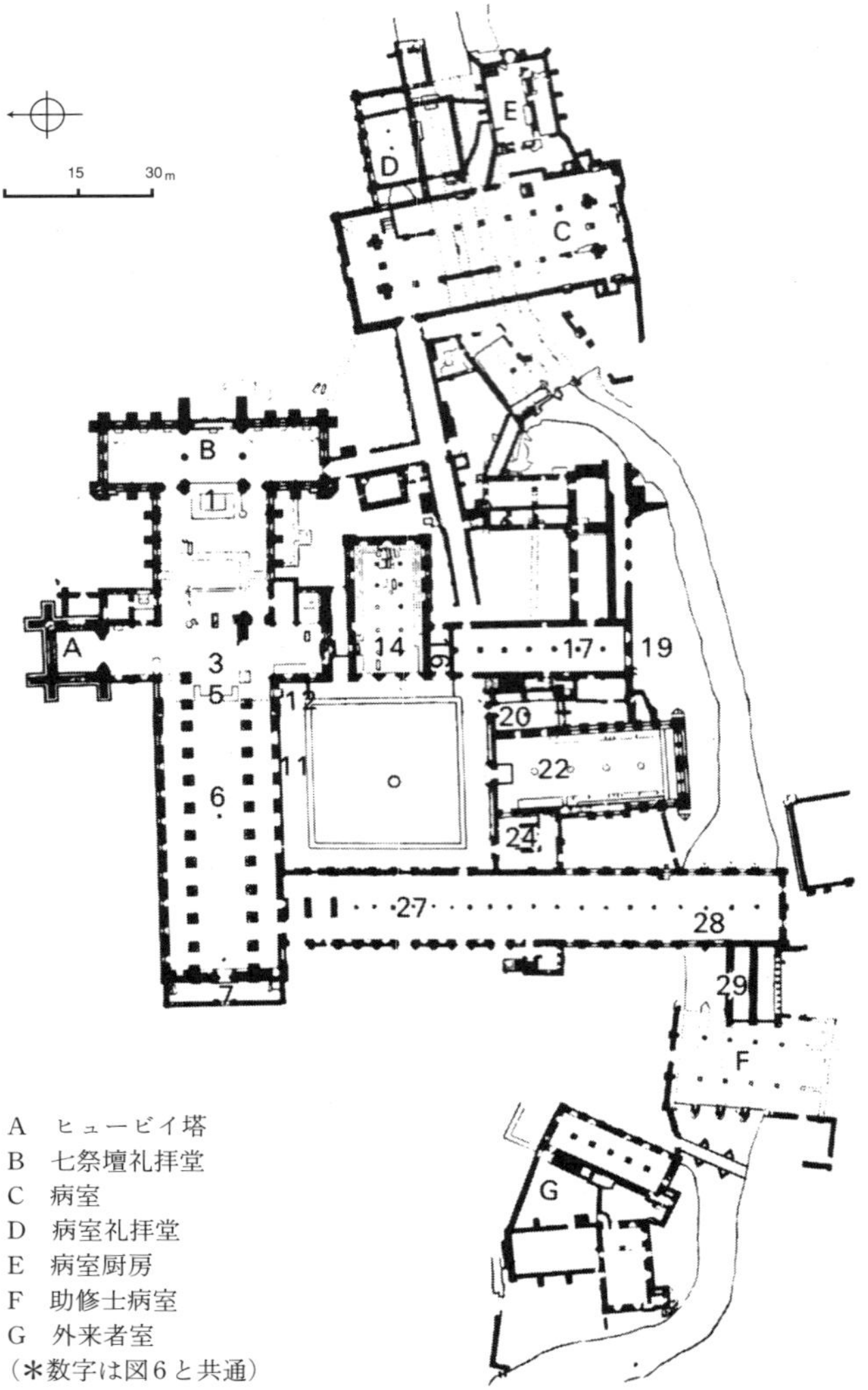

A　ヒュービイ塔
B　七祭壇礼拝堂
C　病室
D　病室礼拝堂
E　病室厨房
F　助修士病室
G　外来者室
（＊数字は図6と共通）

図15/16/17　ファウンティンズ
平面図（上）、全景図（左上）、聖堂身廊と北側側廊（左下）

わち南から北にではなく東から西に向けて拡大する可能性があったことが判る。またファウンティンズにおいても、川の流れぞいに、東側の修道士の病室と厨房から西側の助修士の病室にかけて、建造物が配置されている。ベルナルドゥスがクレルヴォーの改築に反対した理由の一つには、従来の修道院にはオーブ河を利用した完全な水路があるではないか、ということがあった。またこの記録作者は、この新築された修道院の内部においては、河の流れが水路に導かれ、多くの場所で粉挽機や鍛造機を駆動して修道院区域を流れ抜け、ふたたびもとの河に合流する様子を、とくに強調して記している(文書XIII)。

クリュニーの給水設備が当時の人々に賞讃されたのはさきに述べた通りであるが、カンタベリーの平面図が製作されたのもまた、実はこの給水設備を示すのが目的であったのである(図18)。クレルヴォーにおいては、新しい基本建造物区域が建設された当初から、病者と書記の区域は東側に、また仕事場や世俗業務所や修道院聖堂に入ることを許されない外来者のための特別な礼拝堂をそなえた宿泊所は西側に置くという全配置計画に基づいて、給水設備が立案されていたのである。ベルナルドゥスの修道士は、この修道院が完成した暁にはどこがどうなるかということを熟知していた。修道生活は、それに必要な業務を他者にゆだねることによって、はじめて完全に実施できるのである。基本建造物区域の彼方には、拡張を予想して広大な敷地が用意された。ヨハネス二世は、特別の病者区域を建設し、さらに後に書記区域を付加した。一六六七年にメグリンガーがここを訪れた際には、多数の建造物が存在し、鍛冶工、織布工、製靴工、指物工、絵画工、刻彫工などの各種の仕事場があったと記している。すなわち、この修道院ははてしなく発展したのである。一一三三年のクレルヴォーの改築計画は、ベルナルドゥスの側近にも、後のアッシジの聖フランシスクスの弟子と同様な一群の修道士がいて、この改築を開始した聖者より以上に現実的に、修道生活に必要な地上的条件について配慮していたことを示しているのである。

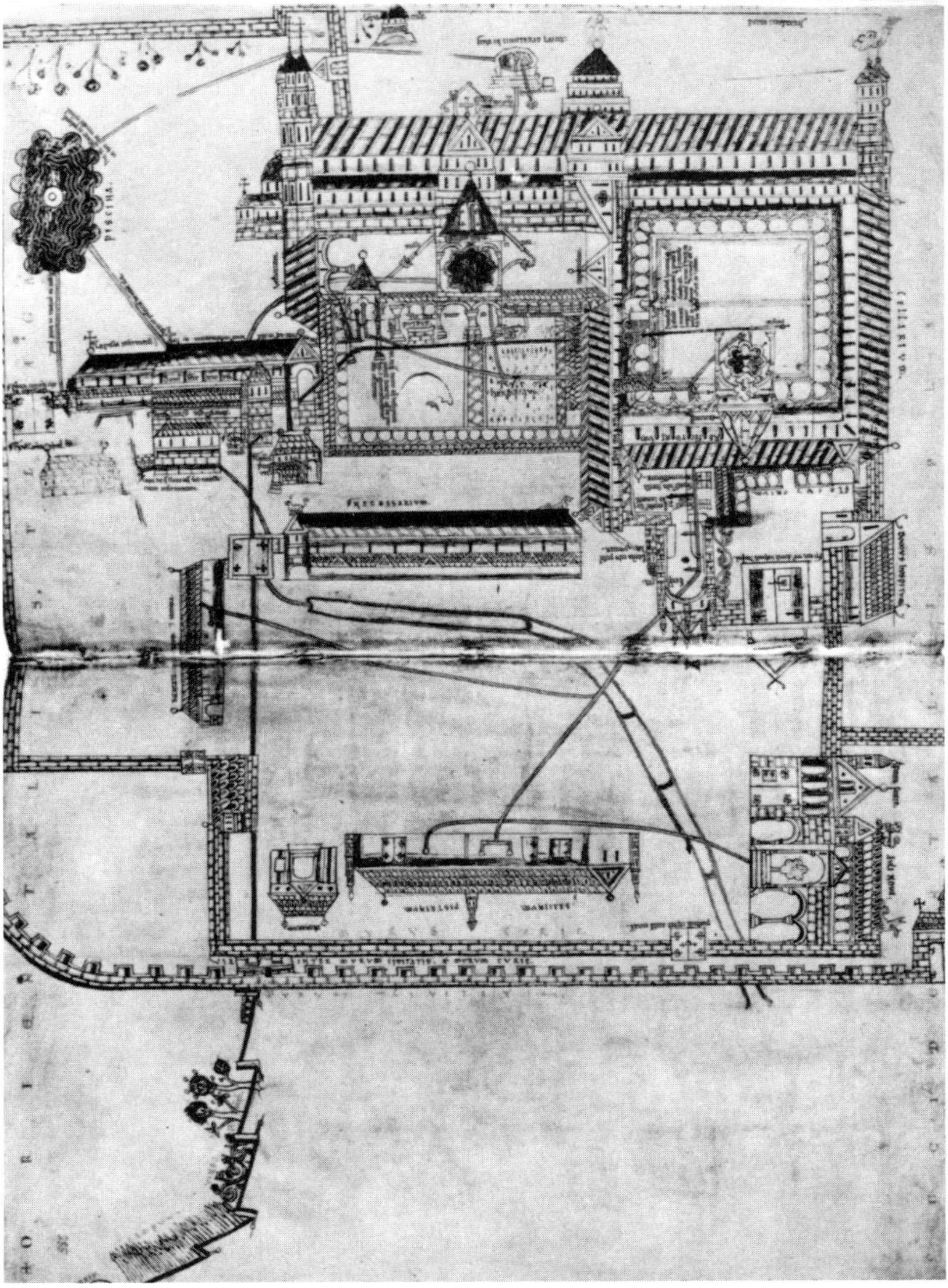

図18　カンタベリー、平面図、1160年

形式の展開

人間が創造するものは、たとえいかに世俗とは無縁であろうとしても、つねに時代と文化の影響を受けざるをえない。ベルナルドゥスが定めた統一的な修道院建築形式は、ブルゴーニュにおいてはブルゴーニュ風に、シュヴァーベンにおいてはシュヴァーベン風に、またイングランドにおいてはイングランド風に実現された。この形式は、いずれの場所においても、様式発展の法則に従っていた。このようにして、シトー会修道院建築もまた、ロマネスクから後期ゴシックへの道を歩んだのである。修道会規則はいわば一つの果樹棚であり、十二世紀から十六世紀にかけてつねに新しい果実を生み出したのである。この果樹は、たとえいかに形式的に刈り込もうとしても、古い株からはつねに新しい枝が成長したのであった。シトー会修道院は、男子修道院だけでも七四二回も同一の基本的形式を反復し、数世紀にわたって補足、改善、拡張、新築を繰り返した。しかしながら基本建造物の数と形式は、中世からルネッサンスにいたるまで、けっして変更されることはなかったのである。聖堂、回廊、集会室、修道士室、大食堂、助修士居屋などの主要建造物はいうまでもなく、談話室、煖房室、厨房、噴泉室などの副次建造物も、けっして変更されることがなかった。これほど永い時間をかけ、一貫した努力によって形成された複雑な建築主題は、建築史の他の分野にはみあたらない。修道士は、ロマネスクからゴシックにいたる各段階において、時代と民衆が生み出した諸形式を把握し変形し発展させ、彼らの石造居屋はつねに同一の図式に従いながらも、それぞれ新しい形式を示したのである。各翼部と各広間の比重は全複合体の中でつねに変わることがなかった。その中には、大食堂のように大きな比重をもつものと、集会室のように中位のものと、また煖房室のように小さな比重しかないものがあった。また各部の基本的比例数値も変わることはなく、ただその形式が変化したにすぎなかった。修道士共同体は、しばしば数世紀にわたって同一の建造物に起居し、数世紀にわたって同一の建造物を使用した。また、回廊穹窿や噴泉室その他について、修道院長が改築に反対すると、修道院内外の石工技術者がこれを新形式に改変するということもありえた。従

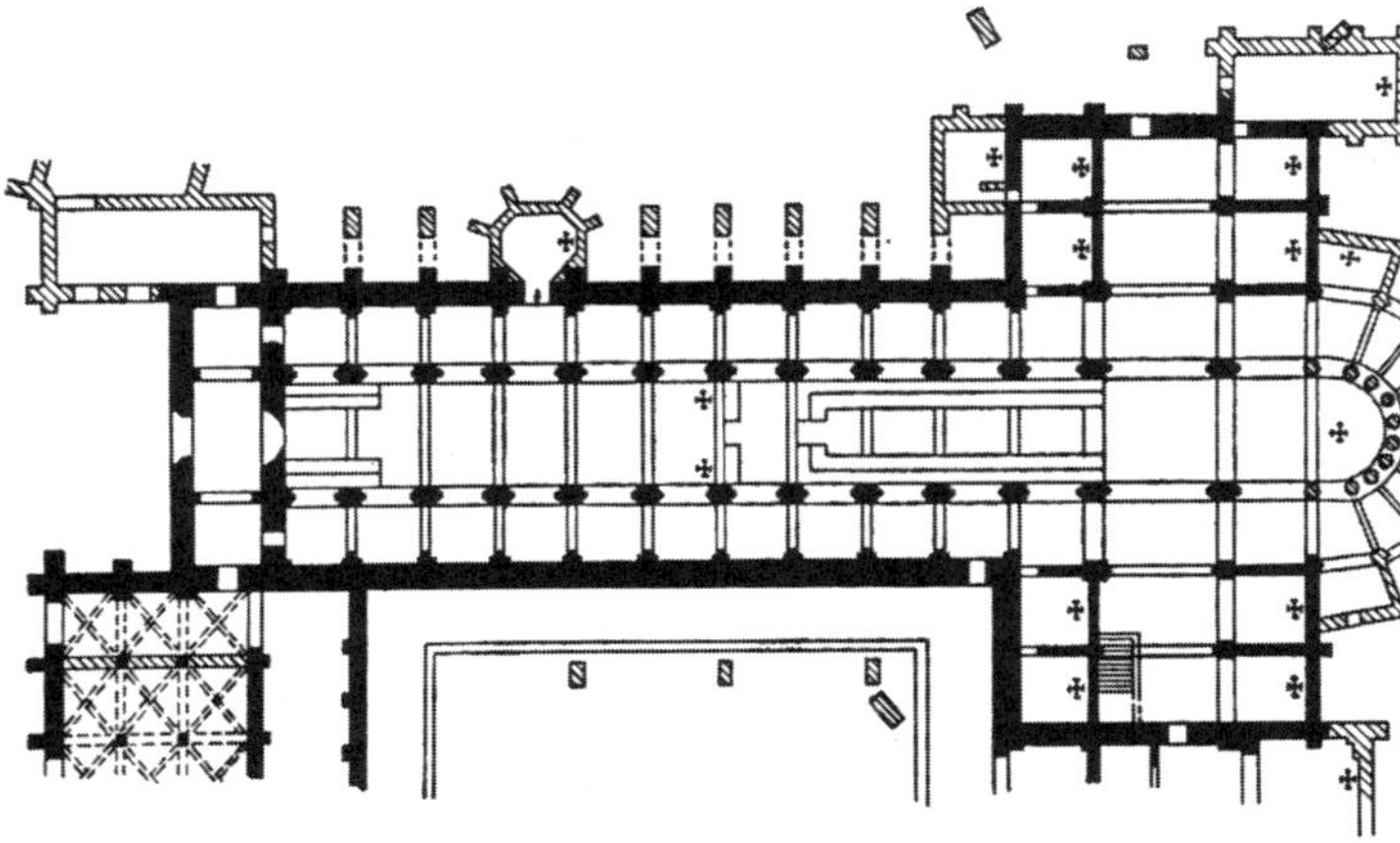

図19　クレルヴォー、修道院聖堂、平面図（斜線部が増改築部分）

来の建築主題は改めて再編成され、古い精神が新しい旋律を奏でた。このようにしてはじめて、修道院複合体は建築技術的に個性を発揮することができたのである。それは従来の主題に依拠した新しい綜合であった。それはシトー会的であることを基本原則にして、フランス、イングランド、ドイツ、スペイン、イタリア、ポーランドなど、それぞれの要素が付加したのである。もし聖堂や集会室や回廊や噴泉や大食堂などの建築主題がすべて自由に処理できるとしたならば、それはすべての時代様式とすべての地方様式を反映することになったであろう。シトー会の規則は、創造的努力を阻止するのではなく、むしろこれを促進することになったのである。

ここではまず聖堂建築の一例をみることにしよう。ベルナルドゥスによって建設されたクレルヴォーの修道院聖堂の長方形の内陣は、この聖なる修道院長の死後すぐに拡大され改築された。元来、ベルナルドゥスは、中央に祭壇を置いた単純な長方形の内陣しか認めなかった。カール・ハインツ・エッサーは、ベルナルドゥス自身がシトー会に対してこの簡素な内陣形式を採用するように命じたことを強調している[16]。彼は、聖堂を神の家とは考えず、むしろ神と人が対決する場所であり、聖ベネディクトゥスが規定したように一つの礼拝室であると考えていた。一一三五年、アシャールはこの原則を忠実に遵守して、ベルナルドゥスがトリーアからの遍歴の途中でとくに指定した地点に、ヒンメロートの聖堂を建設した。聖堂袖廊の祭壇は修道士が個人的にミサをあげるものであったが、それはクレルヴォーでは八基、ヒンメロートでは六基あるだけであった。一つの祭壇では一日に一度だけしかミサがあげられないという原則を遵守するかぎり、聖職者修道士が増加すると、その一人一人はごく稀にしかミサをあげることができないという問題が出てきた。このために、シトーにおいては、袖廊を延長してそれぞれ三つの礼拝堂を設置するとともに、長方形の内陣に周歩廊をもうけて、そこに十のより広い礼拝堂を設置した。またクレルヴォーにおいては、一一五四年に、内陣周歩廊に花環状に礼拝堂を設置するという従来の建築思想を再度採用したが、これは、すでに数年前に、サン・ドニの修道院長スゲリウスがゴシックの穹窿体系と綜合して新しい形式を展開しつつあったのである。このようにして、クレルヴォーにおいても明るく高い、すなわちすでにゴシックの高内陣の姿を暗示する至聖所が成立した。この高内陣は、やがてシトー会修道院においてまた大聖堂において広く採用されることになるのである。この形式は、ポンティニ（一一八五頃—一二〇八年）、ロワイヨモン（一二二八—三五年）、アルテンベルク（一二五五年以後）、ドブラン（一二九四—一三六八年）など豊富な成果を生み出した。明るく高い至聖所は、シトー会の伝統を押し切って実施され、これが一つの新しい特徴にさえなった。ハイステルバッハ（一二一〇年頃）の内陣廃墟やハイリゲンクロイツの広内陣（一二八八—九五年）は、その一例である。これらの内陣は、シトー会の要求に応えるとともに、またこの世紀の建築的理想にも応えていたのである。このようにして、小礼拝堂はいままた改めて聖堂に変わり、祈る修道士のためのものから、ふたたび、祈りの対象としてそこに在す神のものになったのである。

修道院の基本的配置形式の歴史は、修道院建築のもつ創造的保守主義を示すものである。この基本的図式は多数の作例の中に埋没してはいるが、それはあくまで基本思想として永続し、多数のヴァリエーションを生み出しているのである。たとえば、一方にはル・トロネのように建設当時のままの姿でそれ以上発展することのなかった小修道院がある反面、一方にはマウルブロンのように数次にわたって拡大改築されたものもあり、さらに設立後わずかの間に廃絶して石造化されることがなかったものも数多い。またある一群は、設立者の富裕性を反映して、すべての点において成熟した姿を示した。フランスの聖ルイが、父王の遺志に基づいて一二二八年から建設を開始したロワイヨモンは、この成熟した創造性を示す一例である。この聖堂は七年後の一二三五年に献堂され、基本建造物はやや遅れて完成した。この修道院は、王家一族の墳墓所になった。この修道院は、聖堂のほかはかなりよく保存されている。またこの平面図は、シトー会修道院がいまや製図板の上で設計されるようになったことを示しているのである。各部はすべて同一の要素で、また同一の様式で構成されている。この形式を特徴づけるものは、端正な合理主義と結晶体のような明快性である。この優美さと、単純で精密でほっそりした比例関係と、またプレファブリケーションを思わせる同一要素の不断の反復は、この修道院

図20（上） ハイステルバッハ、聖堂内陣廃墟
図21（下） ハイリゲンクロイツ、広内陣

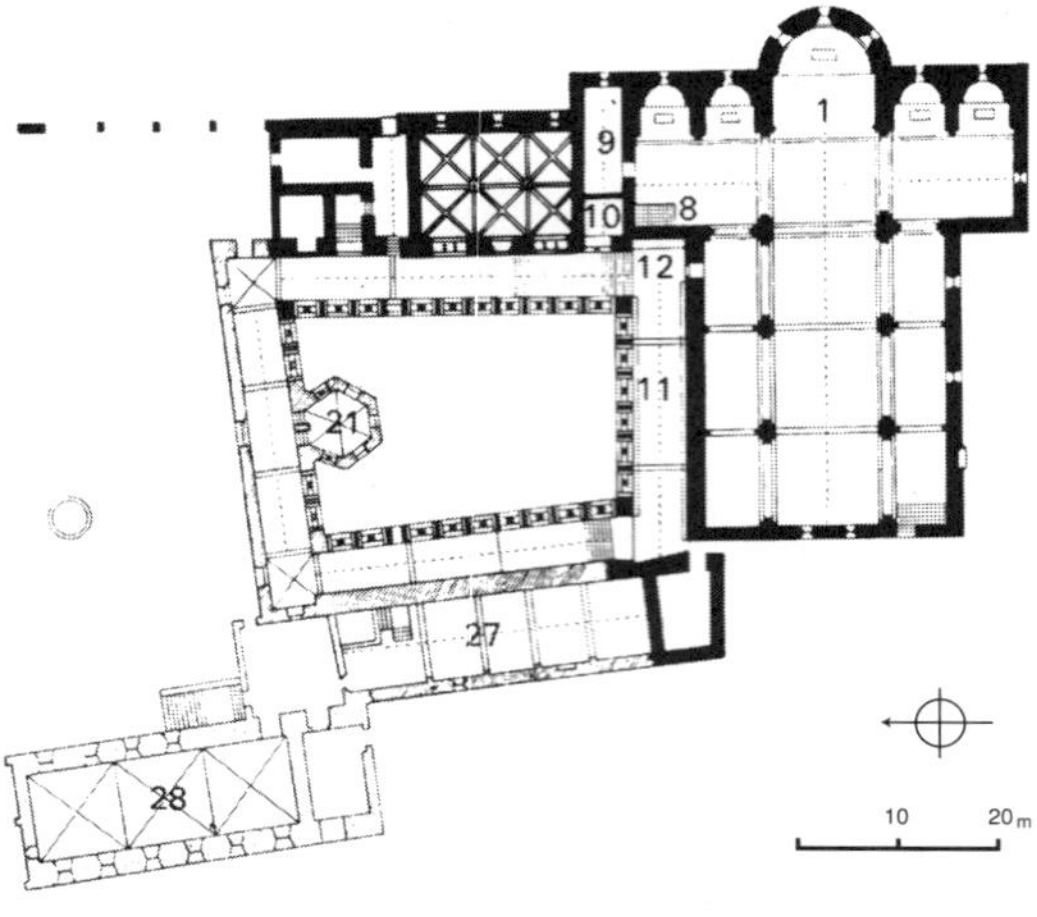

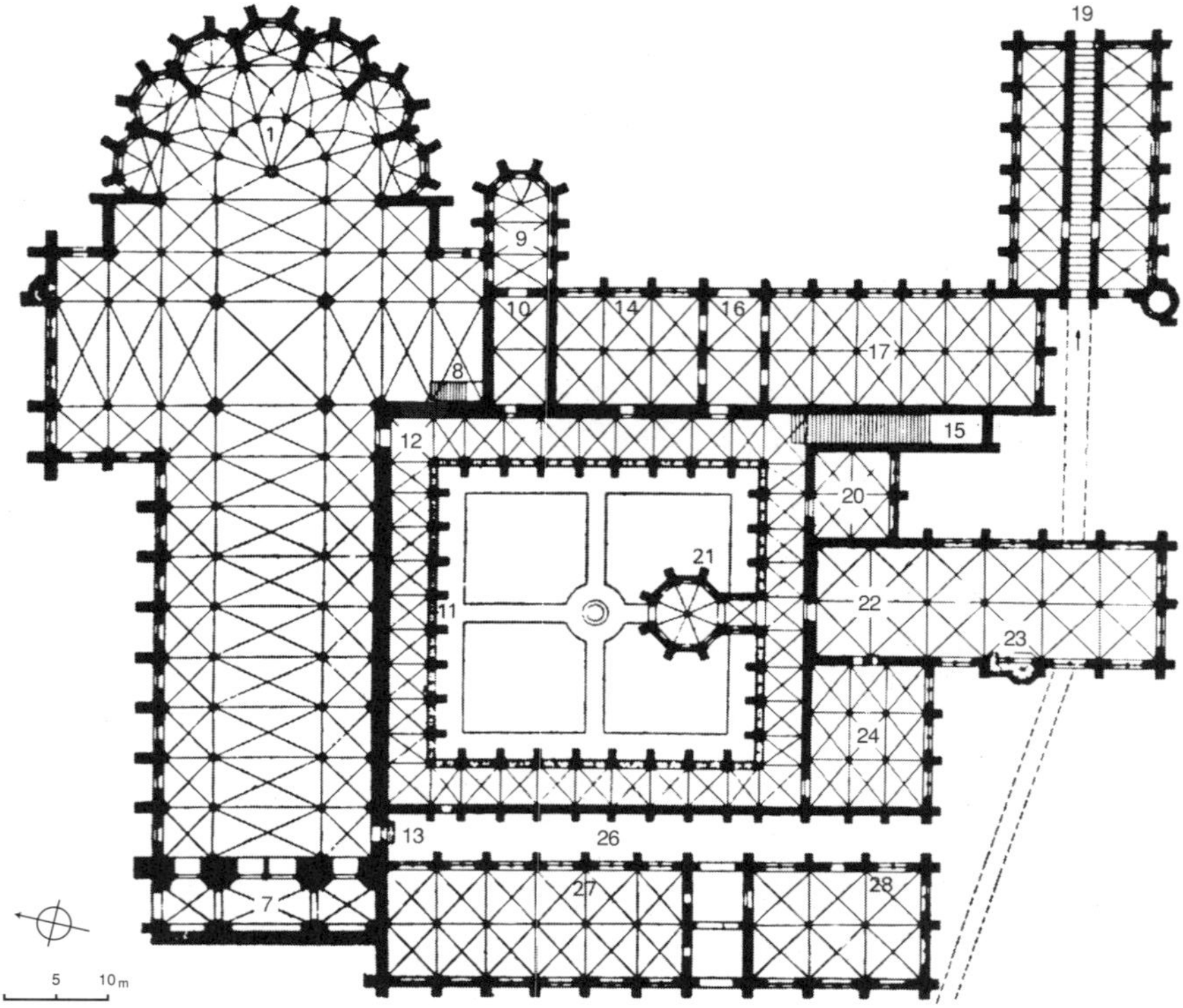

図22/23　ル・トロネ（上）／ロワイヨモン（下）、平面図

を初期「聖ルイ様式」の典型にしているのである。一二四七年のサント・シャペルは、この宮廷版的作例である。ロワイヨモンにおいては、小川にそった東南部の手洗い[19]や厨房[24]や助修士通路[26]まで、すべてが記念碑的に形成された。このようにして、ゴシック盛期の模範的修道院が成立したのである。これは同時代のゴシックの大聖堂と同様に、いかなる添削をも許さない、最高度に完成された作例であった。これはクレルヴォーの計画からちょうど百年後に当たっている。シトー会修道院建築は、もはやこの形式以上に発展することはなかった。後の作例は、すべて地方的なヴァリエーションにすぎない。

シトー会は、ほぼ四百年間この形式を忠実に維持していた。それは、ロワイヨモンの平面図と、一五八〇年に描かれたフランドルのドゥイネンあるいはテル・ドゥイネンの図（図24―26）を比較してみれば明らかである。元来この修道院は、一一三八年にシトー会に参加し、一一三九年には聖ベルナルドゥス自身の来訪を仰いでいるのであるが、この図が描かれた十六世紀前半までには、建造物はすべて改築ないし新築されていたはずである。さらにまた、この修道院は、一五六六年にオランダ独立軍によって放火され、一五七七年、一五九〇年、一五九三年と、数回にわたって掠奪され、一六二八年以後はまったく放棄されてしまったのである。修道士はブリュージュへ引き移り、新しい修道院を建設した。そしてこの古い建造物は解体された。この理想図は、一五八〇年にプールビュが描いたものであるが、当時は掠奪放火が行なわれた後であることから考えても、現実の姿はとうていこの図のように完全なものではなかったであろう。また一六四〇年に、アントニウス・サンデリウスがクレートの銅版画をフランドル画集 *Flandria illustrata* に取り入れた時には、歩廊[17]を病室と誤記していることからも明らかなように[17]、これまたたんなる回想図でしかなかったのである。これらの図をみると（以下の数字は図24に対応）、東側の大寝室[11]、南側の大食堂[12]、西側の助修士居屋[15]など主要建造物は、すべて理想的平面図そのままの位置にあることが判る。大食堂と助修士居屋の中間には独立した厨房[13]があり、ロワイヨモンと同様に、大寝室には大手洗い[10]が付いていた。西側にはまた高位聖職者区域があり、ゴシック風の小居館すなわちブリュージュ風の市民居屋と別箇の庭園があった。また、その前面には大宿泊所gasterie［19］があった。これらの西側の建造物に対応して、東側には、ザンクト・ガレンやクリュニーやクレルヴォーの場合と同様に、病室［16］と病者およびその北側に居住する修練士のための回廊がしつらえられた。修道院の管理者である副院長居館が病室の近くに置かれることは、すでに伝統化していた。修道院長に次ぐ第二の地位の人物の居館は、すでにクリュニーにおいてもこの場所に置かれていたのである。南側と西側の広い区域には、多数の世俗業務所があった。

この修道院の図と表記を詳細にみれば、これが完全な複合体になるためには。さらにいくつかの建造物が必要であったことが判る。この修道院には特別の歩廊翼部［17］があり、表記によると全長二〇六フィートで、ここにはフランドル伯および伯夫人の家系図が展示されて、設立者記念館になっているのである。また、ここには多数の世俗業務所と家畜小舎があった。高みにある聖堂の西側入口にいたる通路は、二つの長大な周壁の間を進み、多くの入口を通り抜けるように形成され、この通路の彼方にある新しい作業区域では、幾何学的な形の仕事場と煉瓦製造所が人目を惹く。東南の一隅には塔のある大菜園があり、北の一隅には修道院長用の厩舎や二つの施物管理所や粉挽所や番小舎などがまばらに連なっている。ここではまた、給水用建造物が大きな意味をもっていた。それは当然東側の区域にあった。給水塔 't waterslot からは二本の水路が配水所 't waterhuis［20］に通じ、表記によれば、巨大な馬力配水機によって、聖堂、大食堂、高位聖職者区域、醸造所、パン焼き所、屠殺所、病室、脱穀所などに給水していたことが判る。

この給水設備は、十二世紀の基本的思想をそのまま十六世紀までもちこし、さらに改善したものである。水の流れは動力となり、清浄化し、自らの務めを果たしてまたふたたび自然に帰るのである。水の流れは、まさしく修道士と聖務日課の友であり、その模範であり、その象徴であった。

シトー会修道院は、いずれも給水設備に多大な関心をよせていたのであるが、この歴史を研究するのはもはや

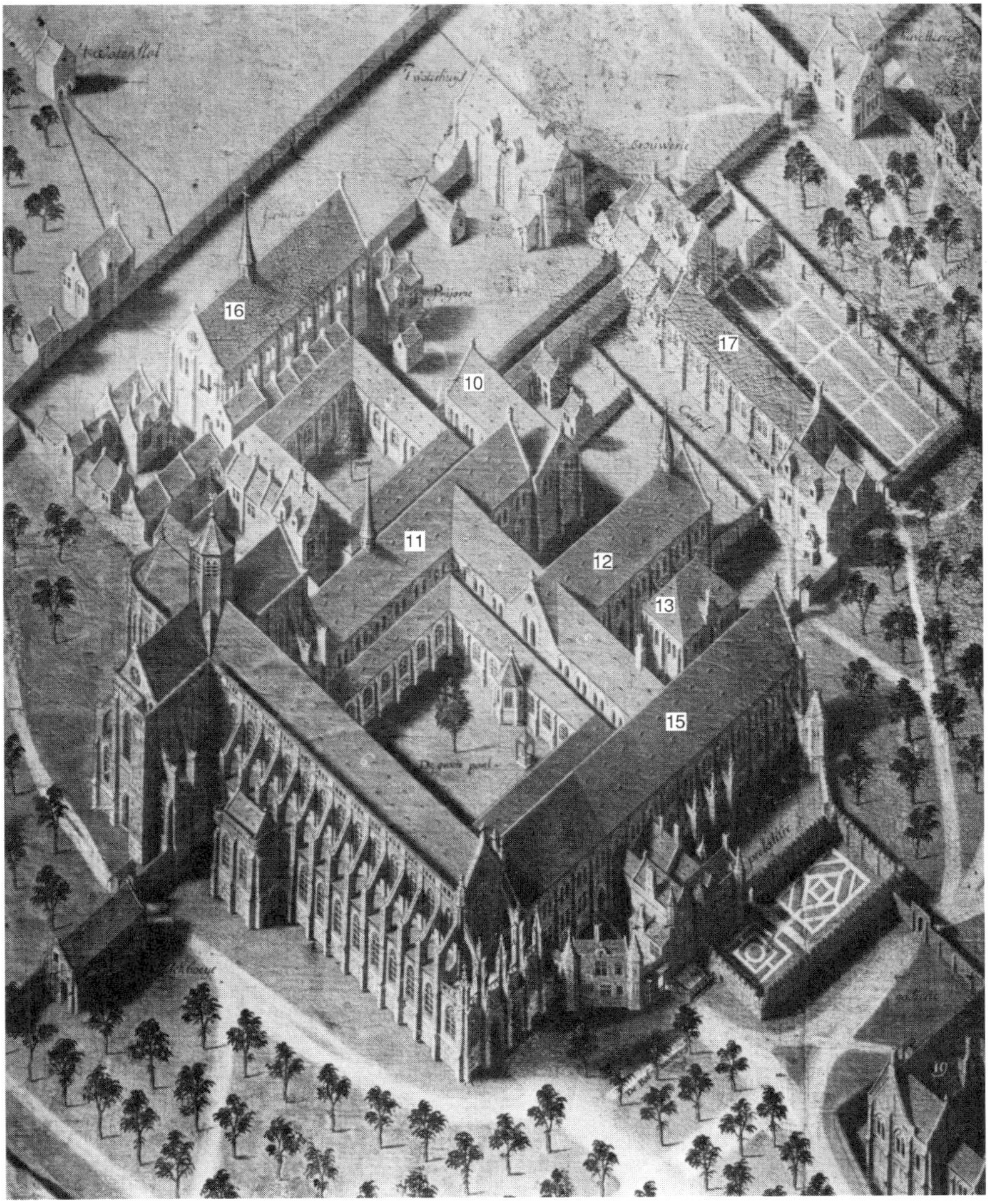

図24　テル・ドゥイネン（オランダ）、主要建造物（図25の部分）

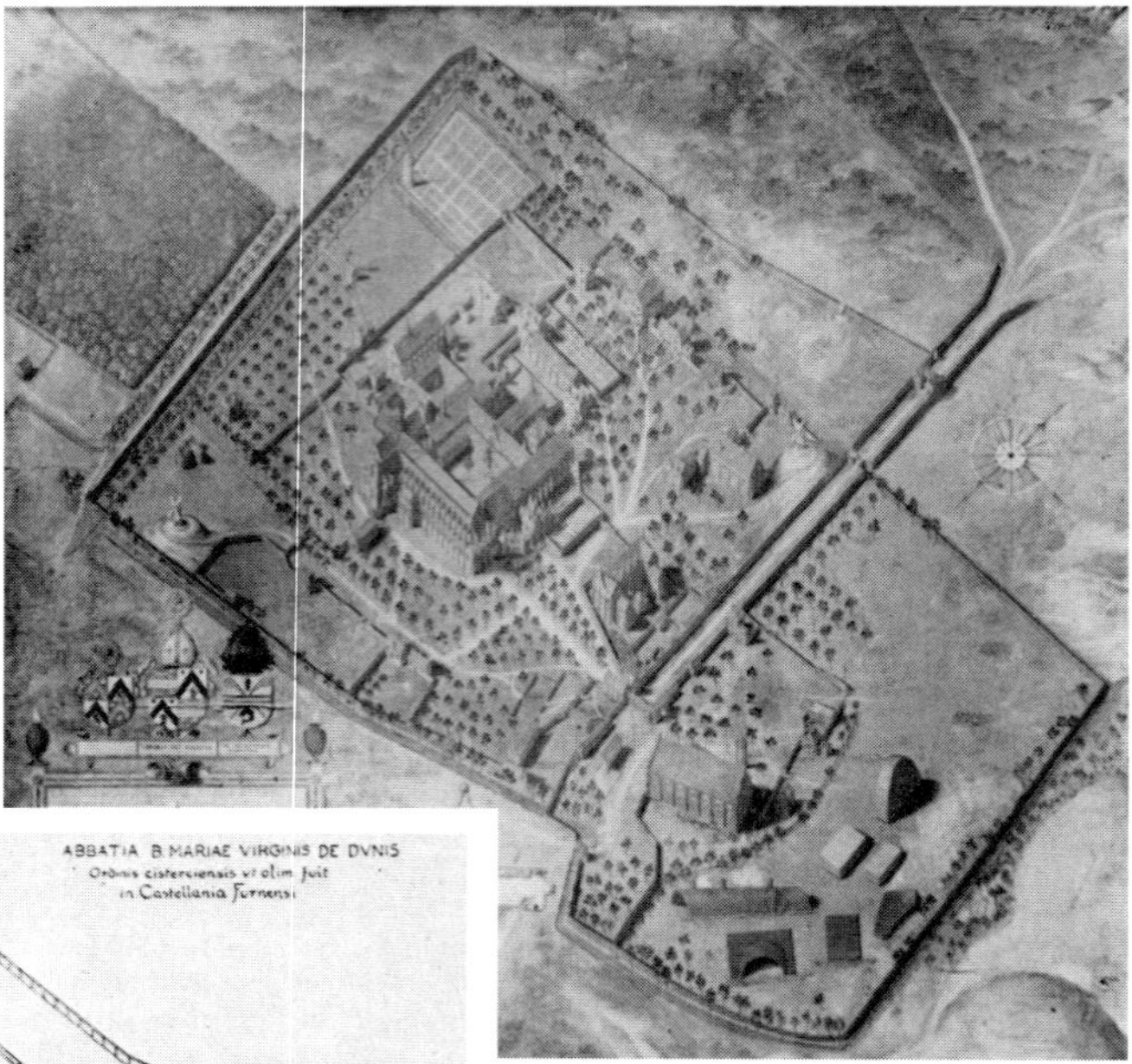

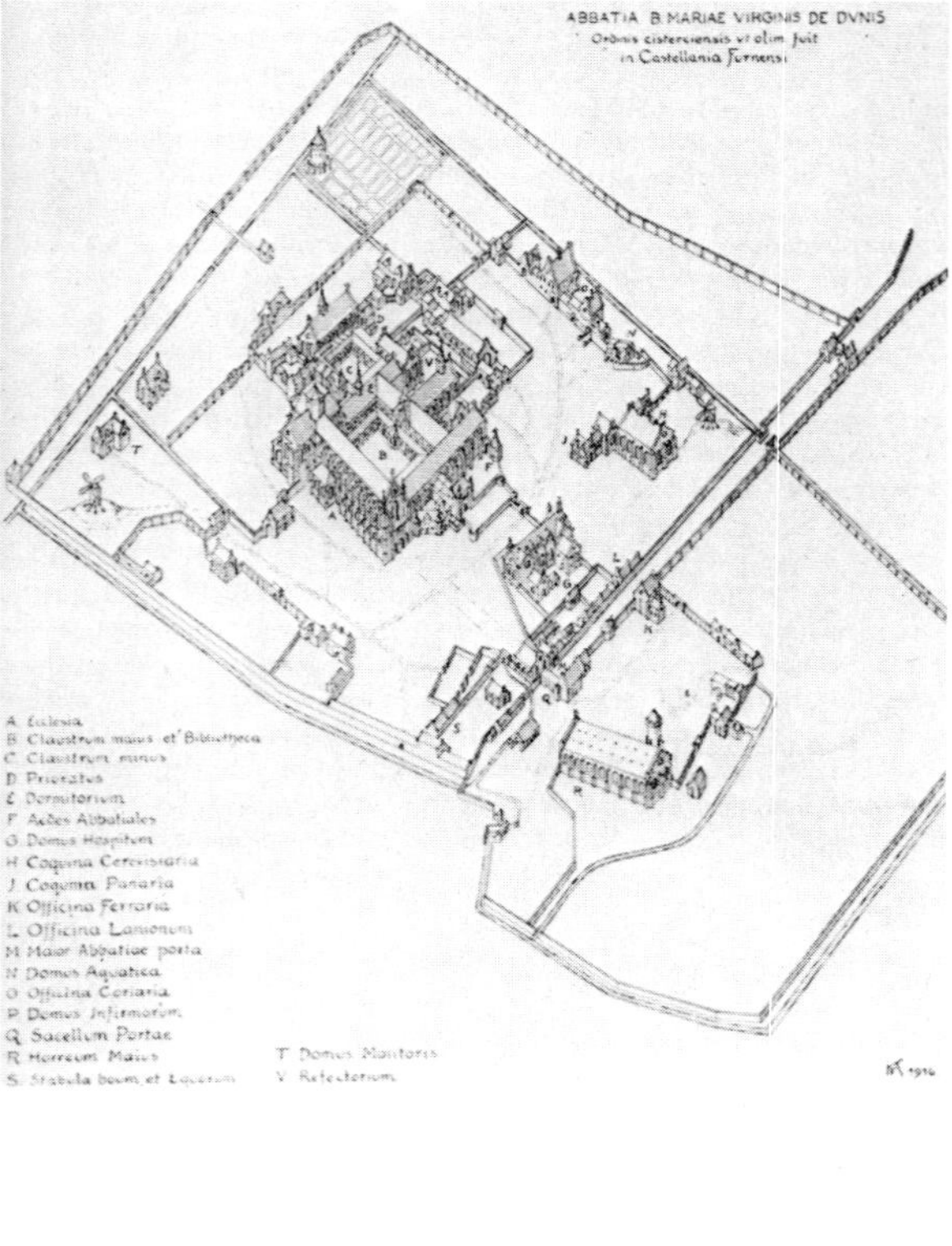

テル・ドゥイネンの全景図
図25 プールビュによる（1580年）
図26 サンデリウスによる（1640年）

や不可能であろう。すなわち、この中のどの部分がアラブ人から伝授されたものであり、またどの部分が最初の構想に由来し、いかにして十二世紀、十三世紀から十七世紀へかけて整備されてきたかということについては、もはや詳細に分析することができない。清浄性は、シトー会の美学の一項目である。これは、たとえば洗濯室の設備や入念に磨き上げられた石をみれば明らかであろう。大食堂入口にある噴泉室は、この清浄性という目的で、次第に豊かな形式になったのである。これは、水がいかに重要視されていたかということを象徴していたのであった。

彼らは、すべてについて熟考し、すべてを更新し、すべてを完備した。今日もなおブリュージュの都市をみれば判るように、大小の建造物の緊密な集中化は、相互に有利な条件を生み出すのである。このように彼らは、聖務日課の時計が休みなく廻りつづけるように、すべてを整備したのである。

この十六世紀の修道院は、各建造物の高さを一定にし、屋根を統一し、回廊をガラス張りにし、各建造物を緊密に集中することによって、修道士の日常生活をすべて建造物内部で実施できるようにした。いまや、シトー会修道院においても、修道士と助修士にそれぞれ個室が与えられたのである。修道士の市民化ということは、この図を描いた画家の眼にそれと映じたばかりではなく、彼らの日常生活全体に浸透し、それが建築に反映したのである。この建造物の内部には、羽目板のある広間が続いていた。修道院におけるこの快適な設備のゆきとどいた空間は、中世後期の居住文化の頂点を示すものであった。いまや修道士は、煖炉の傍で、トマス・ア・ケンピス(一三七九/八〇—一四七一)の『キリストに倣いて』*Imitatio Christi* を読んだのである。羽目板のある広間は絵画を必要とした。テル・ドゥイネンの第三十代修道院長クリスティアン・デ・ホントは、一四九九年に、マドンナの前で祈る自らの姿を自室の煖炉の前面に描かせて寄進した(アントワープ王立美術館蔵)。しかしながら、建造物全体の配置形式は変わることはなく、各建造物のそれぞれの意味と地位も変わることはなかった。

図27　修道院長クリスティアン・デ・ホントにより寄進された祭壇画
1499年、アントワープ王立美術館蔵

クレルヴォーに始まり、ロワイヨモンを経てテル・ドゥイネンにいたるシトー会修道院の建築史には、当然、多くの中間過程と分化過程が想定される。しかしながら、ここでは全体像を明確にしておく必要があるために、あえてこれらの問題にはふれないでおきたい。また、イタリア、スペイン、ドイツ東部のシトー会修道院や、ツヴェッテル、リリエンタール、ハイリゲンクロイツなど、オーストリアの壮大な修道院については、これまで一度も言及することができなかった。しかしながら、これらのわずかな作例をみても、中世の修道院建築は、他のいずれにもまして一貫した形式を維持し、高い次元において多様な建築主題の綜合をはたしてきたことが理解できるのである。この内部的発展をたどるためには、また別の作例について考察する必要があるであろう。

ベルナルドゥスは、建築の第二段階として、木造の修道院を石造化することを命じているが、この石材の使用とそれに伴う穹窿および円柱の採用は、修道院建築に多大の成果をもたらした。この場合も図像と色彩が禁止されたために、石の材質をそのまま利用することがより大きな効果を生み出した。世俗業務所さえもが数十年の間に木造から石造に改築された。このようにして、穀物庫、脱穀所、粉挽所、鍛造所、パン焼き所、醸造所さえもが大建築の地位を得たのである。厨房や給水塔は、記念碑的規模のものになった。穹窿と円柱は、簡素にしてしかも大いなる永遠性を現わし、修道院内部のすべての場所にふさわしいものであるとして、広く採用されたのである。空間構成と石工技術は、技術そのものの意義にもまして、戒律に従う修道生活に対応する建造物の課題と意義を表現し、その「解説者」になったのである。噴泉室はすなわち流れ出る水の覆屋であり、大寝室は睡りの広間であり、集会室は戒律講読の厳粛さを現わし、大食堂は禁欲修道における共同会食の意義を現わすものであった。修道士は、ときには、聖堂に匹敵する規模の豪華な貴族的な食堂で、わずかなパンを食べたのである。シトー会修道士は、修道院建築においてとくに新しい建築主題を創造することはなかったが——これらの建造物の比例関係は、クリュニーの場合と基本的には異なるところがない——石材の造形と図像の否定が、この改革修道会にふさわしい純粋にして精密な形式を完成させたのであった。

ヨーロッパの国々には、十二世紀から十六世紀におよぶ修道院建築の五つの重要な建築主題、すなわち回廊、集会室、噴泉室、大食堂、大寝室の歴史を並列的に示すことができるだけの豊富な作例が残存している。むろん聖堂の重要性は、この五つの基本建造物に劣るものではない。これらの建築主題は、基本的比例関係を維持しながら、しかも個々の作例はその成立した時期と地域の影響を明瞭に反映しているために、これを通観するのはきわめて興味ぶかいものがある。彼らは一定の枠の中で創造性を発揮したのである。それぞれの作例は、質的に高ければ高いほど、それが成立した時期と場所を正確に示すものであった。この書に採用したわずかな作例をみても、ごくわずかなヴァリエーションの中に最高度の建築的着想が発揮されているのが判るのである。

回廊は、聖堂や基本建造物のように比例関係を異にする重々しい建造物の前面に繊細なアーケードを連ね、

図28
ロワイヨモン、回廊、1231-35年

軽快な姿で荷重に耐え、一貫して並列する円柱と壁柱とアーケードに各種の表現を生み出す可能性をもった、きわめて興味ぶかい建築主題である。シトー会修道院は、いずれも、回廊の円柱、壁柱、窓を、一貫した土台上に設置し、またこの修道院が数十年間永続すると、この回廊を穹窿化するのがつねであった。石工技術者は存分に腕を振い、アーケードの連鎖は十年また十年と、いよいよ軽快な姿に変わっていった。このようにして、ル・トロネの簡素なロマネスク様式は（図29）、フォントネーの華麗な形式に代わり（図30）、さらにロワイヨモンの優美なゴシック形式を経て（図28）、最後には後期ゴシックの透彫りのトレーサリーにいたり（図31）、ここにおいて、量塊性は完全に捨象され、豊かな形式が完成したのである。この段階においては、最少の石材に対して多大の技術が加えられたのであった。

集会室は、入口前面が回廊と同一の建築形式をとり、その三つないし五つのアーケードを占有し、入口の左右に二つないし四つの窓をもつ、とりわけ美しい建築主題である。この集会室はおおむね正方形

図29
ル・トロネ、回廊、1160-75年
図30
フォントネー、回廊、1139-47年

図31/32　回廊と集会室　マウルブロン（上）とエーベルバッハ（下）

であるが、ときには長方形になることもあり、穹窿は二本ないし四本のまたときには六本の円柱と壁柱で支えられている。また稀には、中央に一本だけ円柱を置く貴重な作例もあった（図32）。修道士は、この壁体にそって周らされた、元来は石造の一段ないし三段の段上に坐した。多くの修道院では、この段をしつらえるために集会室の床面を回廊より低くし、この室に入るためには階段を下りるようになっていた。しかしながら、エヴルー近傍のフォンテーヌ・ジェラールの十三世紀の集会室は、回廊と床面を等しくし、三つの入口を設置して新しい厳粛性を生み出すという、大胆な手法を試みている（図33）。

集会室における建築技術上の重点は、柱頭と穹窿の結合部にあり、シトー会修道院においては、この結合形式がつねに重要な意味をもった。柱頭そのものもまた多様な形式を示し、ノワールラック（図34）のようにきわめて単純な形式のものから、ツヴェッテル（図35）やベーベンハウゼン（図36）のような豊富な過剰な形式に変わっていった。ある

図33　フォンテーヌ・ジェラール、集会室

集会室　図34（上右）ノワールラック、1170年頃／図35（上左）ツヴェッテル、1138年
図36（下右）ベーベンハウゼン、1200年頃／図37（下左）フォッサノーヴァ、1200年頃

集会室　図38（上）フォントネー、1139-47年
図39（中）セナンク、12世紀末／図40（下）ポブレ

噴泉室　図41（上右）ル・トロネ、1175年頃／図42（上左）ハイリゲンクロイツ、13世紀末
図43（下右）アルコバサ、13世紀／図44（下左）フォッサノーヴァ、13世紀

いはまた、フォッサノーヴァ（図37）のように、花飾りの装飾が用いられ、古典形式とゴシック形式が融合した例もある。このように個々の柱頭部に示された個性的表現は、まさに驚異的というほかはなかった。

集会室の入口前面の窓とアーケードは、一方では回廊の穹窿を支えるとともに、また集会室内部の、おおむね回廊と同一形式をとるより広くより高い穹窿を支えるという、きわめて興味ぶかいものである（図31）。この集会室はまた、入口前面のアーケードと室の奥の窓によって採光した。シトー会修道院では、祭壇を置くためにこの部分を拡張するということはありえなかった。この集会室という建築主題は、数世紀にわたっていろいろな石工技術を展開し、時代様式とともにまた各種の地方様式を示したが、これはまさに驚嘆に値することである。すなわち、フォントネーやセナンクがフランス的な円柱構成を示しているのに対して（図38、39）、フォッサノーヴァはイタリア的であり（図37）、ポブレはスペイン的であり（図40）、ツヴェッテルはオーストリアのものであり（図35）、エーベルバッハはラインガウのものであった（図32）。集会室の階上にはつねに長大な大寝室があったために、この広間は高く形成することができなかった。これは、大食堂と根本的に異なる点である。それにもかかわらず、たとえばエーベルバッハにおいては、円柱をただ一本だけにして広く明るい空間を形成し、フォッサノーヴァにおいては、古典的な均整のとれた比例関係が示された。

シトー会修道院は、回廊の中央すなわち大食堂の前面に、回廊と同一形式の噴泉室を設置した。この噴泉室は、集会室と相対応した建築的均衡を示すものである。すなわち、集会室は回廊の内側に展開するのに対して、噴泉室は回廊の外側に張り出すのである（図41）。シトー会修道院の噴泉室は、おおむね六角形のまた時には四角形の小さな覆屋を形成し、中央の噴泉盤からは絶え間なく水が溢れ出ていた。回廊の円柱やアーケードや歩廊やトレーサリーは、この小建造物において、新しい比例関係の下に、回廊と集会室に続いて三度目の表現を示したのである。この噴泉室は、中世におけるもっとも小規模な集中式石造建築である。ここでもまた、ロマネスクのアーケードは、次第にトレーサリーに変わっていった（図42）。すなわち、この噴泉室は、回廊からの

図45　エーベルバッハ、大寝室、1270-1345年

入口とより広い五面の窓をもつ、ガラス張り形式のものになった。聖堂のアーケードや円柱や壁柱は、すべてこの噴泉室において再現されたのである。ここにはまた、とくに民族的色彩が濃厚に現われた。このことは、たとえばイタリア的なフォッサノーヴァと、ポルトガル的なアルコバサやシュヴァーベン的なマウルブロンと比較してみれば、明らかであろう（図43、44）。噴泉盤はすべて慎重に製作され、多様な形式を示した。その多くは石工技術の傑作であった。

ベネディクト会とシトー会においては、修道士はすべてただ一つの広間で寝まなければならないという原則があったために、大寝室は当然巨大な広間になった。この大寝室はおおむね、修道院中最大の世俗的建造物になり、時には聖堂身廊の全長以上になることがあった。ここには普通、二つの入口があって、一つは直接聖堂の袖廊に通じ、他の一つは回廊ないし手洗いに通じていた。この大寝室は、今日知られている七世紀の最古に作例以来、集会室とさらに遅れて設置されることになる修道士室の階上に配置されるのが普通であった。このようなわけで、大寝室は、けっして高く形成されることはありえなかった。すでにクリュニーにおいてみたように、この大寝室はかなりな長さと適当

図46　ル・トロネ、大寝室
1160-65年

な幅をもった比較的低い広間であり、多数の窓で採光し、昼間も寝台の上で読書できるようになっていた。シトー会修道院は、いずれもこの大寝室を穹窿化し、小さな修道院では一列の筒型穹窿を用いたのに対して、より大きな修道院では、低く圧縮された円柱状に交叉肋骨穹窿を架したのである（図45、46）。この適度の高さの広間は、聖堂身廊の高い穹窿に慣れた目にはまた格別な魅力を感じるものである。この大寝室は、平らな細い寝台が並んでいる状態を想定してみて、はじめてその効果がよく理解できるのである。大寝室における完全な静寂は、このようにすべてのドラマティックな効果を避けた形式を生み出したのである。

大寝室が低く形成されなければならなかったのとは反対に、大食堂は高く形成されなければならなかった。これは地平面上に建設された。この広間は、戒律上とくに階上を設置する必要がなかった。このようなわけで、大食堂は大寝室とほぼ同じ棟高をもちながら、実際には二倍の高さをもつことになったのである。すでに述べたように、この大食堂は、初期のベネディクト会修道院においては長辺で回廊に接していたのに対して、いまや短辺で回廊に接するように変更されたのであるが、これは、照明上の理由によるよりは、むしろその両側に煖房室と厨房を並べて配置しなければならないという理由によるものであった。この大食堂は、つねに穹窿をいただき、おおむね二廊形式で稀には三廊形式をとるものがあった（図47、48）。大寝室とは反対に、ここの円柱は高く細く、またその基礎と柱頭は、集会室に比べておおむね簡素に処理された。窓は聖堂のそれと同型式で、同じ高さであった。ここにはしばしば講読壇と小さな階段が付加された（図49）。

修道士は、ほぼ半年の間は一日に一回、そして残りの半年の間は一日に二回、この豪華な穹窿をいただく石造の大広間に沈黙して入り、永く高らかに祈ったあとに、坐して朗読に耳をかたむけつつ僅かの食物を静かに口にしたのである。彼らは、欲望や満足を現わすことは許されなかった。彼らは二列か参列の長く低い食卓に並んで坐し、正面の食卓には修道院長が数名の修道士かまたは外来者とともに坐した。

マウルブロンの大食堂は十三世紀に遡るきわめて豪華な作例である（図10）。この形式は、ほぼ一二二〇年のものとされている。これは、ロマネスク的豪華さとともにゴシック的比例関係とゴシック的構造をもった、シュタウフェン芸術とよばれる過渡的様式の代表的作例である。三本は太く四本は細い、それぞれ軸環をもった合計七本の円柱が、力強く誇らかな肋骨穹窿を支えている。このようにして、中央部は四つの六分割穹窿になり、両端は四つの七分割穹窿になった。この広間は、端壁の四つの窓と側壁の五つの窓で照明されている。そして、六番目の窓の場所には、高い講読壇に上る階段があった。このように厳粛な昂められた華麗さは、断食という秘儀の後に続く食事が、聖アウグスティヌスの戒律に記されている高い意義をもつということを考えて、はじめて理解できるのである（一九頁参照）。ここにおいて食事は一つの儀式になり、大食堂全体がより高い意義をもつ記念碑になった。後のフランシスコ会とドミニコ会は、ここに最後の晩餐の壁画を描き、この意義を表現したのである。すなわちこのマウルブロンの円柱と穹窿は、ミラノのサンタ・マリア・デッレ・グラツィエのレオナルドの壁画と同一の意味をもっていたのである。これはまさしく聖なる芸術と俗なる芸術が綜合される中間区域であり、修道院建築における独自の地位を示しているのである。

図47　ロワイヨモン、大食堂、1231-35年

図48　ポブレ、
旧大食堂（現在は図書室）
12世紀

図49　ラ・ウエルタ
大食堂、14世紀

図50　エーベルバッハ、旧病室広間

シトー会修道院においても、病室は慎重に処理された。これは、ザンクト・ガレンの平面図やクリュニーやクレルヴォーにおいても、基本建造物とは分離して、修道院周壁内部に設置されていた。ザンクト・ガレンの病室は、修道院の中の小修道院であった。老者と病者を看護するための区域をもうけよという戒律（文書I、三十六章）は、特別の病室建築を要求したのである。この病室は、時には大食堂以上の規模になり、また集会室以上に豪華なものになることがあった。なぜならば、病者の看護はとくに大切に考えられたからである。この病室には、おおむね、大広間とともに専用の礼拝室とまた専用の厨房と手洗いがあった。一二一〇年頃に建設されたウルスカンの病室広間（図51）と、またそのほぼ十年後に建設されたエーベルバッハの病室広間（図50）は、今日も残る美しい作例である。ウルスカンのいわゆる死者の広間 Salle des Morts は、この有名な修道院の、残存する唯一の建造物であり、今日聖堂として使用されている。元来これは、高い肋骨穹窿をいただき、九つ以上の桁間をもった、三廊式の広間であった。入口と窓は記念碑的規模のものである。二階には、二つの細い長方形からなる窓が並び、その上は丸窓になっている。これは、ガラスが嵌められ開かないようになっていた。また一階には、土台のすぐ上部に板戸のある小窓が並び、換気の役割をはたしていた。この換気と採光の分離は、とくに注目に値する。(18) エーベルバッハの病室も、小規模ではあるが、これと似た形式のものであった。この病室には専用の回廊があり、その周囲には礼拝堂と厨房と手洗いと臨終者室があった。このベネディクト会修道士は、病者もまた自らくつろげる区域が必要であると考えていたのである。このような理由で、彼らは、病める修道士のための小修道院を建設したのであった。

修道士は、主要建造物とともに、それ以下の建造物についてもまた新しい形式を生み出した。しかしながら、美術史は、厨房や修道院入口や洗面所や手洗いなどについては語らない(図52)。また、世俗業務所や家畜小舎や穀物倉庫や秣小舎が驚くほど大規模になり、しばしば木造建築の傑作になったことを考えると、これは片手落ちの感がある。ウォルター・ホーンはとくにこれらの建造物を重要視している(文献122)。これほど記念碑的な土地経営用建造物は、他の分野にはみられない。むろん、バロックの貴族修道院の世俗業務区域はより重要である。修道士は、このような建造物をも永遠化しようとしたのであった。そして戒律は、ここでもまた、効用性ではなく完全性を要求したのであった。

シトー会修道院の姿は、いまや十分に解明されたであろうか。フランスの一文学者は、一群の外国人にル・トロネを示して、とくにその採光方法と音響効果と比例関係の美しさが、古い秘密の法則に依拠していることを指摘している。彼はここで、シトー会修道院の三つの秘密、つまり光の秘密と数の秘密と音の秘密について語っている。これは、図像と彫刻を否定した修道士が、建築の基本的要素に特別の関心をよせていたという事実を、ロマンチックに再現したものである。彼らは、それぞれの空間の目的に応じた採光方法を考え、ウィトルウィウス以来の伝統である規格数値に新しい象徴性を賦与し、空間の音響効果を考慮して交禱合誦の明快性を昂めたのである。この採光方法の原理は科学的には証明できないが、無彩色の空間の光度の変化に注目すれば、窓の大きさと数と位置がいかに慎重に考慮されていたかが判るのである。彼らは、強い光を抑えることに

図51　ウルスカン、病室、1210年頃
図52　グロースター、手洗い、1370年頃

よって光量を把握し、明るい翼部と暗い翼部を調整しておだやかな光をつくりだした。そして、すべての場所において光の直射を回避した。シトー会修道院建築における規格数値については、わずかではあるが詳細な研究がある。ハンノー・ハーンによるエーベルバッハの聖堂の研究は、この問題についての手掛りになるであろう（文献109）。この場合、比例数値は注意ぶかく計算され、ゴシック神学に影響を及ぼした理想数学の法則に従って決定されたはずである。この法則は今日ではもはや理解することはできないが、われわれは、シトー会の資料そのものによって、修道士がいかに典礼歌誦について慎重に考慮していたかを詳しく知ることができるのである。すでに聖ベネディクトゥスの戒律は、なにものにもまして歌誦の意義を詳細に規定していた。礼拝は歌誦によってはじめて完全なものになるのであった。「それゆえにわれらは神と天使とともにいまここに在るということを思い、合誦礼拝において、精神と音声が共鳴しなければならない」のであった。彼らは一日に四時間もの詠誦礼拝を務めたのである。ベルナルドゥスもまた、過失のない潔められた交誦を捧げるべきであるとしている。合誦の際の過失は、すべてきびしく罰せられた（文書I、第四十五章）。この日々の典礼を実施することにおいて、シトー会の美学は聖なるものになったのである。シトー会修道院聖堂の音響効果を測定することは困難ではあるが、聖堂内陣はそれぞれ共鳴体となって、音響を集約し和らげるはたらきをした。反響効果は回避され、一つ一つの言葉が確実にそして明快に響いた。まさしく一日の大部分至高の静寂が支配している場所において、歌誦の音階についての鋭い識別感覚が成長したのであった。

第六章　カルトゥジオ会修道院

クリュニーとシトーは、十一世紀から十二世紀にかけてベネディクト会修道院形式を完成させたのであるが、これとともにまた、中世のヨーロッパにはもう一つのまったく新しい修道院形式が存在した。それはカルトゥジオ会修道院である。この新修道会の設立者聖ブルーノー（一〇三二頃―一一〇一）は、一つの修道院の中で隠修生活と共同生活を綜合しようと考えた。彼は、修道運動の究極の目標である完全なる孤独生活における瞑想への希いは、ただ修道院内部において隠修生活を行なうことによってのみはじめて達成できることを示したのである。このような修道院は、すでにこれまでにもあった。たとえば、カマルドリやヴァロンブローザなどがそれであった。しかしながら、当時はただ隠修士の居住地や集落があっただけで、修道院が建設されたわけではない。これらのところでは、しばしば隠修士の集落をより小数の中心的居住地に集中させようという努力が繰り返された。われわれは、すぐ後にスペインのヒエロニムス修道会がこれと同じ努力を試みるのをみるであろう。モンセラートもまた、裸の岩山の背稜地に散住する隠修士を一定の場所に集中させることによって成立したのである。しかしながら、この東方的な隠修士の散修居屋と西方的な修道士共同体は、カルトゥジオ修道会においてはじめて完全に綜合されたのであった（文献130）。ベネディクト会修道士はけっして単独で生活することがなかったのに対して、カルトゥジオ会修道士はつねに孤独で生活した。そしてまた、この修道会設立者は、彼らが一定の時刻に聖堂や集会室や大食堂に参集することが必要であると考えていた。この二重の命題は、それではどのような建築形式を生み出したであろうか。

一〇八四年、ケルン出身の聖ブルーノーは、いくたびか失敗を繰り返した後に、六名の同志とともに、グルノーブルから二四キロメートルはなれた海抜ほぼ千メートルの山上の荒地に、シャルトリューズを建設したのである。この新しい修道院は、有利な場所にあって、ラ・グランド・シャルトリューズとよばれた。この地を訪れた修道院長ノジャンのギベルトゥスは、一一〇四年に、この修道院についての最初の記録を残している。彼は、回廊の周囲に個室があったこと cellulae per gyrum claustri を記している。また、ペトルス・ウェネラビリスも一一二六年にこのシャルトリューズを訪れ、これが初期のエジプトの修道院形式に従ったものである more antiquo Aegyptiorum monachorum と報告している。要するに、この修道院は、中庭の周囲に散修居屋を配しただけのものであったであろう。あるいは、実際にはもっと簡素なものであったかもしれない。

聖ブルーノーは、いかなる戒律も残さなかった。しかしながら、彼の四代目の後継者グィーゴー一世が一一二七年に記録し、しばしば補足されながらも一貫して遵守された、八十章からなる『シャルトリューズ修道院習慣規則』が、この設立者の基本的思想を保有していることはまちがいない（文献131）。これもまた、ベネディクトゥスの戒律に依拠したものである。元来カルトゥジオ会修道院は、修道院長と十二名の修道士によって形成されるものであった。また後には、二十四名の修道士が所属する二重修道院ができた。ラ・グランド・シャルトリューズ自身、一三二四年には二重修道院になり、さらに一五九五年には第三の外廊 ambitus ができた。修道士はそれぞれの個室で生活した。彼らは、毎日早朝時課と晩禱時課にだけ参集し、それ以外の聖務日課はそれぞれで務めた。日曜日と一定の祝祭日には、彼らは大食堂において会食し朗読を聞いた。日曜日の朝は集

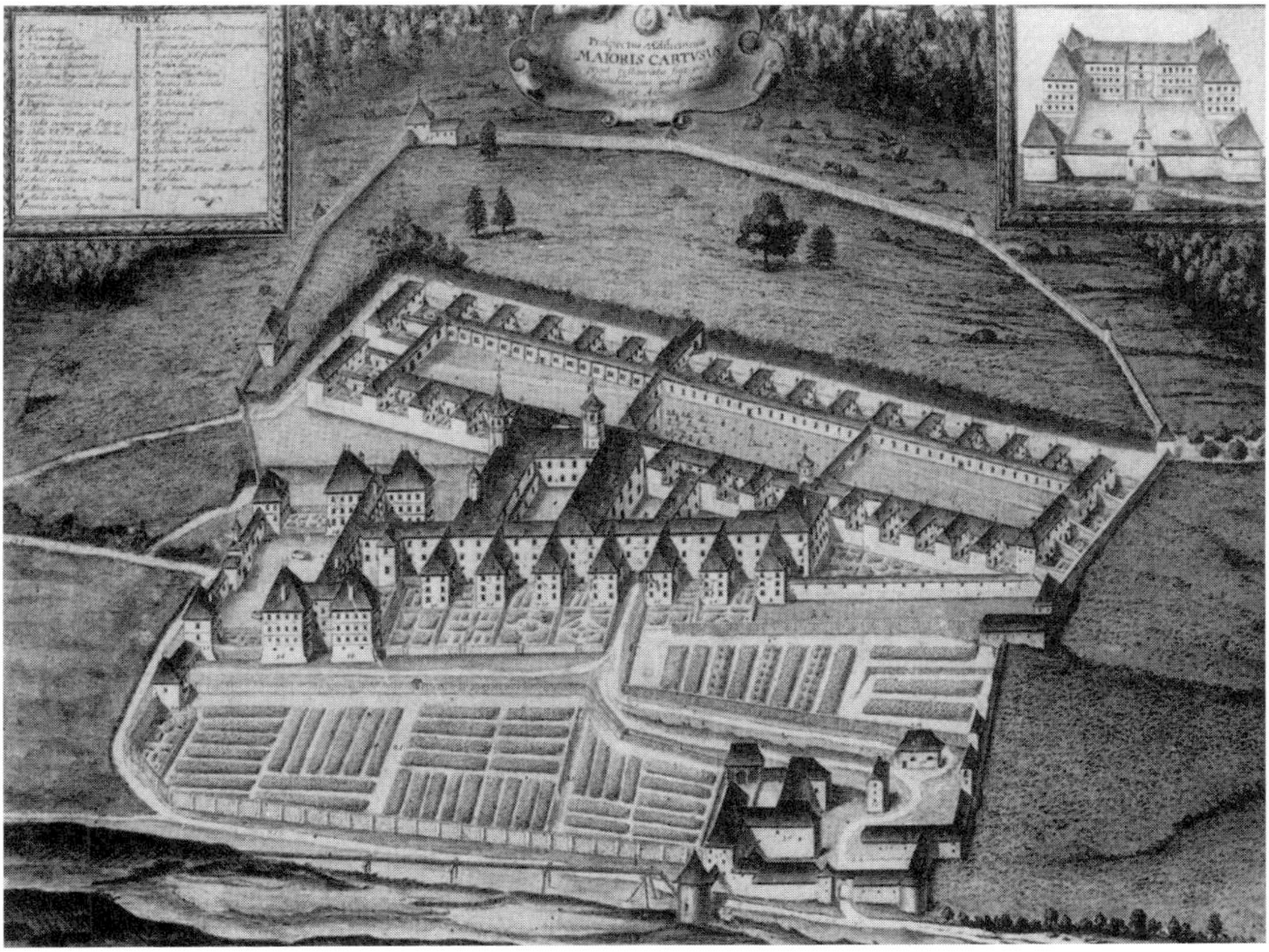

図1　17世紀のラ・グランド・シャルトリューズ全景　同時代の銅版画

会室に参集した。後にはまた、週に一定の時間だけ回廊においてたがいの宗教的修練上の経験について話し合うことが認められた。これは純粋な瞑想的修道会であった。伝道や説教などの対外活動は、隠修生活を守るために禁止された。また孤独生活を実施するために、週に数時間だけしか中断されることのない永い沈黙が要求された。シトー会修道院と同様に、カルトゥジオ会修道院もまた、毎年、外来者の視察を受けた。修道院長は、毎年グランド・シャルトリューズの総会に参集して、総長からすべての決裁を仰いだ。彼らはまた、ベネディクト会の労働義務を採用した。ただしそれは、彼らの個室とそれに付属するきわめて小さな中庭で行なわれるにすぎなかった。このようなわけで、この修道院を運営するためには、助修士と奉献士の独自の組織が必要であった。助修士は終生の誓約を必要とし、奉献士はそれを必要とはしなかったけれども、この二つの集団もまた大個室で生活したのである。

さきの習慣規則を記したグィーゴー一世は、またカルトゥジオ会修道院形式を完成させたのである。彼は、聖ブルーノーの初期の修道院を、雪崩の危険から衛るために移転させなければならなかった。この習慣規則が記された一一二七年の時点においては、この新しい修道院の回廊はまだ完成してはいなかった。この聖堂は、一一三二年に献堂された。これは、クレルヴォーにおいて完全なシトー会修道院が成立したその同じ年に当たる。聖ベルナルドゥス自身、この直後にシャルトリューズを訪問しているのである。この修道本院は、後にしばしば改築されたために、発掘古美術学的に原型を復原するのは不可能である。しかしながら、多くのカルトゥジオ会修道院は、すべてこの時期の原型に従って、同じ形式で建設されたのであった。

十二世紀におけるロマネスクの合理主義すなわち図像と思想を体系化しようという構想は、シトー会修道院の前提であるとともに、またカルトゥジオ会修道院の前提でもあった。この修道院は、三つの生活区域を一つに統合する必要があった。この三つの区域というのは、修道士の回廊およびその周囲の十二の個室区域と、聖堂と修道院長室と集会室と大食堂と図書室などを含む共同体区域と、助修士や奉献士が世俗業務に従事し外来者を接待しまた修道士を外部から衛るための区域である。第三の区域では、このもっとも清貧な修道院が必要とするだけの世俗業務が行なわれた。十三世紀における托鉢修道会のごとき活動は、厳格な隠修生活の妨げになるとして、禁止されていたのである。この修道院が第三の区域によって修道士を世俗から衛らなければならなかったということは、この修道会が居住地選定のための特別な規則をもたなかったことに起因している。すなわち、カルトゥジオ会修道院は、谷間にも山上にも村落にも大都市近郊にも、またしばしば都市周壁内部にも建設されたのである。

シャルトリューズ・ド・クレルモンの平面図は、ヴィオレ・ル・デュックが一八五八年の復元作業に基づいて製作したもので、古典的に単純化された理想的なカルトゥジオ会修道院を示している（図2）。この巨大な複合体は長期の発展の末に完成したもので、細部はもはやグィーゴーの厳格な規則に対応していない。しかしながら、これはカルトゥジオ会修道院の機能主義を十分表現してあまりあるものである。

この修道院は、周壁と七つの塔［17］によって防衛されていた。二つの塔で衛られた入口［14］を通って西南側に入ると、そこは世俗業務区域であり、その中央には修道院長居館［7］とそれに付属する前庭［3］があり、聖堂［1・2］が仰がれた。この最初の区域には、宿泊所［15］と厩舎［16］と奉献士の個室［13］があった。聖堂の左側には副院長居館［24］があり、また聖堂の右側には小さな中庭［18］があって、その周囲に集会室［5］と大食堂［21］と厨房［20］とこの修道院の大後援者であるポンティボー家が寄進した礼拝堂［10］があった。この小回廊 claustrum minus［18］は、多くの点でベネディクト会修道院の図式に対応している。ここには大回廊からだけしか入ることができなかった。またこの小回廊は、これから問題にする聖堂の内陣格子の地位を表示していたのである。すなわち、聖堂は、この内陣格子によって、修道士の聖堂［1］と助修士および奉献士の聖堂［2］とに区分されるのである。この聖堂前部には後の改革によって二つの祭壇が設置されたが、修道士の聖堂には最初から一つの祭壇だけしか認められなかった。このカルトゥジオ会修道院は、最初はバジリカを用いずに、単廊式の小礼拝堂で満足していた。平信徒は聖堂に入ることが許されなかったが、後には、入口側に彼らのつつましい二階席がもうけられた。

この聖堂と小回廊からなる中央翼部の背後には大回廊claustrum majus［4］があった。これは四角形の長い通路で構成され、そこに十八の個室［9］が並んでいた。修道士は、ここで、世俗から二重に衛られて生活したのである。聖堂内陣の背後には修道士の墓地［22］があり、彼らはつねにこの墓地を目にしていた。死者の平安は、生者の静寂に対応するものであった。回廊には、最初は図像を表示することが許されなかったが、後には個室の入口に聖書物語が記されることがあった。S・D・ミュールベルクは、この一例として、バーゼルのハインとマルガレーテンタールをあげている（文献130）。記念碑的建築は、カルトゥジオ会修道院にとってすべて無縁のものであった。しかしながら、この平面図にみられるように、同一の小建築要素の反復は、全体として高次の美を生み出しているのである。聖堂を中心軸にした左右対称性は、カルトゥジオ会修道院のほかには、ただバロックの建築にみられるだけである。カルトゥジオ会修道院は、すべての点でユートピアに比定されるべき理想的複合体を実現した。修道院長や修道分院長が自らの孤独生活を犠牲にして共同体につくすということは、他の修道会ではけっしてみられないことであり、これは、彼らの居館が聖堂前面の助修士区域にあることからもきわめて明瞭に示されるのである。いまやこの基本的形式に基づいて、各種のヴァリエーションと補足が試みられた。たとえば、フィレンツェ近郊のガルッツォのチェルトーザのごときは、恵まれた自然条件を活かして、全複合体が城砦のように岩の台地の上に聳えているのである。元来修道院建築は、その生活形式を正しく反映すべきものであるために、新しい修道院を建設する場合には、つねにその図式を十分に考慮して、そのうえで独自の個性を発揮しなければならなかった。

カルトゥジオ会修道院の機能主義は、修道士が生活する個室に現われている。この個室は、小さな居屋と小さな中庭から成り立っていた。これはまさしく十分に考慮された最小の住居であり、中世建築の中でも独自の

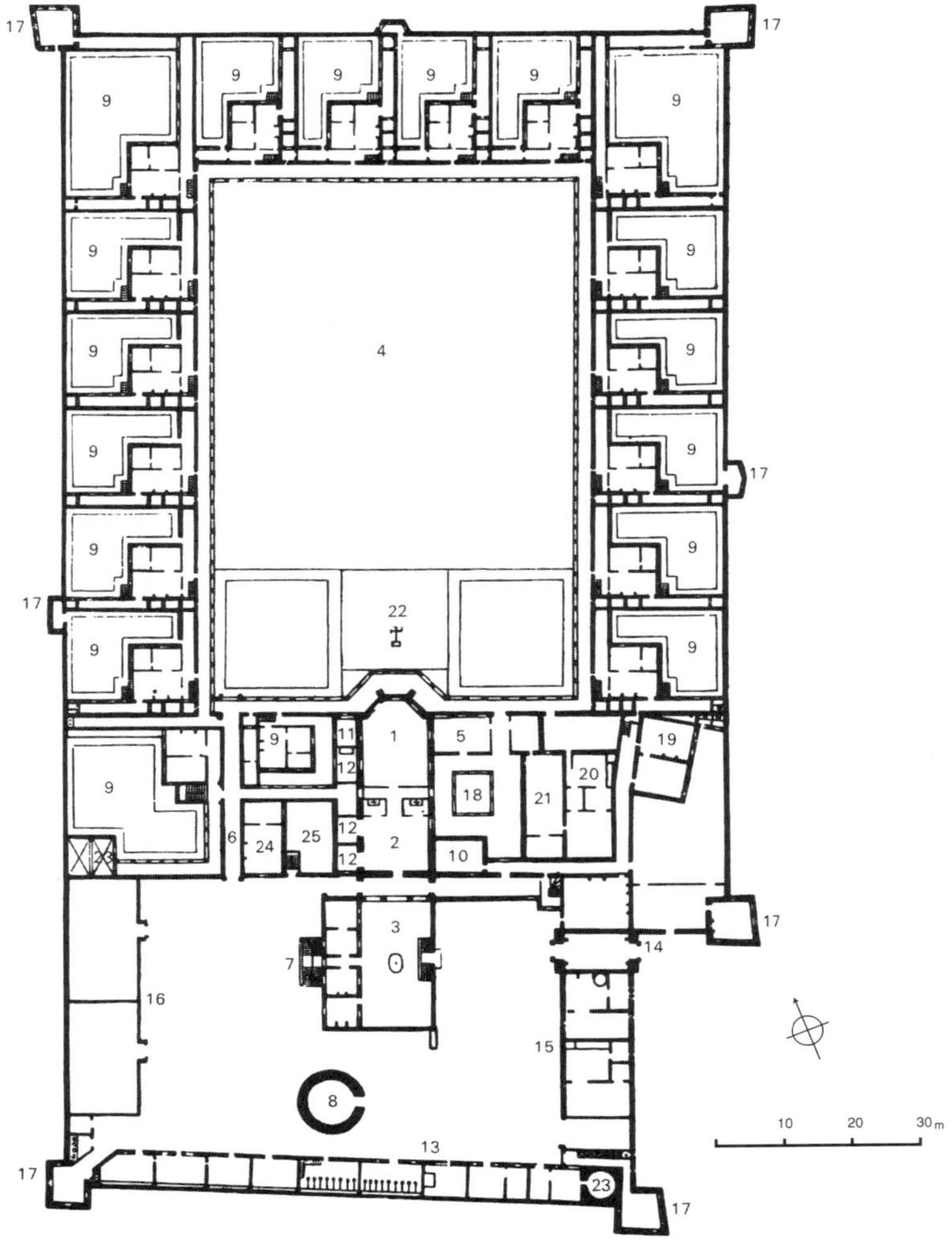

図2　クレルモン、カルトゥジオ会修道院平面図（ヴィオレ・ル・デュックによる）

1/2　聖堂
3　前庭
4　大回廊
5　集会室
6　通路
7　修道院長居館
8　中庭
9　個室
10　ポンティボー家礼拝堂
11　貯蔵庫
12　礼拝堂
13　奉献士個室
14　入口
15　宿泊所
16　厩舎
17　塔
18　小回廊
19　パン焼き室
20　厨房
21　大食堂
22　墓地
23　留置室
24　副院長居館
25　副院長中庭

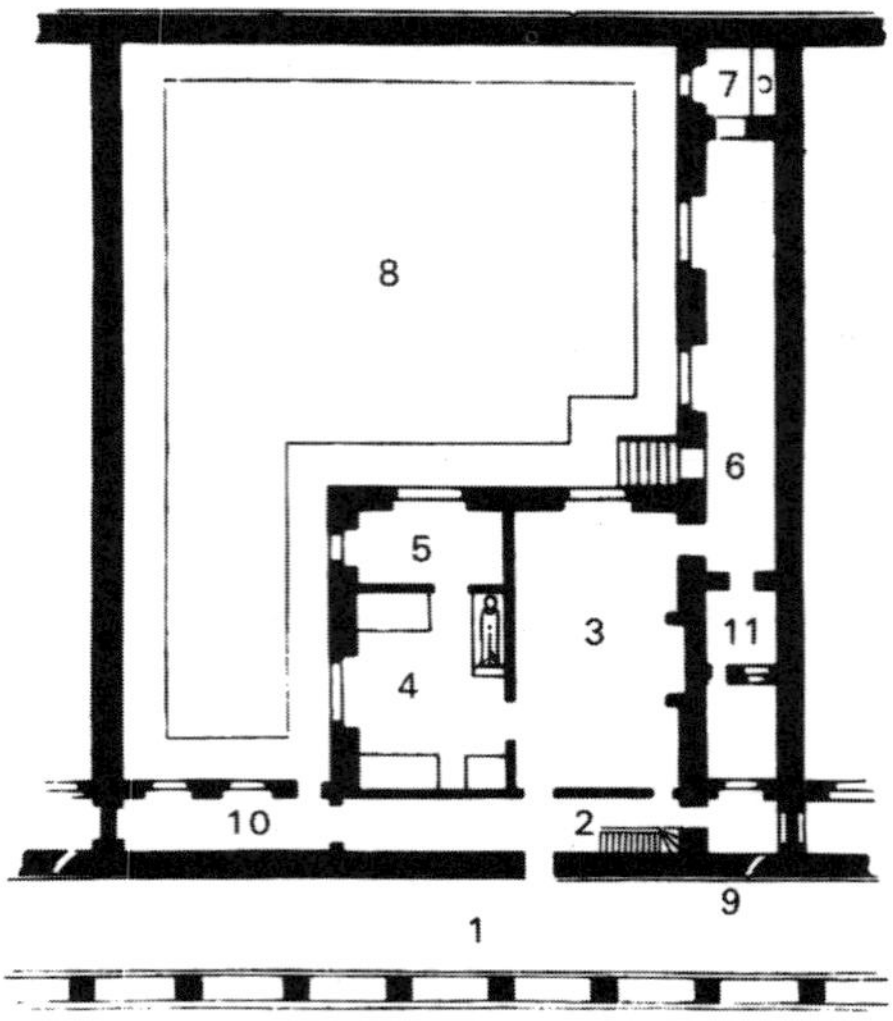

図3
カルトゥジオ会修道院個室
（ヴィオレ・ル・デュックによる）

1 歩廊　7 手洗い
2 通路　8 中庭
3 前室　9 細隙
4 小室　10 中庭への出口
5 後室　11 貯蔵庫
6 通路

地位を示すものである。ここでもまた、ヴィオレ・ル・デュックの図面をみることにしよう（図3）。

個室はすべて回廊ないし歩廊［1］にそって並置されている。またこの個室と中庭は通路［2］で保護され、回廊のわずかな物音さえ聞こえなかった。個室の細隙［9］には、助修士が、修道士が生きていくために必要なパンとまたごく稀に一瓶の葡萄酒とこの中庭では得ることのできない添菜を差し入れた。この隙間の裏側は個室の通路になっていた。修道院長だけは、この通路を通って中庭への出口［10］まで行くことができた。要するに、この建築形式は、すべての点で修道士の孤独について考慮していたのである。修道士は、孤独でいるという事実の上に、さらに孤独感を求めたのである。この個室は三つの部分、すなわち煖房設備のある前室［3］と、木製寝台と長椅子と机と本棚の四つだけをそなえることが許された小室［4］と、後室［5］からできていた。ここにはまた貯蔵庫［11］があった。通路［6］は、手洗い［7］に通じていた。中庭［8］は、個室の三倍ないし四倍の広さで、高い周壁で囲まれていた。修道士の持物は厳重に規定されていた。寝台には藁布団と藁枕と二枚の毛布が認められ、わずかな食器と修理用具、裁縫用具、櫛と削刃、筆記用具、二冊までの図書が認められた。芸術作品と名のつくものはただ十字架だけであった。カルトゥジオ会修道院は、記念碑的建築を否定し、シトー会修道院以上に、同一主題のヴァリエーションという性格をつよく示した。そのために、カルトゥジオ会修道院は、貴族によって設立されたもの以外は、とうてい建築史の対象にはならなかった。またこの修道会は、戒律が正しく遵守され、改革の必要がなかったことで有名である。このためにまた建築も改革されることがなかった。カルトゥジオ会修道院配置形式についての最高の研究といわれる、S・D・ミュールベルクの未刊行の学位論文（文献130）は、ただドイツ語圏内だけを、実際には主としてフランケン地域だけを扱っているのであるが、これらの修道院がすべて同一形式に依拠し、ただその地形と地方様式の影響を示すものにすぎないということを、明らかにしている。彼らは、この建築形式を躊躇しながらごくわずか改革したにすぎなかった。彼らはつねに、大回廊と小回廊の接合部に、すなわち聖堂をはさんで修道士区域と助修士区域が相接する部分に、関心を寄せていた。彼らはベネディクト会修道士のように行進礼を行なうことなく個人個人で聖堂に入ったために、とくにこの聖堂への入口が関心の対象になったのである。このようにして、回廊による内陣分断格子という特殊な形式が成立した。アーケードの通路は、ベネディクト会修道院のように聖堂の側部を通過するのではなく、聖堂内部を貫通するのである。

シュヴァーベンのブックスハイムの平面図（図4）は、この事実を明瞭に証示している。この配置形式は、バロックの改築でかなり変わり、またこのブックスハイムは一五四八年からこの修道会で唯一の帝国直属修道院として所有地支配が許されることになり、世俗化運動の後に、ドン・ボスコがサレジオ会に編入する以前に、多くの建造物が被害を受けたのである。しかしながら、この巨大な長方形の中庭区域と周囲の個室は、今日もなお残存している。

カルトゥジオ会修道士は、あくまでも一定の閉ざされた区域で生活した。ベネディクト会修道士とは異なって、彼らはけっして修道院を離れることがなかった。彼らは、戸外労働をすることがなく、他の修道院を訪れ

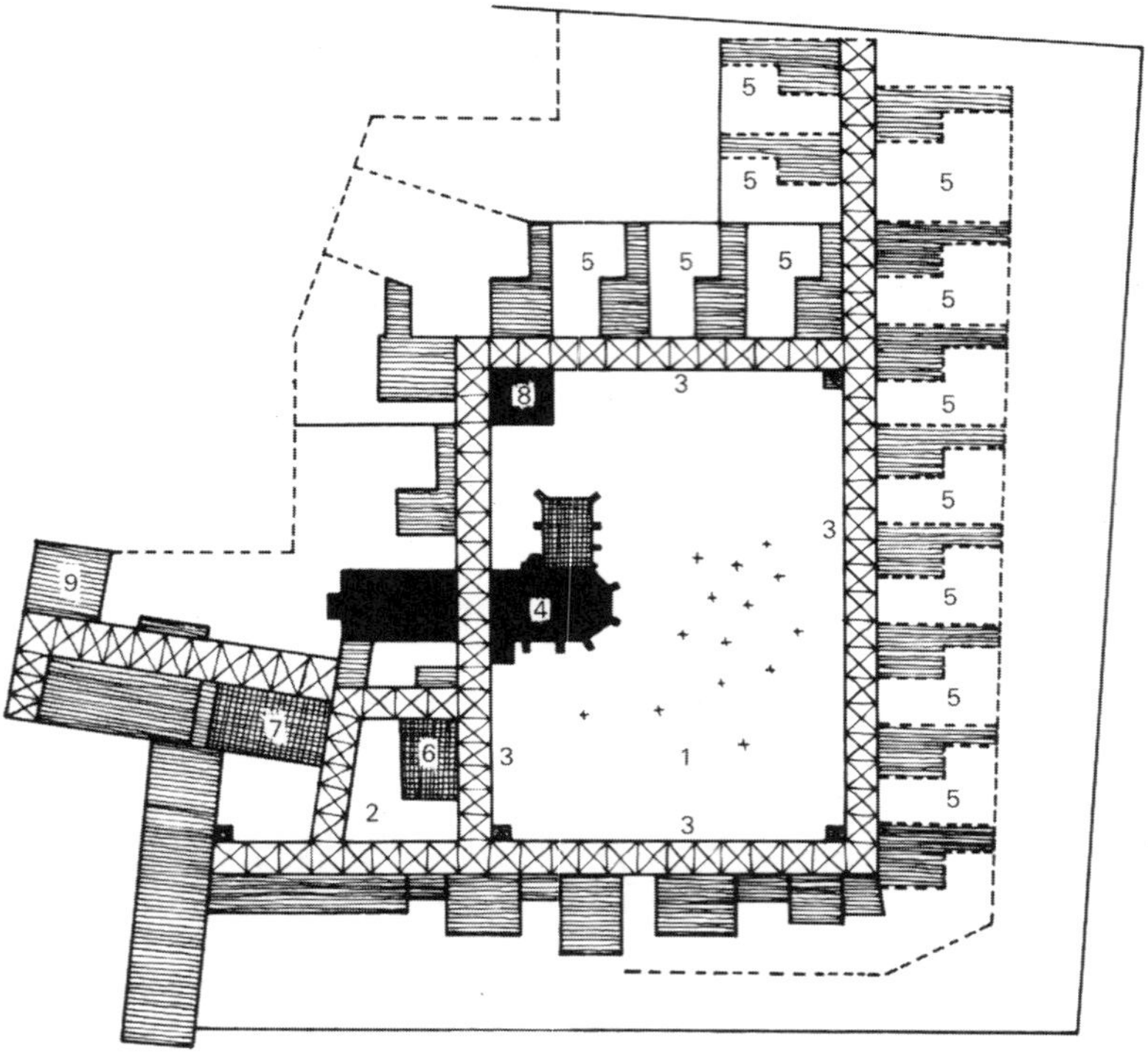

図4（上）
帝国直属カルトゥジオ会修道院
ブックスハイム

1	大回廊（墓地）	6	図書室
2	小回廊	7	大食堂
3	回廊	8	聖アンナ礼拝堂
4	聖堂	9	修道院長居館
5	個室		

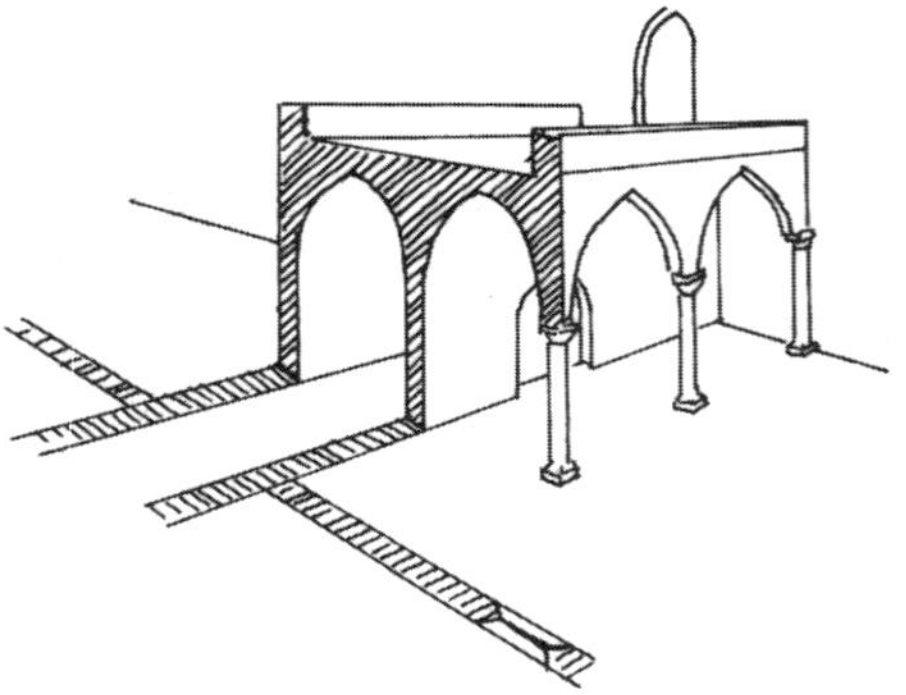

図5（右）
カルトゥジオ会修道院聖堂における
回廊による内陣分断格子
（ミュールベルクによる）

ることも、教会会議に参加することも、また民衆に説教することもなかった。彼らはまた、シトー会修道士と同様に、伝道活動をすることも学校をもつこともなかった。彼らは、周壁で衛られた中庭以外に戸外に出ることがなく、回廊においても建造物の外へ出ることがなかった。彼らは回廊の中庭にさえ出ることがなく、また聖堂前面の広場に出ることもなかった。彼らはただ、個室から聖堂と小回廊と集会室と大食堂と図書室にいたる通路だけを歩いた。そしてこの場合も、つねに回廊の鋪石部だけを歩かねばならなかった。この通路をさらに聖堂内部にまで引き入れ、修道士の内陣と平信徒の内陣を区分する線にそって聖堂を貫通させるという思想が、いつどこで成立したかということは明らかではない。いまや、この通路はそのまま内陣分断格子になったのである(図5)。ミュールベルクの論文によれば、この内陣分断格子は、十三世紀中期に、シオン(スイス)のヴァレリア山上のカタリーナ聖堂にはじめて設置されたという。これはカルトゥジオ会修道院聖堂ではないが、あのラ・グランド・シャルトリューズからあまり遠くない場所である。そしてこの構想は、また十四世紀の第一・四半期にケルンテンのマウエルバッハに再び現われた。そしてこれは、後にケルン、ニュールンベルク、ダンツィッヒ、バーゼル、イッティンゲン、ユーリッヒなどのカルトゥジオ会修道院で採用されている。しかしながら、このブックスハイムは、保存状態のいい唯一の例である。この回廊による内陣分断格子は、十三世紀中期に平信徒のための第二の祭壇が認可され、またこの条令に付加して、修道士が個人的にミサをあげる第三の祭壇が認可された(一二七六年)ことと関係があるであろう。元来この内陣格子は、ブックスハイムにみられるように、聖堂における修道士の内陣を修道士の回廊に編入し、平信徒の内陣を平信徒区域に編入するためのものであった。すなわち、この内陣格子を設置することによって、カルトゥジオ会修道士もまた、ベネディクト会修道士と同様に、戸外を通らずに、夜間の早朝時課のために聖堂へ行くことができたのである。彼らが聖堂の両側から最短距離を通って聖堂に行けるように配慮するということは、この修道院建築における合理主義の現われであった。

この修道会は、シトー会や後の托鉢修道会、説教修道会のように急速には発展しなかった。元来、この修道会の設立者は、最初はただ一つの修道院だけを構想していたのである。彼は、歿する際に、その生活戒律を厳守する二つの修道院だけを認可した。一二〇〇年頃においても、カルトゥジオ会修道院はヨーロッパ全土で三十七あるにすぎず、ことにドイツ語圏内には、シュタイアーマルクのザイツとガイラッハの二つがあるだけであった。十三世紀全体についてみても、ケルンテンのフロイデンタールが追加されただけである。この修道院には修道院長と十二名の修道士が所属するにすぎないということを考えると、この修道会は、中世盛期の修道運動の中で、けっして重要なものであったとはいえないであろう。しかしながら、十四世紀から十五世紀におよぶ神秘主義の時代は、この修道会の最盛期であった。いまやその修道分院は一九五にも達し、その中の五十八はドイツ、オーストリア、スイスにあった。宗教改革の時代には、カルトゥジオ会修道院は精神的抗争の中心点になった。隠修士は平和でいることができなかった。このようにして、多数の殉教者が出たのであり、その中にはイングランドの修道士も含まれていた。このような態度のゆえに、十八世紀初期においてもなお二九五の修道院があったほどである。しかしながら、啓蒙主義時代になると、この修道会は再度攻撃にさらされた。オーストリアのヨーゼフ二世は、このすべての修道分院を廃止させた。今日ヨーロッパには十九のカルトゥジオ会修道院があるにすぎないが、その七つはスペインに、六つはイタリアに、四つはフランスにあり、ドイツとイギリスには一つずつあるだけである。

十四世紀以後には、一連の貴族的なカルトゥジオ会修道院が成立した。ザイツのヨハンネスタールは、ドイツにおける最古のカルトゥジオ会修道院で、またこの修道会の第十五番目の修道院として、シュタイアーマルク辺境伯オットーカール五世が設立したものである。つづいて一三一四年には、マウエルバッハのアラーハイリゲンタールが、フリードリッヒ・フォン・ハプスブルクの国王選出を記念して設立された。フィレンツェに近いガルッツォのチェルトーザもまた、当時最大の富裕者であったニコラ・アッチャイウォーリが一三四二年

図6　パヴィアのカルトゥジオ会修道院全景

に設立した、岩の台地上にある貴族的な修道院である。隠修地の選定を修道士にまかせないで、まず修道院を設立して、他の修道院から居住者を集めるという方法は、中世後期の宗教的精神をよく示すものであるといえるであろう。これらの修道院は、しばしば設立者一族の墓所や記念碑として、多くの芸術作品で飾られた。一三八五年にフィリップ豪胆公が設立したブルゴーニュのカルトゥジオ会修道院シャンモルや、一三九五年にヴィスコンティ家が設立し、その後継者であるスフォルツァ家がさらに大規模な援助を与えたパヴィアのカルトゥジオ会修道院は、その重要な例である。これらの設立者は、とくにヴィスコンティ家は、当時のきわめて残虐なまたきわめて無謀な貴族として知られている。ヤーコプ・ブルックハルトが記している彼らの犯罪的行為は、戦慄なしには通読することができない。しかしながらまた彼らは、自らの悪業に匹敵するほどに礼拝に熱中し、贖罪のために豪華な芸術を奉献し、しかもそのために民衆に新しい賦役を課してはばかることがなかった。

シャンモルの設立記録は、建築形式と設備を詳細に記すとともに、またこのような事実を伝えているのである。この修道院は一三七三年から計画されていた。フィリップ豪

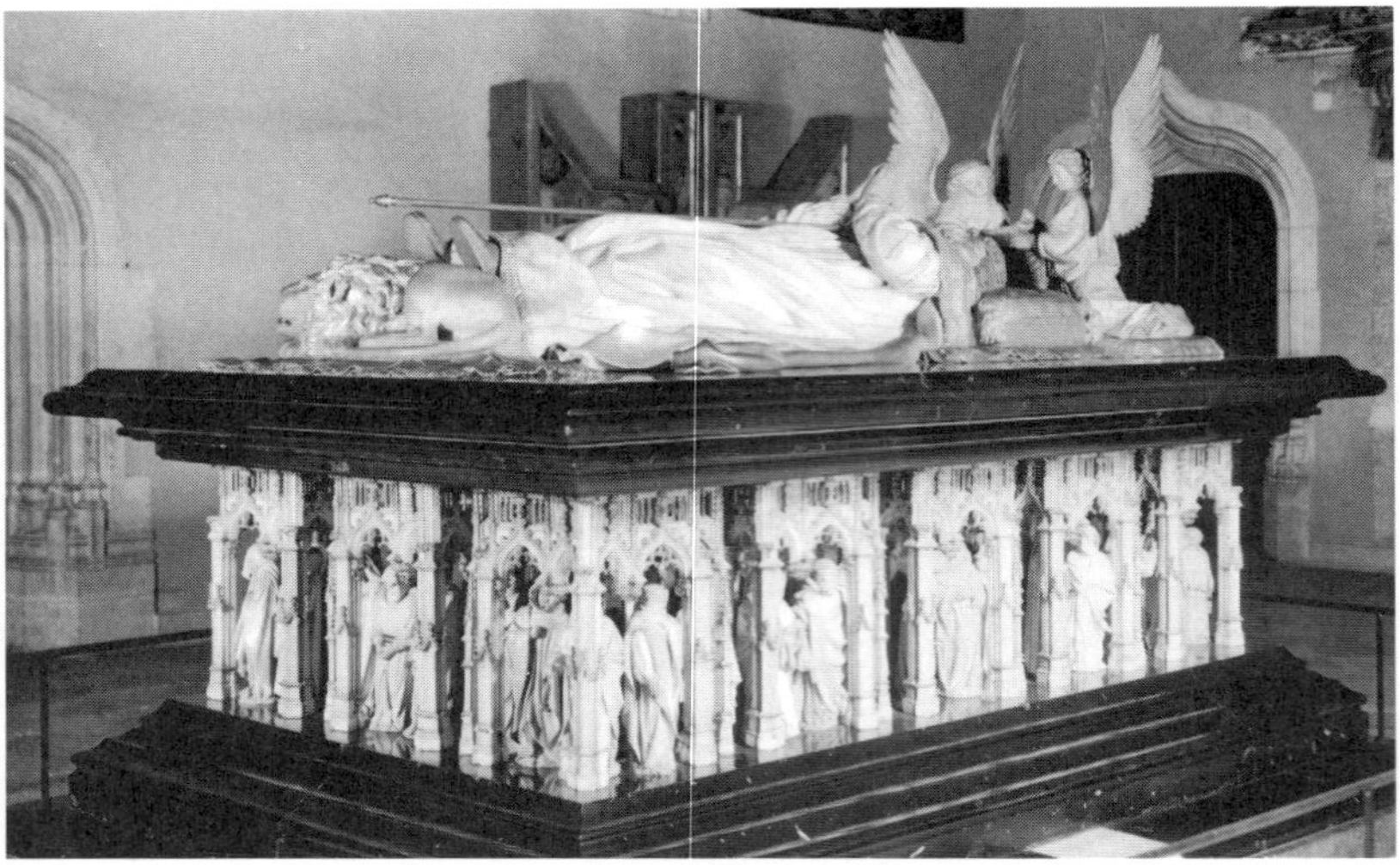

図7　フィリップ豪胆公墓碑（現在はディジョン市立美術館蔵）

胆公は、一三八五年に、その妃マルギュリット・ド・ブルゴーニュの父の死を契機として建設を開始した。「霊魂の救済には、神を愛し進んで清貧に生き世俗の空しい歓びを遁れた敬虔な修道士の礼拝にまさるものはない」とこの記録は記している。ブルゴーニュ公は、ただ最高の芸術と最高の礼拝のみが自らにふさわしいものであると考えていた。この記録はさらに続く。「カルトゥジオ会修道士は、霊魂の救済と貴族と民衆の幸福のために昼も夜も祈り続けるものであるがゆえに」、公は「その財力によって、修道院長と二十四名の修道士と五名の平信徒で構成されるカルトゥジオ会聖三位一体修道院を設立すること」[19]を立願した。これは、修道士の礼拝能力を高めるために、二重修道院にされたのである。ルーヴルを建設した王室建築家ドルーエ・ド・ドゥマルタンは、大至急この建築計画を立案するように命ぜられた。聖堂は早くも一三八八年に献堂され、一族の墓所にされた。そしてこれを飾るために、当時の第一人者であったスリューテルとブルーデルラムが招かれた。この構想は、ほとんど救済希求の寓話ともいうべきもので、貴族の墓碑を聖堂内陣の修道士の座席の中央に設置して、交禱がこの墓碑の上を飛び交いまたこの墓碑を貫くようにしたのである。しかしながら、このフィリップ豪胆公とその子息ジャン無懼公とその公

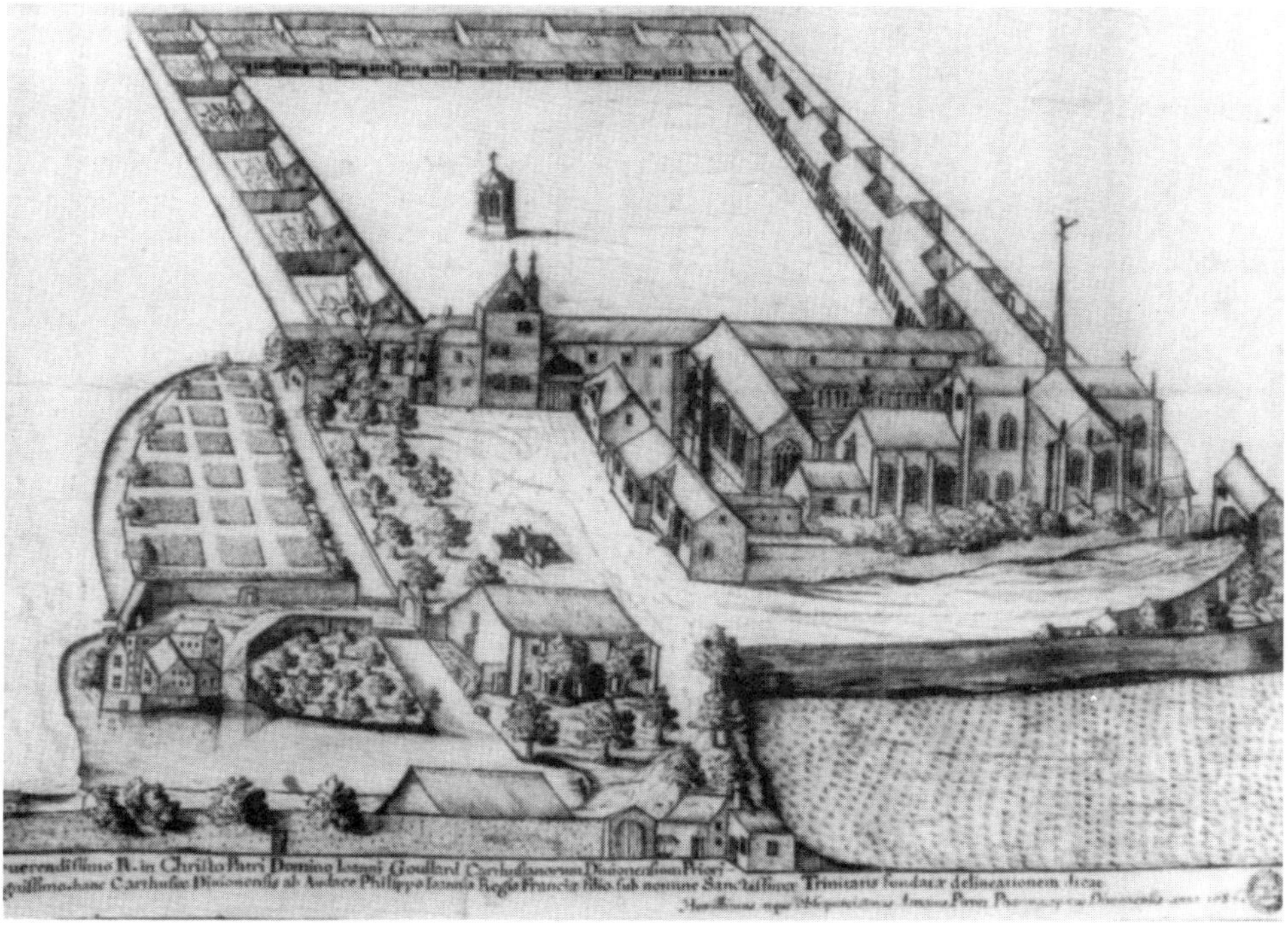

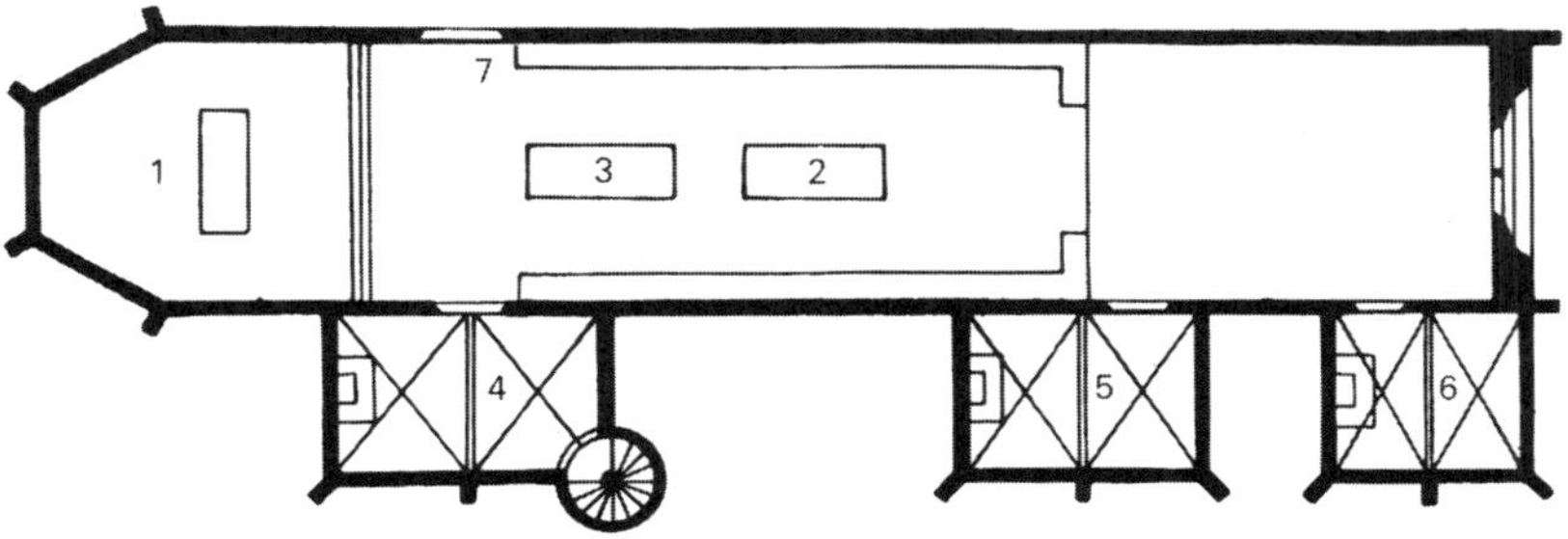

図8（上）　シャンモル、カルトゥジオ会修道院全景、17世紀の銅版画
図9（下）　同修道院聖堂、平面図復原試案

1　祭壇
2　フィリップ豪胆公墓碑
3　ジャン無懼公墓碑
4　内陣礼拝堂あるいは天使礼拝堂
5　ペトルス礼拝堂
6　アグネス礼拝堂
7　小回廊への戸口
（上部にティンパヌム）

妃の墓碑は、この修道院が、一七八九年の世俗化の際に、フランスにおける他の六十七のカルトゥジオ会修道院とともに破壊されたために、現在はディジョンの博物館に保存されている(図7)。このふかく頭布を垂れた修道士の姿(図11)は、公妃の死を「悼める者たち pleurants」という名で、美術史に登場するのである。この思想はさらに拡大され、死者のためのミサがあげられている間は、煉獄の火は消えるものであると信じられるまでになった。一世紀以上後に、マルギュリット・ドートリッシュは、この思想に基づいて、若くして歿した夫フィリベール美男公のために、義母マルギュリット・ド・ブルボンが設立したブルーを豪華に整備し、中断なくミサをあげるための修道士を配置した。このようなわけで、世俗化の混乱の時代には、追放されて去っていく修道士が、なお存続を許されたカルトゥジオ会修道院に、彼らが、しばしば数世紀にわたって継続してきたミサと礼拝を引き継いでくれるように懇願し、その結果、わずかの修道院では、殺到してくる礼拝依頼を果たしきれなくなるという深刻な事態が生じた。

回廊の中央にモーゼの噴泉を置くという図像学的構想も、これまた同じ思想から生まれたものであろう。この神秘のカルヴァリオの丘をかくも豪華に装飾したのは、修道院建築史においてもユニークなことである。すなわち、クラウス・スリューテルは、大回廊の中央に噴泉を設置し、その上に磔刑像の一群を掲げ、十字架とキリストの血潮がすべての恩寵の源であることを示したのである。彼は、カルトゥジオ会修道士が大回廊の中央、すなわちこの噴泉と聖堂内陣との中間区域でありまた生者にとりまかれた区域に死後の休息の場を求めていたことを考慮して、この大回廊の中央の噴泉という建築主題を、墓地の中央の十字架と同じ形式で処理したのである。この台座には、支配者一族の象徴であるフランドルとブルゴーニュの紋章楯が掲げられて、ここに恩寵が灌がれた。またこの台座の周囲には、六名の旧約の人物が厳粛な姿で立っているが、その中でもモーゼは、彼が山上で祈禱している間は下の平地でヨシュアが戦闘に勝利を得るという人物である(図10)。モーゼが両腕を高くさしのべているかぎり敵は敗退をつづけ、ついに夕暮には撃破されるのである。スリューテルのモ

図10 スリューテル
「モーゼの噴泉」
図11「悼める者たち」
（図7の台座部分）

図12 メルキオール・ブルーデルラムによるマリア伝の諸場面
シャンモル修道院聖堂祭壇画(ディジョン市立美術館現蔵)

ーゼはこれとは異なった姿を示していて、けっして聖書の記述どおりではない。しかしながら、この記述は、フィリップ豪胆公が自らの政治目的のために修道士に課した課題ときわめてよく一致するのである。この課題は、ただ厳格な修道会だけがはたすことができた。この宮廷的であるとともにまた自然な芸術的洗練性は、禁欲的修道生活とはきわめて対照的である。すなわちこの貴族的華麗は修道的清貧とあまりにかけ離れているために、とくに顕著に感じられるのである。このように考えれば、聖堂主祭壇のジャック・ド・バールルゼの装飾彫刻も、メルキオール・ブルーデルラムの祭壇画(図12)も、ジャン・マルーエルとアンリ・ベルショーズによる側部祭壇も、また別の意味をもつことになるであろう。この集会室は一四〇〇年前後に成立したと考えられ、ブルゴーニュ宮廷芸術の宝物室にあたり、驚くべき豪華な彫刻祭壇が設置されていた。フィリップはすべての個室に礼拝像を設置させた。その中には今日ルーヴル、ベルリン、アントワープの美術館が所蔵するシモーネ・マルティーニのキリスト受難の小品

図13 シモーネ・マルティーニ
「十字架を背負うキリスト」
図14 マルーエル
「大ピエタ」
ともにルーヴル美術館現蔵

（図13）やベルリン美術館の十四世紀末期と推定される三位一体三部作や、またルーヴルのジャン・マルーエルの大ピエタ（図14）や、ワシントンのヤン・ファン・エイクの受胎告知（図15）などがあった。これらの小品は、すべて神秘的沈潜と神学的省察を求めるためのものであった。すなわち、この修道院は最高度の絵画館だったのである。

カルトゥジオ会修道院は、帝国直属都市にもまた司教直属都市にも存在した。これはまた、都市城壁内部に設置されることが多かった。パリには有名なカルトゥジオ会修道院があり、ケルン、ニュールンベルク、ヴュルツブルク、マインツ、バーゼル、プラハにもまたこの会の修道院があった。これらは、都市周辺部の静寂区域に、ただしかならず旧城壁内部に設置された。

ニュールンベルクのカルトゥジオ会修道院は、一八五七年にゲルマン国立博物館になり、それ以来比較的良

図15　ファン・エイク「受胎告知」（ワシントン・ナショナル・ギャラリー現蔵）

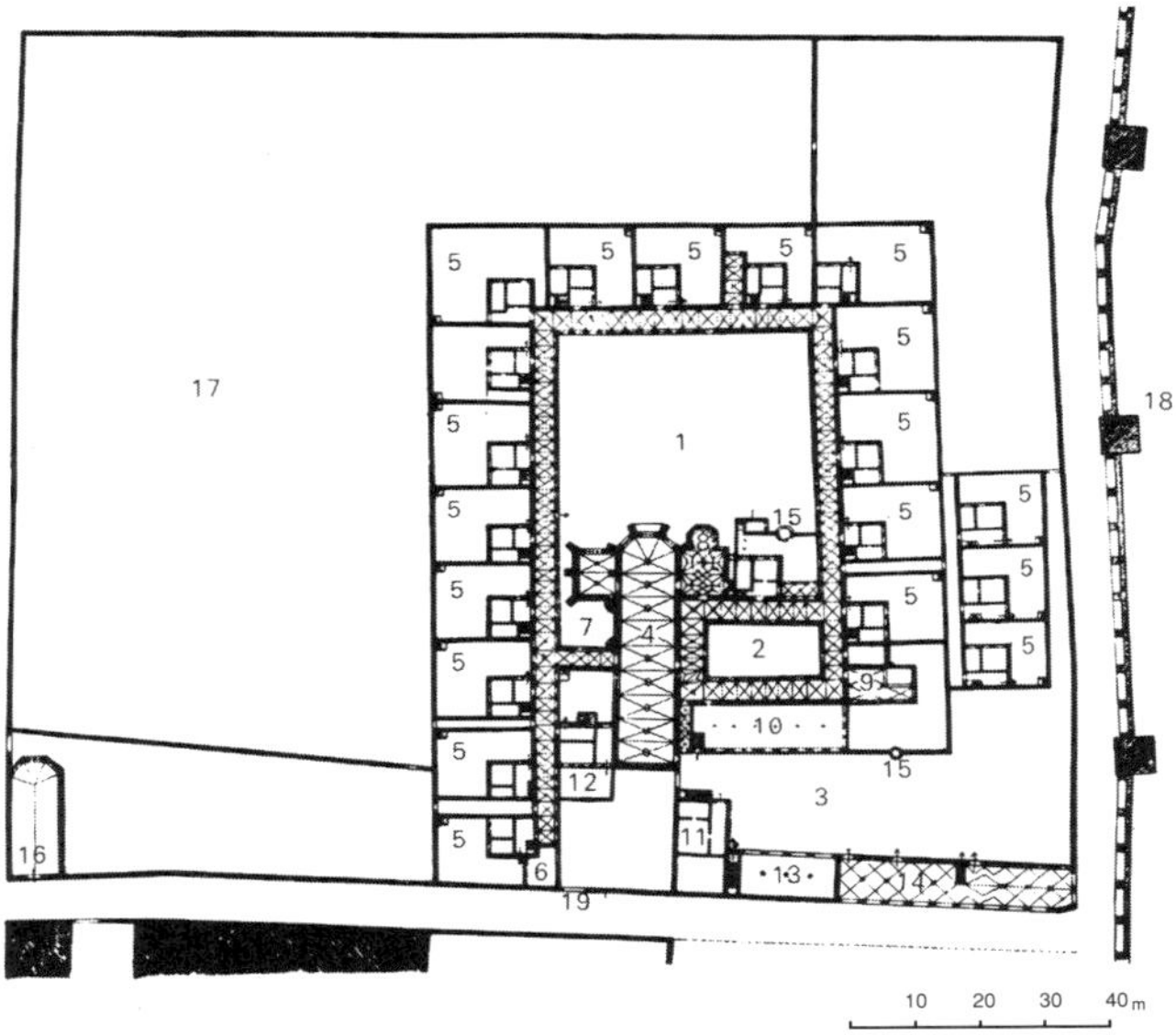

1	大回廊	11	修道院長居館
2	小回廊	12	副院長居館
3	世俗業務区域	13	厩舎
4	聖堂	14	穀物庫
5	修道士個室	15	噴泉
6	大回廊入口	16	死者礼拝堂
7	内陣分断格子	17	庭園
8	集会室	18	都市城壁
9	厨房	19	修道院入口
10	大食堂		

図16 ニュールンベルク、
カルトゥジオ会修道院平面図
(エッセンヴァインによる)

図17 同修道院聖堂内部
(現在はゲルマン国立博物館
の展示室)

好に保存されてきたが、第二次大戦で著しく破壊された。元来この修道院は、ニュールンベルクの商業者が設立したものである。この修道院は、一三八〇年に市会の許可を得て着工し、早くも一三八三年に完成した。市民は個々の翼部を寄進し、名家はそれぞれ個室を寄進した。そして、修道士は寄進者の代禱を義務づけられたのである。このように市会が修道院建築を負担し、修道院を支配したことは明瞭である。彼らは、都市内部に敬虔な修道士が居住することを必要としながらも、その権利が増大することは望まなかった。すなわち、この修道院長は六つの条件を受け入れなければならなかった。彼にはただ十二名の修道士だけが認められ、さらに、その一人一人は市会の承認を得なければならなかった。彼の活動計画は、すべて市会の承認が必要であった。彼はまた、皇帝や国王に特権を請願することが禁止された。この修道院に所属する農民や雇人は、修道院に対してではなく市に対して納税しなければならなかった。最後に、この修道院は市の内壁と外壁の中間にある関係上、軍事的危急の際には取り毀されることになっていた。この場所においては、とうてい自由な建築はできなかった。むろんこの規則は、後に二十三の個室が許可されたことからみても、けっして厳格に守られたわけではない。個室を寄進したいと希望する名家は、数多くあったのである。しかしながらこの修道院は、わずか百五十年しか存続することができなかった。一五二五年の宗教改革は、この修道院長を追放した。各個室はすべて市に移管されて寡婦施設になり、帝国直属都市制度が廃止されるとともに、兵器庫に使用されるまでに零落したのである。

ゲルマン国立博物館の館長であったエッセンヴァインによる一八九二年の復原図(図16)は、細部まで完全とはいえないであろう。この都市的修道院は、寄進者である各名家によっていろいろ改築され増築されたことを想定する必要がある。すなわち、この共同体の生活は、細部にいたるまで外部の制約を受けていたのである。この修道院は、都市城壁と自らの周壁によって広大な区域を確保し、広大な庭園を保有し、西北隅には美しい十二使徒礼拝堂が、また東南隅には病者の庭園があった。大回廊の周囲には多数の隠修個室が並んでいるが、

図18 パークミンスター、カルトゥジオ会修道院、19世紀

各個室の前面を保護する中間通路は省略されている。小回廊の周囲には基本建造物が並び、とくに集会室は、華麗な網状穹窿をいただいていた。この聖堂もまた最初は回廊による内陣分断格子をそなえていたのであり、今日もなおその痕跡が聖堂の左側に残っている[7]。厩舎と車庫は西側の道路ぞいに配置され、階上は外来者の宿泊所にされた。東側の中庭区域、中央の基本建造物区域、修道院長居館によって二分されている西側の世俗業務区域は、それぞれの目的に応じて巧みに配置されている。この複合体が多くの建築的可能性をもっていたことは明らかで、それは他のカルトゥジオ会修道院平面図と比較してみると理解できるであろう。あの貴族的なシャンモルの場合と同様に、ニュールンベルクの都市貴族は、この市民的修道院のために、一流の巨匠に依頼して多数の建造物と芸術作品を制作させたのであった。十二使徒礼拝堂を代表する巨匠は、デューラーであった。

カルトゥジオ会修道院の配置形式は、きわめて厳格に規定されていたために、十九世紀から二十世紀にいたるまでまったく変更されることがなかった。イングランドにおける唯一のカルトゥジオ会修道院パークミンスターのセント・ヒューズ・チャーターハウスは、フランスのカルトゥジオ修道会が外国に逃避するための土地を確保しようとしたことを契機にして、設立されたのである。これは、一八七六年から新ゴシック様式で建設された。資金は十分であった。これは、従来の配置形式を踏襲して二重修道院になった（図18）。この空中写真は、聖堂を中心にして三つの区域があることを示している。唯一の変更点は、各個室が回廊に直面せずそれぞれの中庭によって回廊から隔てられていることであろう。しかしながら、各個室には外向きの窓はない。墓地は従来のとおり聖堂の裏手にある。聖堂に塔が付加されその脚部が回廊に開口しているのは、新ゴシック趣味を示す唯一の要素であろう。つまり、この聖堂は修道士の方に向いているのである。いまや、修道士は回廊に出た際に、聖堂内陣の秘蹟に近づいたと感ずるよりは、むしろ、高く聳える聖堂建築を仰ぎみることが重要だと考えるようになったのであろう。

第七章　托鉢修道会の修道院

もし所有ということが完全に否定されるならば、はたして芸術は可能であろうか。聖フランシスクス（一一八一—一二二六）は、自らの土地にささやかな小舎を建てることさえもが、清貧の裏切りになると考えていたのであるから、とうてい修道院、すなわち聖堂や基本建造物などを構想することはできなかったであろう。彼は、修道会を新設することを望まず、キリストと同様に、身を横たえるべきなにものをも所有することなく、修道院とは無縁の生活を心に描いていたのである。修道院においてはすべてが用意されていたのに対して、ここではすべてが神のみ心に委ねられていた。それは戸外の公開の場における活動であり、修道院周壁内部のものではなかった。この会の修道士は、すべての場所を家として、フランシスクスが教えたように、「この家に平和あれ」と挨拶して入っていくのであった。このようにして、彼は、最後には自らを都市城壁前面の急峻な丘に埋葬させたのである。[20] このことは、後にその地下墳墓の上に聖堂と修道院を建設する際に、大規模な基礎工事が必要になることを意味していた（図1—3）。

フランシスクスは、忘れられることを望んでいた。しかしながら、彼の後継者は、このサン・フランチェス

図1　アッシジ、サン・フランチェスコ　前庭より上下聖堂の入口をのぞむ

コの上部聖堂に彼の生涯を記念碑的なフレスコ画で記し、ジオットーとその工房に依頼して、それまではただ聖書によるキリストのみわざ Gesta Christi を描くことだけしか許されなかった場所に、あの小さな花の物語 Fioretti を描かせたのである。彼の生涯を絵画として永遠化しようという修道院の思想と意志は、彼の戒めや警告より以上に強固なものであった。このサン・フランチェスコは、十三世紀から十四世紀にかけてヨーロッパ全域に現われた動向を具現していた。すなわちこれは、中世盛期から後期にいたる宗教運動とともに考察しなければならないのである（文献142）。そして、この運動はまた、神秘主義の芸術からルネッサンスの芸術への転機をもたらしたのである。

スペイン人ドミニクス（一一七〇頃―一二二一）は、司教区と修道院の組織とは別に、自由で清貧な聖職者の戦闘組織をつくり、早くから教皇権に服従しまたその庇護を受けて、キリスト教の急進化を防止することに努めた。彼らは、富裕と奢侈のさ中にあって、貧者とともに生きようとした。金銭は手にすべきものではなかった。ドミニクスは、土地所有による収入は否定したが、小作料をとることを認めたために、修道会は土地経営の負担から解放されて、学問と

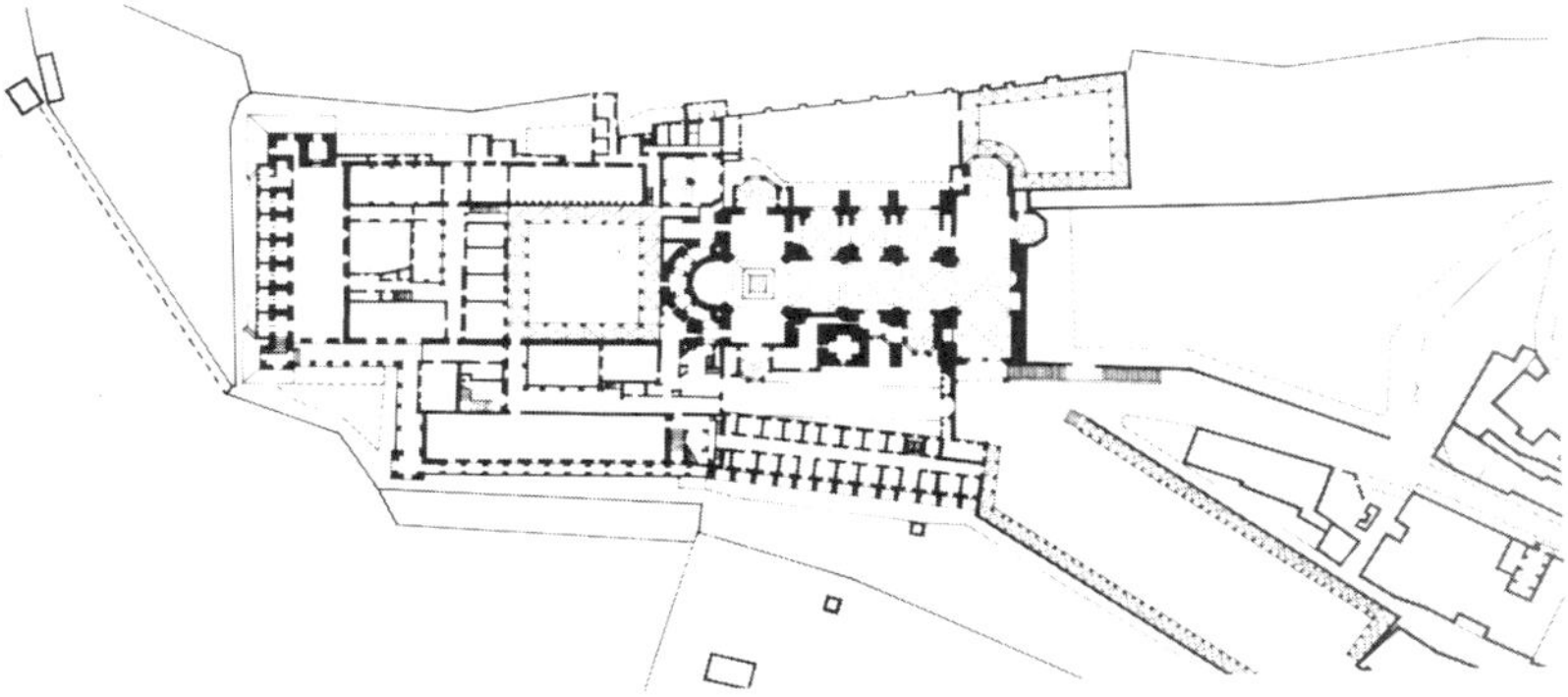

図2/3　アッシジ、サン・フランチェスコ、全景（上）と平面図

教育に専念できるようになった。この聖職者修道会は、中世盛期の普通の修道会とは異なった形式のものであった。彼らは、修道院城砦や修道院所有地よりも、むしろ都市周辺部の聖堂広間を自らの家としていた。ドミニクスは古いアウグスティヌス修道参事会の戒律を採用したが、彼らの生活はけっして合誦礼拝を中心にしたものではなく、あくまで外部に対する説教と聴罪を中心にしていたのである。彼はまた、新たに学術研究を要求した。このよりよき知識は、異端との論争における武器になった。アルベルトゥス・マグヌスとトマス・アクィナスは、この修道会出身のきわめて重要な学者である。この修道会はまた異端審問を開始した。彼の後継者は、この目的に対して全力を注いだ。

フランシスクスは、これとは異なった前提から出発した。彼の修道会がイタリアにおいて、とくにウンブリアにおいて成長したということは、ドミニコ会が、スペインにおいて成立しさらにフランス的合理性を身につけることによって、シトー会の真の後継者になったことと同様に、重要である。敬虔の姿勢はさまざまであった。すなわち、ベルナルドゥスの修道会にはフランス的な明快な精神があり、聖ドミニクスの共同体にはスペイン的な真摯と熱烈な信仰があったのと同様に、聖フランシスクスの抒情を支配したのは、イタリア的な献身への希求であった。これは、さまざまに屈折して、建築や図像に反映した。元来フランシスクス自身は、十二世紀末期に教会から離脱したカタリ派やアルビ派やワルドー派と同様な、急進主義の信奉者であった。彼が、一二〇九年あるいは一〇年に、十一名の同志とともに教皇インノケンティウス三世の前に進んで、その最初の会則の認可を仰いだとき(図4)、ローマ教皇聖庁は、これが、福音書に忠実なあまりにすべての所有とまたすべての聖職組織を攻撃する急進的反抗運動の一つではないかという疑惑をいだいた。幸いなことに、彼は、ワルドーが一一七九年に教皇アレクサンデル三世によって拒否されたものを、聡明なるベネディクト会出身の枢機卿ジョヴァンニ・コロンナの仲介によって、獲得することができたのである。教皇聖庁は、この新しい共同体によって多数の民衆を再獲得するのが良策であると考えた。一方また聖フランシスクスは、彼の会則にはな

図4 「会則の認可」 アッシジ、サン・フランチェスコ、上部聖堂

んの改革も存在せず、あくまで福音書を抜粋したものであるということを強調した。修道会新設は依然として禁止されていたために、彼はつねに、自分の共同体はけっして修道会ではないということを主張した。フランシスクスの同志たちは、修道士になることを望まず、世俗を遁れて修道院にひきこもることはなかった。隠修生活は、ただ活動の準備期間として意味をもつだけであった。彼らは、自らを高位聖職者と区別して、小さい兄弟 Fratres Minores とよんだ。しかし、その当時聖フランシスクスは剃髪して、たとえ修道士ではないにしても、やはり聖職者であることを示していたのである。この十二使徒の後継者が結局は一つの修道会になったのは、教皇ホノリウス三世の力によるものである。すなわち、この修道会形式は一二二〇年の勅書によって認可され、一二二一年および一二二三年の会則によって拡大し、一二三〇年の教皇グレゴリウス九世の勅書によって完成したのである。フランシスコ会は、ドミニコ会やまたはるか後のイエズス会と同様に、教皇権に対して絶対の服従を誓った。そして、この修道

会は教会の集権主義を推進したのである。このようにして、フランシスコ会とドミニコ会は教会の政治的武器になり、ドミニクスは異端というその当時の外部の敵と戦い、フランシスクスは、その内部で民衆の急進化を事前に救済したのである。この二つの修道会は、最初はたがいに長短を援助しあっていたが、やがて対立抗争するようになり、一方の修道院が設置されたところには、すぐまた他方の修道院が設置されるという有様であった。この二つの修道会は、ヨーロッパの都市内部でつねに相対して存在したのである。

この二つの修道会の成長は、十三世紀における急激な人口増加、とくに手工業者の人口増加と関係している。シトー会とは反対に、この二つの修道会は、人々が密集して生活する都市を活動の場にした。十二世紀末期から一三四八—五二年の大黒死病の時代まで、都市と住民は連続的に増加した。ドイツを例にとれば、一一〇〇年頃には城壁を周らした都市がたかだか五十程度であったのに対して、一二〇〇年頃には百以上に増加し、また一三〇〇年頃にはほぼ五百に達するほどであった。そして、これらの都市には、すぐにフランシスコ会修道院とドミニコ会修道院が建設されたのである。これらの修道院は、おおむね都市周辺部の城壁近くにあった。それというのは、ここでは土地が安価で手に入り、また容易に拡大することができたからである。ドミニコ会とフランシスコ会の設立統計は、シトー会のそれと同様に興味ぶかいものである(二一八頁参照)。ドミニコ会修道院は、一二七七年には四一四を数え、さらに一三五八年には六三五に、そして一七二〇年には一〇七六にまで達した。これが頂点であった。一方フランシスコ会修道院は、一三一六年にはイタリアに五六七の男子修道院と一九八の女子修道院があり、この同じ年に、フランスに二四七の男子修道院と四七の女子修道院があり、またドイツには二〇三の男子修道院と四七の女子修道院があったのである。十三世紀末期には、とくに女性の修道院への加入が問題になった。なぜならば、修道女の数は、世俗業務の運営にはなんら寄与することがなかったからである。この二つの修道会は、女子修道院の設立を容易に認めなかった。聖フランシスクスは、ただ聖クララのサン・ダミアノ修道院と緩やかな関係をもつことだけを認めたにすぎなかった。女子修道院には、男子修道会より以上に厳格な清貧が命ぜられた。聖クララは一二五三年に歿するまで、清貧の特権 privilegium paupertatis を維持することができたが、すでに一二四五年にリヨンの教皇インノケンティウス四世側近の伯爵夫人アミシエ・ド・モンフォールが個人的にドミニコ会に入会したのが契機になって、この規則は撤去された。さらにまた、この年ストラスブールのサン・タニエスは、この地の他の五つのドミニコ会女子修道院と合併した。瞑想のために完全なる清貧に生きようという理想は、都市人口を減少させるほどであった。人々は、時代の重圧から遁れようとしていたのである。都市は、修道院への不動産譲渡の増加と、瞑想のための労働力の減少に対処しなければならなかった。このようにして、予想されていた過剰状態が起こったのである。[21] この二つの修道会の女子修道院は、貧しい女性の入会希望を拒絶しなければならなくなった。このようなことから、いかなる修道会にも所属しない女子敬虔者の団体、すなわちベギン会や女子懺悔会などが成立した。このようにして、聖フランシスクスの高貴なる思想は、わずかの間に不合理なものに変わっていった。托鉢修道会における男子修道院と女子修道院の生活形式が、従来の修道会の場合以上に異なっていたかどうかは、明らかではない。男子聖職者と修道士は、あくまで外部に、すなわち民衆に向かって活動したのに対して、修道女は、なによりもまず自らの霊魂を救済しなければならなかった。彼女たちは、聖クララ女子修道会のように病者を看護する以外は、厳格な禁足生活をしなければならなかった。そして、この二つの修道会のほかに、いわゆる第三会という信徒共同体ができて、多数の男女都市住民がそれぞれ禁欲生活や礼拝生活を行ない、また慈善活動に従事したのである。托鉢修道会は、聖職者と平信徒の区別を希薄化することに功があった。また、この第三会会員は、たとえばシエナの聖カタリーナのように、修道服をまとうこともあった。

シトー会の敬虔性が、十二世紀の精神を代表するのと同様に、ドミニコ会とフランシスコ会の敬虔性は、十三世紀後半から十四世紀前半にかけての献身的精神を代表するものである。これは非常な勢いで一世を風靡した。従来の修道会は、そのまま存在していた。ドミニコ会は、成立の際に、シトー会やプレモントレ会の経験を参考にすることができた。A・ハウクによれば、これは、中世におけるもっとも完全な修道会であったという。(22)ベネディクト会は、つねに多数の重要な芸術作品や知的業績を生み出したが、ドミニコ会とフランシスコ会の聖堂と建造物と絵画と彫刻もまた、この時代を代表したのである。十三世紀中期以後には、司教座さえもが創造力を喪失した。新しい大聖堂が建設される場合には、高位聖職者より以上に都市住民が大きな力を発揮した。ストラスブール大聖堂の西側前面やフィレンツェやミラノの大聖堂は、その好例である。托鉢修道会の建築は、衰退ゴシックとよばれることがあるが、なるほど大聖堂の豊富な形式は衰退してはいるが、聖堂そのものの意味が変化し、新しい意味を表現しているのであるから、このような表現は不適当であろう。R・クラウトハイマーは、托鉢修道会や説教修道会の聖堂には「マジック」な要素が減少していると指摘している（文献143）。これは聖なるものの世俗化であり、建築はこの新しい課題を受け止め新しい可能性を開放したのである。

聖フランシスクスが歿すると、たちまちその説教や生活原理と修道会運営上の現実論との間に対立が生じた。この若い共同体は、聖霊派 Spirituale と穏健派 Conventuale に分裂した。アッシジのサン・フランチェスコの建築が、まずこの論争の対象になった。聖霊派は、聖フランシスクスのように一切の所有を否定して、キリストの言葉を広めることに生きようとした。彼らは、急激な会員増加による修道会の拡大を認めなかった。彼らは、華美な修道院建築や大規模な聖堂建築を否定し、絵画彫刻を否定し、また世俗的学術をも否定した。一二六〇年のフランシスコ会会則は、彼らの主張をある程度認めて、ただ磔刑像とマドンナと聖ヨハネスと聖フランシスクスと聖アントニウスの図像だけを認めるとしている（文書XIV）。しかしながら、この布告はまったく実行されなかったようである。それというのは、この修道会は、自らに好意的な都市貴族の意を迎えなければならなかったからである。いずれにせよ、聖霊派は、止めどのない発展に抗して多大の犠牲をはらって純粋な教説を貫こうとしたが、これはとうてい不可能であった。このようなわけで、アルメニアやシリアの伝道という

図5　ヴェネツィア、サンタ・マリア・デイ・フラリ、聖堂西正面と塔

名目で追放されたり、修道院から百名もの人員が消え失せたり、異端者として火刑に処せられるものも出た。教皇庁は、たびたびこの両派を和解させようと試みた。十四世紀には、いたるところで穏健派が勝利を占め、フィレンツェのサンタ・クローチェやヴェネツィアのサンタ・マリア・グロリオーザ・デイ・フラリなどの聖堂が、多少の批判を押し切って堂々と完成したのである[23]。フランシスコ会は、農地経営は行なわず、不動産と建造物を賃貸した。この保守派に対する反対運動も、後には、経済的発展を否定せずに、むしろこれを助長することによって、かつての聖霊派より以上の成功を収めた。この中でも重要なのは、十五世紀の会則派 Observanti である。彼らは、会則が厳格に実施されるように監視したのでこのようによばれたのである。この会則派には、シエナのベルナルディーノのような偉大なる民衆説教者が現われて発展をとげ、一五〇〇年頃には、穏健派を凌駕する多数の修道院にほぼ三万名の修道士を擁するまでになった。しかしながら、彼らもまた、結局は世俗社会になじまなければならなかった。彼らが純粋に博愛の目的で多くの都市に開設し

図6　フィレンツェ、サンタ・クローチェ、全景（図9も参照）

た質屋や金融機関 montes pietatis は、やがて銀行になった。このようにして、各種の活動がそのまま制度化し、内面的なもの精神的なものが、建築や図像として表現されたのである。

これらの修道会は、修道院から修道院へと遍歴生活を送る者のために、修道区域を修道管区に区分した。ドミニコ会は、一二一八年つまり聖ドミニクスが歿する三年前には十二の管区をもっていたが、これは最初から西ヨーロッパ全域を伝道区域にしようとしていたのである。一三〇三年にはこの管区は十八に増加し、一四八四年には二十三に達し、また修道院の増加にともなって、小さな管区は統合されていった。シトー会が、ブルゴーニュから一歩一歩南方・北方・東方へ進出していったのに対して、フランシスコ会とドミニコ会は、最初から全キリスト教世界を活動の場にしていたのである。しかしながら、この伝道理想は容易には実現せず、そのために、彼らは伝道の処女地に進出するよりは、むしろ既存のキリスト教的共同体の内部構造を改革することに努めた。さらにまた、この修道管区という思想は、個々の修道院に従来のベネディクト会修道院ほどの自由を与えなかった。この二つの修道会は集権的に組織され、その頂点に立つ修道会総長は、もはや聖フランシスクスのように修道士の公僕になることはなかった。この修道会総長の下には、フランシスコ会では任命による、またドミニコ会では選出による管区長があった。ここではまた、シトー会に倣って修道院の視察制度が実施されたが、それはもはや管区長の仕事ではなく、とくに任命された修道士や異端審問官が担当することとなった。ここではいま、修道管区や修族の対立や、修道院が自発的に改革運動に参加したことなどについて、深入りするだけの余裕はない。フランシスコ会修道士は、自らの都市と自らの修道院とともに、また彼らが活動するより大きな地域単位である修道管区を、自らの精神的故郷と考えていたのである。同様にして彼らは、修道院よりもむしろ、彼らの活動の出発点でありまた帰着点でもある彼らの個室を、より小さな活動単位と考えていた。要するに彼らは、自らの修道院よりも、むしろ、世俗におけるまた世俗に対する精神的使命を、より重大なものと考えていたのである。このようなわけで、彼らの修道院聖堂は信仰の城というよりは、むしろ、キリストの言葉が説かれる大広間と考えられるようになった。いまや、従来の厳密に計画された修道院複合体に代わって、この聖堂という彼らが活動する公開された大広間と、彼らが修練し決意する個室が、大きな意味をもつようになったのである。

聖フランシスクスも聖ドミニクスも、ともに修道院建築に関してはふかく考慮せず、また彼らの後継者もこれを重要視しなかった。彼らは、外面的なものには関心を示すことがなく、ベネディクト会修道院の伝統的形式をそのまま採用した。彼らは、従来からあるものをそのまま受け入れた。彼らは、まず既存の修道院に定住し、次いで回廊を設置し、さらに聖堂や集会室や大食堂を建設した。当時は修道院長が存在せず、管区長がこの共同体を統率していたので、修道院長や高位聖職者の翼部は建設されなかった。彼らはまた、農地経営は行なわなかったために、世俗業務区域は存在せず、貯蔵庫は省略されるかあるいは背後に後退させられた。彼らは、都市の商店で品物を購入し、また都市貴族の施物を受けた。聖職者と平会員の区別が、建築に反映すると

図7　アッシジ、サン・フランチェスコ、上部聖堂内部

いうことはほとんどなかった。フランシスコ会修道士は最初はすべて平会員であり、ドミニコ会修道士は最初はすべて聖職者であったが、この関係はやがて変化して、ドミニコ会修道士の中にも低い仕事に従事する平会員が現われ、フランシスコ会修道士の中にも多数の聖職者が現われた。しかしながら、彼らはシトー会修道院の場合のように二つの区域に分離して生活するということはなかった。彼らの病室はたちまち大規模な施設になり、都市住民にも奉仕した。彼らは、既存の病室を聖霊の病院としたのである。

ベネディクト会修道院やシトー会修道院は、一度決定された配置形式に忠実に従い、行進礼のために必要な緊密性を維持したのに対して、托鉢修道会の修道士は、それぞれ個室に居住して自由に活動したために、その配置形式は、一応規定されてはいたものの、それぞれの事情に応じていろいろな形で結合された。アッシジのサン・フランチェスコは山腹の急斜面に建てられ、聖堂内陣背後の修道院は二階形式になった。この上部聖堂と下部聖堂を二つの水準面に区切るという構想は、この創造的世紀においてもまさに驚異的な解決

図8　同右、下部聖堂内部

方法であり、自然を建築化し、修道院形式を一度解体した上で再構成したものであった。山上の修道院や、峡谷のあるいは広大な平野のあるいは島上のあるいは河の彎曲部の修道院はこれまでにも存在したが、山腹の大修道院は空前のものであった。この修道院建築の歴史は、聖堂の歴史と切り離しては考えられない。すなわち、ここでは数多くの建造物が層をなして積み重なり、中庭や通路が迷路のように入り組んで、統一的というよりはむしろ絵画的な印象を生み出しているのである。聖堂も基本建造物も、すべては巨大な基礎構造の上に建設されたのであった。

托鉢修道会は、回廊と集会室と大食堂はベネディクト会修道院と同形式のものを採用し、大寝室に代えて個室翼部を新設した。フィレンツェのドミニコ会修道院サンタ・マリア・ノヴェッラのスペイン人礼拝堂は、集会室としての伝統的位置と伝統的比例関係を正しく証示している(図15、20)。また、同じくフランシスコ会修道院サンタ・クローチェのブルネレスキによるパッツィ礼拝堂は、これまた形式の点でも機能の点でも装飾の点でも典型的な集会室であることを示している

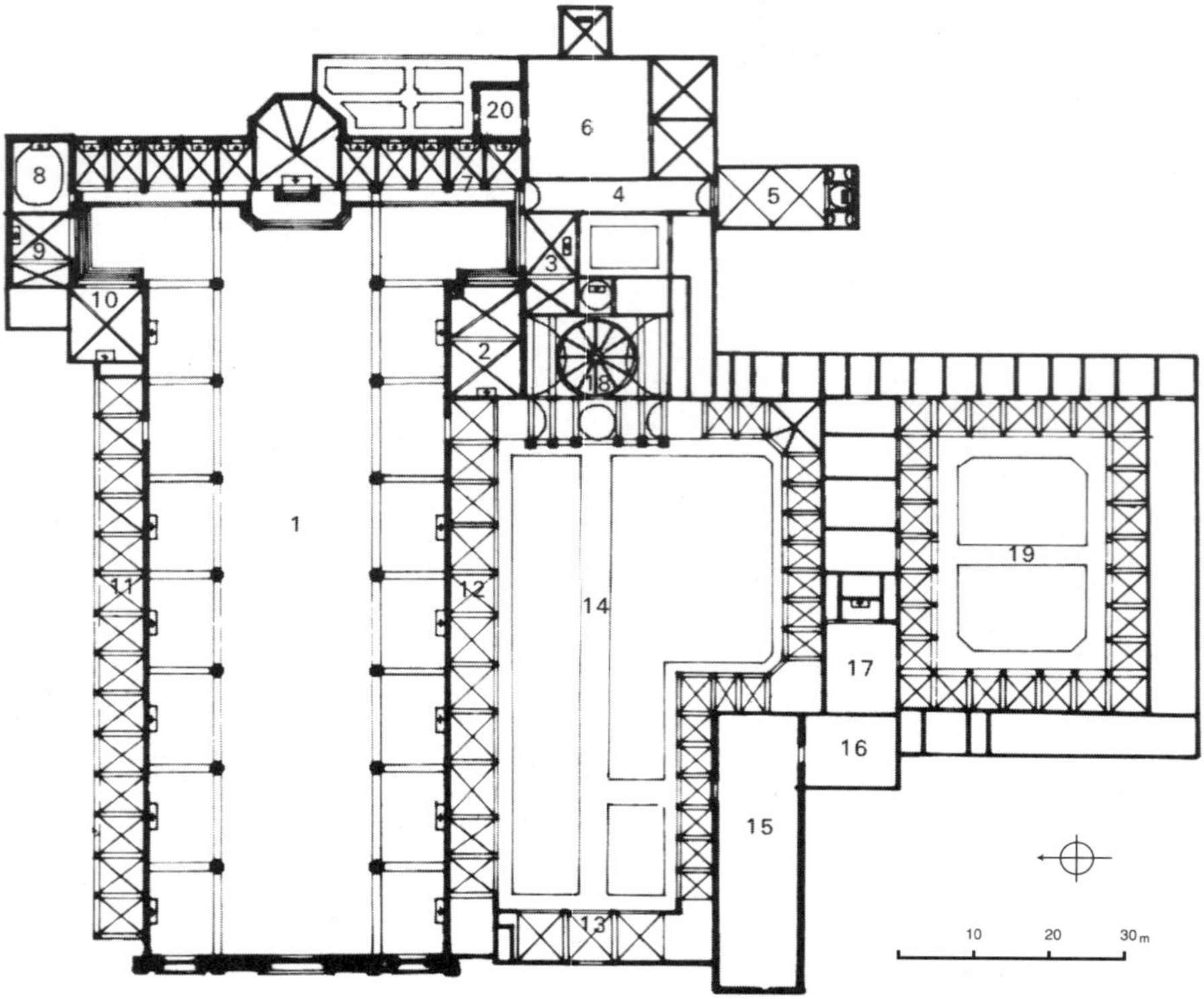

図9　フィレンツェ、サンタ・クローチェ、平面図
（W. パーツおよびO. ミュラー＝ゼーリゲンシュタットによる）

1	聖堂
2	カステラーニ礼拝堂
3	バロンチェリ礼拝堂
4	メディチ礼拝堂への通路
5	メディチ礼拝堂
6	聖具室
7	カルデリーニ礼拝堂
8	ニッコリーニ礼拝堂
9	バルディ・ルドヴィコ礼拝堂
10	サルヴィアティ礼拝堂
11	北側外廊
12	南側外廊
13	入口
14	第一回廊
15	大食堂
16	側室
17	チェルキ・カニジァーニ礼拝堂
18	パッツィ礼拝堂
19	第二回廊
20	鐘塔

図10　フィレンツェ、サンタ・クローチェ、パッツィ礼拝堂

（図9、10）。この礼拝堂は長方形で回廊に並行し、祭壇形式からもまたこの広間の内側に周らされている石造の長椅子からも、さらにこの入口が回廊の一部をなしているということからも、ブルネレスキが伝統的形式を尊重していたことが判るのである。聖なる建造物と修道上の世俗的建造物の差異が減少したということは、この新しい修道会の精神の現われであった。このことに関してはまた別の例をあげることができる。フランスにおける最も美しいドミニコ会修道院聖堂といわれるトゥールーズのそれ（一二四五年計画、一二六〇年着工、一二九二年献堂、図11）は、巨大な集会室に比定できるものである。これは、一対の身廊を円柱で支持する形式で、それが二二メートルにも及ぶ異常な高さであるということを除けば、元来は大食堂などの世俗的建造物にのみみられた形式であった。集会室が礼拝堂に変わるということは、とくにイングランドにおいて顕著であり、これらの新しい修道会以外でも実施された。

修道士の数によっては、多数の回廊が必要になり、また修道士各人に個室を与える必要から、いろいろな建築上の革新が生み出された。大寝室は、十四世紀後期から十五世紀にかけて、ほとんどすべてのところで廃止された。改築

図11　トゥールーズ、ドミニコ会修道院聖堂内部

の場合には、個室を設置するために、従来の修道院形式は全面的に改組された。個室、研究室に続いて、やがてまた大図書室を設置するために、回廊周囲の三方の翼部の二階に個室を並列する統一的形式が成立した。この形式の成立過程はかならずしも詳かではないが、回廊を二階建てにし歩廊状の通路にそって個室を並列するという構想は、あくまで修道士個人に個室を提供しようという意図からでたものであり、従来のシトー会修道院の大寝室にはまったくみられなかったものである。マルティヌス五世は一四一九年にベネディクト会にも個室を許可し、この形式の永い伝統を認可した。フィレンツェのサン・マルコは、初代コジモ・デ・メディチが、フィエーゾレのサン・ドメニコの改革共同体のために設立した修道院で、この新形式の最初の作例であり、偉大なる修道士聖アントニヌス、ベアト・フラ・アンジェリコ、サヴォナローラ、フラ・バルトロメオ等によって有名になったのである。ミケロッツォは、一四三三年から三四年にかけてこの統一的修道院複合体を完成し、とくにその二階は、各個室が花環状に一体化して、集会室や大食堂や事務室に対して独立性を示しているのである。この新しい配置形式は、けっして托鉢修道会だけのものではなく、ほぼ時を同じくして、ベネディクト会でもシトー会でも採用され、回廊の三方を周る同一形式の棟の下に生活と就寝の場がまとめ上げられたのであった。

ドミニコ会も、またフランシスコ会も、ともに、新しい課題と新しい生活形式に対応する建築形式についての規則をもたなかったために、修道院は、それぞれで、この新しい生活形式に対応する建築形式を生み出さなければならなかった。十三世紀から十六世紀の間に建設された托鉢修道会の修道院は、この点で、当時のベネディクト会修道院とは異なっていたのである。ここではおおむねイタリアの作例を中心にして論ずることになるが、それは、クリュニー会修道院やシトー会修道院についてはフランスの作例が中心になり、バロックの修道院についてはドイツが中心になるのと同じことである。修道院の芸術的活動力の中心点は、時とともに移動したのであった。托鉢修道会の最大の修道院といわれるフィレンツェのサンタ・マリア・ノヴェッラやサンタ・クローチェは、大規模なものであった。ジュゼッペ・リカは、すでに一七五四年に、これを都市の中の都市であるとよんでいる(24)。ここでは、これらの修道院の都市計画上の意義について論ずるだけの余裕はないが、それらは、しばしば都市周辺部に新しい中心を形成して大聖堂や広場や市場などの旧中心部と対立し、またその強力な基礎構造は、しばしば都市の防衛設備の一環になった。アッシジのサン・フランチェスコやシエナのサン・フランチェスコ、サン・ドメニコなどはこの例である。これは、とくに都市新設の際によくみられる現象で、都市城壁ぞいの戦略的重要地点にフランシスコ会修道院やドミニコ会修道院が配置されたのである。ウィーナー・ノイシュタットやハーゲナウはその好例である。一方またフィエーゾレのフランシスコ会小修道院のように、修道士が花の絡んだ小さな個室で生活するという牧歌的風景がみられることもあった。ここでは修道院を記念碑的なものにするよりも、むしろ修道士個人に適当な活動区域を与えようとしたのである。回廊はもはや修道院の中心ではなくなり、彼らが活動しまた就寝する個室が中心になった。いまや個人的要素が介入して、献身と謙譲とともに、彼らの個性が尊重されるようになった。彼らは、あくまで個人として修道したのであって、かならずしも共同で修道したのではない。あのサヴォナローラがフィレンツェ全体を支配したサン・マルコの個室は、このような態度の象徴である(図12)。十四世紀、十五世紀においては、フランシスコ会やドミニコ会の神秘主義が、都市国家や帝国直属都市の文化を支配し、これらの都市の修道士は、サヴォナローラとは異なるにせよ、それに匹敵するほどの影響力を発揮し、また、個性的な説教者が、都市住民の精神と想像力に決定的な役割をはたしたのである。一二三〇年代以後には、説教者がしばしば都市国家の中で権力を握り、その行政制度を、托鉢修道会の理想に従って改革しようとした。すなわち、フランシスコ会修道士フラ・ジェラルドは、シュタウフェン家のフリードリッヒ二世の支持者としてパルマを支配し、またフラ・ジョヴァンニ・ディ・ヴィチェンツァは、皇帝の敵対者として、はじめはボローニャを次いでヴェローナを支配して、貴族および総長の称号を受け、数ヶ月ではあったにせよ、ユートピア的共産主義を実施したのである。ま

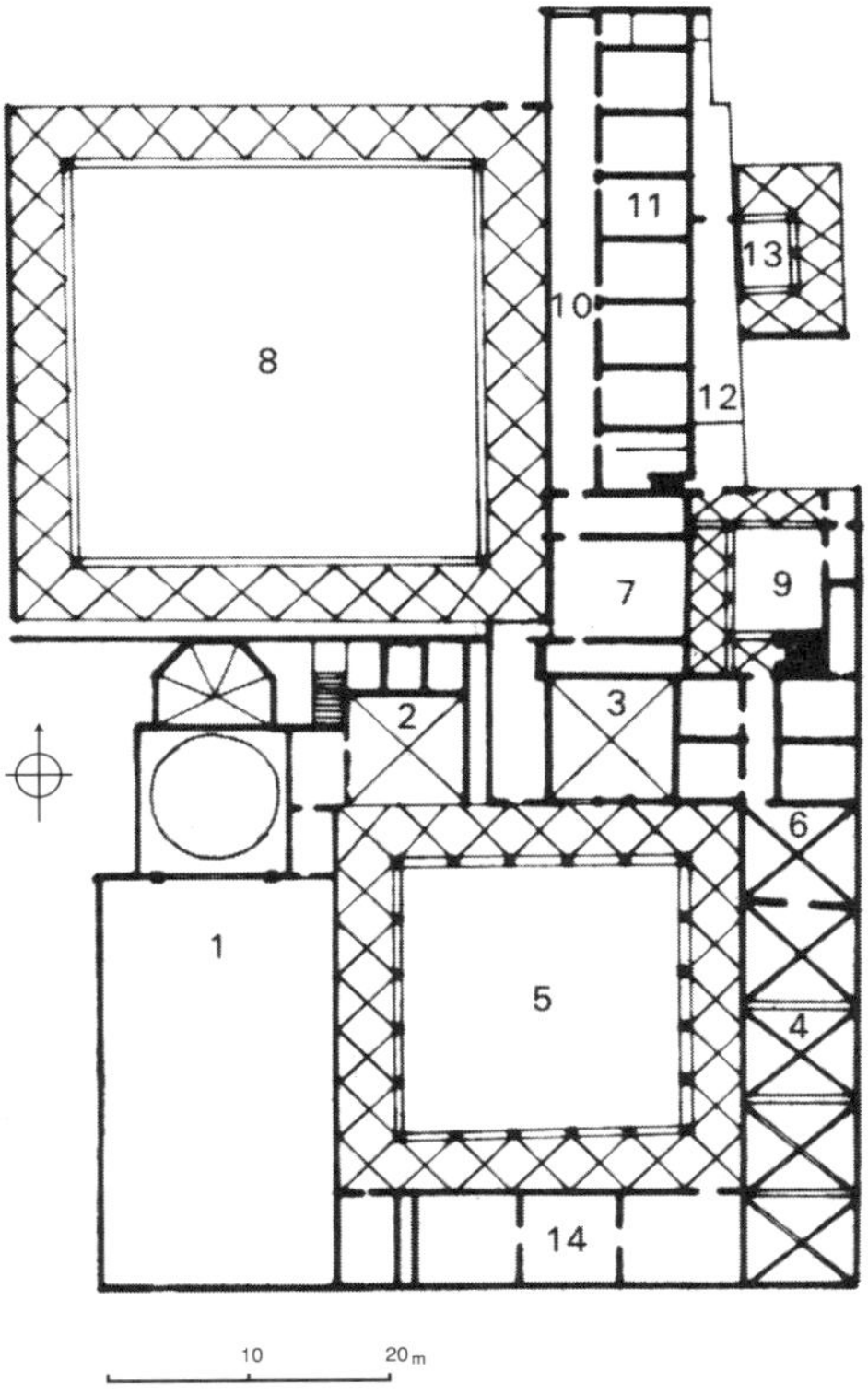

図12（上）
フィレンツェ、サン・マルコ、サヴォナローラの個室

図13（左）
同修道院平面図
（ニッコリ・ザネッティおよびヴァザーリによる）

1　聖堂
2　聖具室
3　集会室
4　大食堂
5　サン・タントニーオ回廊
6　手洗い
7　小食堂
8　サン・ドメニコ回廊
9　スペサ回廊
10　旧宿泊所通路
11　旧宿泊所
12　穀物庫
13　サルヴェストリーニ回廊
14　旧宿泊所（現フラ・アンジェリコ美術館）

た、殉教者ペトルスのごときドミニコ会修道士は、自ら設立した異端訊問の主席として、恐嚇政治を実施した。彼は、異端者ばかりではなく、カタリ派とみなされた市民までをも追訴し断罪した。しかしながら、やがて彼の運命は尽きた。今日、彼はカタリ派によって撲殺されたとされ、殉教者として崇められているのである。

ここでは、修道士の、信仰の神秘に沈潜したいという要望に応えて、彼らの個室用に製作された小芸術作品について述べるだけの余裕はない。このような要望は、とくにドイツにおいて多かったのである。個室とは反対に、聖堂や集会室や大食堂などの基本建造物は、公開ないし半公開の性格をもっていた。ここでは誰でも入ることができ、すくなくとも特定の場合には入ることができたのである。これは、個人が共同体に働きかける場所であった。シトー会修道院聖堂があくまで修道士と助修士だけのものであり、平信徒の、とくに女性の入場を拒否したのに対して、ドミニコ会やフランシスコ会の説教の行なわれる広間は、なによりもまず平信徒の、とくに女性の聴衆のためのものであり、逆に、修道士は祭壇背後の小内陣で時禱日課を務めたのである。サンタ・マリア・ノヴェッラやサンタ・クローチェは、このような姿であった。これらの聖堂もまた、主として都市貴族の寄進によって建設され、名家はそれぞれ、自らが設立した礼拝堂の中に一族の墓所を得るとともに、聖堂内部の特定の場所にもその権利を得たのである。集会室もまた、しばしば富裕なる名家の寄進によって建設され、彼らの墓碑が置かれた。サンタ・マリア・ノヴェッラの集会室が、大公妃エレオノーラ・デ・トレドの従者の個人的礼拝堂になり、スペイン人礼拝堂とよばれたのは、けっして特別なことではない。これらの新しい修道院は、礼拝と食事と時間区分に関しては聖ベネディクトゥスの戒律を手本にし、とくにドミニコ会修道士はフランシスコ会修道士以上に厳格に遵守したが、たびたびの布告は、これを厳格化するよりもむしろ緩和化する結果になった。このようなわけで、大食堂は、説教や討論や学習が行なわれる場所になり、またこれは、都市の有力者や権力者が修道士とともに会食する場所になったのである。平信徒もまた、後にコジモ・デ・メディチがサン・マルコに入ったように、数日間または数週間ここに入って修道士とともに生活することができ

図14　フィレンツェ、サンタ・マリア・ノヴェッラ、聖堂内部

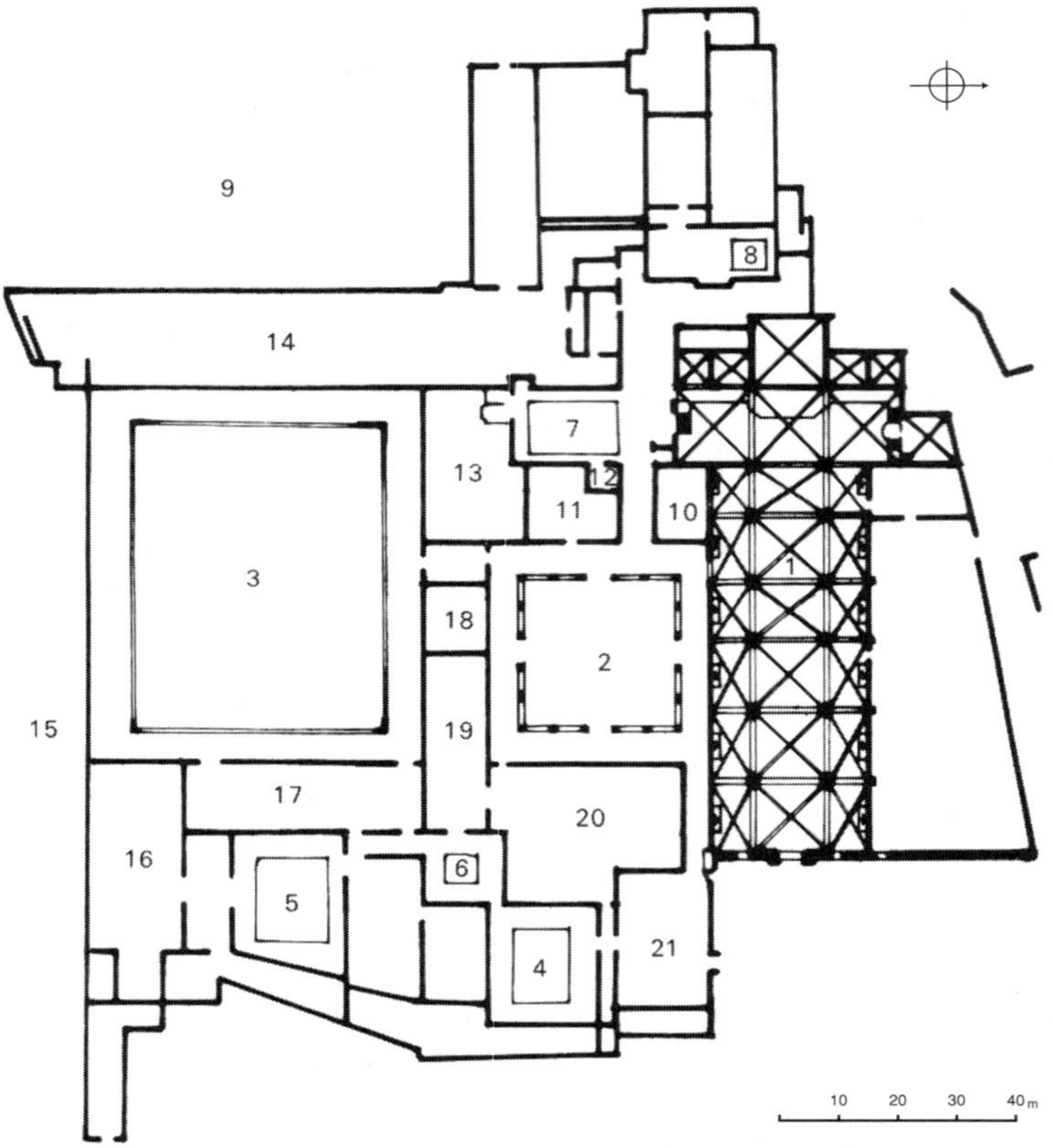

図15 フィレンツェ、サンタ・マリア・ノヴェッラ、平面図（W. パーツによる）

1	聖堂	12	受胎告知礼拝堂
2	緑の回廊	13	大寝室
3	大回廊	14	「礼拝堂」の大寝室
4	入口の回廊	15	教皇広間のある宿泊室
5	病室の回廊	16	聖ニコラウス礼拝堂
6	贈与の回廊	17	病室
7	死者の回廊	18	ノチェンティーノ集会室
8	小回廊	19	大食堂
9	修道院庭園	20	世俗業務室
10	聖具室	21	前室
11	スペイン人礼拝堂		

た。一方、またこれらの修道士は、修道院外部に友人や支援者をもっていた。要するに、この新しい修道会の聖堂は次第に世俗化されたのに対して、集会室や大食堂は、ある意味で再聖別化されたといえるのである。

フィレンツェやヴェネツィアの修道院はその好例であるが、各翼部、回廊、大食堂、大寝室、修練士区域、宿泊所、集会室は、しばしば市民の寄進によって整備された。都市が修道院を建設したのである。いまや修道院の規模と費用は、修道院自身の要望よりもむしろ、設立者の意志で決められるようになった。それは、そこに所属する修道士の人数で決められるというよりは、むしろ、各地の修道士が会合する場所であり学術研究の場所でありさらに大説教者の活動の場所である都市の地位に従って決められたのである。このように、外来者の増加と設立者その他の各種の要求によって、最初の回廊のほかに戸外空間の機能だけをもった第二、第三の回廊が成立し、その周囲に新しい個室や宿泊所が付加された。サンタ・マリア・ノヴェッラは最後に七つの回廊をもつまでになったのである(図15)。フランシスコ会修道院やドミニコ会修道院は、クリュニーやクレルヴォーとは異なって、旧部分を除去することなく平面的に拡大した。個室には個室が付加され、中庭には中庭が、回廊には回廊が付加されていった。これらはすべて個人と大衆との相互関係で決められたのであって、けっして一定人員の生活形式を基準にして決められたのではなかった。ルネッサンスになると、回廊はしばしばあくまで純粋な芸術作品として、また純粋な建築作品として建設された。ミラノのサンタ・マリア・デッレ・グラツィエのブラマンテによるあの比類ない調和をもった第三の列柱回廊は、元来、これまた比類なく豪華な聖具室礼拝堂の前庭として計画されたものである。また、ブルネレスキによるといわれるサンタ・クローチェの第二回廊も、あくまで回廊そのものとして計画されたのであって、周囲の建造物は想定してはいなかった。要するにこれは、なによりもまず模範的建築作品になることを目的にし、永い伝統に立つ崇高な建築主題を十分に解釈し直した、回廊のための回廊であったのである。

修道院の都市内部における建築的意義は、大聖堂や個人的建造物との関連において考察しなければならない。

シトー会修道院の建築は、主として修道士や助修士が担当したのに対して、フランシスコ会は、これを都市手工業者に委ねる規定があった。市民は、この宗教的義務を望んでいたのである。そしてこの場合、建築家が、たとえばあのスペイン人礼拝堂を建設したフラ・ジャコポ・タレンティのように都市建築をも手掛ける修道士であるか、あるいはサンタ・クローチェを建設したブルネレスキやサン・マルコを建設したミケロッツォのように市民の建築家であるかということは、さして重要ではなかった。そして、これらの修道院においては、修道士の個人的区域にも、半公開の基本建造物区域にも、また公開されている聖堂にも前面広場にも、すべてに新しい性格が生まれ、それが建築そのものよりもむしろ装飾に明瞭に現われたのである。

　われわれはここで、良好な状態で保存されている作例が乏しいために、これまで一度も体系的に論じられることのなかった問題に立ち入らなければならない。フランシスコ会修道院やドミニコ会修道院は、建築にもまして豪華な図像を掲げるのがつねであった。広間はまず、広く空白でなければならなかった。そしてここに、修道生活の理想と説教の内容を示す壁画が描かれたのである。それでは、個室には、どのような芸術的装飾がふさわしいとされたのであろうか。この図像主題については、清貧な修道院の洞窟とフラ・アンジェリコの壁画のあるサン・マルコの個室は、さして異なるものではない。それでは、回廊や集会室や大食堂には、どのような図像主題がふさわしいとされたであろうか。この問題に関しては、従来のベネディクト会修道院からは、ごくわずかな報告と実例が得られるにすぎない。そして、これだけでは、かつてどのような図像主題が義務づけられていたかということを遡って断定するには不十分である。ケルン近傍のブラウヴァイラーの集会室には旧約聖書物語と殉教者とキリストの事績を描いたものが残っており（一一四九年以前）[25]、また、クリュニーの改築された大食堂には「最後の審判」が描かれていたといわれるが（一〇七頁参照）、これらの図像は、いずれもこの広間と直接関係があるとは思われない。一四八五年の記録によれば、この大食堂には巨大なキリストの審判像とともに旧約・新約聖書物語が描かれ、ここはすべて壁画で飾られていたという[26]。アンブロジオ・ロレン

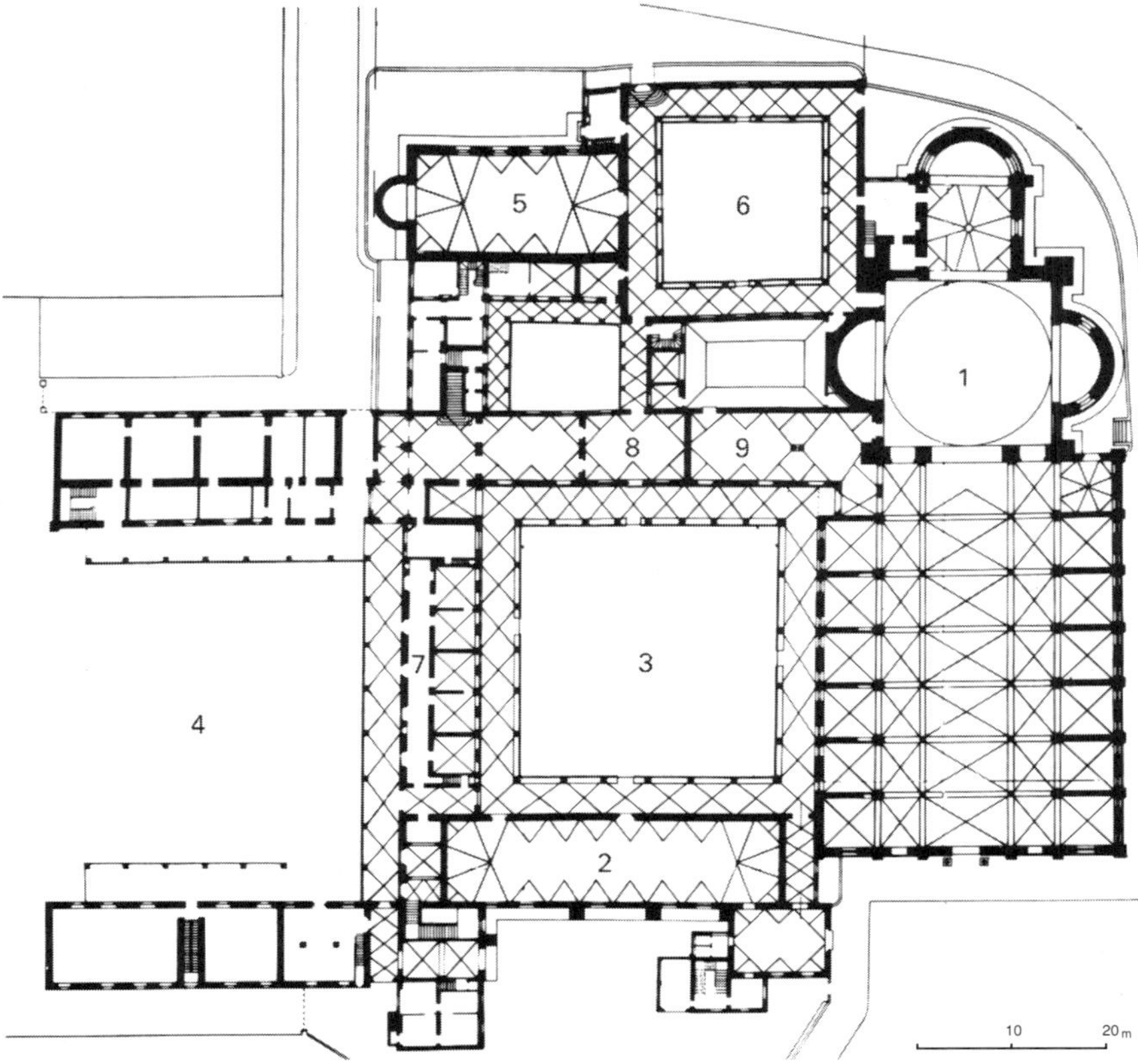

図16　ミラノ、サンタ・マリア・デッレ・グラツィエ、平面図

1　聖堂
2　大食堂（レオナルドの晩餐図がある）
3　死者の回廊
4　大回廊
5　聖具室
6　聖具室回廊（ブラマンテによる）
7　個室（図書室）
8　集会室
9　マリア礼拝堂

図17　アンブロジオ・ロレンツェッティ「フランシスコ会修道士たちの殉教」
シエナ、サン・フランチェスコ聖堂（修道院集会室旧在）

ツェッティは、シエナのフランシスコ会修道院の回廊と集会室に、あの有名なフランシスコ会修道士の殉教図を描いたが、集会室のそれは後に聖堂に移された（図17）。ギベルティは、この回廊には一三二六年頃と推定される大規模な壁画の連作があり、それは破壊されたが、新しいリアリズムの傑作であったと述べている。このように、修道士の事蹟を回廊や集会室に永く留めることは、記念碑を設置するのと同様の意味があったのである。回廊に絵画の連作を飾る最古の例は、九八〇年から九九〇年にかけて、ザンクト・ガレンの回廊に聖ガルス伝の二十四の場面を描いたのがそれであると伝えられている。この壁画は、修道院長プルカルト二世（一〇〇一—二二）がエックハルト四世に命じて、標題を記した。後には、ベネディクト会修道院にしばしば聖ベネディクトゥス伝が描かれるのであるが、その中でも、シエナ近傍のモンテ・オリヴェト（一三一三年設立）のシニョレッリとソドマのフレスコ画は、とくに有名である（図18）。後

図18　シニョレッリ「聖ベネディクトゥス伝」連作の一場面
モンテ・オリヴェト修道院回廊

期ルネッサンスやバロックには、多数の作例が現われた。

集会室にとってもっともふさわしい絵画として今日も残存する最古の作例は、アンドレア・ダ・フィレンツェが一三六五年からサンタ・マリア・ノヴェッラのスペイン人礼拝堂に描いた壁画であろう（図19、20）。この基本思想は、修道院長J・パッサヴァンティ（一三五九歿）の著作にまで遡る。入口正面の壁に磔刑像を描いたのは、明らかに従来の伝統に従ったものであった。フラ・アンジェリコもまた、後にサン・マルコの集会室の同じ場所に、有名な磔刑像を描くことになるのである。スペイン人礼拝堂の磔刑像の下部には、さらに十字架を荷う場面と冥府降下の場面があり、穹窿部には復活の場面がある。四つの穹窿部の壁画は、明らかにその下部の主壁画と関連している。同様にしてまた、入口側の壁面には、ドミニコ会のもっとも偉大なる聖者である聖ドミニクスと、このサンタ・マリア・ノヴェッラの前面の広場でしばしばそ

図19　アンドレア・ダ・フィレンツェ「聖トマスの勝利」
サンタ・マリア・ノヴェッラ、スペイン人礼拝堂

の説教で人々を戦慄せしめた殉教者ペトルスの伝記の数場面がある。新しい点は、左側の側壁にドミニコ会の学問体系 studium generale と聖トマス・アクィナスの勝利があり、右側に戦闘の教会あるいは贖罪の勝利があり、さらにその上部の穹窿に海上を歩く使徒ペトルスの姿があることである。パッサヴァンティによれば、ペトルスが海に沈むごとく、人は神の恩寵なくしては、罪の大海に沈むというのである。ここにはまた、当時完成されていたかどうかが問題になったフィレンツェ大聖堂の模型があり、その下に、教会を護るキリスト者の階級すなわち修道院長、枢機卿、教皇、皇帝、国王、辺境伯が並んでいる。さらに、その足下には民衆が小羊として描かれ、右側下方にはこの小羊を守る黒白の斑犬つまり神の犬 domini canes が異端者の狼を咬み裂き、またドミニクス、トマス、殉教者ペトルスが異端の教説を反駁し、異端の書を焼かせている。このようにして、ドミニコ会は自らの栄光の記念碑をつくり上げたのである。信仰の確実さを視覚的に表現するのは、ジ

図20　サンタ・マリア・ノヴェッラ、スペイン人礼拝堂内部

オットーに続く時代のフィレンツェにおいてのみはじめて可能なことであった。この広大な壁面と穹窿は、最初から絵画を描くことを想定していたのであり、建築はその枠組にすぎなかった。巨大な交叉穹窿は広大な壁面を提供し、中間円柱は除去されて最大の画面が生み出されたのである。このようにして、信仰と教説の全体 summa が四つの壁面と穹窿に表現されたのである。要するにこれは、論文の連続などではとうてい表現することのできない全体をいまここに直接に表示することを目的にしていたのである。これは、すなわちドミニコ会の救済信仰の綜合体であった。

集会室にもまして、大食堂の装飾は重要な意味をもつものである。修道院の大食堂に図像体系の一環として「最後の晩餐」を描くということは、フィレンツェだけでも、一三四〇年頃に成立したサンタ・クローチェの最初の作例から十六世紀中期までに、十五回も繰り返されている。(27) しかしながら、この記念碑的主題は、十四世紀のフィレンツェの壁画より以前には、ほとんど例をみることができない。エミール・マールは、十二世紀中期の唯一の作例として、ディジョンのサン・ベニーニュの大食堂入口上部のティンパヌムに半円型に表現された最後の晩餐があることから、この主題はまずクリュニー修道会で採用されたものであると推定した。すなわち、このサン・ベニーニュの大食堂全体は、このティンパヌムによって、最後の晩餐が行なわれた広間に比定されるというのであるが、この内部は、あるベネディクト会修道士がマビヨンに宛てた書翰からも判るように、教皇や枢機卿や聖者やベネディクト会の大修道院長の肖像が飾られ、栄光の広間というよりもむしろ、模範的人物像の展示室という性格がつよかったことがうかがわれる。ここに述べられている大食堂は、一一三七年の焼失直後に改築されたものであり、展示された人物の目録から判断しても、それ以前もまた同じ状態であったと想定されるのである。

このようなわけで、サンタ・クローチェの大食堂の、タッデオ・ガッディによる「最後の晩餐」は、今日知られている最古の作例であり、きわめて印象ぶかい作品である（図21）。この絵画中の人物は、すべて等身大である。この絵画は、この大食堂の西側正面壁に、つまりこの聖堂と同形式の六つのゴシック式側壁高窓で照明される大広間の切妻面に、すなわち修道院長の食卓の背後の上方に、そしてまたボナヴェントゥーラの、『生命の樹』*Tractus qui lignum vitae dictur* による十字架の寓意図の下部に描かれた。これは、天国に生じた生命の樹とその樹を伐って作った十字架が同一のものであるという伝説的構想に基づいたものである。この『黄金伝説』*Legenda Aurea* による樹の物語は、後に、アニョロ・ガッディがこのサンタ・クローチェの内陣に描き、またピエロ・デッラ・フランチェスカがアレッツォのサン・フランチェスコに描くことになるのである。すなわち、この物語はフランシスコ会の主題であり、すでに聖十字架 Santa Croce という名称そのものが、フランシスコ会の神秘論を表示しているのである。ウェルナー・コーンは、フィレンツェのアカデミアにあるパチーノ・ディ・ブオナグィーダによる、生命の樹 Lignum Vitae の板絵を詳細に研究して、この問題を明らかにした。(28) この樹の幹は、キリストが磔刑にされた簡素な十字架と一体化し、四方にのびた枝々には、あのボナヴェント

図21　タッデオ・ガッディ「生命の樹」「最後の晩餐」など
サンタ・クローチェ、大食堂旧在

ゥーラが数え上げた十二の信仰の果実が下っている。それは、キリストの生涯の十二の出来事、すなわちダニエルが幻にみたキリストの誕生から天上における永遠の支配にいたる十二の出来事である。パチーノはこの果実を実際に描いたが、タッデオ・ガッディは、ただ帯状の文書にその名を記すだけにとどめ、枝の上下にこれまた帯状の文書を示す四名の福音書家を描き、十二の枝に十二使徒を描いた。また、この樹の下には、この修道会の聖者が描かれた。すなわち、ボナヴェントゥーラは書きものをし、フランシスクスはこの樹を抱き、パドヴァのアントニウス、トゥールーズのルイと、さらにこの修道会の対立者との和解を記念する意味で、ドミニクスがいる。樹の頂上には、自己犠牲の象徴としてのペリカンが描かれている。またこの中央図の左側には、聖フランシスクスの聖痕刻印が上部に、聖ルイのサンタ・クローチェにおける貧者饗応が下部にあり、それぞれ神への愛と隣人愛を表現している。また右側は、神の摂理の一例として、復活祭の食事時に、幻想によって聖ベネディクトゥスが寂寥地にあって不自由していることを想起して食事を運んだ聖職者の物語である。そしてその下部は、神への愛の象徴として、ベタニアの癩者シモンの家の饗宴でキリストの足下に跪くマグダラのマリアの物語である。

「最後の晩餐」は、聖体秘蹟と背信者を描くことによって、恩寵と罪の中間に立つ人間の逆説的存在という、つねに説教で語られる主題を表現しているのである。また、この使徒が会食する光景を描くということは、かつてシトー会修道院建築だけが暗示することができた、あのより高い意味を語りかけているのである(一七四頁参照)。タッデオ・ガッディは、明らかに今日ではもはや理解することができなくなってしまった古い伝統に従っていたのであった。そしてこの作品は、アンドレア・デル・カスターニョ、ペルジーノ、ギルランダイオ(図22)などの作品を経て、レオナルドが一四九七年から九八年にかけてミラノのドミニコ会修道院サンタ・マリア・デッレ・グラツィエの大食堂に描いた「最後の晩餐」(図23)で頂点に達する伝統の出発点になり、さらに、アンドレア・デル・サルトの一五二七年のサン・サルヴィの作品にまで影響を及ぼすのである。一方また

図22　ドメニコ・ギルランダイオ「最後の晩餐」
フィレンツェ、オニサンティ、大食堂旧在

レオナルドの「最後の晩餐」は、ドミニコ会修道院配置形式の上からみても、新しい解釈が可能になる。すなわち、この大食堂は、聖堂の反対側の通常の位置とは異なって、聖堂の入口の傍に配置され、半公開の性格のものであることを示しているのである。この修道院の設立者ルドヴィコ・イル・モーロは、ここに自らと自らの一族の記念碑をつくった。すなわち、彼は、この「最後の晩餐」の反対側の磔刑図の下に、自らと自らの家族を描かせたのである。レオナルドは、数世紀にわたって積み重ねられてきた芸術的主題を綜合し、空間と絵画を統一し、修道院共同体の調和ある大広間と超時間的な完全なる絵画との間に階級的秩序を確立したのである。彼らは、この厳粛な広間の真に昴められた静寂の中で会食したのである。高い窓、穹窿の旋律、無装飾とフレスコの反復、そしてすべてにみられる柔軟さと確実さは、この天才が旧い伝統に依拠しながら、しかも独自の作品を創造するのだと決意していたことを示しているのである。われわれはここで、ドミニコ会修道士が聖アウグスティヌスの戒律を採用し、とくにその食事形式の規則を遵守した事実を想起する。すなわち、「さればおんみらはただ口に食物を求めるだけではなく、耳に神の御言葉を求めなければならない」のであった。

図23　レオナルド・ダ・ヴィンチ「最後の晩餐」
ミラノ、サンタ・マリア・デッレ・グラツィエ、大食堂

この主題は、十六世紀後期のヴェネツィアの修道院においてさらに発展をとげた。ティントレットは、よく知られているように、もはやこの晩餐図を大食堂には描かず、おおむね聖堂内陣に描いたのである。また、パオロ・ヴェロネーゼやその他の画家が、大食堂の晩餐図を巨大な祝宴図にし、キリストを招客とともに豪華この上もない食卓に坐らせているのをみると、バロック初期における修道精神の著しい変化に驚かざるをえない。一五七一年、ドミニコ会修道院サンティ・ジョヴァンニ・エ・パオロの大食堂にあったティツィアーノの筆による晩餐図が焼失したために、ヴェロネーゼは、一五七三年に、今日ヴェネツィアのアカデミアの大広間を飾るあの「レヴィの家の饗宴」を描いた（図24）。彼はこれ以前にも、フランシスコ修道奉仕会の大食堂のために「パリサイ人シモンの家の饗宴」を描いているが、これはとくに選ばれて、ヴェネツィア政府からルイ十四世に贈られたのである。さらに彼は、それ以前にも、ヴェローナのベネディクト会修道院サンティ・ナザロ・エ・チェルソに、この主題による最初の作品を残している（トリノ、ガレリア・サバウダ所蔵）。また一五七二年の、ヴィチェンツァ近傍のモンテ・ベリコ巡礼地聖堂の「大教皇グレゴリウスの饗宴」においては、キリストが巡礼者として臨席し、教皇グレゴリウスは、この賑

図24　パオロ・ヴェロネーゼ「レヴィの家の饗宴」
ヴェネツィア、サンティ・ジョヴァンニ・エ・パオロ、大食堂旧在

やかな席で十二名の貧者を饗応している。これは当時の貴族の豪華な食事ともいうべきもので、キリストの臨席を仰いだ集いの楽しさが、いやが上にも昂められている。この極端な豪華さは、当時の修道院の姿をよく現わしてはいるが、ここにはなんら独自の生活形式を証示するものがない。これら初期バロックの比喩図・寓意図は、たとえばあのマウルブロンの大食堂の厳粛さより以上に、われわれにとってはほど遠いものに感じられる。要するに、これらの図の意図するところは、このまったく変わりはててしまった時代の言葉によってしか理解することができないのである。

フィレンツェのドミニコ会修道院サン・マルコは、その内部全体に壁画をもつ今日も残存する唯一の作例であり、一四四〇年代の幸運な状況の下ではじめて完成したのであった。ミケロッツォの明快で簡素な建築形式は、絵画を描くのにふさわしかったのである。この修道院の修道士フラ・アンジェリコは、当時この都市の指導的画家であり、また優秀な工房を擁していた。コジモ・デ・メディチは、彼を後援して全絵画作品を寄進した。そして、ここでもまた、修道士が無償でその才能を提供した。このようにして、回廊、大食堂、集会室とともに、すべての個室に壁画が描かれたのである。キリストの生涯はいくつもの個

図25　フラ・アンジェリコ「キリストの磔刑と聖人たち」（大磔刑図）
フィレンツェ、サン・マルコ、集会室

室に分割して描かれ、またそれよりも小さな個室には、普通の十字架の代わりに磔刑像が描かれ、その足下に聖ドミニクスが描かれた。回廊の扉の上には、沈黙という戒律の象徴として、この聖者が唇に指をあてている姿が描かれた。集会室には大磔刑図が描かれ、その足下には教会の大聖者が集い、またドミニコ会の聖者・福者がメダイヨンの形で栄光を表示している（図25）。今日美術館として使用されている最初の大食堂の装飾は、ただ一枚の板絵が残っているだけにすぎないが、後の大食堂にはギルランダイオの「最後の晩餐」が描かれた。絵画がまったく存在せず、しかも建築技術的にもっとも優れた唯一の広間は、ミケロッツォの図書室である。この修道院は、まさしく絵画による聖書であり、初期ルネッサンスの修道思想の最高段階を示すとともに、またその思想を独自の形で表現したのであった。

第八章　修道院国家、修道院都市、修道院城砦

修道院という国家組織体

クリュニーやシトーなどの改革運動の批判の対象になった従来の強力な貴族的また個性的な修道院は、元来は聖ベネディクトゥスの戒律に依拠しながらも、独自の生活形式を実施し、世俗的要求に応えて、あるときは都市になり、あるときは城砦になり、またあるときは居館にもなったのであった。これらの修道院は、その地域を支配し、行政機関になり、国王や貴族の居館になり、キリスト教の精神的権威であり修道士の監督機関でありまた石造建築であるという理由で、城砦として防衛拠点になったのである。修道的課題はつねに修道院建築を同一化しようとしたのに対して、世俗的課題は逆にこれを多様化したのであった。

これは、上記の改革修道院においても同様であった。そしてこれはまた、ドイツの帝国直属修道院においても、スペインの王室修道院においても、イタリアの修道院都市においても、フランスの修道院城砦においても同様であった。フルダ、ザンクト・ガレン、ロルシュ、ザンクト・エンメラムなど、中世における国家的組織体は、すべてこのような過程をたどったのである。七世紀、八世紀以来、フランスの修道院長やイングラン

ド・アイルランドの修道指導者は、領主として、修道院の世俗的権力のために活動した。修道院長の中の幾名かは、帝国貴族であった。これは、貴族の女子修道院においても同様であった。エッセン、クヴェドリンブルク、ガンデルスハイム、南ドイツ方面ではチューリッヒ、リンダウ、ブハウなどがそれであった。修道院長や女子修道院長は広大な地域を支配し、対内的修道的課題よりもむしろ対外的政治的課題のために活動した。皇帝や国王にとって、多くの修道院は、旅行の途中であたたかく迎えてくれる宿泊所であった。彼らはまた、しばしば修道院を王宮にした。とくにスペインのエスコリアルは、最後には、修道院が王宮になり、また王宮が修道院になったのである。多くの修道院は、修道活動とともにまた国家活動をも行なうという二面性をもっていた。修道院長の生活形式と対外活動は、修道院内部の修道士の謙譲とは対照的なものであった。修道院の支配は、その土地と農民に各種の恩恵をもたらしたが、同時にまた各種の災疫をもたらし、そのために、彼らは修道院に対してしばしば激しく抵抗した。これまでの章においては、あくまでも修道的課題に応えた建築物を中心にしてきたのに対して、ここではとくに、世俗的課題に応えた建造物を取り扱うことになる。建築は、いたるところでこの二つの課題を巧みに解決した。モン・サン・ミシェルは、修道院建築と城砦建築が巧みに結合した比類ない作例である。

修道院は政治的組織体であり、その隆盛は地理的位置と貴族の好意と修道院長の能力によって決せられた。修道院を設立するということは、国土計画の一つに数えられよう。政治的に成功した修道院は、すべて自然条件に恵まれた場所にあった。それはあるときは山を、あるときは谷を、あるときは河を、またあるときは島を支配した。修道院は、しばしばその風景によく同化した。それは、都市や村落や、また城砦や城館より以上に、巧みに環境をバックにしていた。「バイエルンに入ると」とゲーテは『イタリア紀行』の第一日の早朝に述べている。「まずヴァルトザッセン修道院がある。これは、先見の明があった宗教貴族の貴重な財産である。これは、さして深くはない谷間の草原にあり、なだらかな豊穣な丘に囲まれている。そして、周囲には広大な所有地があるのである」。修道院建築は、まさしく土地支配の記念碑であった。ここでは、宗教性と効用性が結びつき、世俗的必要性と防衛的利害性が結びついていた。

修道院は、おおむね美しい姿を示していた。それは、中世初期以来、とくに景勝の地に建てられるのがつねであった。伝道者や修道指導者は、修道院新設のための処女地を求める場合に、結局は、特殊なまたは特異な場所を選ぶのがつねであった。ヴュルテンブルク、ライヘナウ、メルク、ガンデルスハイム女子修道院などはその好例である。「なぜならばここには快い草地と杜があり、深い森林と沼沢によって、神の戦闘者の住居が安全に衛られるからである」。ヒルデスハイムのタングマールは、ガンデルスハイムの設立についてこのように記している。貴族や司教や修道院長は、しばしばその広大で孤独な自然美に惹かれて修道院を設立した。なぜならば、この自然美の他になにが、狩猟の際にマドンナの出現をみたとか、鷲がつねに一定の場所を旋回しているとか、森林の空地に十字架のキリストが出現したなどという無数のしかも絶えず繰り返される報告の動機になりえたであろうか。これらはまた、しばしば遙か遠い過去の時代に、ゲルマンやケルトやローマの祭式が行なわれた場所であった。ウルム近傍のブラウトップのブラウボイレンはその一例であり、古い泉の聖所が修道院に改められたのである。深い青をたたえた水という神秘な自然の姿は、最初は、神々が今ここに在ます象徴と受けとられ、後には、それが敬虔性の象徴と受けとられたのである。このような外的状況は、それ以上発展することはなかった。しかしながら、修道院設立者は、数世紀にわたって、このような好適地を探し求めた。修道院が政治的に隆盛した原因は多種多様であり、これを一つの法則にまとめるのは不可能である。しかしながら、それが隆盛を極めた場合には、必ず新しい建築形式が示された。このようにして、高度の記念碑的建築作品の連鎖が、広い緑の中に成立したのである。そしてこれはまた、修道院においてのみ成長した高度の地方文化を証示していたのである。

修道院と都市

修道院建築の政治的意義と地位については、一定の枠の中で全体像を提示する必要上、ごくわずかな例で説明することにしたい。それは修道院と都市の関係から始まる。ここではまず、この二つがかつてどのような政治的、法律的関係にあったか、そしてそのいずれが主導権を握る可能性があったか、ということを考察しなければならない。とくに神聖ローマ帝国内部においては、修道院と都市が独立性を要求してたがいに権力を得ようとして争った。

五世紀から八世紀にかけては、古代ローマの主要道路沿いに、あるいはその都市内部に、多数の修道院が成立した（三九頁参照）。これらの修道院は、都市城壁の外部に設置されることが多かった。パリ、リヨン、ル・マン、ケルン、トリーア、レーゲンスブルクなどはこの例であった。当時の都市の規模と比重は、そこに所属する修道院の数で判断することができた。後には、都市が強大化し、しばしば城壁を拡張してこれらの修道院を吸収していった。都市の比重は、十七世紀初期のメリアンにとってもなお、そこに所属する修道院と司教区の数で象徴されたのである。ケルンは、当時ドイツ第一の地位にあった。神聖ローマ帝国内部においては、八世紀から十一世紀にかけて司教座が新設され、その設立者は、できるだけ多数の修道院を招致しようとした。一〇〇七年にハインリッヒ二世が設立したバンベルクは、その顕著な例である。また後には、大都市には必ず托鉢修道会の修道院が設立された。中世都市における修道院複合体の重要性は、いかに高く評価しても評価しつくせるものではない。それは、大聖堂や市場や城壁とともに、都市像を形成する重要な要素であった。一五三一年、アントン・ウォンサムがあの有名なケルンのライン側区域の全景図を描いた際に、彼はとくに古い修道院聖堂を、それが実際にはみえないにもかかわらず、あえて強調して描き出したのである。[29] 修道院聖堂は都市の王冠であった。

中世およびルネッサンスの都市における修道院は、どのような政治的意義があったのであろうか。これには三つの形式があった。それは、都市が修道院を支配するか、都市と修道院がつねに緊張状態にあるか、修道院が都市を支配するか、であった。この関係は、都市の平面図にそのまま明瞭に現われた。

ケルン

ケルンは、この第一の形式の実例である。一一八〇年、すなわち、いまだ騎士修道会や托鉢修道会やカルトゥジオ会が、そして数世紀後にイエズス会が市民区域に入ってくる以前において、すでにこの都市城壁内部には十三の、右岸区域のザンクト・ヘリベルトを加えれば十四の修道院があった。一〇七五年に聖アンノーが歿する以前に、この中の最後のザンクト・マリア・アド・グラドゥスが完成していた。これらの修道院は、一八〇二年六月二日一片の条令でことごとく廃止されてしまったが、その中には千年以上も続いていたものがあったのである。これらの修道院が、十一世紀から十九世紀までの間に追加されることもまた廃止されることもなかったということは、一驚に値する。説教修道会や騎士修道会の修道院は、これとは異なった形式のものであった。この十四の建築複合体は、都市像にとって不可欠の要素であった。それは、大聖堂修道院と、七つの参事会修道院と、三つの女子参事会修道院と、三つのベネディクト会修道院であった(図1)。大聖堂とザンクト・アンドレアス修道院とザンクト・ツェツィーリア女子修道院とマリア・イン・カピトル女子修道院は、古代ローマの城壁内部にあった。この都市は十世紀の第一回の拡張の際にライン河にまで達し、ベネディクト会のグロース・ザンクト・マルティンが、密集した商業区域の宗教的中心になった。つづいて、ベネディクト会のザンクト・ヘリベルトが右岸地域に建設された。このようにして、都市は自ら拡大しながら古い修道院を城壁内部に吸収していった。すなわち、一一〇九年には、南側のザンクト・ゲオルクと西側のザンクト・アポステルンと北側のザンクト・ウルスラとザンクト・クニベルトが城壁内部に吸収されたのである。一一八〇年の最後の城壁は、これまた最後まで残っていたザンクト・ゲレオンとザンクト・セヴェリンとベネディクト会の

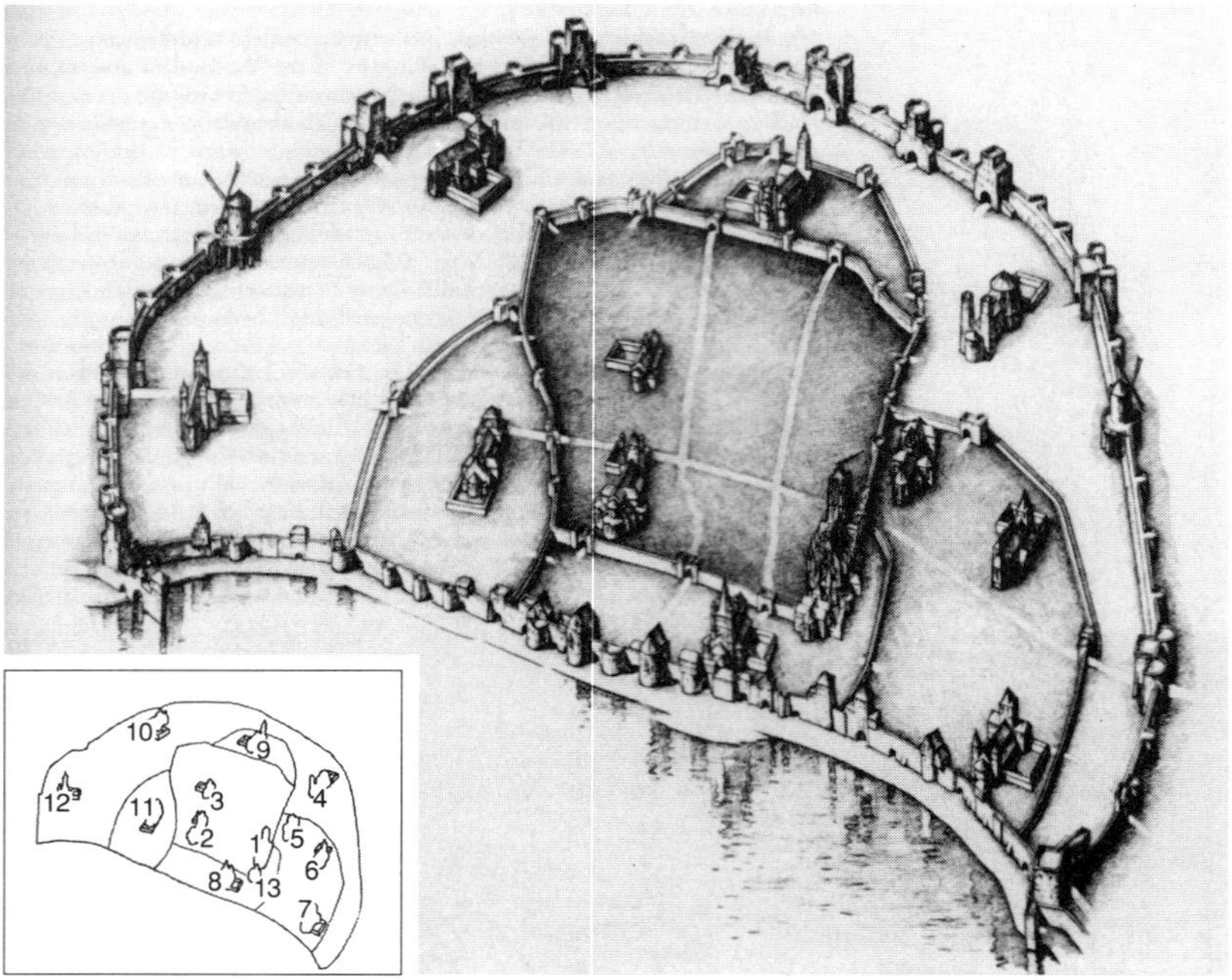

図1　16世紀ケルンの修道院（A. ウォンサムによる）

1	大聖堂	7	ザンクト・クニベルト
2	ザンクト・マリア・イム・カピトル	8	グロース・ザンクト・マルティン
		9	ザンクト・アポステルン
3	ザンクト・チェツィーリア	10	ザンクト・パンタレオン
4	ザンクト・ゲレオン	11	ザンクト・ゲオルク
5	ザンクト・アンドレアス	12	ザンクト・ゼヴェリン
6	ザンクト・ウルスラ	13	ザンクト・マリア・アド・グラドゥス

ザンクト・パンタレオンを吸収した。この最後の城壁が一七九一年まで敵の侵入を許さなかったことは有名である。城門と城塔は、都市と修道院の安全を保証した。それは、あたかも永遠であるかのように思われた。事実、ここでは六百年にわたって平和が維持され、むしろ、都市と修道院の協調が求められたのである。

　ここではまず、この都市の最古最大のベネディクト修道院として都市周辺部の最高の丘に屹立する、ザンクト・パンタレオンをみることにしよう（図2）。この修道院聖堂には、オットー朝様式の西側部分と皇妃テオファヌゥの墓所があり、またこの修道院には、第二の教区聖堂と特別の病室とともに今日も一部残存ずる最古の回廊（十

図2
1730年頃の
ザンクト・パンタレオン
修道院復原模型

世紀あるいは十一世紀初頭）を中心にした基本建造物があった。ここにはまた、模型でも判るように、庭園と葡萄山があった。この周壁は、この区域の特権的地位を証示している。しかしながら、これはけっして貴族の地位を証示しているのではない。なぜならば、この修道院は帝国直属ではなく、また後述するレーゲンスブルクのザンクト・エンメラムのように、自由ではなかったからである。この修道院はあくまでも都市的平和を享受し、修道院としての独立性を維持し、都市権に対して特権を主張した。また、この修道院は、他の十三の修道院と同様に都市に対する義務と特権を保有し、都市貴族がたがいに競い合ったように、他の修道院と競い合って成果を上げたのである。しかしながら、それ以上の発展はありえなかった。これらの修道院は、既得のものを維持することに専念し、あえてそれを拡大しようとはしなかった。その雰囲気は、適度の富裕と適度の禁欲と適度の敬虔に基づいた調和と充実感があった。

情熱はケルンの芸術には無縁のものである。これらの修道院は、いずれも中世の建造物をバロック風に改築することはしなかった。彼らは、ただ細部を改造するだけにとどまっていた。ケルンの修道院建築をみると、中世後期からそれ以後にかけて、新設修道院以外は、修道参事会員や聖職者の居住区域の比重が増加したことが注目されよう。名家出身の修道士は、最後には自らの居屋に居住し、聖堂参事会員は自らの居館に居住した。十五世紀から十八世紀にかけて、この都市文化はとくにこれらの修道参事会員の芸術製作依頼に依存することが大きかった。その中でもとくに、二名の大聖堂参事会員の遺贈品は、十九世紀および二十世紀において、ヴァルラーフ・コレクションとシュニュットゲン・コレクションという二つの都市博物館になったのである。

レーゲンスブルクの平面図は、これとは異なった状況を示している。この区域のほぼ半分は、私法的にも国権的にも、世俗化の時代にいたるまで、大聖堂参事会とザンクト・エンメラムとオーバーミュンスターとニーダーミュンスターという四つの帝国直属教会組織体に所属していた。そして十二世紀以後には、都市もまた帝国直属の地位を要求し、この権利を維持したのである。これは強力な都市共同体で、十六世紀以後には、帝国議会の開催地として遠隔地貿易の喪失を一部補うことができたのである。このようにして、この城壁の中には、五つの国家的組織体が数世紀にわたって同居してきた。そしてそのいずれもが、とくに帝国直属修道院であるザンクト・エンメラムが、帝国貴族の地位を獲得しようとした。これはケルンの場合より以上の努力が必要であった。しかしながら、これらの勢力はたがいに平均していて、その中の一つが他にぬきんでることはなかった。この修道院と都市と司教とまた時にはバイエルン公国との関係は、きわめて複雑なものであった。レーゲンスブルクは、この複雑な関係がそのまま建築に反映し、権利と要求がそのまま建造物に反映し、ドイツ最美の中世都市としての姿を今日に伝えているのである。

トゥールニュのサン・フィリベール

一方また、ただ一つの修道院が、都市の発展に対立しながら、都市に征服されることも障害になることもなかったという例がある。また、修道院外部の雇人居住区域や手工業者居住区域が、一つの都市にまで発展して、自らの権利を主張するようになった例も多い。トゥールニュのサン・フィリベールと都市の平面図は、中世においてしばしばみられた相互関係を、当時のままの姿で証示している（図3・4）。修道院は、北側にあって城

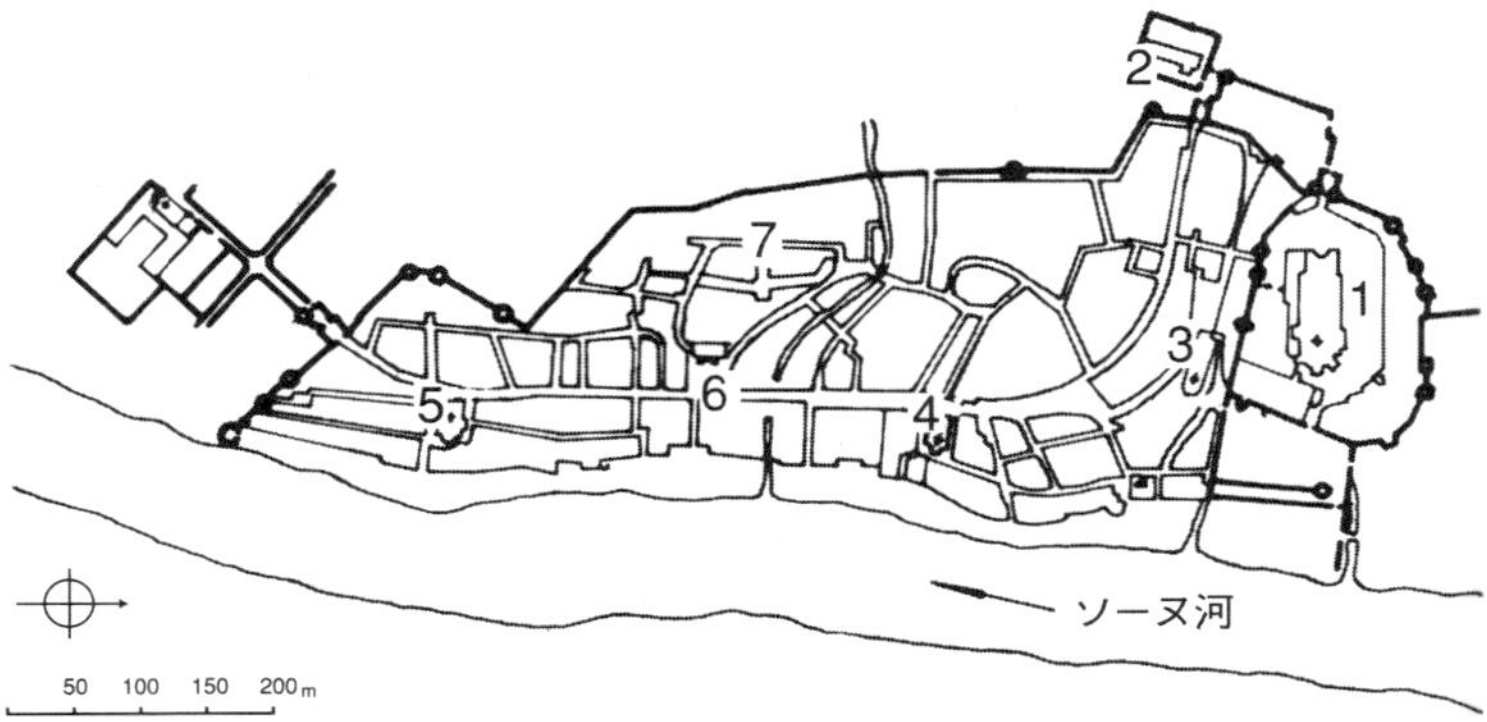

図3
トゥールニュ、修道院と都市

1　サン・フィリベール
2　シャリテ
3　サン・ヴァレリアン
4　サンタンドレ
5　ラ・マドレーヌ
6　市庁舎
7　病院

図4
トゥールニュ、
ソーヌ河よりサン・フィリベールを望む

塔と周壁による堅固な防衛区域を形成した。これに対して都市は、南側に、自らの共同区域を繰り展げた。高く聳える初期ロマネスクの聖堂と、回廊周囲の静寂区域を囲繞する高く堅固な防衛設備は、修道院と都市という二つの建築主題を対比して示した。この印象はまた、修道院をふくめたソーヌ河ぞいの帯状地を囲繞する城壁によって、さらに明瞭なものになった。この巨大な聖堂は、防衛設備によってとくにそのきわだった姿を強調したのであった。十五世紀以後には、国家権力が両者の対立を調停したが、修道院長はなおも防衛設備を強化することに努めた。

ザンクト・ガレン

マテウス・メリアンによるザンクト・ガレンの版画は、数世紀にわたって繰り展げられてきた修道院と都市の対立抗争の姿を、詳細に描き出している（図5）。彼は、この全景図を製作する際に、メルヒオール・フランクによる一五九六年の全景図を参考にし、そのいくつかの誤謬は訂正したが、なお多くの誤謬はそのまま転写してしまった。彼はまた、当然いろいろな資料を利用したと考えられる（文献53、第Ⅱ巻、四七—六五頁）。このようなわけで、この全景図を調べるには、この修道院と都市に関するすべての年代記を参考にしなければならない。当時この都市の周囲はすべて修道院長の所領であり、修道院と都市は相互に取り囲まれた関係になっていた。元来この二つは、協調しなければならなかったのである。

修道院は都市の西南側に位置し、あのカロリング朝時代の計画（第三章参照）はほとんど実施されなかったことが判る。この修道院区域は、一五六六年に、従来の修道院周壁を基にしたいわゆる分離周壁によって、都市から区分された。一方修道院長は、自分自身の門つまり南側のカール門を都市城壁に開口する権利を保有した。すでに九五三年に、修道院長アンノーは修道院前面の雇人区域に防衛設備をほどこしたが、これはほぼ後の旧都市全域に相当するものであった。当時は、修道院はこれらの居住者に対して絶対的な権力をもっていた。し

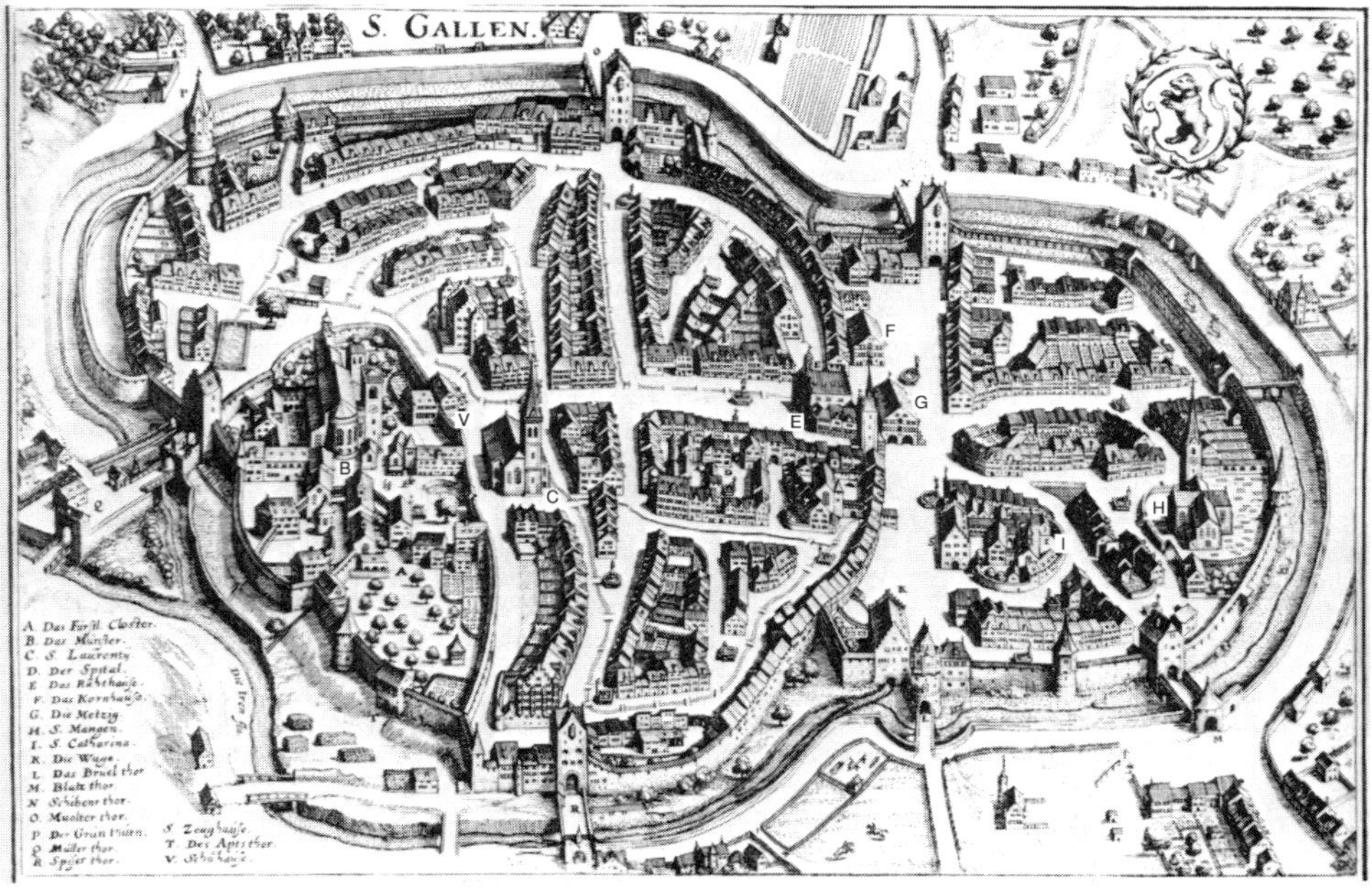

図5　16世紀のザンクト・ガレン（メリアンによる）

かしながら、十三世紀になると、市民もまたある種の独立性を確保したのである。十四世紀末期にはこの都市は北側前面に拡張した。そして十五世紀初期になると、都市の隆盛とは反対にこの修道院は衰微し、一四一一年には、修道院長と副院長の二名だけしかいないという状態になった。しかしながら、この後、市民が修道士になることが認められて、この修道院はまた急速に隆盛した。一四八九年には、ヴァンゲンの市民出身の修道院長ウールリッヒ・レッシュは、この修道院をロルシャッハに移転する計画を立てたが、これは都市共同体の反対で実現しなかった。一方、市民階級は、急速度に宗教改革運動に同調した。これは、従来の抗争が一つの原因であったであろう。一五二七年の聖像破壊運動は、詳細な記録で有名なように、修道院と都市の芸術的財宝をことごとく抹殺してしまった。そして、彼らは、これらのものを再度整備しなければならなかった。しかしながら、十八世紀になると、この修道院はまたもや多くの権力を獲得し、従来の狭い周壁内部に、修道院聖堂と基本建造物と高位聖職者居館などのバロックの代表的作品が成立したのである。これは、けっして芸術家の才能や修道院長の建築趣味や貴族の芸術保護政策によるものではなく、この修道院の国権的地位によるものであったのである。すなわちこの修道院は、自らの地位を十八世紀の言葉で語っているのである。

十六世紀における修道院区域の状況をみると、聖堂［B］は卵型の周壁の東側にあり、南側の回廊の周囲には基本建造物が並んでいる。この区域の中央には修道院長居館がある。修道院と都市は、唯一の狭い城門で連絡され、しかもこれは常時閉ざされていた。新教派の市民は、カトリックの修道士とは分離して生活したのである。市庁舎［E］は、修道院聖堂とは反対側の大市場のはずれにあり、屠殺場［G］と穀物庫［F］が付属した。この都市には、さらに二つの教区聖堂が、すなわちまずザンクト・ローレンツ聖堂［C］が修道院前面に建設され、次いでザンクト・マング聖堂［H］が北のはずれに建設された。またベギン会のザンクト・カタリーナ［I］のわずかな修道女は、一五二六年から一五五五年にかけての宗教改革運動による圧迫に、英雄的に反抗した。ただ都市学校［V］だけは、修道院周壁に接した場所にあって、修道院が教育を担当した古い伝統を示しているようにみえる。この修道院は、その後もつねに重要な建造物が付加されたことが知られており、一七五五年には全面的大改築が行なわれたが、そのちょうど五十年後の一八〇五年五月五日に大諮問会の決議によって衰微するようになったのである。すなわち、さきに述べた八二〇年のカロリング朝時代の計画と同様に、この一七五五年の状況もまた、ヴァインガルテンやオットーボイレンのような完全な修道院複合体を建設することはできなかったのである。

メルク

ザンクト・ガレンは、新しい都市共同体が古い修道院共同体と対立抗争してそれを克服した記念碑である。一方また、これとは異なって、修道院が岩山の背稜上の城砦から発展するという例があった。このような場合、修道院は行政機関として市民居住区域を支配するのが普通であった。

神聖ローマ帝国の司教都市はこれと同じ過程をたどった。これらの司教都市の世俗化以前の状況をみると、司教はおおむね都市近傍に城館を構えて、勃興してきた都市共同体に対して領主権を主張し、地形上高城の建設ができないところでは、逆に司教が短期あるいは長期にわたって追放されるということがあった。ヴュルツブルク、バンベルク、アイヒシュテット、パッサウ、フライジング、クール、そしてあの素晴らしいザルツブルクは司教都市であったのである。これに対して、ケルン、ヴォルムス、シュパイアー、ストラスブール、バーゼル、アウクスブルクなどでは、都市共同体が支配権を確立した。またさきに述べたレーゲンスブルクのように、司教と帝国直属都市が抗争して、ともに耐えがたいことではあるが同居を余儀なくされるということもあった。都市の中に、また都市の上に支配権を確立するには、城砦が必要であるという法則は、そのまま修道院にもあてはまった。ただし、このような場合には、けっして良好な都市が成立することはなかった。

メルクはこの一例である。この修道院村落は、後に修道院都市になるのであるが、難攻不落の山上修道院に対して、一度として有利な条件をもつことができなかった。元来この修道院は、バーベンベルク家が、レヒフェルトの戦いの後に、この場所の優越性を見通して建設した城砦から出発したものである。レオポルト一世(在位一六五八―一七〇五)は、この城砦の中に参事会修道院を設立した。レオポルト二世(在位一七四七―九二)は、この修道院をさらに東側の禿山に移転し、旧城砦を一〇八九年にベネディクト会に譲渡した。この修道院は、次第に拡大して数次の攻撃に耐え、最後にはトルコ軍をその城壁から駆逐したのである。この修道院はまた、最後まで世俗化することなく今日まで続いている、ヨーロッパでも数少ない一例である。一四一八年のメルクの改革は、当時の衰微状態に新しい隆盛を約束した。十六世紀末期以後には、多くの修道院長が精力的に経営の向上と建築に努力し、修道院長ベルトールト・ディートマイアー(一七〇〇―三三)は、一七〇二年にプランタウアーの提案を採用して、今日の大規模なバロックの修道院を建設したのである。

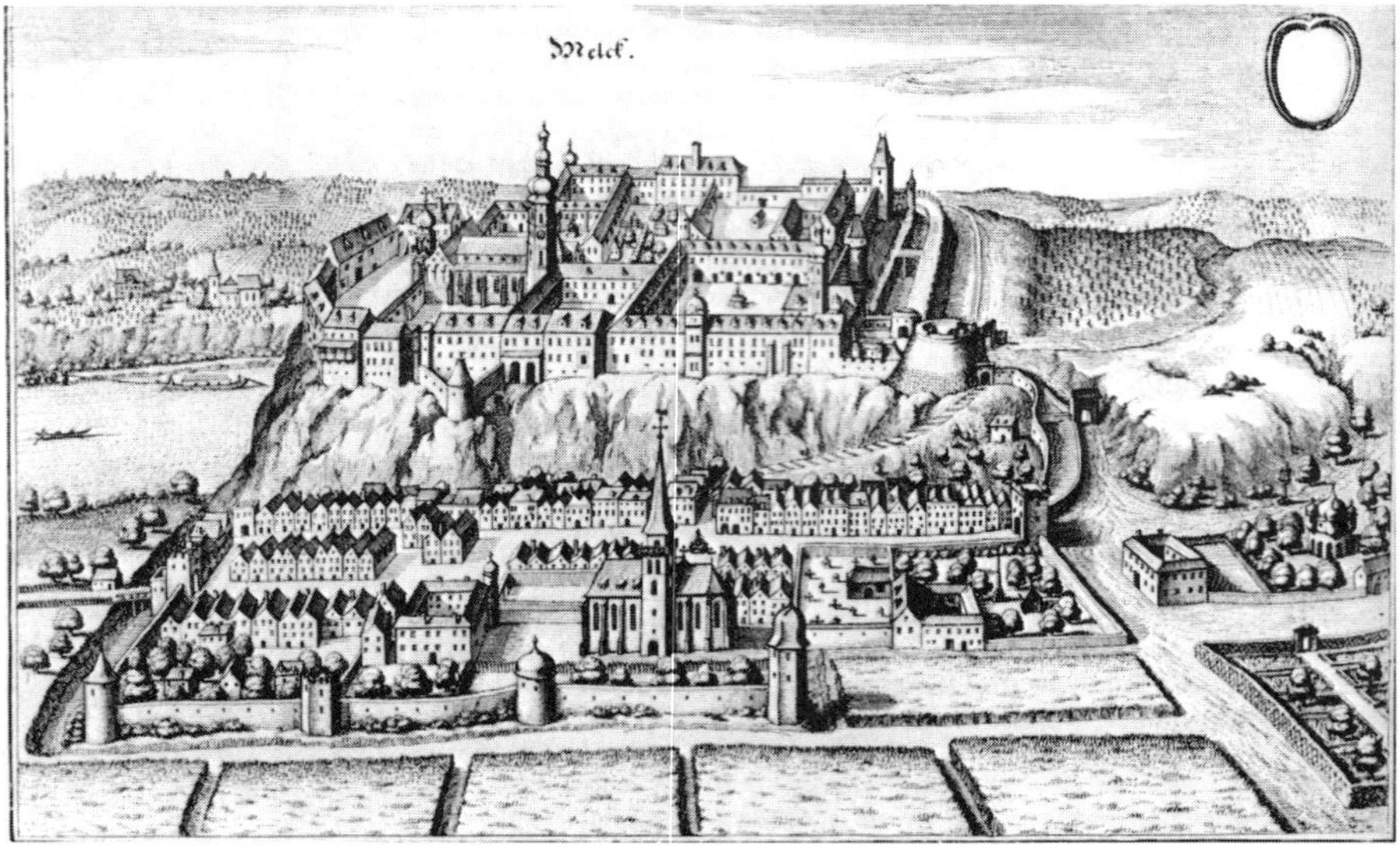

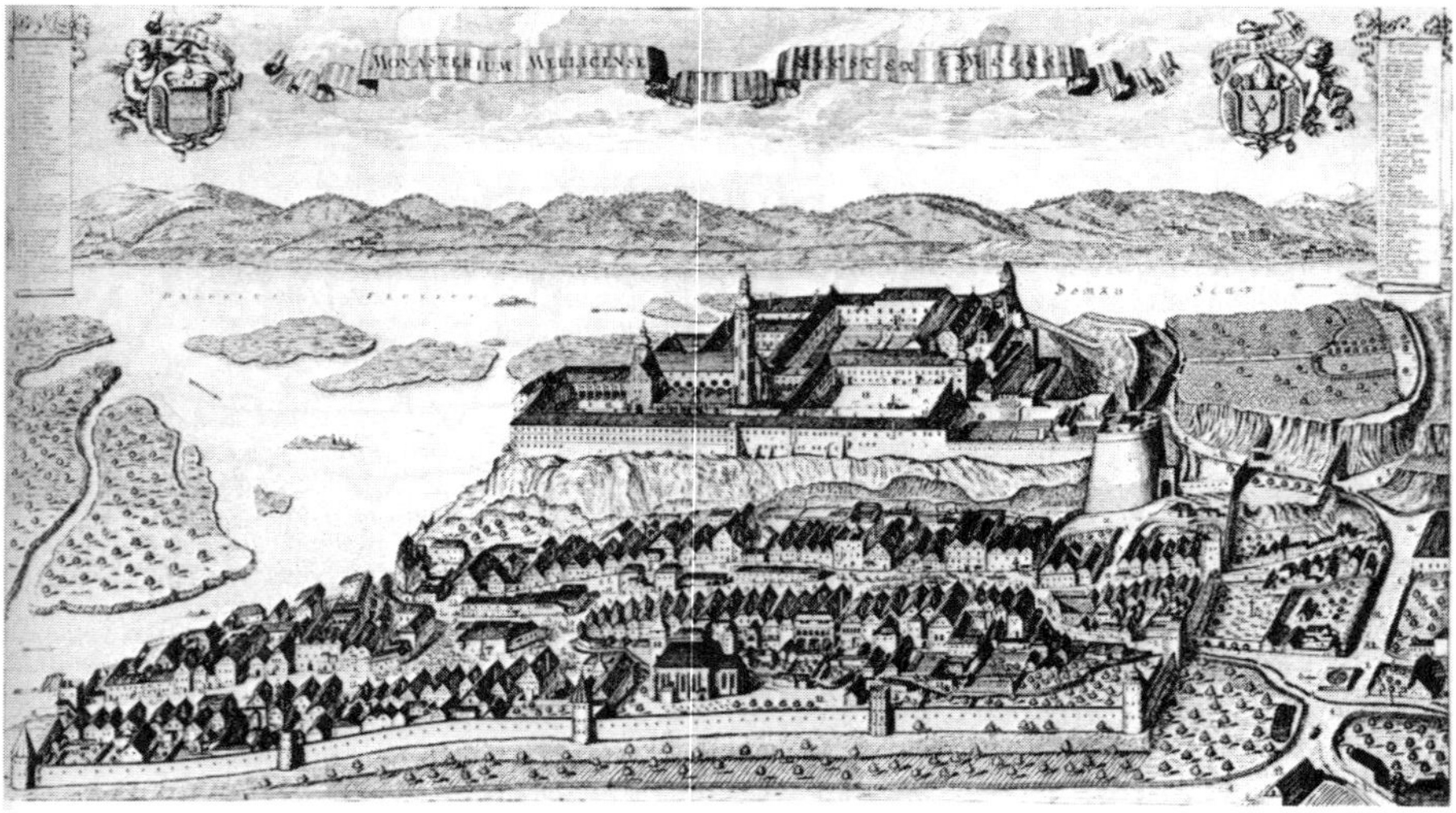

図6/7　メルク修道院全景
上：メリアンによる（17世紀前半）
下：プェッフェルおよびエンゲルブレヒトによる（18世紀前半）

メリアンによる十七世紀初期の版画やプェッフェルおよびエンゲルブレヒトによる十八世紀初期の版画をみると、このバロック盛期の修道院もまた、従来の建築主題を採用していることが判る。基本的な建築主題はすでに用意されていたのである（二九八頁以下参照）。またこの二枚の版画は、三十年戦争以後の半世紀間における修道院と都市の成長過程を示している（図6・7）。山上は、ことごとく修道院建造物と中庭で覆いつくされた。この岩山は、四方が急斜面になっていた。入口はただ一つで、強力な円塔で防衛されている。都市にもまた防衛設備があったが、彼らは、修道院周壁内部のみが真に安全であることをよく知っていた。彼らは修道院の庇護の下に、その光と翳の下に生活した。都市の従属性は、彼ら自身の聖堂や家並みや通路の姿に反映している。記念碑的建築は、修道院だけが可能であった。この修道院複合体は、中世においても壮大であった。ゴシックの聖堂は、一四二九年に献堂され、野心的な姿を示していた。この修道院は、最初は辺境伯が、後には皇帝が本格的に整備した。すなわちこの修道院は、ほぼ七百年にわたって改築され、最後に、あの実用的にして豪壮な、盛期バロックの修道院が出現したのである（9章図10―12）。

グロース・コーンブルク

一方また、聖堂が一貫して基本建造物の中央に立つ形式が、維持されることもあった。このような場合には、聖堂は中央の中庭区域を支配し、基本建造物は山の斜面寄りに押しやられるのである。これは、中世に各地でみられた形式であった。グロース・コーンブルクは、現存する最良の作例である（図8・9）。これはメルクと同様に、クリュニーやヒルザウの改革運動の影響を受けて、貴族が設立した多数の修道院城砦の一つである。一〇二五年、コンラート二世が皇帝選出の記念に設立したリンブルク・アン・デア・ハルトをはじめとして、一〇五六年にはランバッハが、一〇六九年にはバンツが成立した。このバンツは、シュヴァインフルト伯夫人アルベラーデの寄進によるものであった。コーンブルクは、一〇七五年から一〇八一年にかけて、ローテンブ

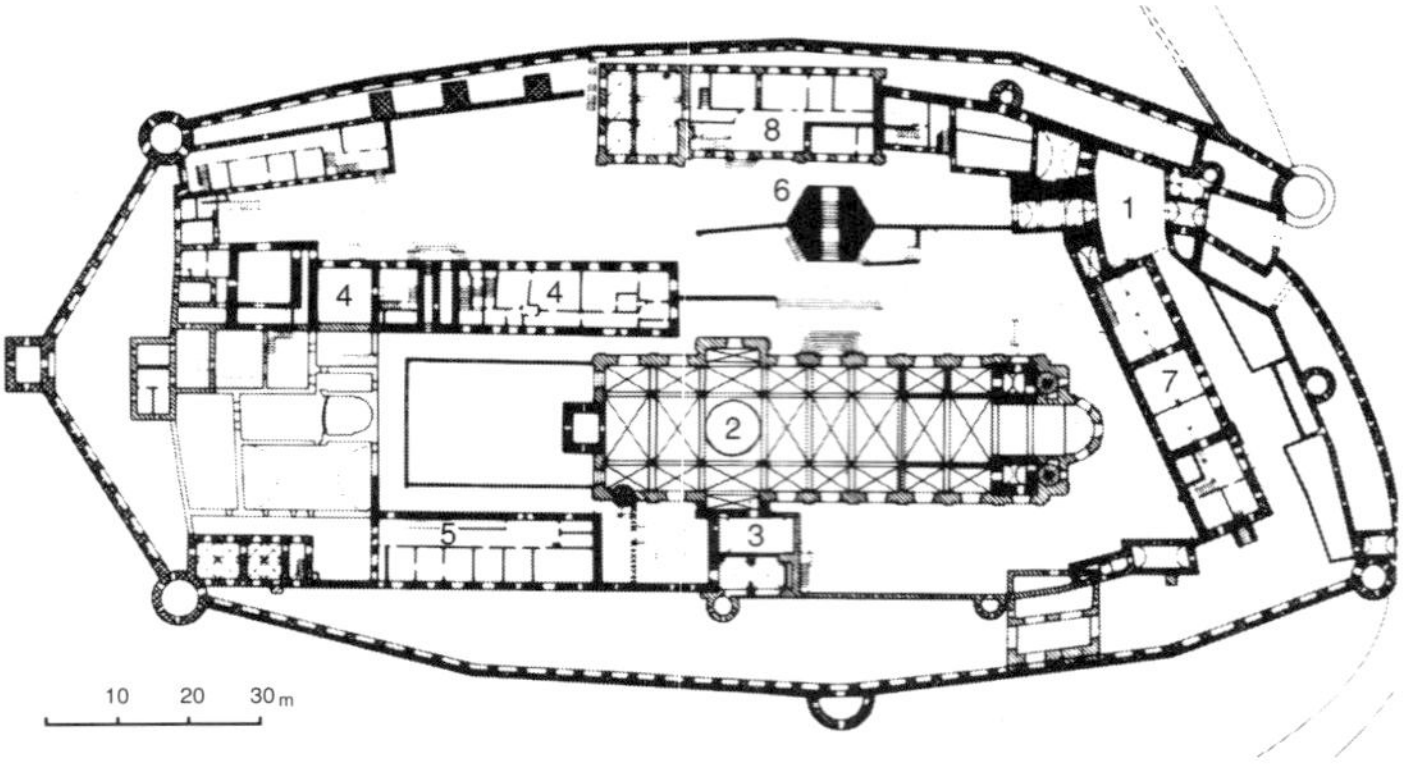

図8　グロース・コーンブルク、修道院平面図

1　城門　　4　大寝室　　7　宿泊所
2　聖堂　　5　大食堂　　8　修道院長居館
3　集会室　　6　死者礼拝堂

ルク・コーンブルク伯ブルックハルトの設立によるものである。また、ザンクト・パウル・イム・ラヴァントタールは、シュパンハイム伯エンゲルベルト一世とリヒャルトの設立によるものであり、ネレスハイムは、一一〇六年にディリンゲン伯ハルトマン一世夫妻の設立によるものであった。司教もまた、自己の城砦の中に修道院を設立した。アンノー二世が一〇六四年にベネディクト会修道院に譲渡したケルン近傍のジークブルクは、その好例である。このような背稜地や山頂においては、ベネディクト会修道院の配置形式は、とうていそのままの形で実施することはできなかった。このような場合には、回廊や基本建造物は、リンブルクやメルクやランバッハのように聖堂北側に配置するか、あるいはロルシュやカステルやハイリゲンベルクのように東側内陣寄りに配置するか、あるいはこのコーンブルクのように西側後陣寄りに配置することになった。

　コーンブルクの歴史は、修道院設立上の特異な姿を示している。元来、この城砦は四名の兄弟に所属していたのであるが、その中の一人であるヴュルツブルクの聖職者は遺産相続権を放棄し、最年長の一人は彼らの出身地であるローテンブルクを相続し、最後の二名が教皇派と皇帝派にわかれてこの

図9　グロース・コーンブルク、修道院と都市

城砦の中で争ったのである。一〇八一年、皇帝派のルッガーがローマにおもむいた際に、教皇派のブルックハルトは、この城砦全域を占拠してこれを修道院にし、マインツの大司教と連合し、ヒルザウの修道士グンターを修道院長に迎え、皇帝の事後承諾を得て、聖堂と基本建造物の建設を開始した。いまや、ルッガーも既成事実を認めなければならなかった。これは、修道院長ハルトヴィヒ（一一〇四―三九）の下に最盛期をむかえ、建築形式を確定した。後には、皇帝が好んでこの修道院を訪れ、一一四〇年の降誕祭にはコンラート三世が、また一一九一年にはハインリッヒ六世が、ここに滞在した。この平面図は、周壁が歴史的に何回も拡張されたことを示している。一四九四年には、主席司祭ザイフリート・フォン・ホルツが、最初の周壁を円塔で強化し、東側に第二の周壁を繞らした。一五二六年から七五年にかけて建設された第三の周壁は、今日もほぼそのままの姿で残存している。この後期ゴシックの周壁の防衛通路には砲座がなく、最初から軍事的価値は考慮されてはいなかった。しかしながら、この威圧的効果は十分であった。

　このコーンブルクも、入口はただ一つであった。それは東側にあって、城門の上部には聖ミハエル礼拝堂があった。これを入ると、左側には巨大な修道院聖堂があり、その前面には納骨堂兼死者礼拝堂である口マネスクの異様な六角堂が立ちはだかり、[30] 右側には宿泊所があった。城門側翼は、世俗業務所と厩舎になっていた。この配置形式は、貴族の城砦そのままの姿である。ただ、回廊と基本建造物が入口とは正反対の聖堂西側のもっとも保護され隠蔽された場所にあるということが、修道院建築としての配慮を示すものである。集会室は、聖堂の南側袖廊に接していた。回廊周囲には、大寝室と大食堂と修道院長居館と厨房があった。この修道院は清貧であった。そして、一四八八年には騎士修道会の修道院になった。この修道院は、あまりに清貧であったために、一五二五年の農民暴動の際にも被害を受けることがなかった。寄進によってしばしば改築されたが、基本的な配置形式はバロックの改築の際にもほとんど変わらなかった。バンツと同様に城砦的正確を維持し、ロマンチックな美しさを誇示した。このような効果は、中世においてもバロックにおいても、十分に考慮されていたのである。

モン・サン・ミシェル

このことは、中世の修道院城砦の中でももっとも重要なモン・サン・ミシェルにおいて、より明瞭に現れている。海中に屹立する七五メートルの円錐形の岩山は、修道院よりはむしろ隠遁者に適したものであった。七〇八年、アヴランシュの司教聖オーベールは、当時まだ樹木で覆われていた古いケルトの死者の山を、大天使ミカエルが天降る地点に比定した。彼はサン・ガルガーノのミカエル祭式を受け継ぎ、聖遺物を招請して小礼拝堂を建設し、これを巡礼地にしたのである。この岩山の周囲の個室に居住していた修道士は、この小礼拝堂で礼拝することになった。ほぼ二百年後に、ノルマン公は、祭式と巡礼には強固な組織体が必要であることを見抜いた。このようにして、九六六年にはベネディクト会修道院が建設され、最初は三十名の、後には四十名の修道士が、さらに十三世紀には六十名の修道士が居住するようになった。このベネディクト会修道士は、数世紀にわたってこの岩山を建造物で覆い、それはたがいに層をなして積み重なった。これらの建造物は、つね

図10　モン・サン・ミシェル

に火災と地滑りと崩壊の危険にさらされていた。またここには、イングランドとの戦争における軍事的意義が発生した。これらの課題は、この修道院を城砦と聖所と騎士修道会の拠点にするという構想によって、はじめて完全に解決されたのである。いまやこの修道院は中世建築の模範になり、さらにまたこのことを意識しつつ、数世紀にわたって注意ぶかく拡張され維持されたのである。ただフランス革命は、これを刑務所にするという過誤を犯した。

一九六六年、歴史記念物保護委員会 Monument Historique は、この聖なる山の千年記念展示会を計画した。これは、一八七二年以来の復元作業を世に示す契機になった。すなわちこの展示会は、図面と模型によって、複雑な建造物の歴史的・地形的成層関係を説明しようとしたのである。そしてここで、E・コロワイエによる一八七二年の最初の復原作業の平面図と断面図が利用された（図11・12）。この修道院においては、各世紀を通じてつねに建築が行なわれていたのである。貴族は、この建築を推進することを義務と考え、修道院長は、これを拡大するこ

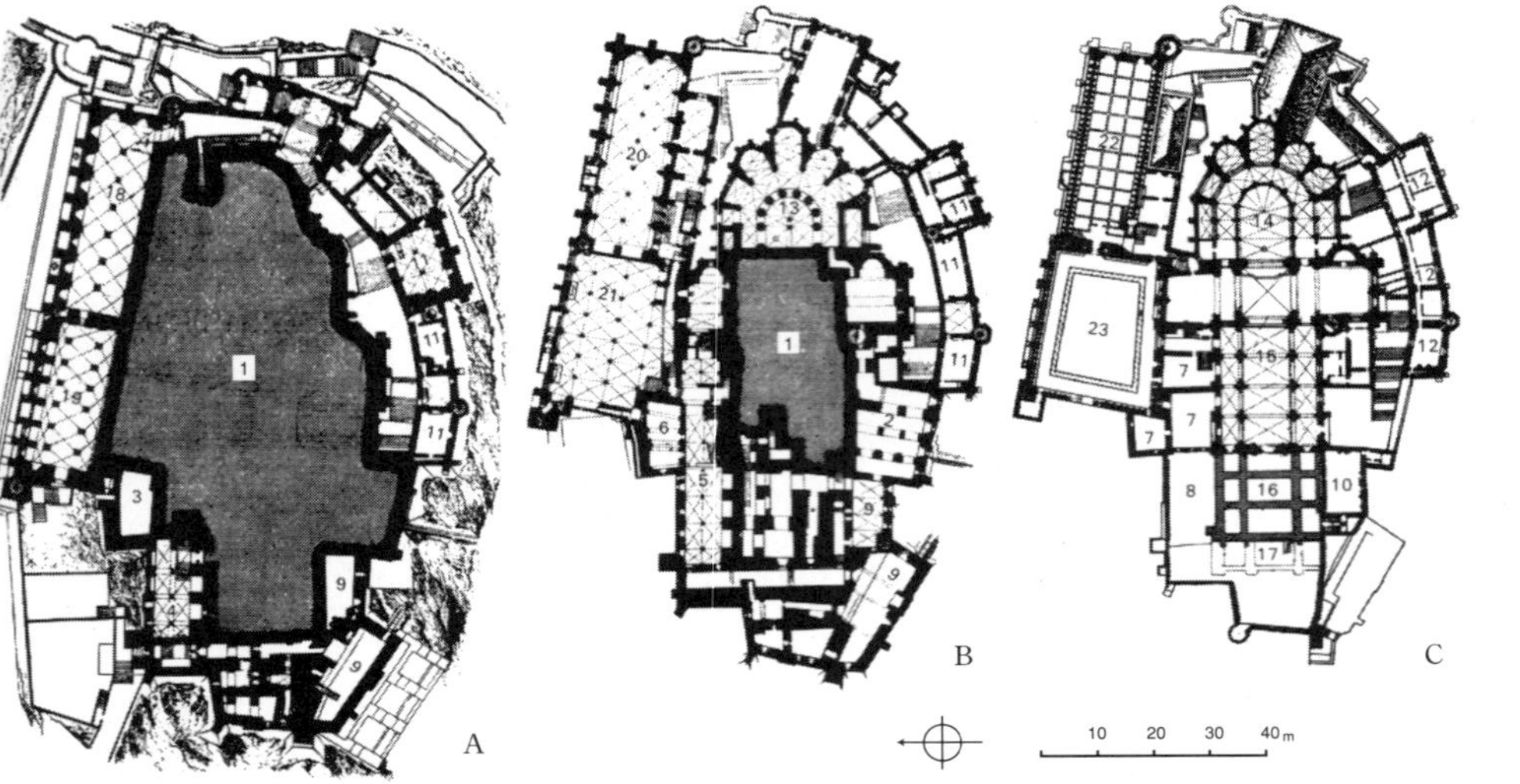

図11　モン・サン・ミシェル、修道院平面図（E. コロワイエによる）

A　第1層（岩盤の高さ）　B　第2層（地下礼拝堂）　C　第3層（聖堂）

1	岩盤	最初の建造物（11世紀）
3	厨房	
4	地下礼拝堂	
5	歩廊	
5, 9の中間部	ノートル・ダーム・ス・テール	
6	大食堂	
7	基本建造物	
8	大寝室	
9	行政管理所、修道院長居館、宿泊所	トリニによる西南南側建造物（12世紀）
10	病室区域	
11	修道院長居館	トゥルスタンによる南側建造物
12	宿泊所	
13	聖堂地下礼拝堂	聖堂
14	聖堂内陣	
15	聖堂身廊	
16	聖堂西側崩壊部分	
17	旧西側前面部	
18	巡礼者宿泊所	驚異翼部
19	貯蔵庫	
20	旧大食堂	
21	騎士広間	
22	旧大寝室・現大食堂	
23	回廊	

とを熟慮していた。そのなかでもとくに大規模な三つの建築作業が、今日の形式を確定したのである。それは、ノルマン公の修道院とイングランド王の修道院とフランス王の修道院とよばれるものである。第一のそれは十世紀の前ロマネスクと十一世紀の初期ロマネスクのものであり、第二のそれは十二世紀のロマネスクのものであり、第三のそれは十三世紀のゴシックのものであって、とくに驚異翼部 La Merveille と賞讃されたのである（図13—15）。

十世紀の修道士は、この円錐型の岩山の頂上の聖オーベールの円型小礼拝堂の上に七つの桁間をもつノートル・ダーム・ス・テール聖堂を建設し、北側の入口ぞいに三階建ての基本建造物を建設した。一階は宿泊所であり、二階は回廊に代わる二廊形式の歩廊と小書庫と大食堂であり、最上階は大寝室であった。この建造物は、岩にそって下方から頂上にまで達していた。ノルマン公領の隆盛、一〇六六年のイングランド征服、そしてノルマン公領とイングランド王国の結合により、この修道院城砦は次第に重要なものになっていった。十一世紀には、このノートル・ダーム・ス・テールの上の最高点にノルマン的修道院聖堂が建設されたが、これはあまりに強引な基礎工事の上に建設されたために、絶えず崩壊を続けた。このようにして、一一〇〇年頃には、修道院建造物が円錐型の岩山をマントのように覆い、頂上の聖堂はその頭巾になったのであった。

十二世紀の盛期ロマネスクの修道院は、プランタジネット朝のヘンリー二世の近親者でありその友人兼顧問官であった修道院長ロベール・ド・トリニ（一一五四—八六）が建設したものである。一一八〇年には、この複合体をさらに有効に活用するために、修道院入口が西北側から西南側に移転させられた。また、従来の三階建ての基本建造物に対応して、この西南側に新しい基本建造物が建てられ、宿泊所、病室、修道院長居館および法廷が設置された。聖堂は、新たに二塔形式の前面部が付加され、入口柱廊には修道院長の墓碑が置かれた。しかし、この前面部は後に取り除かれることになった。

この修道院は、一二一〇年に成立したサン・ミシェル・ド・ラ・メール兄弟会によって性格が変更された。

図12
モン・サン・ミシェル、
驚異翼部の断面図
(E. コロワイエによる)

またこの修道院は、フィリップ・オーギュストから聖ルイ、フィリップ美王の時代にかけて、フランス王国の重要地点になった。そしてここに、修道的性格とともに騎士的性格が現われたのである。修道院長ジュルダンはほぼ一二〇六年から拡張作業を開始し、修道院長ラウール・デジール（一二二八歿）は驚異翼部を完成し、修道院長リシャール・トゥルスタンは入口を今日の東北側に移転し、聖堂内陣と南側を回る通路ぞいに行政管理所と宿泊所と新しい修道院長居館を建設した。十四世紀および十五世紀にも、防衛設備の建設が続いた。東北側の大規模な驚異翼部の一階は巡礼者宿泊所と貯蔵庫になり、二階は大食堂と豪華な騎士広間になり、三階は大寝室[31]と新回廊になった。この建造物は、一二二八年にこの修道院長が歿した際に完成し、舞い上るような高さと細部にみられる優雅さの中に、イール・ド・フランスの王朝ゴシックの新精神を証示したのである。従来の三階建ての建築主題は、いままた改めて芸術的に処理されたのである。この建造物は一四二五年に、ルイ・デトゥトヴィルと一一九名の騎士によるイングランド軍に対する伝説的な防衛戦争の舞台になり、ジャンヌ・ダルクに対比される抵抗戦争の象徴になったのであった。

図13
現大食堂
(旧大寝室)

図14
回廊

図15
騎士大広間

戦乱の時代を通じて修道生活が支障なく実施されたのは、この建築のたまものであった。彼らは、修道生活に必要なすべてのものを最上階に集中した。彼らは、聖堂と回廊と大寝室をこの同一平面上に並置した。彼らは、食事の時だけ階下の騎士広間の前面にある大食堂と厨房へ降りていった。そして、さらにこの階下には、すべての用をはたす貯蔵庫があった。また、この最上階には病室が設置された。集会室は存在しないが、入口が計画された痕跡が残っている。この修道院の入口は三度変更されたが、修道院建造物はつねに東北側にあって、大胆な形式を展開したのであった。

サンタ・マリア・ポンポーサ

イタリアにおいては、古代の都市文化が継続するかあるいは早期に復興したために、修道院は、当時都市がなかった神聖ローマ帝国の内部ほどには、国家的独立性を確保することができなかった。十一世紀以後にはヴェネツィア、ピサ、ジェノヴァなどの海辺都市が、十二世紀以後にはランゴバルド地方の都市が、また十三世紀以後にはフィレンツェ、シエナ、ルッカなどトスカナ地方の都市が隆盛し、自らの城壁内部と支配区域内部の修道院を国家的に支配した。当時の修道院は、他の教会組織体と同様に、特権を保有した。修道院長や民衆伝道者は、しばしば精神的権力とともに世俗的権力を獲得した。しかしながら、修道院が政治的権力をもつのは特別な場合に限られていた。それは、都市建築に影響を及ぼすことはなかった。十二世紀以後には、雇人居住区域をもつこともなくなった。たしかに、修道院は都市警察権のとどかない特権区域ではあったが、よほどの場合でもそれを行使することはなかった。ヴェネツィアのサン・マルコの船付場前面の島に屹立するサン・ジョルジョ・マッジョーレのように完全に孤立した修道院でさえもが、ほとんど防衛設備を必要とせず、また国家的特権を主張することもなかった(図16)。この建造物は、あくまで記念碑的性格と芸術的効果を誇示したのにとどまり、けっして政治的権力を誇示したのではなかった。しかしながら、このイタリアにおいても、初

図16　ヴェネツィア、サン・ジョルジョ・マッジョーレ修道院

期にはいくつかの修道院が、神聖ローマ皇帝の庇護の下に帝国直属になることがあった。サンタ・マリア・ポンポーサは、今日も残存する好例である（図17・18）。

この修道院は、後方から迫ってくるゲルマンに対してローマ住民を保護するために、南はラヴェンナから北はグラードにかけて花環状に並ぶ防衛都市の一つであった。この修道院は、他の防衛都市と同様に人の住まない荒寥地にあって、その役割をはたしていたのである。すでに六世紀に、ベネディクト会修道士はこのポー河のデルタに修道院を建設し、広大な森林を開拓して隆盛するようになった。この修道院についての最初の確実な記録は、八七四年に教皇ヨハネス八世が皇帝ルイ二世（在位八五五―七五）に宛てた書翰にみることができる。またこの修道院は、オットー朝の庇護の下に独立をかちえた。この修道院は、一〇四五年には、ポー河とガウロ河と海にはさまれた広大な区域を支配するまでになり、また、この島状区域の彼方にも所有地をもつようになった。この修道院は、十一世紀に隆盛の頂点にたっした。この権力を象徴するのは、全支配区域から仰がれる高い鐘塔である。また、この聖堂はとくに豪華に装飾された。今日この修道院には、回廊周囲の集会室と大食堂と大寝室の一部が残存しているが、回廊そのものは破壊されてしまった。こ

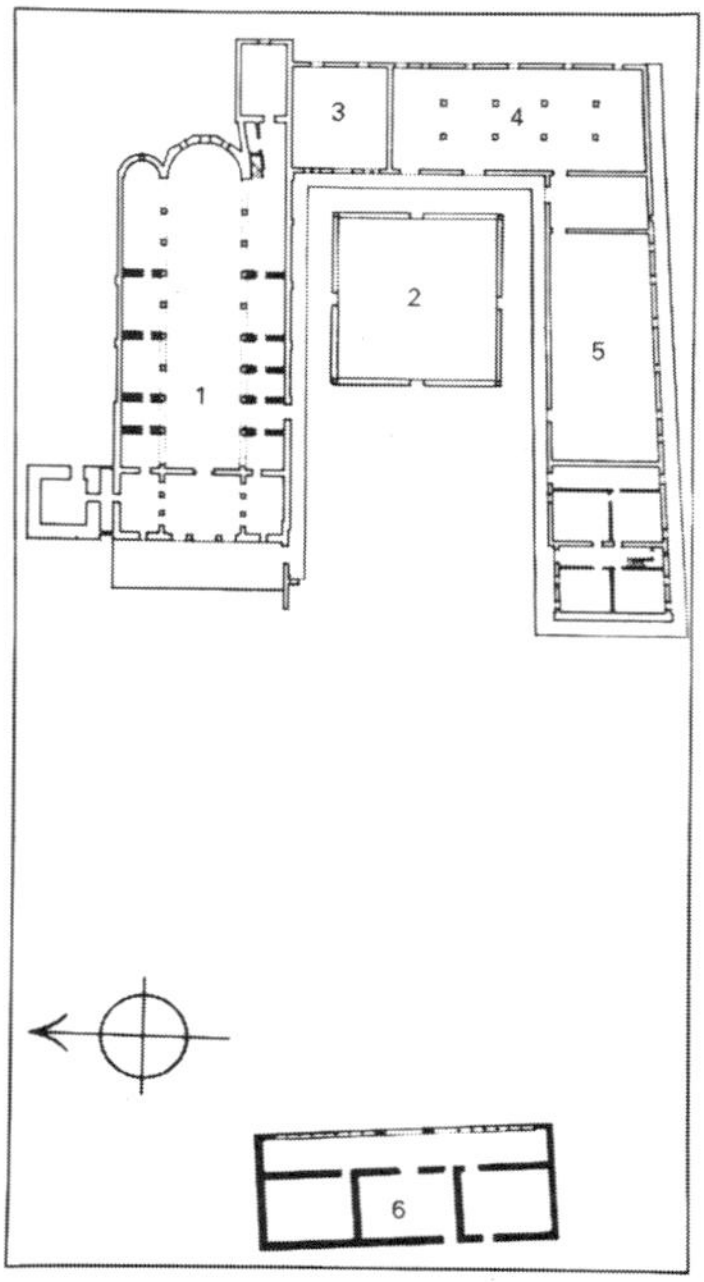

図16/17
サンタ・マリア・ポンポーサ、
全景（上）と平面図（右）

1　聖堂
2　回廊
3　集会室
4　大寝室
5　大食堂
6　パラッツォ・デッラ・ラジョーネ

れらの建造物は、十世紀か十一世紀に従来の建造物に倣って再建されたものであろう。この区域はすべて高い周壁で囲繞され、多数の外来者宿泊所や世俗業務所があったことが知られている。

この修道院はきわめて広大であるが、そのなかでもとくに驚異的なのは、基本建造物の西側にある長く細いパラッツォ・デラ・ラッジョーネである。これは十三世紀の建造物であるが、最初の姿は、修復作業のために不明瞭になってしまった。それは当然、権威的でありまた特徴的な姿のものであったであろう。この巨大な建造物は、修道院長および貴族の行政管理所であり、修道院区域の西側にあって外部に向くとともに、また内部の聖堂に向かって歩廊を開口している。すなわち、この建造物は修道院と地域共同体の競合を表現し、修道院が支配権を保有し修道院長が貴族の地位にあったことを証示しているのである。これは、修道院が国家的権威を主張していることを外部に向かって語りかけているのである。すなわち、この建造物の規模と聖堂に対する位置と距離は、その権威を誇示しているのであった。

修道院による土地支配は、イタリアにおいては稀であった。このような修道院は、神聖ローマ帝国のイタリア地域の一部を形成するとともに、またその衰微を促す原因にもなった。ファルファはそのもっとも強大な例であった。いくつかの修道院は、その地域において大きな世俗的権力をもつことがあった。それは、シトー会修道院の章でみたとおりである。一方またいくつかの王室修道院は、国王の一時の王宮としてまた行政機関として、その地域の文化生活に貢献し、それを建築形式の上で証示した。このような修道院はけっして数多くはないが、ノルマン・シチリア国王グリエルモ二世が一一七四年に設立したパレルモ近傍のモンレアーレから、ピエモンテ王家の墳墓聖堂としてまたプリンツ・オイゲンの一七〇六年のフランスに対する戦勝記念碑として一七三一年にジュヴァラが完成したトリノ近郊のスペルガに至る、一連の系列が認められるのである。この二つの修道院においては、基本建造物は聖堂背後に退き、またパレルモの豪華な回廊は、修道士の歩廊というよりはむしろ貴族の芸術保護政策を示すものであった。ことに、噴泉室を飾る比類なく豪華な円柱と柱頭は、まさしくこの西ヨーロッパの建築主題がノルマン的ロマネスクとイスラム的洗練性をとり入れ結びつけたことを証示している。このモンレアーレにも王宮があった。神の国の思想に基づいて政治が行なわれる世界においては、このモンレアーレのような修道院は、そのまま行政機構の象徴になったのである。すなわち、この修道院中庭区域は、本来の目的から解放されて、貴族の行政機構の記念碑になったのである。

王宮としてのスペインの修道院

スペインとポルトガルの一連の記念碑的修道院は、歴史的にみて、また異なった様相を示している。スペインは、元来、王国であった。これほど王権が広般な影響を及ぼした国は、ヨーロッパのどこにもみあたらない。これは、国王が異教徒再征服運動の高貴なる推進者であったことによる。イスラム教徒が後退した地域にはすぐに修道院が建設されて、精神的に、またしばしば軍事的にこの征服地を確保した。これらの修道院の多くは、そのまま城砦になった。そして国王は、これらの修道院内部に、王宮を建設したのである。修道院と王宮の結合はけっしてイベリア半島だけにみられるものではないが、ここでは特殊な形式が発展した。これは、ドイツの帝国直属修道院の皇帝居館や皇帝翼部や皇帝広間とは異なっていた。すなわち、ドイツの帝国直属修道院は、あくまで皇帝のためにこれらの建造物を建設した。それは、彼らが皇帝以外のなにものにも従属しないという自由を表現していたのである。これに対して、スペインでは、国王が修道院に王宮を建設した。これは修道院が王宮に従属することを意味していた。修道士は王権に服従したのである。

オビエド

多くの実例の中からいくつかをあげてみよう。アストゥーリアの首都オビエドは、王宮と司教座と修道院と各種の教会施設からなる建築複合体が支配している。この設立者であるフルエラ王(在位七五七—七六八)は、サ

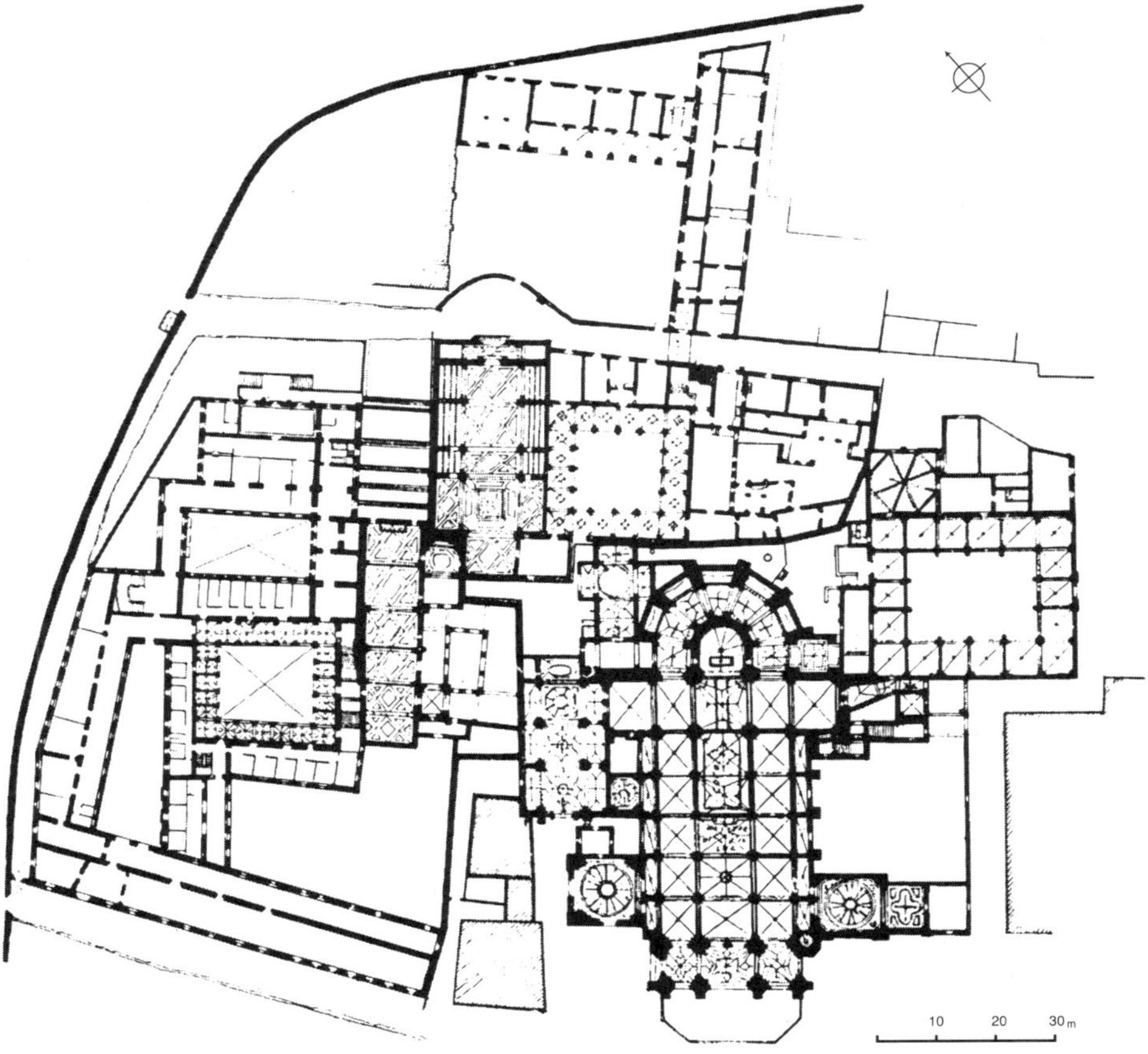

図18　オビエド、平面図

ン・サルバドール大聖堂とサン・ビセンテ修道院とともに、ここに自らの王宮を建設した。初期の都市においてしばしばみられたように、この修道院長はまた司教を兼務した。フルエラ王殺害後その後継者になったシロ(在位七七四―七八三)は、この王宮をサンティアーナ・デ・プラビアに移した。しかしながらフルエラの子息アルフォンソ童貞王(在位七九一―八一二)は、オビエドを再興した。彼はアラブの脅威を考慮して、都市とともに王宮と聖堂区域に防衛設備を施した。このようにして、城壁内部の狭隘な区域に王宮が再建され、大聖堂が拡大され、マリア聖堂には王室墓所が設置され、さらにサンタ・レオカディア・サン・ファン礼拝堂と王室女子修道院が建設されたのである。いまやこの古い宗教的・政治的アクロポリス antigua acrópolis religioso-politica の中に、不安な時代において保護を必要とするすべてのものが集中したのである。この建築計画は、数世紀にわたって幻想的構想を要求したのである。

王宮としてのシトー会修道院

オビエドは大聖堂と王宮から始まった。修道院は、宗教的中心として後に成立し、やがて重要な行政機関となった。王室官房書記は、しばしばこの修道院の出身者であった。しかしながら、中世後期には、修道院と王宮の成立過程は逆になった。この時代にはまず修道院が成立し、国王は、これを援助するとともに、自らの王宮を付加したのである。宮廷は修道院の翳を憧れ、敬虔性が彼らの生活に反映した。国王はその地位と権力にもかかわらず、しばしば自らが修道士であると感ずることができた。次に述べる三つのシトー会修道院は、とくに大きな政治的意義をもった記念碑である。それはカタルニア・アラゴンのサンタス・クレウスおよびポブレと、カスティリアのラス・ウエルガスである。このラス・ウエルガスは王室女子修道院であり、一一八七年には、スペインにおいてのみ可能であった集権制度によって、この王国の女子修道院全体を管理することになった。

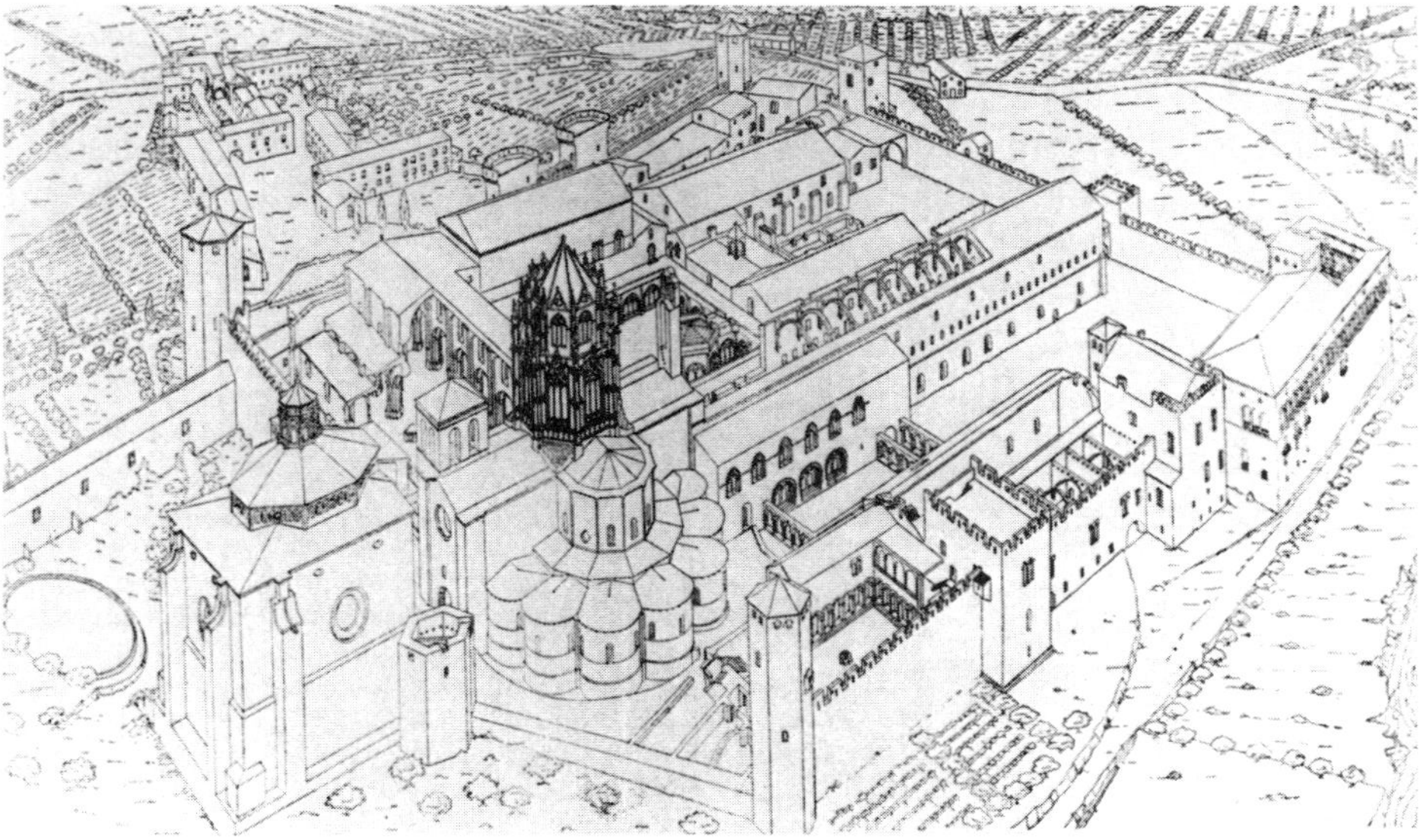

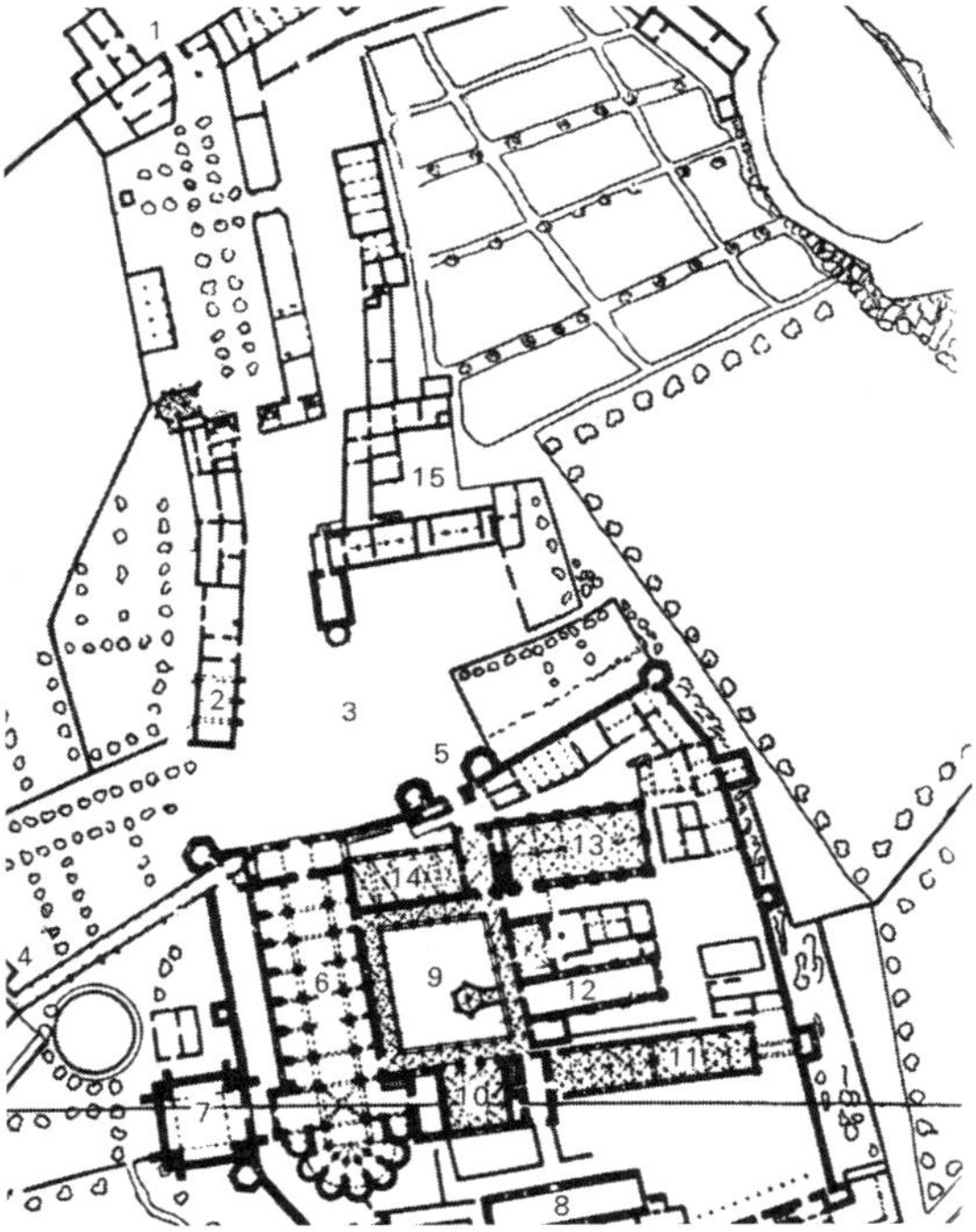

図19/20
ポブレ、
全景（上）と平面図（左）

1 入口
2 旧修道院長居館
3 大前庭（Palza Mayer）
4 新修道院長居館
5 王宮入口（Puerta Real）
6 聖堂
7 新聖具室
8 ペドロ4世の王宮（旧病室）
9 回廊
10 集会室
11 図書室（階上は大寝室）
12 大食堂
13 助修士大食堂
14 マルティン王の王宮
（旧助修士大食堂）
15 宿泊所・厩舎

サンタス・クレウスもポブレも、ともに古典的なシトー会修道院配置形式を示している。この二つは、ともに多数の建造物からなる長方形の複合体であった。サンタス・クレウスにおいては、聖ベルナルドゥスの噴泉のある長く広い西側入口の中庭区域に、世俗業務所と宿泊所と修道院長居館が配置された。聖堂および基本建造物は中央にあり、王宮と王宮用の回廊は東側に配置された。この第三の区域は、修道院にはない多くの宮廷的要素が付加されたのである。ここではいま、サンタス・クレウスの三つの王宮、すなわちペドロ三世（在位一二七六―八五）とハイメ二世（一二九一―一三二七）とペドロ四世（一三三六―八七）がそれぞれ建設した王宮の歴史について語るだけの余裕はない。これらの計画は矢つぎばやに進行し、積み重なったのである。一方修道院は、貴族が中断した計画を引き継いで自らのものにした。東側の王宮中庭区域は、結局は再度回廊になった。ペドロ三世とハイメ二世はこのサンタス・クレウスを拠点にしたが、ペドロ四世は、ポブレを愛好した。このようなわけで、前二者はサンタス・クレウスの聖堂に埋葬され、後者はその妃ブランシュ・ダンジューとともにポブレに埋葬されたのである。ペドロ四世の王宮は、今日もなお大部分が残存している。この三五メートル×一五メートルという長方形の王宮は、最初の王宮の土台の上に建設されたものであり、ポブレの模範になった（文献170、171）。王宮が従来のように西入口付近にはなく、東側の一番奥まった場所にあるということは、スペイン的秩序感覚によれば当然であった。この思想はエスコリアルにもみられるのである。

ポブレもまた同じ形式を示している（図20）。この修道院は、一一四九年にバルセロナ伯ラモン・ベレンゲー四世（一一三九―六二）の設立によるものである。すなわちこれは最初から貴族修道院であったのである。ハイメ一世（一二一三―七六）はここに埋葬され、その後継者であるペドロ三世とハイメ二世は、前述のようにサンタス・クレウスに埋葬されたが、ペドロ四世は、とくにこのポブレを愛好してまたここに埋葬されたのである。ペドロ四世は、ここに最初の王宮を建設し、さらに、マルティン人文王（一三九六―一四一〇）は一三九七年に第二の王宮の建設を開始したが、これは、チュエカの判断によれば（文献169）中世の修道院における最美の王宮であり、またもし完成すれば、スペインにおけるもっとも豪華なゴシック様式の王宮になるはずであったという。いずれにせよこのポブレは、世俗化の後に再興したスペインにおける唯一のシトー会修道院であり、サンタス・クレウスと同じ配置形式を示していたのである。中心にある修道院建造物と王宮は大規模な防衛設備が付加された。そして、この防衛設備の西側には、世俗業務所や行政管理所が並置された。王宮は東側の強大な城壁の上にそびえ立っている。これは二つの強大な城塔の間に展開し、国王の居室が置かれたのである。これは、去りゆく十四世紀と、まさに始まろうとする十五世紀の王宮の姿であり、アヴィニョンの教皇宮に匹敵するものであった。

エスコリアル

エスコリアルは、修道院と王宮を結合するという思想を実現した、古典的な作例である。これは、フェリーペ二世が一五五七年にサン・カンタンにおいてフランスと戦った際に、ラウレンティウスに捧げられたある聖堂を焼き払った贖罪の目的で、この聖者の修道院を建設したいという立願によるものであった。またここには、父カルロス一世（カール五世）が

図21　サンタス・クレウス、全景

晩年を過ごした至聖所の形式を制度化したいという要望もあった。事実、カルロス一世は、ヒエロニムス会修道院サン・ユステの聖堂に接した居館で生涯を閉じたのである。フェリーペもまた、すでに以前からこの修道会のグィサンドに自らの個室をもっていた。一五五八年にカルロスが歿すると、フェリーペは、王室と新しいスペイン王国の地位にふさわしい墓所を建設しようと決意した。このようなわけで、エル・エスコリアルの村にほど近い場所に王国支配の拠点としての修道院を建設する計画は、各種の要望から成り立っていたのである。

これを理解するには、スペイン王室とヒエロニムス修道会の特殊な関係を知らなければならない。この修道会は、スペイン特有の形式を示していた。この修道思想は、カルトゥジオ会と相通ずるものがあった。すなわちこの修道会は、カスティリア王アルフォンソ十一世(在位一三一二―五〇)が、王国全域に散住していた隠修士をトレド大司教区に属するルピアナのバルトロメウス聖堂周辺に集めたことから出発したのである。そして後に、王室聖職者ピエトロ・フェルナンダス・ペシエ・デ・グァダラハーラとその兄弟であるヘアン司教アルフォンソとポルトガルのバスコらの貴族が、この修道連合に加入した。彼らは教皇グレゴリウス十一世に請願して、聖アウグスティヌスの戒律に聖ヒエロニムスの規則を付加した会則の認可を得た。彼らがフランシスコ会第三会のように平信徒のままで修道士とともに生活したいとした本来の要望は認可されなかったが、この修道会においては、上流階級の信徒が短期間または生涯にわたって修道士とともに厳格な禁欲生活を送りまた学習生活を送る道が開かれていた。ここでは、国王さえもが修道生活に入ることができた。一四一五年には、すでに二十五の修道院が存在した。そのなかでも、一三八九年に成立したエストレマドゥーラのヌエストラ・セニョーラ・デ・グァダルーペは、とくに重要である、王室はここにも王宮を設置した。ヒエロニムス会修道士フライ・ホセ・デ・シグエンサ(一五四四―一六〇六)は、『エスコリアル修道院設立記』*Fundacion del Monasterio de el Escorial* の中でこの修道会の建築規則について言及し、多数の中庭を設置してその周囲に修道士の個室を配置し、行進礼を行なうように指示している。このグァダルーペには、大回廊とともにより小さな二つの中庭区

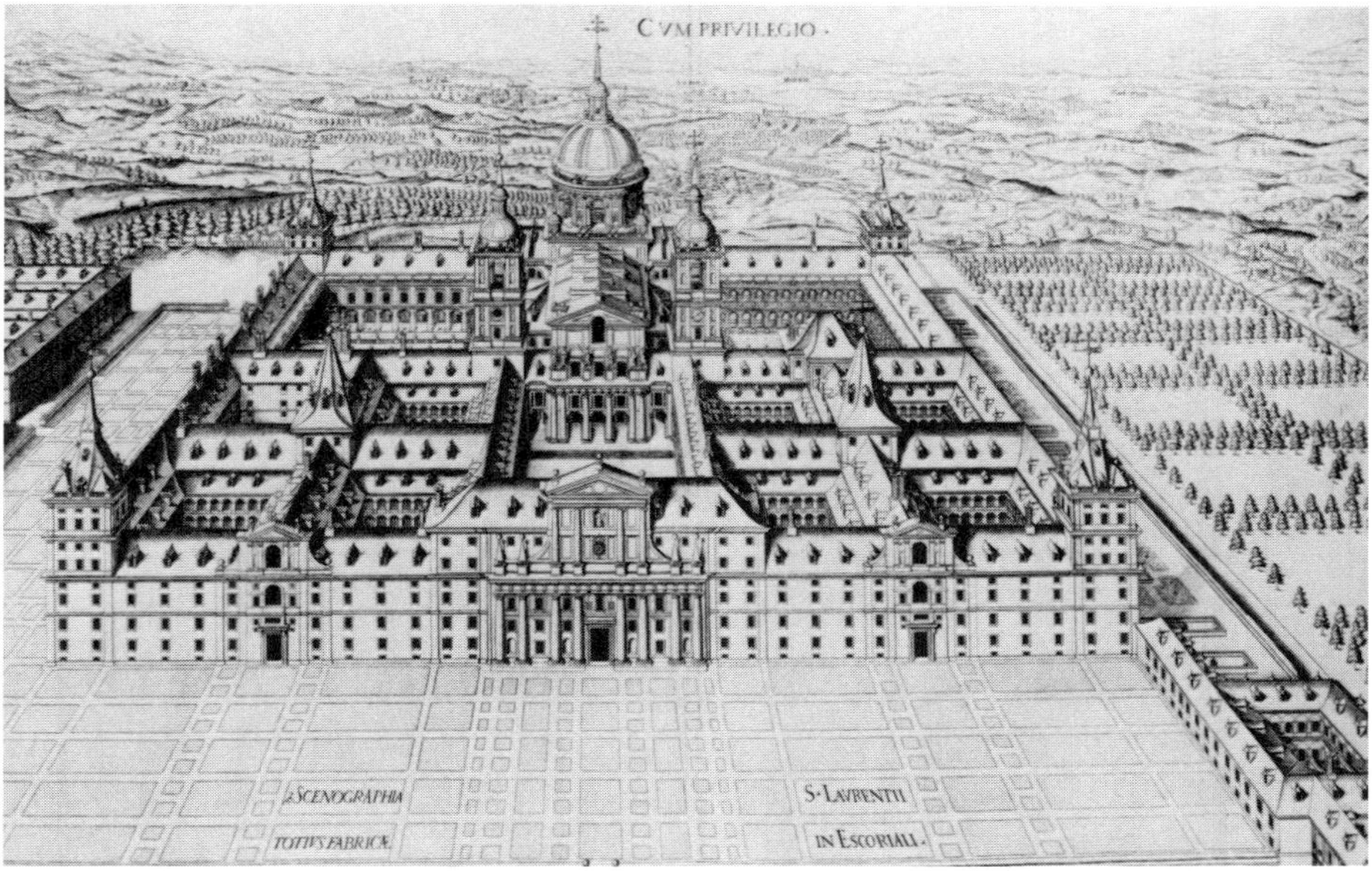

図22　サン・ロレンソ・デ・エル・エスコリアル修道院全景　銅版画、1587年

域があった。ヒエロニムス会修道院は、最初から豪華な建築が特徴であった。この会の修道院においては、フェリーペ二世がグィサンドに個室をもっていたように、修道士は個室で生活した。そこにはまた、伝統的に大図書室があった。この修道院は、快適であるとともに厳格であったのである。

エスコリアルの配置形式は、王宮建築から生まれたものである。すなわち、この巨大は長方形は、トレドのアルカサールを模範にしているのである。この建築は、王室建築家ファン・バチスタ・デ・トレドが指揮をとり、さらにヒエロニムス会修道士アントニオ・デ・ビラカスティンが側面から援助した。彼らはまず比例関係を詳細に研究して、すべてを黄金分割で割り出した。彼らは、とくに高度の美学を駆使したのである。

フェリーペは、立願後四年目の一五六一年にはじめて、サン・バルトロメ・イン・ルピアナ修道院の参事会に対して、五十名の修道士を擁する修道院を建設するという計画を伝えた。そしてこの年に、はじめてグァダルラーマ山脈の麓に建設地が定められたのである。

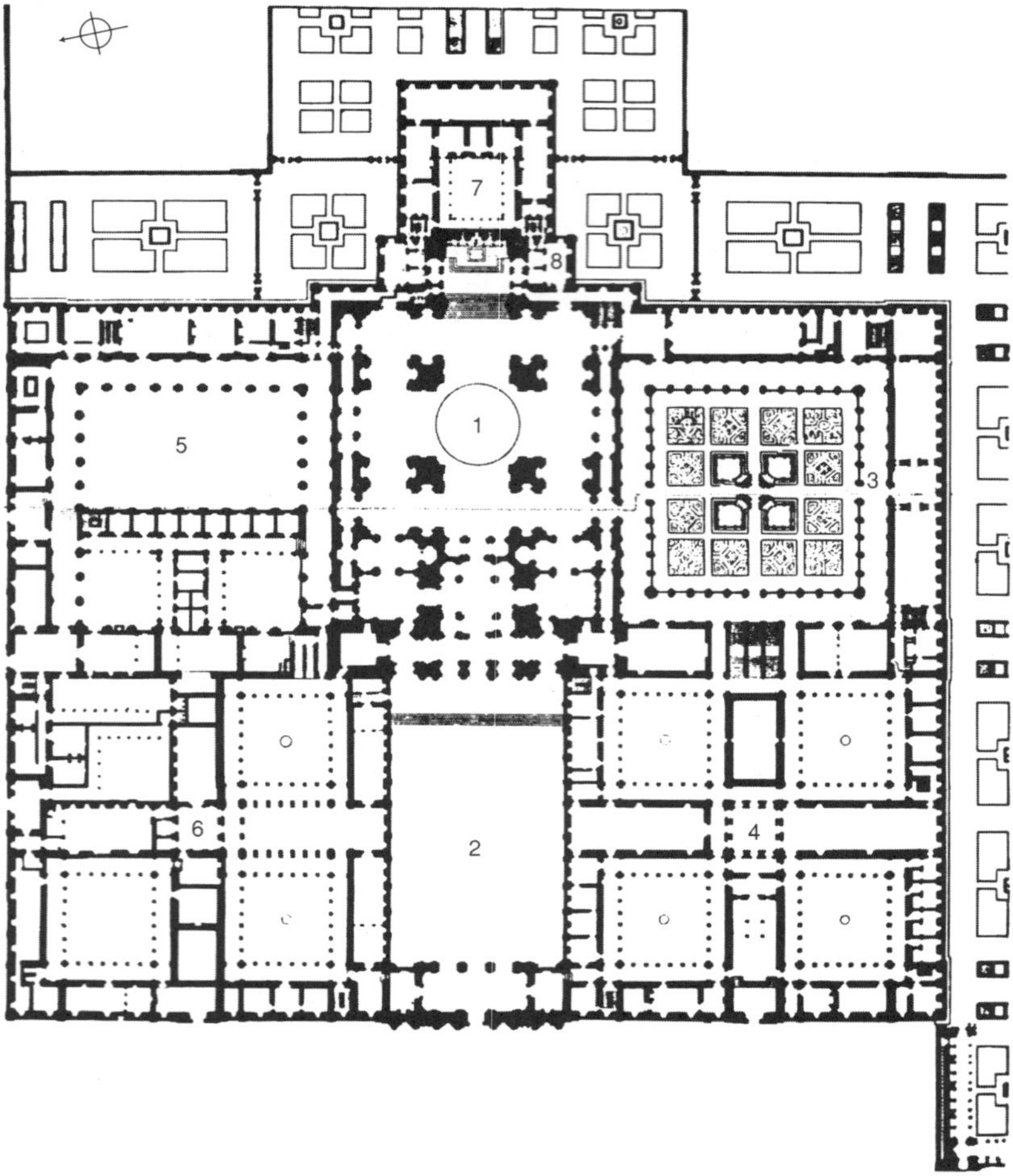

図23　エスコリアル修道院平面図

1　聖堂
2　前庭
3/4　回廊および修道区域
5/6　新修道院長居館
7　宮廷
8　フェリーペ2世の居室

そして、一五六三年に定礎式が行なわれた。フェリーペは、すでに一五六二年からこの場所をエル・エスコリアルとよんでいたのである。これは、一貫した思想に基づいた大複合体であった。この建築のマニエリズムに対する影響は、あえて述べるまでもない。これは、西ヨーロッパの修道院建築において、厳正な中心軸と厳格な対称性を示した最初の作例である。これはまさしく国王の構想に基づいた建築であり、ファン・デ・トレドはただそれを具体化したにすぎなかった。事実この配置形式は、すべての点でフェリーペの性格を反映し、また国家と教会に対する思想を反映していたのである。このようなわけで、一五六七年にファン・デ・トレドが歿した後にこの建築指揮を引き継いだファン・デ・エレラ(一五三〇―九七)は、基本的にはなにものをも変更する必要がなかった。彼はただ比例関係を改善し、数値計算をし、各翼部を細くして中庭を拡大したにすぎなかった。また、五十名の修道士を対象にした最初の計画に対して二百名の修道士を収容しなければならないという課題も、あえて計画を拡大する必要はなかった。国王に対して、修道士は兵士のごとく服従した。この修道院について語ることは、スペインの政治体制について語るのと同じ意味があるのである(図23)。

聖堂[1]と前庭[2]は、中心軸の上にあった。この記念碑的聖堂は、王室礼拝堂であり、修道院聖堂であり、また王国大聖堂でもあった。そして、その地下はスペイン王室の墓所になったのである。南側は慣例どおり基本建造物区域になり[3・4]、北側は、ザンクト・ガレンの平面図の場合と同様に、王宮と学校と宮廷雇人区域になった[5・6]。国王と王室の居室は最良の場所にあった[7・8]。それは聖堂と同様に中心軸の上にあり、東側の大礼拝堂 Capilla Mayor を取り囲むように配置されている。これは、数多くの前庭と連続する広間を通り抜けてはじめて到達できる最高点であり終局点であった。国王の居室が至聖所に接しているということは、国王の現世と彼岸における地位を証示しているのである。各部はすべて簡素ではあるが、しかしこの簡素さは国王の地位を象徴しているのである。国王の権力は華麗さを超えていたのである。このエスコリアルは、スペインとフランスの王権が頂点に達した時点における両者の思想を比較するために、しばしばヴェルサイユに対

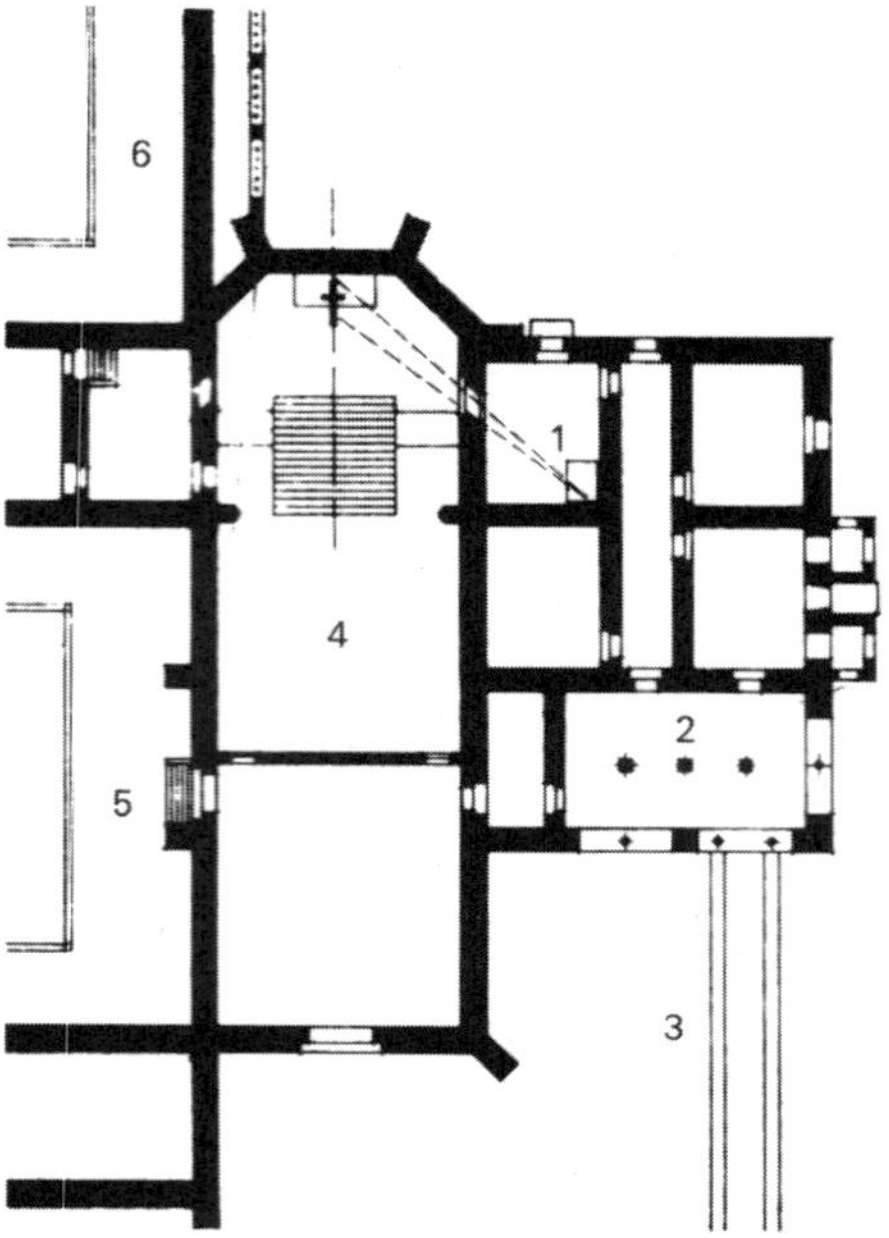

図24
サン・ユステ、皇帝居室

1　皇帝寝室
2　ティツィアーノ三位一体（グローリア）
3　斜庭
4　聖堂
5　旧回廊
6　新回廊

比される。ヴェルサイユにおいては、国王が太陽のごとく起床し就寝する寝室が中心にあった。そこでは、礼拝堂は片隅に押しやられていた。これに対してエスコリアルにおいては、聖堂内陣の周囲に王室区域があるのである。これは、権力が正統信仰と敬虔性によって認定されることを示しているのである。さらにまた、国王の居室は修道院区域側に配置された。彼の寝室は、修道士の個室に準じたものであった。王妃の居室は、王宮区域側に、すなわち聖堂祭壇左側に、男性から隔離された女性区域側に、配置された。王子は王宮中庭区域に居住した。このようにして、フェリーペは、父カルロス一世が最後の息を引きとったサン・ユステの居室に倣って、自らの居室が寝台から聖堂主祭壇を仰ぎみることができるように準備したのである。[32] 父皇帝は、死の床にあって、ティツィアーノの筆による三位一体図（グローリア）を仰ぐことができた。このサン・ユステの模倣は、すべてに先立って実施された。さらにまた、フェリーペの居室背後の階段は、彼の死者たちすなわち父皇帝、王妃、そして夭折した王子王女の眠る王室地下墓所に降りて行けるようになっていた。

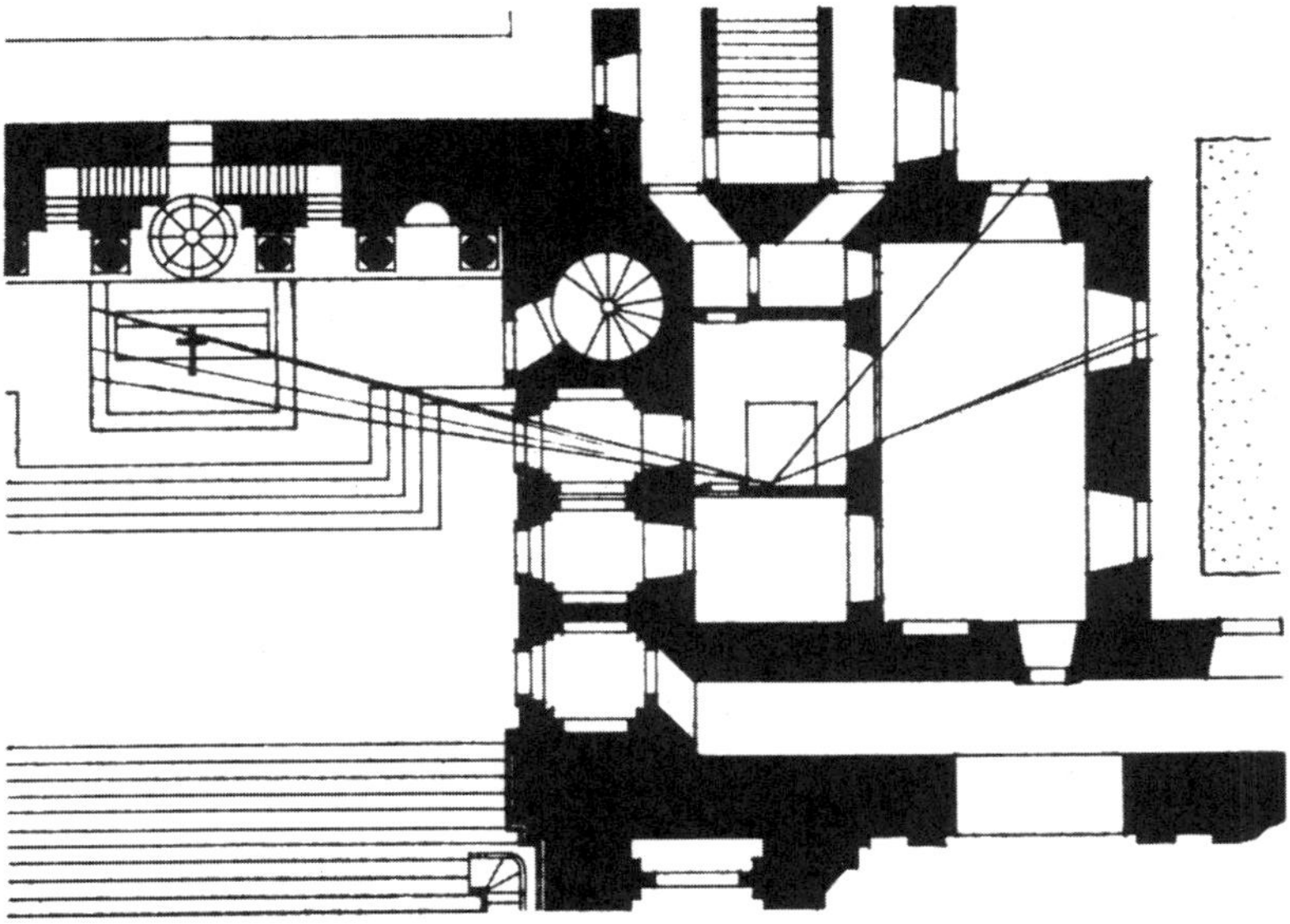

図25　エスコリアル、フェリーペ2世の居室（図23の8）

南側の修道区域もまた、階級秩序の原理に従って区分された。これはベネディクト会修道院配置形式の変形であり、修道院長と副院長は、他の修道士に対してとくに高い地位にあることが示されたのである。彼らには、とくに大きな中庭区域が用意された［3］。修道院長室は東側階上に、副院長室は東側階下にあり、修道士の個室は南側に配置された。西側の中間翼部の階下には謁見室とマリア礼拝堂があり、階上には衣服室と修練士の寝室があった。修道区域の四つの小庭の、東側の二つは修道士のためのものであり、西側の二つは病者および回復者のためのものであった。東西に連なる中間翼部の階下には手洗いや階段室や厨房が並び、南北に連なる中間翼部の階下には大食堂や階段室や作業室が並んでいた。そしてこの後者の階上には大寝室と図書室があった。このように、全複合体は細部にいたるまで十分に整備され、聖務日課と宮廷儀礼がとどこおりなく実施されたのである。ここには一つとして欠けたものはなかった。この修道院王宮は、まさしくスペイン王国の行政機構と世界支配の象徴であった。そしてこれは、建築家の作品ではなく、あくまでフェリーペの作品であったのである。フェリーぺが構想し建築家が実現したと世人が語るのは、けっして宮廷的辞令ではなく、あくまで真実を述べていたのであった。

しかしながら、このエスコリアルがバロックの貴族修道院に及ぼした影響は、過大評価すべきではない。ドイツの貴族修道院の配置形式は、より広範な伝統から生まれたものである。それにもかかわらず、この十六世紀末期において、西ヨーロッパ第一の高貴な王宮として君主の模範になった建築が、じつは修道院であったという事実は、帝国直属の高位聖職者に大きな印象を与えずにはおかなかったのである。

第九章　バロックの貴族修道院

十七世紀の、オーストリア、バイエルン、シュヴァーベン、スイスなどドイツ・アルプス地域と、フランケンおよびライン河ぞいにある、大規模な一群のバロック修道院は、修道思想が生み出した新鮮でまた大胆な建築形式の最後の光輝であった。これらの修道院は、国家的にもまた宗教的にも独立性を維持し、その多くは帝国直属であったが、それ以外の各領邦内の修道院も特別な自由を保有して、この世紀の修道生活と芸術生活の隆盛を促したのである。

いまここであえて大規模な一群といったのは、特別な意味がある。つまり、このようなバロックの修道院は、個別的には、イタリア、スペイン、ポルトガルにも、またある条件の下ではフランスにも存在したからである。ジョーン・エヴァンズは、ルネッサンスからフランス革命にいたるまでのフランスの記念碑的な修道院を大著にまとめているが（文献185）、その成果は貧弱なものである。ここにはたしかに美しい聖堂前面や厳粛な内部空間や大規模な城館翼部が存在するが、しかし、建築独自の有機的な発展をみることはできない。要するにこれらはパリの建築行政機関の作品であり、同時にまたこれは、なぜドイツ語圏だけが豊かな建築形式を生み出すことができたかという条件についての疑問を提起しているのである。

このような疑問に対しては、当時はすでに修道思想そのものが克服され、新教派地域においては修道院が顧みられなくなり、とくにイングランドにおいては、一五三四年にヘンリー八世が全修道院を解散し、修道士を追放したなどのさまざまな理由が考えられるであろう。またこれ以後、フランス、スペイン、イタリアなどのカトリック諸国においては。信仰の分裂と反宗教改革運動が新しい修道生活を生み出したドイツほどには修道院が隆盛しなかったということも、一つの説明にはなるであろう。しかしながら、この新しい修道院建築の開花を促したのは、反宗教改革運動の背後の推進者であったイエズズ会でも、また当時の敬虔性を代表したカプチン会でもなかった。イエズス会聖堂の美術史的意義は重要ではあるが、いまここでは関係がない。彼らの修道院は都市建造物と異なるところがなく、城館建築としてもさして意義あるものではなく、修道院建築としてはほとんどとるにたりないものであった。これに対して、バロックの修道院は、すべて、あるいはほとんどすべて、地方にあり、その隆盛は、反宗教改革運動に支持されていたとはいえ、それとは異なった社会的、経済的、政治的、宗教的原因に基づいていたのである。

イタリア、スペイン、ポルトガル、フランスなどカトリック諸国において修道院が衰微したのは、修道院長が空位聖職であったことに起因している。教皇レオ十世とフランソワ一世による一五一九年の協定は、フランスのほとんどすべての修道院長叙任権を国王の手に委譲した。クレルヴォーは、このような空位支配を受けることがなかったわずかな例外の一つである。この習慣は、古い時代から存在した。すでにカロリング朝や後のドイツ皇帝は、修道院長叙任権をもつと考えられていた。教会は、この叙任権に対してつねに抗争を繰り返した。しかしながら、いまやこの権利は協定によって了承されたのである。フランス国王は、修道院長の地位と収入を、自らの好む人物に与えるようになった。いまや、国家に対する貢献は、修道院によって行賞されたのである。このようにして、修道院長の地位は、平信徒や新教徒や王室の一員に、またとくに大司教や枢機卿などの高位聖職者や指導的政治家に与えられた。リシュリューは、時には二十に及ぶ修道院長職を兼務したが、その中にはクリュニー、シトー、アッベヴィル近傍のサン・リキエ、メッス近傍のサン・アルヌルフ、サン・ブノワ・シュール・ロワールなどがあった。またマザランは二十七の修道院を支配したといわれる。芸術家さえもが、報酬として修道院が与えられた。プリマティッツィオはサン・マルタン・デ・ゼールの修道院長であり、フィリベール・ド・ロルムはサン・テロワ・レ・ノワイヨンとアヴリ・ラ・バタイユのそれであった。詩人のロンサールさえもが、サン・コメ・レ・トゥールとクロワヴァルの修道院長に叙任されている。さらにまた、コリニーのように、ユグノーの指導者でありながらサン・ブノワ・シュール・ロワールが与えられるということがあった。ルイ十四世とモンテスパン夫人の子息ヴェザン伯は、イール・ド・フランスのもっとも富裕なる修道院サン・ドニとサン・ジェルマン・デ・プレを支配した。このように修道院の収入が外部の修道院長に移行することは、とりもなおさず宗教的精神的生活と芸術活動を歪めることになった。しかし、また一方、富裕なる貴族が修道院を援助することもあったが、それは外部からの干渉をもちこむだけで、修道院内部の独自の発展を促すことはなかった。要するに、それは根のないものであった。

修道士は、修族を結成してこれに対抗した。そのなかでもっとも成功したのは、ベネディクト会のサン・モール修族である。パリにあるその修道本部は、フランスのほとんどすべての修道院を支配したが、知的生活を指導するだけの力はなく、修道院独自の活動を再興することはできなかった。要するにこれは、空位聖職が経済的次元で行なったのと同じことを、宗教的次元で行なったにすぎなかった。ベネディクト会修道本部は、個々の修道院を支配した。この修道本部の指導が、合理的で時宜にかなうか否かが、修道院の隆盛と衰微を決定したのであり、修道院独自の発展はありえなかった。この修道本部が、十八世紀において、ロベール・ド・コットなどの建築家と交渉して、修道院の改築目録を製作したのは、その一例であろう。このようにして、多くの修道院は、中世の建築を明快で端正で合理的な古典主義的形式に改造し、城館的性格とともにまたしばしば行政的公共的性格を示すようになったのである。いまや修道院建造物は、きわめて無反省に、主要目的とは異なる副次目的に転用された。かつて世人からその美しさを賞讃されたディジョンのサン・ベニーニュの大食堂が車庫に転用されたのは、その顕著な例であろう。サン・モール修族は、この方法を多くの修道院に適用した。クレルヴォーにおいてさえも、修道士個人がロココ風の個室を所有し寝室のほかに談話室さえ所有するようになったのは、空位聖職の影響とこの修族の責任に帰せられるべきであろう。

この空位支配という形式は、宗教改革運動と同様に、十五世紀、十六世紀において、大部分の修道院が衰微していたために現われた制度である。大きな修道院は無住状態になり、小さな修道院においても戒律生活が実施できなくなった。貴族や市民階級は、扶養人員の増加にともなって仕方なくその子女を修道院に入れるという有様で、規律は喪われた。そして、この規律の退廃とともに、建築もまた衰微したのである。この世紀は、どの十年間をみても、修道思想を再興しようという努力は存在しなかった。修道院は、まさしく無風状態におかれた艦隊であった。船の外板は腐蝕した。むろん、時にはこの内装を整備しようとする者もあった。十五世紀は修道院の生活文化の盛期であった。時には、ただ一隻の小船が帆を上げ舵をとって、新たな航海にのりだすこともあった。しかしながら、全艦隊は、ただ手をつかねて順風を待ちわびているだけであった。この世紀においては、新しい修道思想が新しい建築を要求することはなかった。修道院は安逸におぼれて、規律の欠如を克服することができなかった。彼らは、まさに百年の睡りにふけっていたのであり、それは、ただ戦争と改革運動によって破られるにすぎなかった。

この世紀においては、修道院は、建築思想を改築することなしに改築を実施した。すでに、ベネディクト会修道士は、共同の大寝室を廃止していた(二二一頁参照)。修道院は、それぞれ内部を快適に整備し、細部を改善し、新しい翼部を建設し、大広間や突出部や防衛設備や世俗業務所をそなえ拡張を進めたが、そこにはほとんど一貫性がみられなかった。しかしながら、このような過程の後に、結局は、すべてを一つの屋根の下に統一し、三翼形式にまとめ、その内側を回廊にする形式が完成したのである。いまや、この大規模な四角形の建造物の中に、集会室、大食堂、厨房、個室が設置された。そして、その前面は世俗業務区域になり、修道院長居館と病室と宿泊所が設置された。この形式は、個別的にはすでにイタリアにおいて、たとえばフィレンツェのサン・マルコのように、すぐれた建築家が明快な形で実施していたのである。十六世紀および十七世紀の多数の版画は、中世の修道院の多様に細分化した複合体が、いたるところでバロックの統一的複合体に改築される動向を示している。これはヨーロッパ全域で実施されるべき必然性があったのである。エスコリアルは、聖堂を中心にして統一化した最初にして最大の複合体であるが、しかし、これがそのままバロックの修道院の原型になったと結論づけることはできない。この王宮的性格は、一般の修道院には受け継がれることがなかった。創造の重心は別のところにあった。すなわち、神聖ローマ帝国とアルプス周辺地域の大規模なまた自由な修道院が、この新しい課題に対して新しい独自の解答を生みだすことになったのである。

ここではまず、テーゲルンゼーという比較的平凡な実例によって、十七世紀初期の修道院の状況をみることにしよう。この修道院は、シュヴァーベンの強大な帝国直属修道院やオーストリアの大規模な帝室修道院とは異なっていた。これは山ぞいの比較的保護された場所にあって、土地経営と一定の工芸収入で運営されていた。マテウス・メリアンは、一六四〇年頃、すなわち三十年戦争最中のテーゲルンゼーの全景図を版画にしている(図1)。これは、まず修道院の支配区域である湖水全体を示し、ついでこの修道院の四つの方向からみた姿を図の四隅に描いているのである。いまここで、とくに西側からのすなわち湖水側からの図をみることにしよう。この修道院の二つの側面は湖水で衛られ他の二つの側面は、水濠と一七四〇年に建設された周壁で衛られていた。ここにはまた、山の湧水を供給する特別の水道があった。広い庭園と死者礼拝堂のある墓地は、戒律の規定どおり防衛周壁内部に配置されている。聖堂の側面と前面には三つの大きな中庭区域がある。基本建造物はすでに一つの屋根の下に統一され、その前面には噴泉を中心にして聖堂と修道院長居館と管理事務所で囲

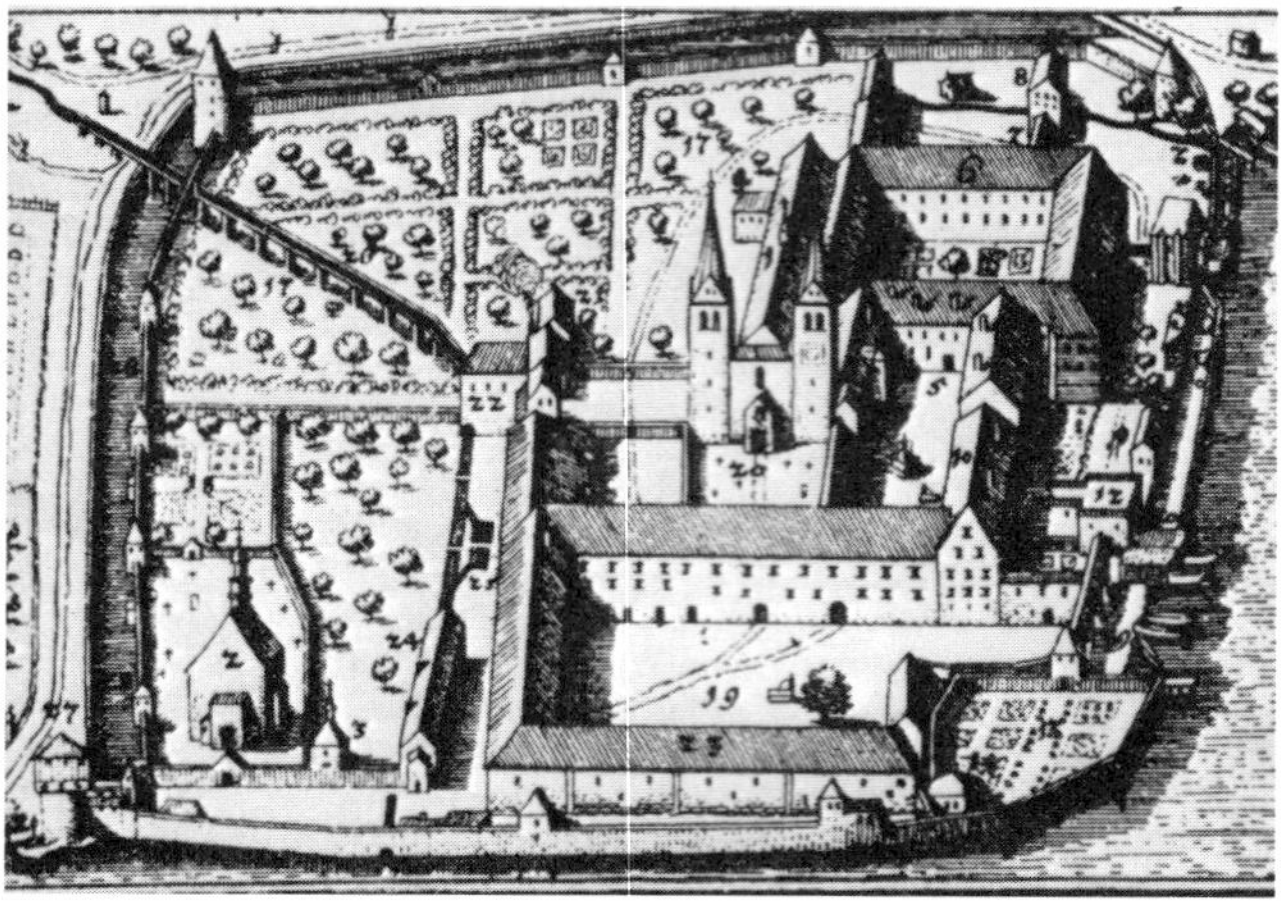

図1　テーゲルンゼー、修道院全景（M. メリアンによる、1640年）

まれた高位聖職者区域があり、さらに、西側の湖岸に接する大規模な世俗業務区域には厩舎や穀物庫や仕事場がある。このようにして、中世の多様な建造物は、三つの中庭を中心にした三つの建築複合体にまとめられているが、ここにはまだ、建築技術的統一性は現われてはいない。このことはそのままバロックの建築家に不可避の課題、すなわちこの三つの中庭区域をどのように整理して統一的形式にまとめるかという課題を提起しているのである。いまや回廊周囲の多様な建造物は変更され、大寝室は廃止された。そして、この三つの中庭区域を統一するという課題は、ただ創造的精神によってのみ解決されうるものであったのである。これは、必ずしもつねによい解答が得られたわけではなかった。そしてこれは、多くの修道院が従来の伝統的配置形式をできるかぎり維持したいと希望したために、さらに困難なことになった。聖堂はおおむね従来の位置に建設されたが、なかには当然移転を余儀なくされるものもあった。彼らは、基本建造物も従来の位置から移転することを望まなかった。いまや修道院入口には、中世のザンクト・ガレンの平面図からメリアンが描いたテーゲルンゼーの全景図まで一貫して存在した世俗業務区域が取り払われ、聖堂かあるいは高位聖職者区域がこの場所を支配するようになった。テーゲルンゼーにおいてもまた、十八世紀初期に、湖水から聖堂までの全域を高位聖職者区域に改築して、中央に二つの噴泉を配する大規模な四翼形式にま

図2　オクセンハウゼン、修道院全景

とめ、一方、世俗業務区域をさらに左側につまり北側に移動して、この図に描かれている左側翼部が新しい世俗業務区域の右側翼部になったのである。しかしながら、オーストリアとスイスのまたシュヴァーベンの帝国直属修道院には、さらに重要な作例が存在する。

アルプス地域におけるバロックの修道院の成立は、けっして年代記的に処理するべきではない（文献176―178）。すなわち、この基本的な問題は初期の作例ではまだ明瞭には現われず、ヴァインガルテン、オットーボイレン、メルク、ゲットヴァイク、ヴィープリンゲン、ザンクト・ブラージエンなどの最終期の作例にいたって、はじめて完全に解決されるのである。一六〇〇年頃、多くの修道院において、高位聖職者区域を城館の形式と規模のものにしようという動向が現われた。すでに中世においても、多くの修道院が、修道的課題とともに国家的役割をはたしていたが、いまやこの国家的機能は、建築の上で公然と表示されるようになったのである。帝国直属修道院長は貴族とともにレーゲンスブルクの帝国議会に参集し、領邦内修道院長は領邦議会で貴族に知己を得たために、自らも貴族と同様の生活形式を採用しましたそれを表示しなければならないと考えた。しかしながら、最初は、この高位聖職者区域と基本建造物区域は明瞭に分離することはなかった。オクセンハウゼンにおいては、聖堂を中心にした十七世紀初期の城館翼部（一六一三―三二年）が高い位置にあって風景を支配している。これはシュヴァーベンの城館の一つである（図2）。しかしながら、この城館翼部はまだ基本建造物区域から分離せず、また、どのように世俗業務区域と結合するかということも明らかではない。

ケンプテンの貴族修道院の建築史は、十七世紀中期の状況をより明瞭に物語っている。これはシュヴァーベンにおいて傑出した最大最富裕の修道院で、修道士は貴族出身者に限られていた。このために、新教的思想に好意をよせる都市住民と絶えず抗争を繰り返した。この強大な修道院は、一六三二年に市民階級の熱烈な支持を受けたスウェーデン軍によって破壊されるまで、中世の配置形式とも新時代の配置形式ともつかない中間的な配置形式を示していた（図3）。ここでは、細部に手を加えられたにすぎなかった。都市に面して三つの都市家屋風の切妻破風が並んでいるのが興味深い。

この貴族修道院長ギール・フォン・ギールスベルクは、一六四八年に平和条約が締結されると、ただちに新しい大規模な修道院建設の計画を開始した。彼の在職中、この修道院はわずか八名の修道士が所属したにとどまり、またシュヴァーベンの貴族階級は貴族以外の修道士の採用を妨げたにもかかわらず、いまやここに、三十年戦争終結後の最初の作例である修道院聖堂と大規模な城館が成立したのである（図4）。この新旧平面図を比較してみると、ここにはまったく新しい配置形式が姿をみせており、聖堂内陣と二つの城館中庭区域はかならずしも有機的に結合してはいないが、あくまでもその美しい前面を都市と庭園に誇示することを意図しているのが判るのである。この修道院は、部分的には豪華ではあるが、全体の処理方法は修道院建築史に残るほどのものではない。一六五〇年直後の時点においては、まだ進んだ解決方法は現れてはいないのである。

W・ヘルマンによれば（文献176）、シュタイアーマルクのアウグスティヌス参事会修道院フォーラウは、聖堂前面突出部を中心として左右対称の二翼形式をとる、エスコリアル以後の最初の作例であるという（図5）。ここでは、一六一九年から四九年にかけて聖堂の南側に基本建造物が成立し、北側にはこれとほぼ同形式の修道院長居館が成立し、図書室、貴族居室、高位聖職者礼拝堂が配置された。聖堂前面の大規模な広場の周囲には、

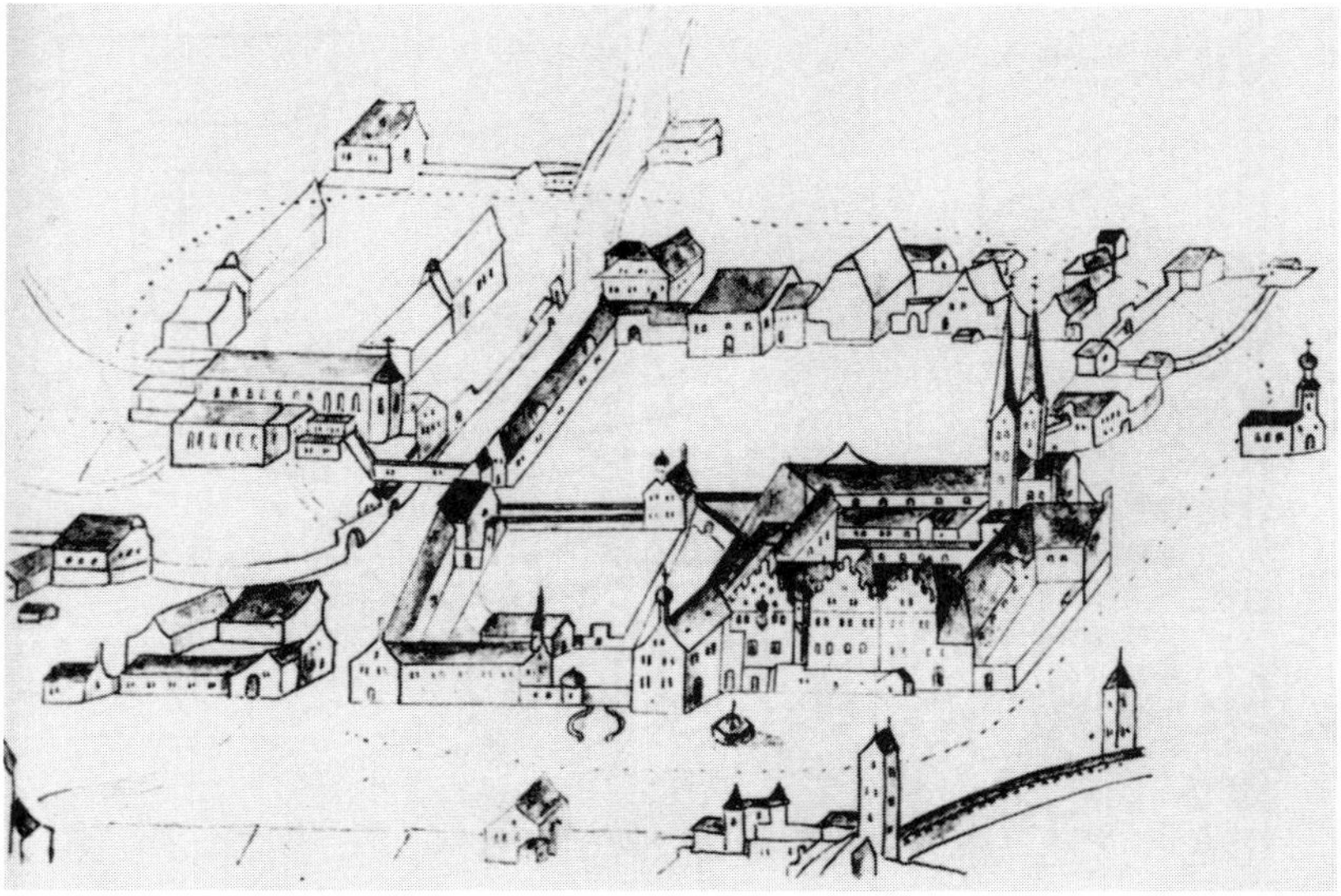

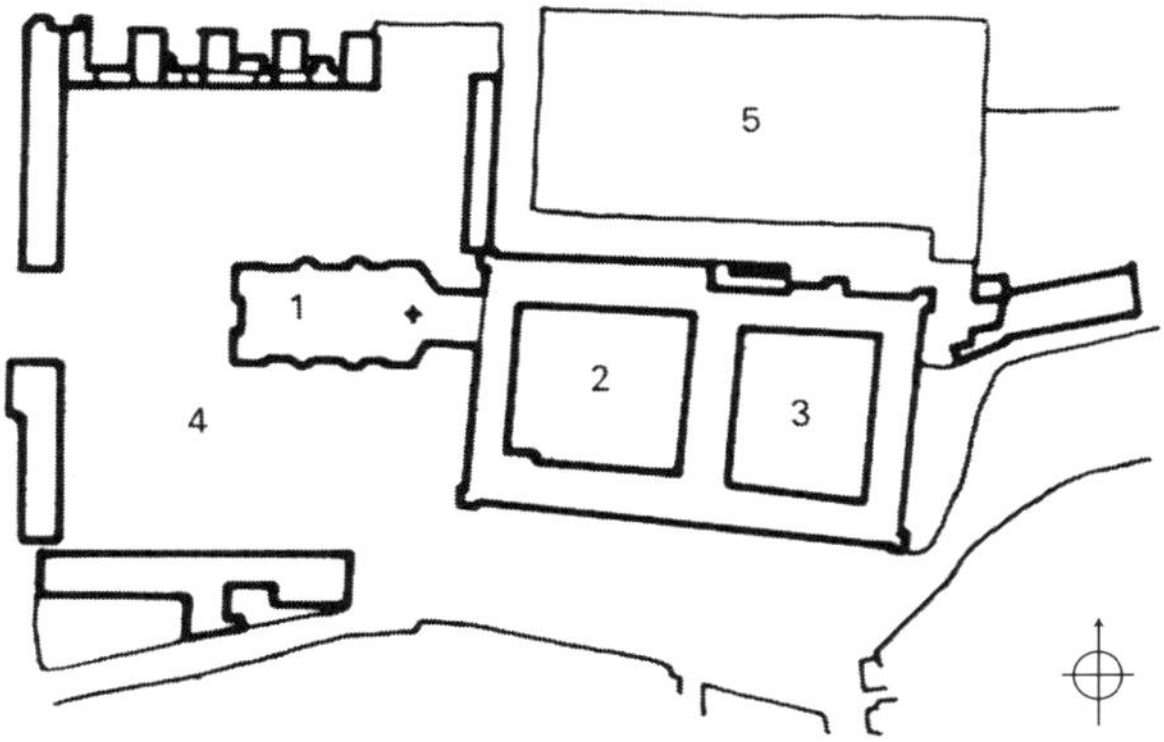

図3/4　ケンプテン、1634年以前の全景図（上）と改築後の平面図（下）

1　聖堂
2　基本建造物区域
3　修道院長居室区域
4　前庭
5　庭園

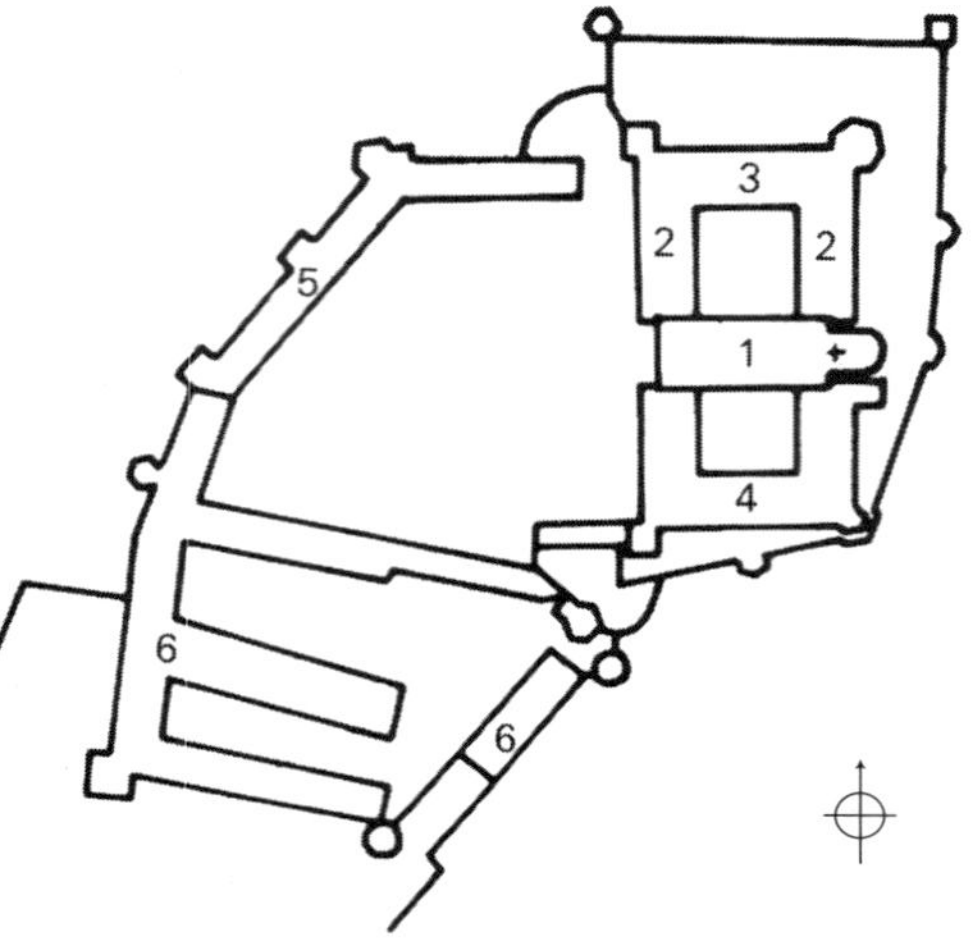

図5
フォーラウ、修道院平面図

1 聖堂
2 高位聖職者区域
3 図書室
4 基本建造物区域
5 前庭
6 世俗業務所

車庫や厩舎が配置された。そしてこの左右対称区域の外部に、世俗業務所が配置されたのである。

この左右対称形式は、後に世紀の変わり目に、カスパール・モースブルッガーがスイスのアインジーデルンにおいて天才的な計画を示した際に、真に記念碑的なものになったのである。ここでもまたメリアンが改築以前の状態を示している（図6）。この修道院は、防衛設備をもった台地上にあって、村落を睥睨し、山脈を背景にし、地形状況そのものがバロック的処理を要求していることが判る。建築主題はすでに用意されていたのである。この改築は、一六三三年から計画されていたが、一七〇四年にようやく開始されることになった。修道院聖堂は、一七二〇年に着工されて、一七三五年に献堂された。一七七四年には、前面広場と階段と仕事場とともに、最後に厩舎が完成した。このようにして、アインジーデルンはバロックの古典としての配置形式を示すことになったのである。これは広々とした高台にあり、中央の聖堂ファサードは二つの塔をそなえて力強く前方に突き出し、その左右には同形の城館翼部が中庭を抱いて並列し、世俗業務所は背後に退き、またその一部は目立たないように側面に配置された。ヴァインガルテンは、このアインジーデルンを凌駕する唯一の作例である（図9）。この最初の計画は

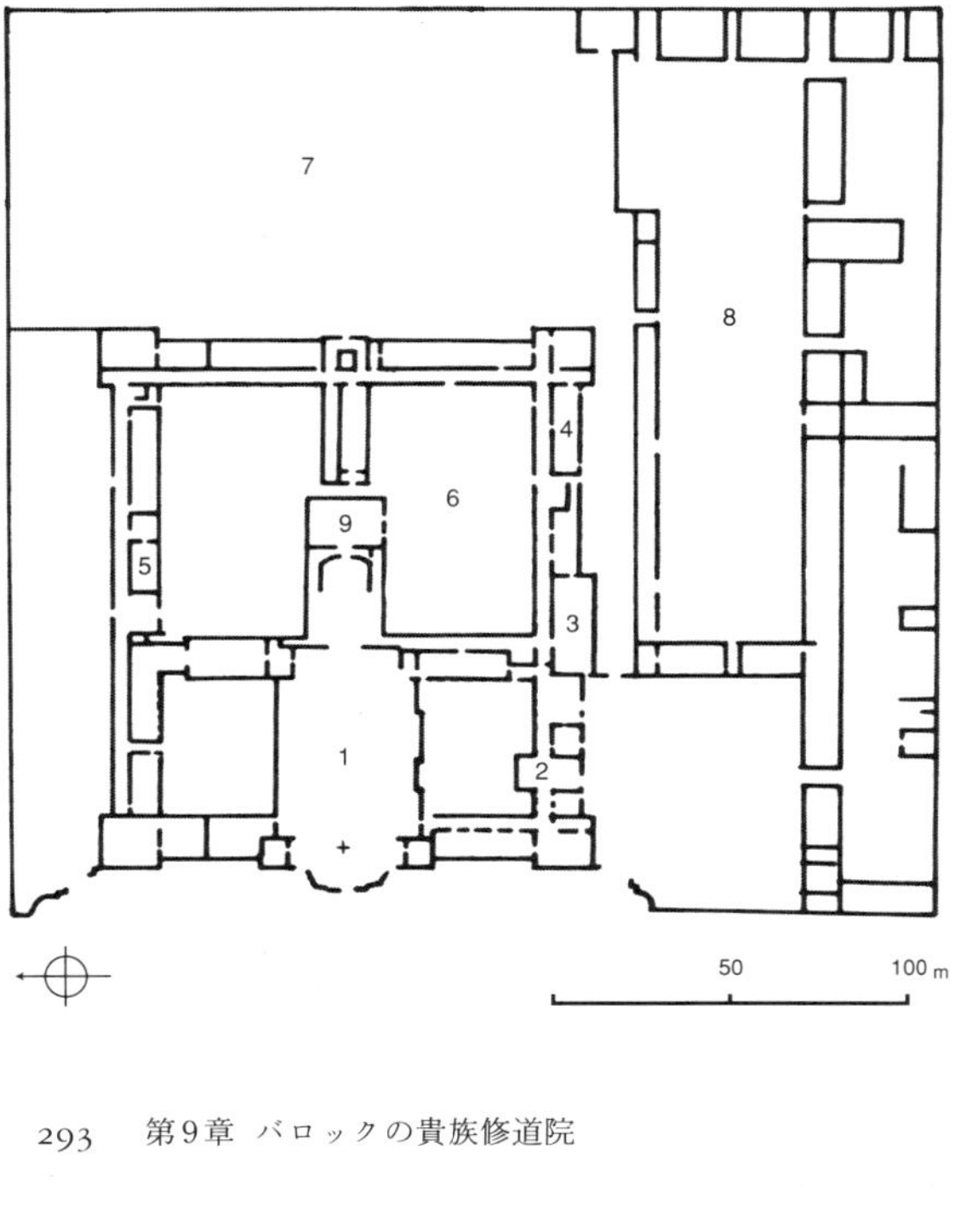

図6/7
アインジーデルン
上：17世紀の全景図
（メリアンによる、
1644年）
左：改築後の平面図
（クーンによる）
1　聖堂
2　階段室
3　大食堂
4　集会室
5　図書室
6　基本建造物区域
7　庭園
8　世俗業務所
9　聖具室

図8　アインジーデルン、修道院西正面

カスパール・モースブルッガーの兄弟アンドレアス・モースブルッガーが担当し、建築はこのフォアアールベルク人とともに、エンリコ・ツッカリとまたとくにD・フリゾーニが担当した。聖堂ファサードはアインジーデルンよりもさらに豪華になり、城館翼部はより単純に形成された。この理想的建築は、着工後三十五年を経た一七五〇年に完成して、きわめて高く評価された。これは修道院を祭壇上の聖なる対象物に比定し、背後の風景を祭壇画に比定しているのである。いまや修道院は完全性の象徴になったのである。聖堂は、あたかも女王のように、中庭区域と翼部と歩廊を支配し、これを神の国にまで昂めているのである。ここでもまた聖堂の右手南側は基本建造物区域になり、左手北側は高位聖職者区域になった。世俗業務区域は、ここでもまた聖堂の背後に退けられた。理想的計画は、この世俗業務区域を主要建造物に統合するかあるいはこれに従属させるべきであるとしていたのである。この配置形式は多くの修道院で模倣されたが、これを凌駕するものは現われなかった。この修道院は、神の国を地上に実現しようという理想に基づいて、多額の費用が投ぜられた。修道秩序は、国家秩序、世界秩序

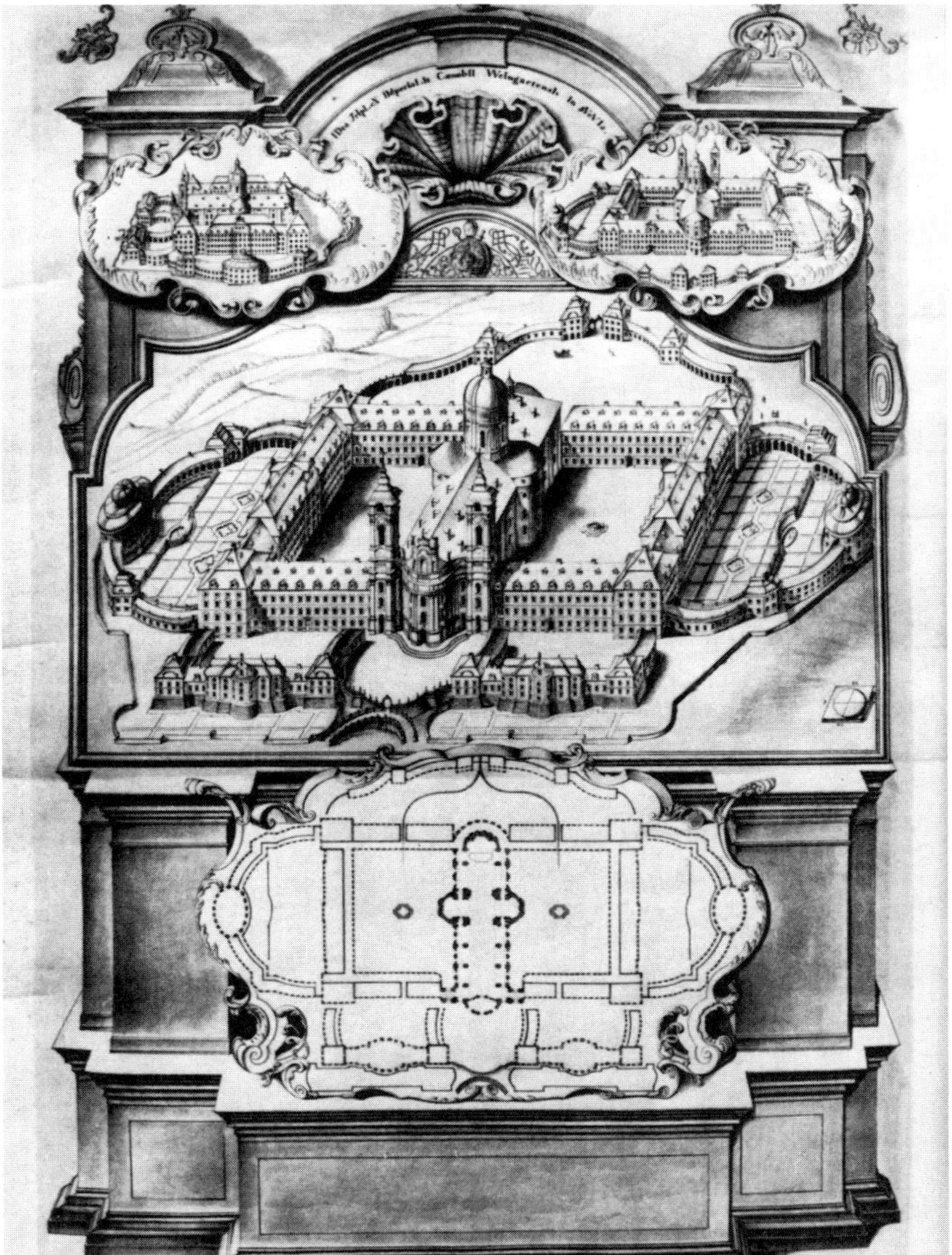

図9　ヴァインガルテン、理想的全景図（G. ハルプリッターによる、1750年頃）

と同一の原理に依るべきものであった。そしてこれは、十八世紀においては、すべて建築装飾の揺れ動く線として表現されたのである。

これらの建造物は、三十年戦争、フランス戦争、トルコ戦争、スペイン王位継承戦争、オーストリア王位継承戦争など、数十年に及ぶ戦争の後に現われた新しい世界秩序を求める楽観主義の象徴と解釈することができる。しかしながら、このような努力は、ポッダムやヴェルサイユやサンクト・ペテルブルクの政治目的に比較すると、むしろ時代錯誤的に感じられる。啓蒙主義時代の市民階級は、修道院長の恣意的なまた下手な行政指導をけっして容認しはしなかった。しかし一方で、近代の国家経済学は、これらの神聖ローマ帝国の修道院がおおむね正当な行政活動をはたしていたことを認めている。また、修道院支配地域における地方教会や教区管理所の支配は、世俗貴族のそれよりも良好であったことが知られている。このように修道院は、独自の形で地方文化を統合していたのである。

十七世紀後半および十八世紀における修道院は、優越した経済的統一体であった。これらの修道院は、修道士や平信徒をもっとも廉価な労働力として利用し、その利益を共同のものにした。ここには個人としての土地所有者は存在しなかった。このようにして、修道院はもっとも早く戦争の災害から立ち直った。修道院は、その模範的な土地経営によって、しばしば、世俗貴族や都市よりも早く新しい建造物を整備することができた。そしてここでもまた、中世の場合と同様に――例外はともかく――まず基本建造物が成立して、ついでその王冠となるべき聖堂が建設されたのである。多くの修道院は学術研究の中心になり、とくに自然科学の研究が進められた。オクセンハウゼン、ヴァインガルテン、ザンクト・ブラージエン、テーゲルンゼー、クレムスミュンスター、ザンクト・フローリアン、メルクなどはその好例であった。いまや、修道院においては、市民的性格が貴族的性格に優越した。当時の文化的な修道院長や建築依頼者は、ほとんどが市民階級の出身者であり、また手工業者階級の出身者もあった。また、この高位聖職者の中には農民の子弟もいた。当時は階級制度が厳格であったために、このような高位聖職者の昇進経歴は、まさに世紀の驚異とみなされた。ヴァインガルテンやオットーボイレンやバンツやメルクやザンクト・フローリアンのような修道院を建設するということは、謙譲な修練士としてはじめて修道院に入った鍛冶工や農民や壁体建築師の子弟にとっては、想像もできないほどの栄誉であった。ヴァンゲンやビーベラッハ・アン・デア・リッスの市民の子弟は、修道院において、そしてただ修道院においてのみ、帝国貴族にまで昇進することができたのである。

ヴァインガルテンやアインジーデルンにおいて示された古典的形式は、それぞれの修道院の地形的状況や、既存の聖堂との関係や、高位聖職者翼部を後側あるいは南側に移してそのテラスを庭園にむけて開放したいなどというろいろな要求のために、必ずしもしばしば実施されたわけではなかった。しかしながら、このような各種の条件は、それに応じた多数の興味ぶかい作品を生み出す契機になったのである。事実、この西ヨーロッパの修道院建築の最後の世紀ほど、多数の個性的な修道院が建設された時代はない。いまここでレーゲンスブルクに議席をもつ帝国直属修道院や、これらと同等の地位を主張するバイエルンやフランケンの領邦内修道院すなわちヴァルトザッセン、バンツ、テーゲルンゼー、ヴェッソブルン、ベネディクトボイレン、フュルステンフェルトブルックやまたこれより小さなロット・アム・イン、ディーセン、シェフトラーンなどをみ、さらにまたオーストリアの大規模な修道院やスイスの重要な修道院をみると、これらの六十にあまるバロックの修道院は、それぞれが完全性を示していてけっして一義的に形式化することはできないのである。またボヘミアやシレジアの修道院も——とくにシレジアにおいてはフリードリッヒ大王が新しい支配権を樹立するまで——活発な創造活動を示し、またアルザスの修道院は、この地域がフランスに割譲されるまで、発展をつづけたのである。

これらの修道院は、おおむね丘上や山頂にあって、その地域を支配した。これらはすべて、長く水平な規則的な翼部に突出部を付加してアクセントをつくり、聖堂の塔と円蓋が垂直性を強調したのである。これらの修道院は、世俗業務所をも、複合体全体を記念碑的性格のものにする目的に利用した。またその多くは、建造物の周囲に無限のヴァリエーションをもつバロックの庭園をそなえ、三つの伝統的な中庭区域を、その地位に従って配列したのである。ここではまた、重要な建築主題を合理的に抽出配置して、長く単調な翼部のアクセントにした。このようにして、皇帝広間や皇帝居室や階段室や図書室や大食堂は建造物全体のアクセントになり、また夏期大食堂が庭園側のアクセントになった。豪華なバロックの図書室の突出部は、修道院が学術の担当者であることを誇示し、豪華な皇帝広間は、修道院の帝国直属への主張を誇示していたのである。

オーストリアにおいては、山上修道院がとくに重要であるが、そのなかでも、メルク、ゲットヴァイク、クロスターノイブルク、クレムスミュンスターは、とくに注目に値する。また、ザンクト・フローリアンは山上にあるわけではないが、ここで一括して述べることにしたい。

すでにみたように、メルクにおいては、中世およびルネッサンスの時代に修道院の建築主題がすべて提示されていたのを、一七〇一年から、修道院建築の大家であるヤーコプ・プランタウアーが、修道院長ベルートルト・ディートマイアーの依頼に応えて、独創的な配置形式にまとめ上げたのである。彼は、聖堂前面の高位聖職者区域と、その右側の世俗業務区域と、聖堂南側の基本建造物区域は、従来のままの場所に再現した。ここでは、聖堂東端の内陣側に修道院入口を設けなければならないという重要な問題があった。このようなわけで、ここに、いわゆるドーナウ・ファサードを河に面した岩盤上に廻らして、厳粛性を高揚しようという構想が生まれたのである。彼は、この部分を豪華にすることを理由づけるために、二つの重要な建造物である図書室と皇帝広間を長く延びた二つの翼部から抽き出して、この前庭の両側に据えた。図書室は当然南側の修道士区域側に配置され、皇帝広間は、北側の階段室および外来者居室側に配置された。このようにして、もっとも重要な三つの建造物が視覚的に統一されたのである。ここにおいて、東側の修道院入口は厳粛性を失うことなく除去されたが、ドラマティックな効果については断念された。プランタウアーは、この点に関しては謙譲であっ

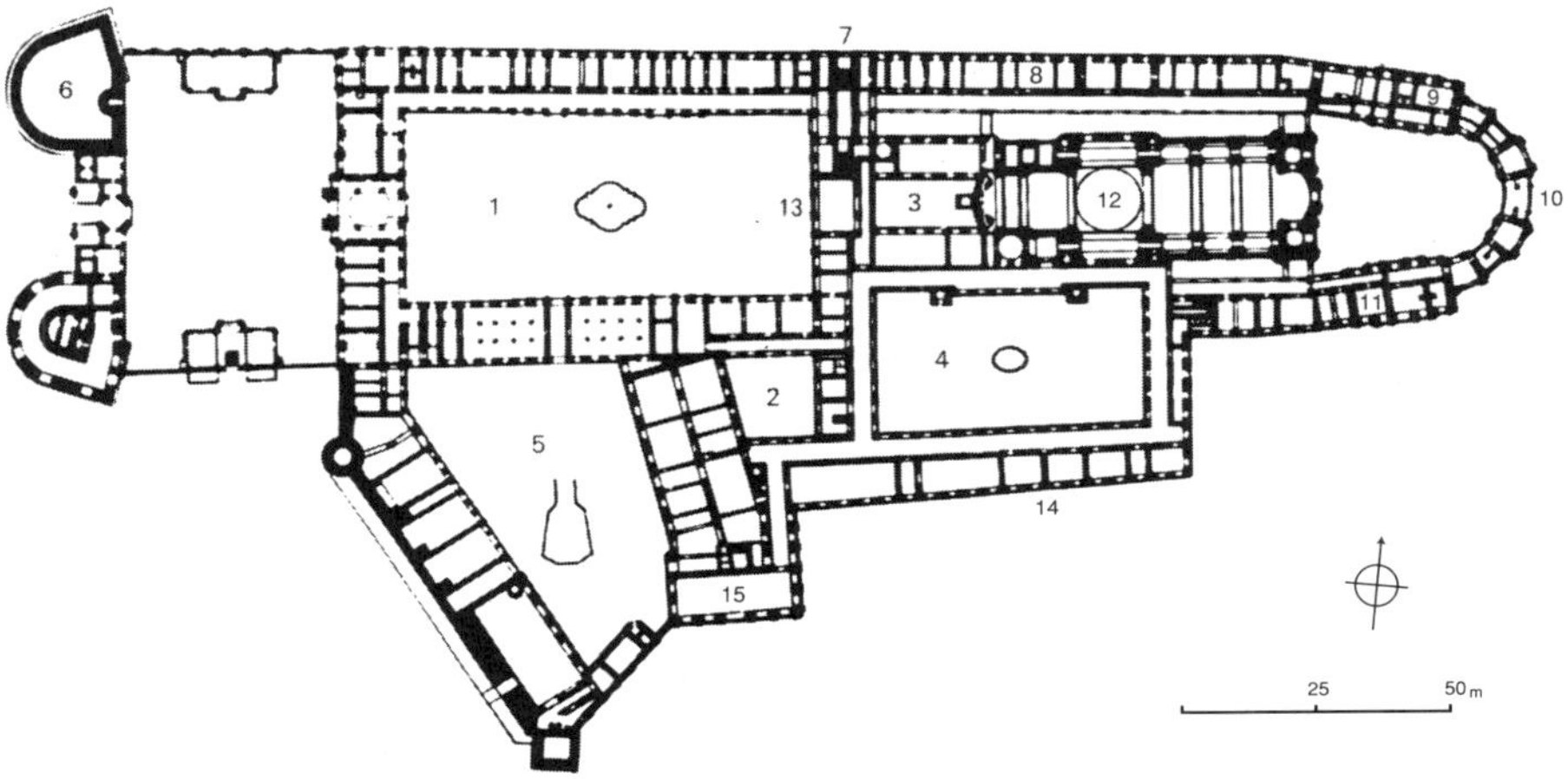

図10/11
18世紀の改築後のメルク
上：平面図
左：ドーナウ河より修道院を望む
（ドーナウ・ファサード）

1　高位聖職者区域
2　基本建造物区域
3　地下墳墓礼拝堂
4　回廊
5　世俗業務区域
6　入口保塁
7　階段室
8　皇帝居室
9　皇帝広間
10　ドーナウ・ファサード
11　図書室
12　聖堂
13　高位聖職者居室
14　基本建造物翼部
15　旧大食堂

図12　メルク、修道院全景

た。しかしまた、後方の外来者区域にも、当然主要ファサードが必要になり、この要望に応えて、聖堂ファサードと二つの塔が支配的偉容を示したのである（図11）。これらの建造物はバロック的な効果を発揮し、都市に面した長辺は必要以上に長大化し、河に面した短辺はより急峻により狭くまとめられた（図12）。

ゲットヴァイクは、メルクの建築がすでに大部分進行していた一七一九年に焼失し、修道院長ゴットフリート・ベッセルは、帝国副首相フリードリッヒ・カール・フォン・シェーンボルンとその建築家であるルカス・フォン・ヒルデブラントに、完全なる修道院の建築を依頼したのである。メルクの改築が、ドーナウの谷に連なるすべての修道院に、強い刺激を与えたことは疑いない。いまや、ウィーンは、メルクを凌駕する完全なるものを求めていたのである。フリードリッヒ・カールは、このことに関して、伯父でありマインツおよびバンベルクの大司教であったロタール・フランツに書いている。「同様にしてわれわれは、木曜日にこのゲットヴァイクの修道院全体について真剣に作図し、優れた建築家であるジャン・ルッカ（・ヒルデブラント）は、オーストリア政府が要望するこの岩山の上の困難な場所に、現代の傑作を生み出したのです。これは彼の他の作品と同様に、建築技術的にも対称性においてもまったく非の打ちどころのないものではありますが、この高位聖職者区域は主祭壇から千歩もある通路で隔てられ、日常生活と往来に大変苦労することになるわけですから、少なくとも高貴な外来者の四分の三については十分に往来の便宜を考慮することによって、はじめて完全なものになるでしょう。アーメン」。[33] 要するに彼は、

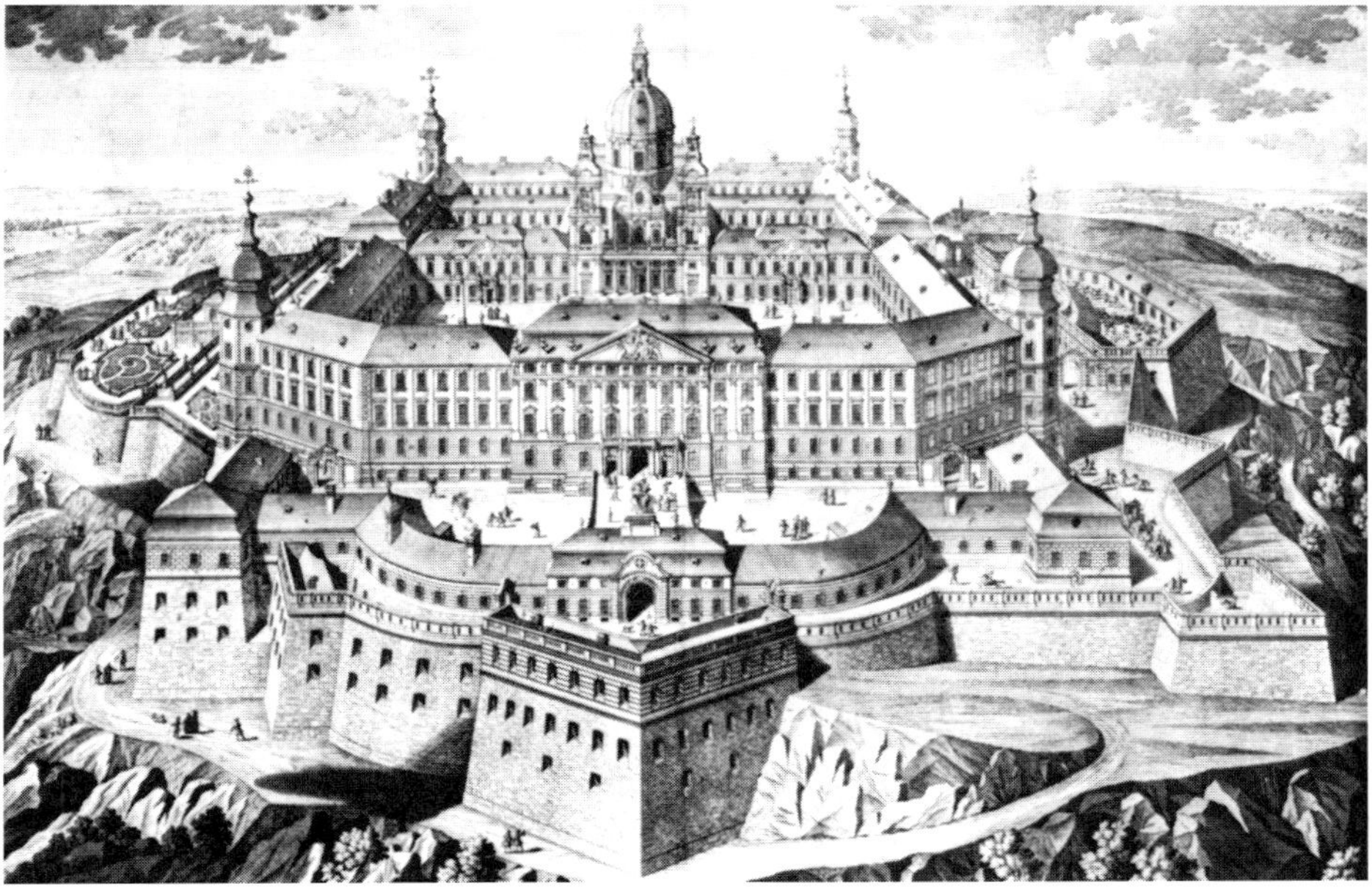

図13　ゲットヴァイク、理想的全景図（ヒルデブラントによる、1719年以降）

ヒルデブラントに対して、この壮大な計画は、聖堂と高位聖職者区域があまりに離れていて、修道生活に支障をきたすといいたかったのであろう。彼はこのあまりに長い通路は大変苦労 bestialisch であるといい、往来 commercium humanum に不便であると述べている。事実、ロタール・フランツは、これ以前にも真面目な調子で書いている。「いまこのゲットヴァイクの修道院長殿が、帝国副首相閣下とジャン・ルッカの援助の下に進められている計画は、はたして修道士のためになるかどうかは疑問です」。このようにマインツの大司教は、基本建造物の面で疑問を提示しているのである。いずれにせよ、シェーンボルン家の人々は、あくまでもこの計画を自分たちの作品であると考えていた。一方またヒルデブラントは、この岩山の地形を利用して、城砦建築家としての自らの豊富な経験を立証して示したのである（図13）。このようにして、聖堂円蓋を中心にして各方向ともに同形の完全な左右対称の配置形式が成立したのである。しかしながら、これは、一部だけしか完成しなかった。

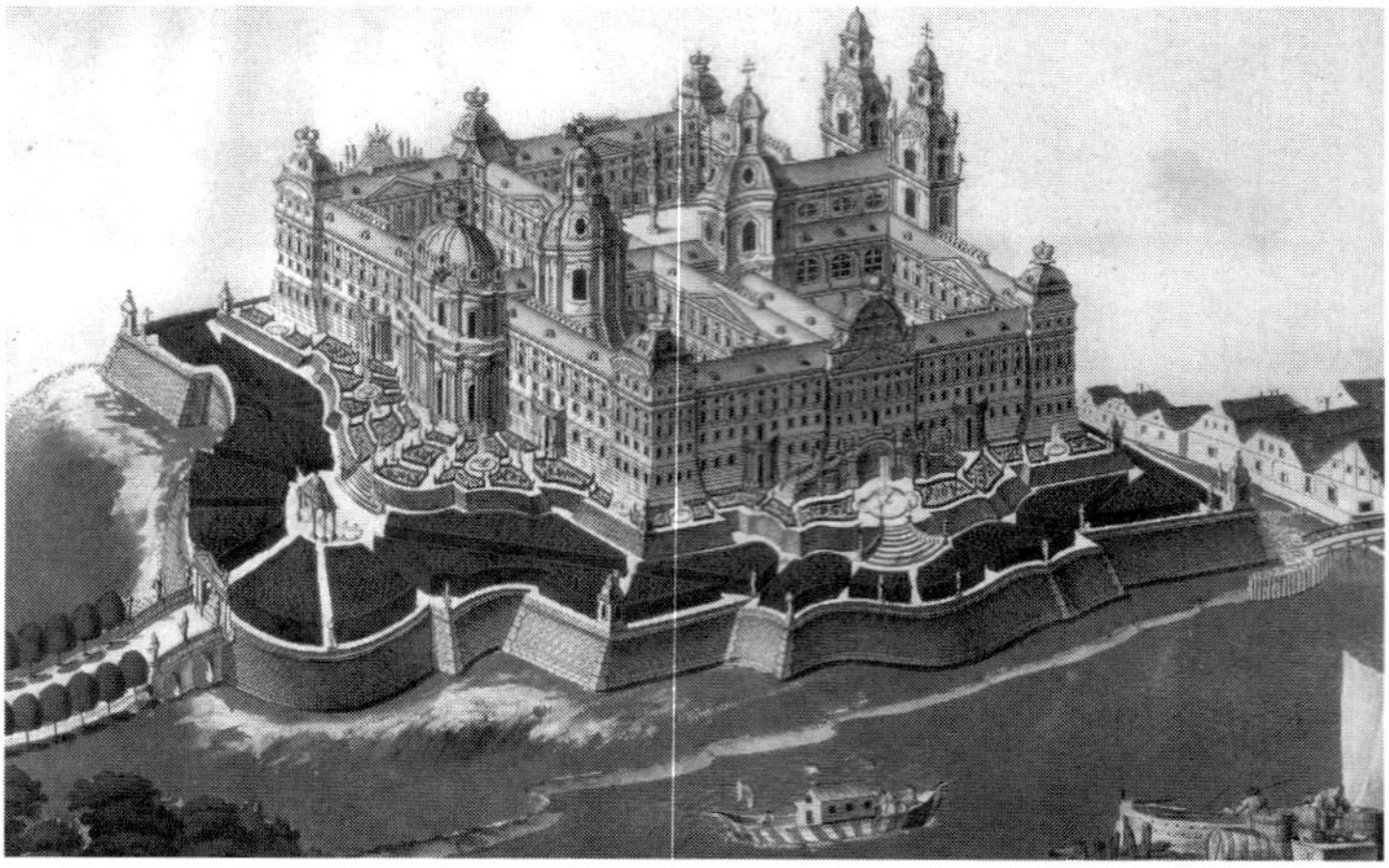

図14　クロスターノイブルク、理想的全景図（1744年）

修道院の建築計画は、やがて修道院の要求をはるかに越えたものになっていった。それは、メルクやアインジーデルンやヴァインガルテンとは異なって、修道院の配置形式の制約を受けなくなった。そしてこの傾向は極限にまで発展した。それは、ヒルデブラントのもう一つの傑作であるプリンツ・オイゲンの居館ベルヴェデーレが巨大な天幕を暗示するように、一個の王冠となって風景全体を支配することになるのである。これはまさしく天上の都市である。皇帝カール六世は、一七三〇年に、自らこのクロスターノイブルクの建築依頼者になり、これをエスコリアルに匹敵するものにし、さらにこれを宮廷の夏期の居館にしようとしたのである（図14）。彼はこの計画をイタリア人ドナト・アリオに依頼し、一七三〇年に、最初の大規模な計画を発表した。これは完全な左右対称の配置形式をとり、ドーナウに面した台地の上に大規模な四角形の姿を示し、四つの中庭区域をもち、聖堂の円蓋と二つの塔は周囲の九つの円蓋を凌駕するはずであった。また、その背景となる巨大な庭園は、とくに人目を惹くはずであった。しかしながら、一七四〇年に皇帝が歿した際には、わずかにその四分の一が完成していたにすぎなかった。

ザンクト・フローリアンは、このドーナウを圧する二つの

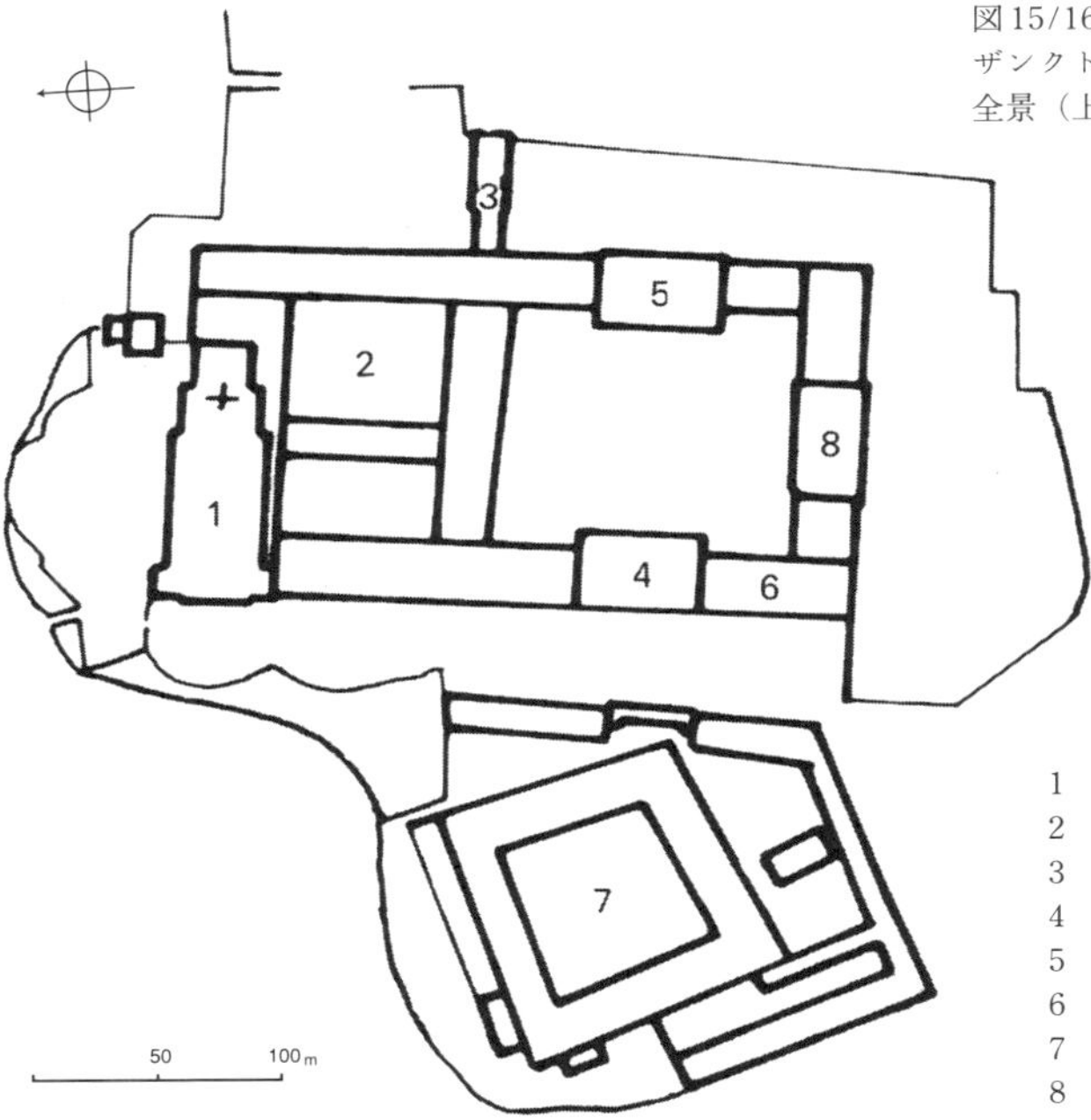

図15/16
ザンクト・フローリアン
全景（上）と平面図（右）

1　聖堂
2　基本建造物区域
3　夏期大食堂
4　階段室
5　図書室
6　皇帝居室
7　世俗業務所
8　大理石広間

大規模な城館修道院、ゲットヴァイクとクロスターノイブルクとは異なって、むしろメルクと同様に、中世の遺構を一歩一歩バロックの修道院に改築していったのである。すでに一六三〇年には、今日も残存する回廊南側翼部が成立し、これが後の大規模な中庭区域を規定する基準になった。一六七六年には三十年戦争後最初の大改築が開始され、主要ファサードの前面に大規模な四角形の世俗業務所が建設され、最美の土地管理所であると賞讃された。さらに一六八八年には、カルロ・カルローネが、ゴシックの聖堂の基礎上にバロックの聖堂を建設して、一六八三年のトルコによるウィーン包囲解放の記念碑にし、さらにプランタウアーおよびその後継者は、これに接して全長二〇四メートルにも及ぶ長大なファサードを付加したのである。皇帝の厳重な建設禁止令にもかかわらず、農民出身の豪放な修道院長ヨハン・B・フェダーマイアーは、大理石広間と、庭園に面した美しい夏期大食堂を建設した。彼はまた、自らの土地に城館ホーエンブルンを建設することを考えた。ザンクト・フローリアンの階段室は、彼の前任者の手になるものであり、また図書室は彼の後継者の手によるものであった。この大理石広間と図書室と階段室は、高位聖職者区域の重点として四角形を形成し、これに従って他の建造物が細部を補足したのである。

ここで、オーストリアの修道院から、神聖ローマ帝国の修道院に目を転じることにしよう。

ここでは、シュヴァーベンの高位聖職者会議だけをみても、二十五の帝国直属修道院の代表が出席していた。いまここでこれらの帝国直属修道院の一七九二年における年間収入と支配区域と住民人口の一覧表をみると、その上位七者はすべて大規模なバロックの修道院であることが判る。

		(年間収入／グルデン)	(支配区域／㎢)	(住民人口／人)
一	ケンプテン	150,000	約870	約50,000
二	ヴァインガルテン	97,000	320	14,000

三	オクセンハウゼン	95,000	190	6,000
四	オーバーマルヒタール	80,000	165	7,000
五	ザーレム	78,000	330	6,000
六	ツヴィーファルテン	74,000	180	8,000
七	オットーボイレン	68,000	180	10,000

このうちオットーボイレンは必ずしもつねに帝国直属ではなく、また、このほかの直属修道院にも多くの重要な建造物があったことを忘れてはならない。それはたとえばシュッセンリート、ブハウ、ネレスハイム、ヴァイセナウ、ロート・アン・デア・ロート、またさきに述べたカルトゥジオ会修道院ブックスハイムなどである。そしてまた、この文化圏にはこれらと同等の別の一群の修道院があって、たとえばスイスのザンクト・ガレン、シュヴァルツヴァルトにある上オーストリア管轄のザンクト・ブラージエン、ウルム近傍にあってこれまたオーストリアに属するヴィープリンゲンなどのように、帝国直属区域にありながらも、レーゲンスブルクの帝国議会に議席をもたないものがあったのである。さらにまた一方、シュヴァーベン以外にも帝国直属修道院があり、その代表は、レーゲンスブルクにおいてたがいの建築計画を披露しあった。フランケン北端のアモールバッハやヘッセンのフルダ、アーヘン近傍のシトー会修道院ブルトシャイト、またさらなる遠方の大修道院コルヴァイなどがそれであった。さらにまた各種の教会施設や大聖堂主席司祭居館など、厳密な意味では修道院ではないものまでが、このような動向の影響を受けていたのである。たとえば、あの美しいエルヴァンゲンや山上の森林中にあって、その支配区域の幅よりも高度の方が大きいといわれるベルヒテスガーデンなどがそれであった。またある種の修道院は、豪華な建造物を建てることによって、独立への要求を示そうとした。シトー会修道院シェーンタール・アン・デア・ヤクストのバロック建築は、このような意図の下に成立したの

である。これらの修道院は、当然のことながら、たがいに建築と芸術を競い、その修道院長の政治的手腕と熱意と経済力で優劣が決せられた。そしてここでもまた、修道規律が完全に遵守されている修道院においてのみ秩序ある建築が生み出される、という命題が実証されたのである。

ケンプテン、オクセンハウゼン、ヴァインガルテンは、このような動向の出発点であった。そしてこれらは、経済力の点でも一覧表の最上位を占めていた。これに対して、オットーボイレンは、十八世紀の前期から中期におよぶ最盛期の傑作であった（図17―19）。またヴィープリンゲンとザンクト・ブラージエンは、この動向の終末を飾るという意味で、とくに注意しなければならない（図20―22）。

オットーボイレンの聖堂と修道院は、ヴァンゲンの鍛冶工の子息であった修道院長ルッペルト二世・ネス（在任一七一〇―四〇）によるものであった。彼は日記にこの修道院建設の意図と経過を詳細に記している。彼は、修道院建築には三つのp、すなわち、資金 pecunia, 慎重 prudentia, 忍耐 patientia が必要であるとした（文書XV）。彼は、まず最初に、この修道院の負債を返済してアウクスブルクの司教から管理権を取りもどし、この経済的・政治的前提に立って建設を開始したのである。このようにして彼は、フランツ・ベール、J・ヘアコマー、クリスティアン・サムなどの多数の建築家に設計を依頼し、最後に、自らの修道院の神父クリストフ・フォークトに指導権を与えて自らの意図を実施したのである。この修道院は、一七一一年から二五年にかけて建設された。そして彼は、さらに十二年後の一七三七年に、聖堂の礎石を置くことができた。最初の修道院建設の場合にも、またこの聖堂建設の場合にも、基礎工事と配水工事に不測の抵抗が生じた。ここでもまた、C・A・マイニ、K・ラートミラー、ドミニクス・ツィマーマン、ヨーゼフ・シュムッツァーなどの多数の建築家に設計を依頼し、検討し、結局また謙譲なフォークトがその実施を指導したのである。ルッペルト二世は、一七三六年三月一日の日記に次のように記している。「私はこの数日間、ジンペルト・クラーマー氏と新しい修道院聖堂について話し合い、すでに提出されている多数の聖堂図面の中から幾つかを取り出し、その最良と思われ

図17　オットーボイレン、修道院全景

るものに対して、彼が立面図を製作してみせてくれるように依頼した」。中世の場合と同様に、バロックの時代においても、建築依頼者が決定権をもつのが普通であった。まさしく彼こそが、このオットーボイレンに参集した建築家や芸術家を合理的に指揮することができたのであり、また彼だけが、この修道院全体についての構想をたてることができたのである。この聖堂建設が開始されてから十年後の一七四七年に、彼の後継者が、あの偉大なるヨハン・ミハエル・フィッシャーに依頼して設計を変更してこれを完成したということは、また別の次元に属する問題である。

ルッペルト二世・ネスは、従来の修道院をはるかに凌駕するものを構想していた。彼は、ゴシックの聖堂の東向きの配置形式さえも否定した。この新しい大規模な四角形の修道院は、従来の聖堂からはわずかに離れ、従来の修道院の中心軸と配置形式はすべて放棄している。そしてこれは、西側の前庭と南側の修道院長庭園に向かって位置づけられた。すなわち、皇帝広間と貴族居室は、意識的に基本建造物

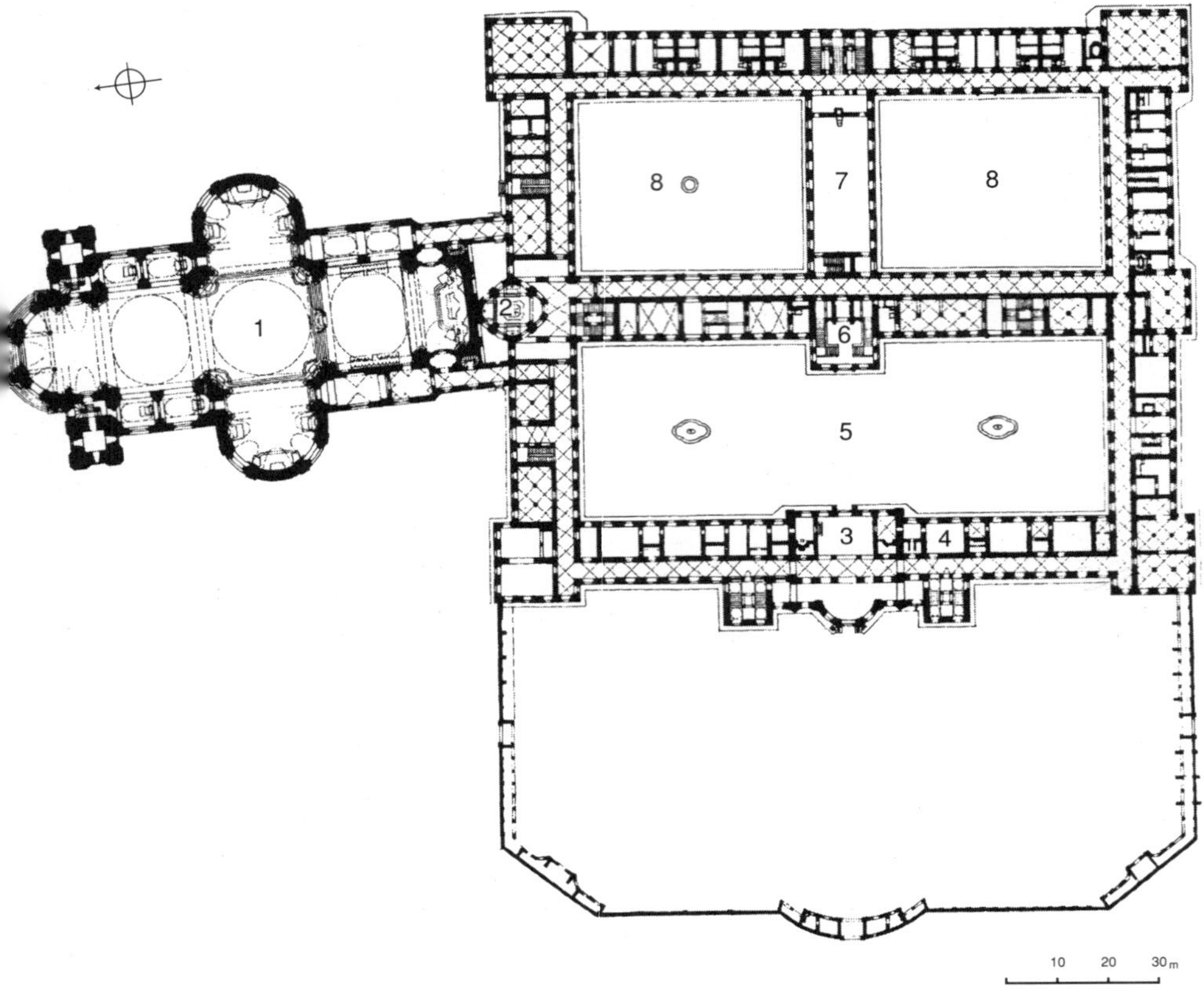

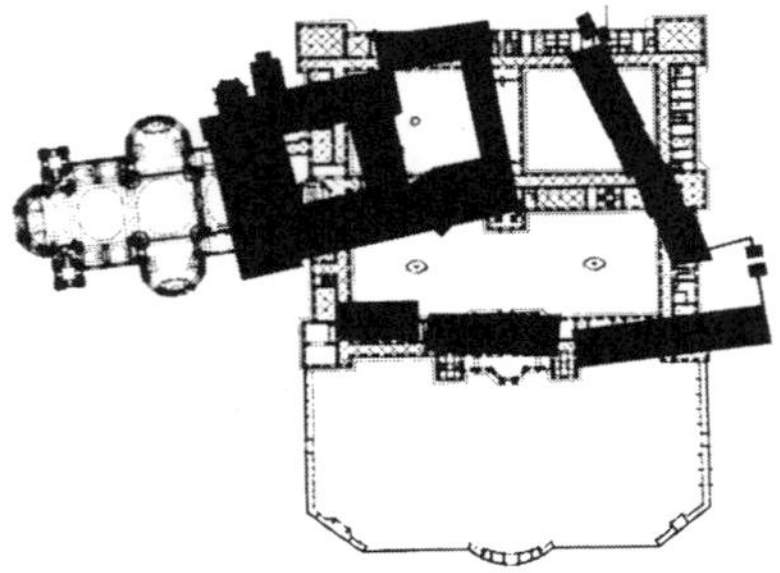

図18/19
オットーボイレン、
新修道院平面図（上）と、
新旧平面図の比較（左）
（D. シュナイダーによる）

1　聖堂
2　修道院長礼拝堂
3　皇帝広間・階段室
4　貴族居室
5　修道院長居室区域
6　修道院長居室・階段室
7　大食堂
8　基本建造物区域

区域から離れて西向きに配置された。中央翼部は赤い修道院あるいは冬期修道院とよばれる修道院長居室区域になり、華麗な謁見室と居室と寝室が配置され、さらにそこに修道院長の特別な事務机がつくられた。これは、私が知るかぎり最大の事務机であり、またもっとも多数の抽斗がある事務机である。この帝国直属高位聖職者の事務机について記せば、それは優に一つの章を成すであろう。すなわち、この事務机は貴族の王座に相当するものであり、修道院長の支配権を象徴するものであったのである。修道士区域は東側に配置され、その中央には、大食堂と煖房施設のある作業室と大図書室の翼部が設置された。内部はヴェッソブルンの漆喰で装飾されたが、外観は地方風に単純化され、形式の点でも意識的にオーストリアの修道院に属することを示したのである。

修道院聖堂は、魅惑的な修道院長礼拝室を軸にして、あたかも馬が馬車を引くような姿で斜にこの四角形の修道院に連結し、ケンプテンの場合と同様に、自由なアングルで処理された。ここには多くのシュヴァーベン的な伝統があり、とくに多数の屋根が人目を惹いた。これは周囲の草原とよく調和していた。ヨハン・ミハエル・フィッシャーによる聖堂内部の華麗さと厳粛な交響性は、まさしくバロックの聖堂建築の頂点を示すものである。ここには、数世紀にわたって蓄積された、形式についての経験、思想上の財産、建築計画のすべてが集中しているのである。これは、まさしく神の都市の最後の顕現であり、天国の最後の顕現であった。

ヴィープリンゲンの十八世紀のバロック建築もまた、従来の建造物とはまったく異なった姿を示している(図20・21)。この修道院ははなはだしく戦争の災害を被った。修道院長モデストゥスは、スペイン王位継承戦争が終結した一七一四年に新しい世俗業務区域の建設を開始し、一七二九年にはその大部分が完成した。この世俗業務区域は、従来のとおり敷地の西側にあり、前庭入口の塔屋を中心に多数の塔屋が左右対称に並んで、貴族的な雰囲気をかもし出している。このように、前庭を調和あるものにし世俗業務区域を整理することは、ヴィープリンゲンの重要な主題の一つであり、この方針にそって、城館と厩舎と車庫の位置が決定した。そして後に、この前庭の外観に応じて、聖堂ファサードが計画された。修道院長マインラート（在任一七三〇—六二）は、大規模な計画の下に修道院の建設を開始したが、その大部分は二十世紀の修復作業によってはじめて完成し、後にウルム大学の一部になったのである。ここでもまた、西側正面の聖堂の左右の翼部は高位聖職者区域と外来者区域になり、東側の翼部は基本建造物区域になった。聖堂は、一七七二年になってようやく、壁体建築家ヨハン・ゲオルク・シュペヒトによって完成し、内部は、一七七八年から、画家ヤヌアリウス・ツィックによって建築的に整備されたのである。このようにしてはじめて調和のとれた建築が完成した。この建築はオットーボイレンに匹敵し、またその壁画はオットーボイレンを凌駕していた。しかしながら、建築上の統一原理はすでに変わりつつあった。いまや象徴性に代わって教訓性が出現してきたのである。われわれは、象徴性の世界においては勝利の教会の大いなる聖劇に参加したのであるが、この教訓性の空間においては、いままた改めて生徒として大真面目に教育されるのである。新しい建築ファサードは、貴族的な前庭と世俗業務区域の主題に対応して計画されたが、これはついに完成しなかった。この聖堂ファサードは、ヴァインガルテンやオットーボイレンと比較すると、バロックの演劇性つまり演出的情熱性が欠けている。とはいえ、この大規模な修道院は、地方的であってしかもなお上品な姿を示していたのである。

一般にバロック後期の建築は、建造物の配列と使用目的にある種の不安定性が認められる。これは、ザンクト・ブラージエンの計画図においてとくに明瞭に現われる。われわれは最後にこれを取り上げることにしよう（図22）。

シュヴァルツヴァルトのザンクト・ブラージエンは、十八世紀最後の大規模な計画であった。この修道院はボンドルフ伯領の収入を基礎にして成立し、そのために、修道院自身はオーストリアの管轄下にありながら、修道院長は一七四六年に帝国貴族に叙任された。修道院長ゲルベルト（在任一七七六—九三）はすぐれた学者であり、修道院はこの院長のもとで学問と芸術の最盛期を迎えたのである。一七六八年の火災は、新しい建築計画

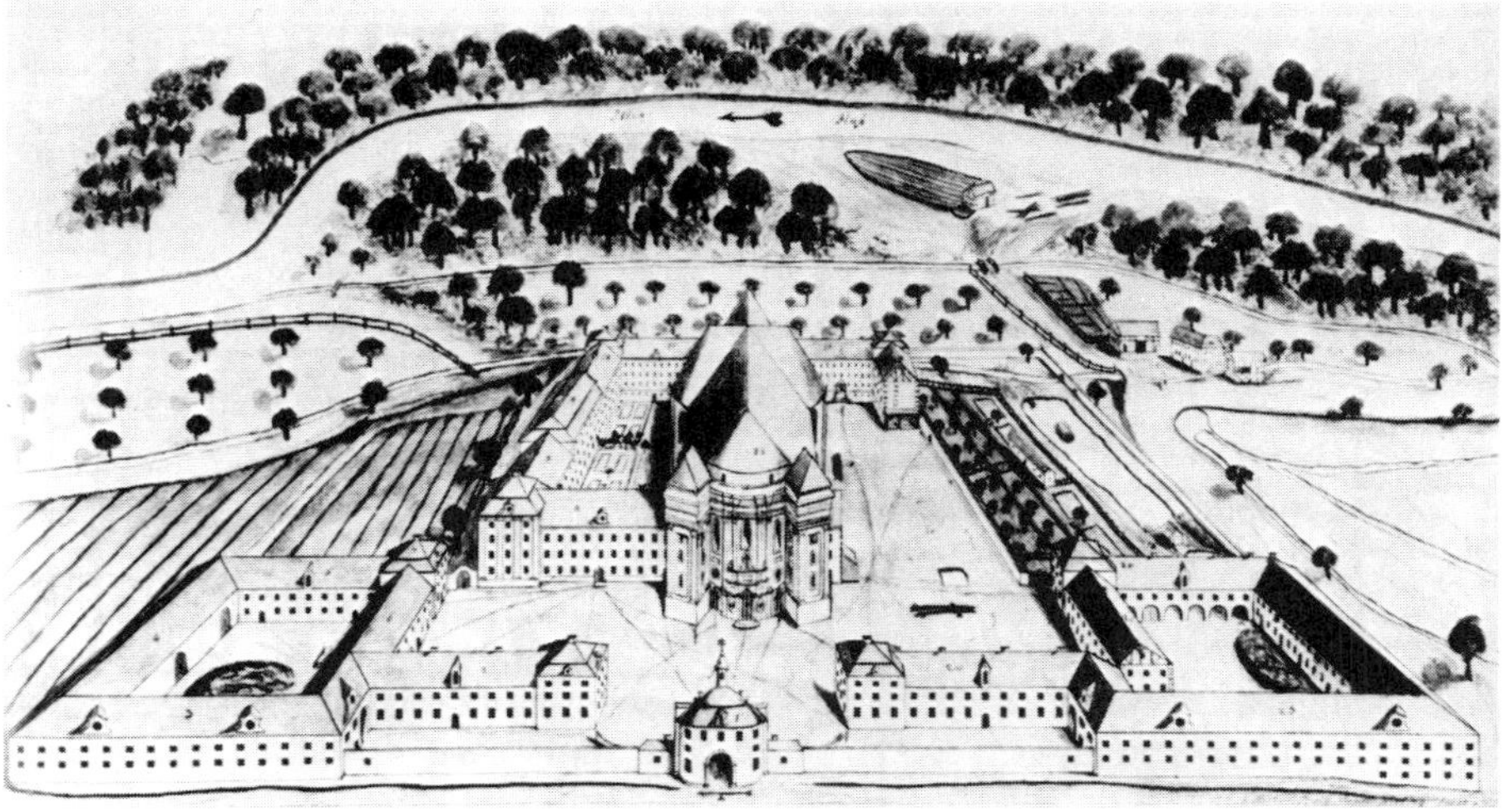

図20/21　ヴィープリンゲン、
19世紀初めの完成途上の状態（上）と、
修復・完成後の全景（下）

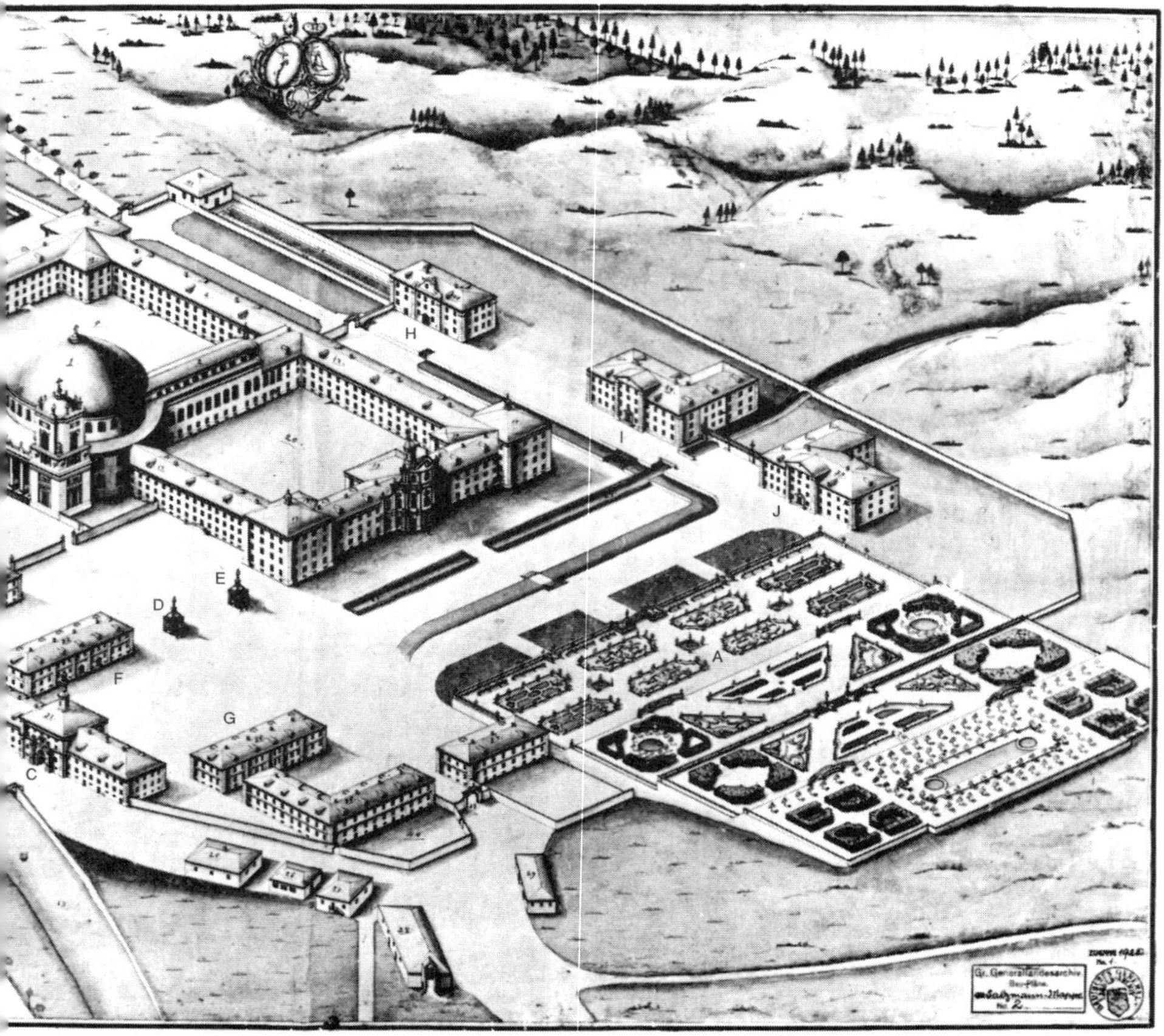

図22　ザンクト・ブラージエン、
17世紀の理想的平面図
（P. M. ディズナールによる）

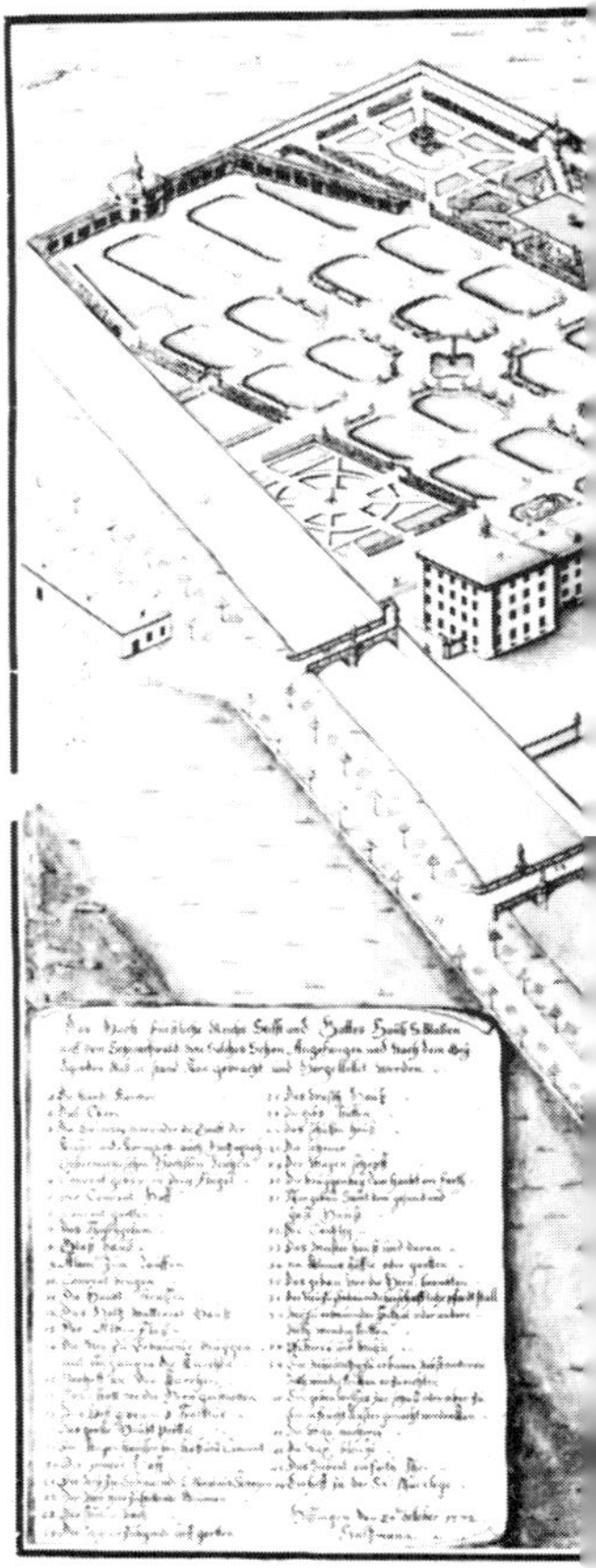

を要求した。当時おおむねストラスブールに居住していた建築家ピエール・ミシェル・ディズナールの立案による計画は、フォアアールベルク出身の協力者ザルツマンが浄書した図で知ることができる。ただしここでは、これまで考えられていた以上に、従来の基本建造物がそのまま利用されたのである。この修道院は一七七七年に完成し、パンテオンを模倣した円蓋をいただく円型聖堂は、一七八三年に完成した。この旧世界最後の大規模な修道院は、一方ではまた、初期古典主義と啓蒙主義の記念碑でもあった。

　この計画図は、実施の際に多くの部分が省略されたが、ここにはもはやバロックの安定した装飾的秩序は存在しない。いまこの計画図をヴァインガルテンやゲットヴァイクの理想的計画と比較し、さらにまたアインジーデルンやメルクの修道院複合体と比較してみれば、この事実が理解できるであろう。配置形式そのものは変わってはいない。ここでは、型どおり、聖堂を中心にして、左側は基本建造物区域に、また右側は高位聖職者区域になっている。この基本建造物区域の末端には大食堂があって、その前面には庭園が拡がり、一方また高位聖職者区域の末端にはバロック特有の大規模な階段室が付加されている。そして、この翼部の前面は庭園[A]である。この庭園は、橋[B]を渡り、門[C]を通り抜け、二つの噴泉[D・E]の傍を通って正面入口にいたる通路とは、はっきりと分離している。この門の両側には、事務所[F・G]が取り残されたような形で描かれている。さらにまた、背後には一連の建造物〔H・I・J〕があるが、その使用目的は明らかではない。要するにこれは、啓蒙化し、理性化し、さらにまたユートピア化した秩序を追求しているのである。すべては、プロシアの擲弾兵のような潔癖さと慎重さで計画されているが、もはやそれ以上の理念は存在しない。この修道院は、いわば貴族の城館であり、学者の共和国であり、国家行政機関であり、聖職施設であり、地方行政機関であった。これはもはや、地上における神の都市の象徴ではなかった。このザンクト・ブラージエンの建築家と建築依頼者は、ともにフランス啓蒙主義に呪縛されていたのである。一七七〇年前後においては、なに人といえどもこの呪縛から逃れることはできなかった。また、この時期には、きわめて重要な歴史著作物が生まれ、とくに神聖ローマ帝国の修道院および司教区の歴史が『ドイツ教会史』*Germania Sacra* 九巻の大著に編纂され、教会の世俗化に先立って出版されたのである。いまや、明らかに象徴性を放棄した歴史が始まっていた。修道院建築は、つねにその時代の精神的状況を正確に反映するものである。この世俗化に先立つわずか数十年の間に、キリスト教的世界解釈が大規模な綜合をはたし、それがアルプス地域の修道院建築に反映したということは、驚くべき事実である。しかしながらすでに、隆盛を誇る多くの修道院にも、世俗化の宿命がしのびよっていたのであった。

第十章　修道院の世俗化と新しい動向

修道院建築の歴史の終章として、啓蒙主義とフランス革命による修道院破壊の問題にふれなければならない。この大嵐は、過去の修道院をほとんどすべて破壊した。フランスとドイツにおいては、修道院はほとんどすべて世俗化され、スペイン、ポルトガル、イタリアにおいては、最初の世俗化を免れていたものまでが、後に、徹底的に世俗化された。ただオーストリアとスイスのわずかな修道院においては――むろんそのなかには大規模な修道院があったが――聖堂において絶えることなく礼拝が続けられた。さらにまたウィーン会議の直後には、各地に修道院再興の試みがみられた。修道院は、いままた改めて圧倒的な数を示すようになった。現在、それぞれの修道会に所属する修道院は驚異的な数にのぼり、多数の旧い修道会とともに、絶えず新しい修道会が設立されている。しかしながら、この統計に現われた修道院は、大部分が一度無住になった後に、再度修道士や修道女が居住したものである。ルートヴィッヒ一世によるミュンヘンのロマンティックなザンクト・ボニファツや、ル・コルビュジエによるリヨン近郊の大胆なドミニコ会修道院ラ・トゥーレットのような新しい形式のものはきわめて少ない。

この、不当にも修道士の理想を曲解し、その富を散佚し、修道院を売却し、聖堂を非聖別化し、華麗な建造物を破壊するという歴史的愚行について、ここでふれるのを避けるわけにはいかないだろう。クリュニーは一七九八年に売却され、その聖堂は一八一一年に破壊され、その残骸は一八二三年にいたるまで石材として使用され、一八二六年になってはじめて記念物としての保護が適用される、という有様であった。バイエルンやシュヴァーベンにおいては、各地の修道院の貴重図書を牛車に積んでミュンヘンやシュトゥットガルトの国立図書館に搬び出し、途中で、貴重な写本を投下して泥路の溝を埋めるようなことさえ行なわれた。修道士や修道女の追放の苦悩や、また彼らが数世紀にわたって続けてきた修道生活の中断による絶望は、深刻なものであった。ドイツにおいては、カトリックの貴族もプロテスタントの貴族もともに、ライン彼岸で喪失したわずかな土地の代償として、また彼らの名誉職の報酬として、また無料で入手できるという理由で、無住の修道院を手に入れようと狂奔した。これらの貴族は、今日もなお、当時の収奪の恩恵を受けているのである。フランスにおいては、修道院の遺産を手に入れた多くの工場や名家が繁栄した。修道院の財産は、いろいろな形で産業革命の資本形成に利用された。歴史は、このような犠牲を顧みることなく進行したのである。これに対して、修道院はまったく無抵抗であった。若いティークは、バンベルクのごとき参事会修道院の、数世紀におよぶ皇帝遺産が失われたことを歎いたが、ほとんど同調する者はなかった。このような貴重な文化財を新しいコレクションに収蔵することは、散佚、破壊を防ぐという意味で、むしろ肯定された。神聖ローマ帝国の、またフランスやスペインの、重要な文化的中心地のめぼしい財宝は、すべて博物館に収蔵された。レーゲンスブルク、ヴァインガルテン、テーゲルンゼーなどはその一例である。人々はまた執拗に、この建造物の合理的な転用を考えた。ブラウヴァイラーやエーブラッハは教育施設になり、シュッセンリートやツヴィーファルテンやヴァイセナウは精神病院になり、またフランスの有名なクレルヴォー、フォントヴロー、モン・サン・ミシェル、アニアーヌは牢獄になり、また都市内部の修道院は、たとえばフィレンツェのサンタ・マリア・ノヴェッラやサント・スピリトのように、しばしば兵営になり、後には学校にもなった。パリの大部分の修道院はまず牢獄になり、有名なドミニコ会修道院はジャコバン党クラブになり、またアウグスティヌス修道会のそれは最初芸術品保管所になり、一八二〇年以後国立美術学校になった。政府委員会は、きわめて辺鄙な場所にあるきわめて質素な修道院をも徹底的に摘発し、その場所のおかげで、また良好な政治的連繋のおかげでどうにか見逭されていたものまで、数十年にわたって摘発した。モンタランベールは、著名な聖堂や回廊の装飾円柱や柱頭が地方道路の舗石として使用されるのをみたと述べている。中世の美術作品や写本を集めた美術館や図書館は、すべて無住の修道院の大量の文化財を収蔵したものであり、事実パリのクリュニー中世美術館やニュールンベルクのゲルマン国立博物館やミュンヘンのバイエルン国立博物館やケルンのヴァルラーフ・リヒャルツ博物館などは、この収蔵品を基礎にして成立したのである。これらの施設は、他の犠牲の上に成立したのである。一方また、ニュールンベルクやレーゲンスブルクやピサのように、修道院の内部がきわめて美しい博物館の一部になることも少なくなかった。時にはまた、フィレンツェのサン・マルコのように、修道院全体がそのまま美術館になることもあった。

修道院破壊は、あたかも戦争のように徹底的に実施された。そしてこれは、カトリック諸国においてはさらに徹底的に行なわれた。ミュンヘンにおいては、一八〇二年十一月三日午前三時を期して、四十名の政府委員がそれぞれ命ぜられた区域におもむいて、修道院の馬匹を徴発して、聖体顕示台と聖体容器と価値のない六基の聖杯以外のすべてのものを接収した。フランスにおいては、二十世紀の初頭まで、しばしば修道院の解散と接収が発令された。復帰してきた修道士は再三再四追放された。修道院は、反宗教的政策を進めるフランスにおいても、また国家的自由主義政策を進めるドイツにおいても、好意的には処遇されなかった。ヴィルヘルム二世がベネディクト会に好意を示したのは、たんなるロマンティックな歴史感覚によるものでしかない。一八六二年、チューリッヒ市議会は、大論争の末についにこの州の最後の修道院である美しいライナウを解散した。

高貴にして有能な修道院長レオドガール・インアイヘン（一八一〇―七六）の努力は報われなかった。三名のプロテスタントの有力者、すなわちチューリッヒ教区司教ヤーコプ・ブルンナーと市の最高判事ヨハン・ヤーコプ・ルットリマンとヴィンタートゥール市会議長ズルツァーは、「ライナウの修道士は、二百万もの不動産を所有するということだけでも罪に値する」と告発したのである。チューリッヒ市議会のカトリック議員も、結局はこの決議に従わざるをえなかった[34]。

修道院の世俗化の問題は、けっして単純ではない。それは古くからある三つの動向によるものであった。いまやそれは一つに合体して、修道院は新時代の政治組織体としては不適当であり、芸術作品建築作品としては無価値であると断定して、すべてのものを押し流したのである。元来修道院は保守的であり、その芸術はおおむね支配権力に迎合する傾向があった。これに対して、哲学者、文学者、芸術家は、十九世紀初期以来おおむね反権力的姿勢を示し、修道院芸術を誤解してきたのである。

第一の動向はプロテスタンティズムであった。宗教改革は、それ以前の分派と同様に、修道思想を否定した。この修道思想を新しい信仰の立場から考え直そうという試みも、わずかに行なわれはしたが、消えてしまった。ロックムの修道院長は新教派の司教が兼務しているが、これはその一例であろう。また、カトリック教会以外にも修道会を設立しようという試みがなされたが、反響はなかった。いまこの現象を宗教心理学的に解釈するのは、さしひかえておきたい。従来の制度の欠陥を指摘し改革しようと志す者は、自ら進んで権威に服することができるはずがない。プロテスタンティズムが支配した地域では、いたるところで修道院が解散されて教区の財産になり、また新規の建設は妨げられた。これらの建造物は、新しく利用されない場合には躊躇なく破壊された。これは、ヘンリー八世治下のイングランドにおいてもっとも徹底的に実施された。彼は、一五三九年にすべての修道院を解散し、その大部分を意味もなく破壊した。この大量の芸術品は、七艘もの船で大陸のルーアンに搬び出されて競売に付された。この島国の修道院の歴史は、この日をもって終止符が打たれた。これらの廃墟は、近代的な記念物保護の対象に認定されるまで荒廃にまかせられていた。かつての修道院周壁の内部には、支配者の邸宅ができた。一方また完全な姿で存続し、新しい時代の課題を受け入れた修道院も、新しい建築を発展させるだけの力はもっていなかった。これらの修道院も、結局は不毛の状態にあった。イギリスにおいてもっとも良好に保存されているカンタベリーのベネディクト会修道院などにしてもそうであった。そしてそのような不毛性のゆえに、存続することができた修道院もあった。これらの修道院は、学校や行政管理所になった。ドイツにおいてもっとも良好に保存されているシトー会修道院マウルブロンやエーベルバッハは、このようにして今日に伝えられたのである。

第二のまた第三の動向は、たがいに大きな隔たりのある精神的風土や生活態度から生まれたものである。その一つは非合理的な破壊本能であり、他の一つは合理的な改革本能であった。前者は、民衆の反権力的意識の深淵から噴出したものであった。歴史上の数々の戦争は、子供が蟻塚を掘りくずすように修道院を掘りくずした。人々は、修道院を破壊することを楽しんでいた。さらにまた、十七世紀以来、多くの知識人が修道院を進歩の敵とみなしていた。「修道士は」とヴォルテールは問う。「何を職業としているのか。彼らはなにものをも所有せず、誓約で非理性に奉仕し、他人の援助で奴隷的に生きているにすぎない」[35]。この上下の圧力は、フランスにおいては一七六六年より、またオーストリアにおいては一七八一年より、ともに手を握り、フランス、ドイツ、イタリアにおける最後の修道院が解散されるまでとどまることがなかった。修道院がもっていた富もそうした動向を刺激したし、人々はまた、歴史の重圧から未来に遁れようとしていたからである。

ここではまず下からの動向をみることにしよう。これはじつに枚挙にいとまがない。シトー会修道院の大規模な廃墟を訪れて感動を覚える者は、ベルギーのオルヴァールについて記した作者と同様に、修道院破壊の歴史を追求したいという気持に駆られるであろう。

一六三七年、リシュリューよりドイツにおけるスウェーデン軍を援助すべく命を受けたシャティョン元帥麾下のフランス軍が、この修道院に到着した。「八月二日、フランス軍とスウェーデン軍の二個部隊がこの修道院に侵入し徹底的に略奪した。彼らはまず世俗業務区域を占拠し、さらに回廊、聖具室、聖堂に押し入った。彼らは斧の一撃で聖櫃を破壊し、鐘や聖杯とともにまた、聖堂や図書室のまた修道院全体の装飾物と什器をことごとく持ち去った。彼らはまず祭壇を非聖別化して破壊し、彫像を倒し、その頭や四肢を切断した。そしてこの日の夜、聖堂と世俗業務区域は焼かれてしまった。この聖堂は穹窿だけが残ったが、その廃墟は手洗いと厩舎にされた。主祭壇は秣飼場にされたともいう。そして八月十一日に、この修道院は再度四隅から放火されて完全に焼かれた。この火は聖堂の穹窿にまではとどかなかったために、四十名のフランス騎兵は、合議の上、八月十三日、手に手に燃える藁束を取ってすべてを焼いてやると絶叫した。彼らは聖堂とともに基本建造物にも放火した。この火は四日間も燃えつづき、内陣の座席もあますことなく灰燼に帰した。このようにして、この修道院は、離れた場所にあったノートル・ダーム・ド・モンテーギュ小礼拝堂を除いて、完全に焼失したのである(36)」。

しかしながら、この修道院は、十七世紀後期から十八世紀にかけて再興した。建造物は従来のとおりに再現された。この修道院の所有地から上る収入は、新しい繁栄を約束した。この修道院はまた、学術的業績をあげるようになった。一七五七年には、その財産は百万フランを超え、徴発をおそれて大規模な建造物に変えられた。L・B・ドヴェー(一七三一—一八一二)は、中世の修道院の大部分を再現し、さらに豪壮なバロックの建造物を付加した。これはこの地方におけるもっとも華麗なバロックの城館で、きわめて豪華に整備された。いまや修道士は、クレルヴォーの場合と同様に宮廷風の居室に居住したのである。しかしながらこの修道院も、一七九三年六月二十三日に、村の牧師の手引きと農民の支持を受けたレソン将軍の軍隊によって再度略奪の被害を被った。この火は六週間も燃えるにまかせられ、結局またこの修道院は、最後の一室まで焼け落ちてしまったのである。このように、外国の軍隊とともにその土地の民衆がかくも執拗に破壊行為に奔ったのは、原始的な破壊本能によるものであろう。「この教会という野獣の洞窟を破壊し燻し出してしまわなければ、わたくしたちはけっして自由にはなれません。ですから、教会の財産は売却されなければなりません」。一七九〇年、ローラン夫人はこのように書いている。[37] オルヴァールは、当時破壊された数千のうちの一つにすぎなかった。しかし、また反対に、その地方の民衆が聖堂や修道院を弁護し、破壊から救ったという例もある。それにもかかわらず、修道士や修道女は、いずれの場所においても追放を免れることはできなかった。なぜならば、いかに素朴な民衆が彼らを擁護したとしても、啓蒙化された支配者はけっしてそれを許してはおかなかったからである。

すでに一六六六年に、コルベールは、ルイ十四世に宛てて、修道会が国家に及ぼす悪影響についての有名な書翰を記している。むろんこのような意見は、中世においてもつねに繰り返された。すでにシャルルマーニュ自身、多くの人々が兵役を忌避して修道院に入ることを非難している。「修道女は」とコルベールは記している。「公共の福祉に捧ぐべき労働を避けまた当然産むべき子供を国家に提供しないわけです。これからはむしろ、懺悔をより厳重にし、また修道女に持参金や年金を与える制度を制限すべきでありましょう」。これに対してルイ十四世は、節度と寛容をもって応えている。「修道士や修道女は、民衆を教育するか秘蹟を行なうかあるいは禁欲修道の模範になる者にのみ限定するべきである」。[38] そして彼は、さらに、国王の公式認可がなければ修道院新設は許されないとつけ加えた。修道院は教育と医療と司牧にのみ専念すべきであるという意見は、一世紀以上も一貫して繰り返された。いまや瞑想修道は無意味なものとされた。このコルベールの書翰からちょうど百年後にあたる一七六六年には、修道院の数を制限して多数の建造物を開放するための委員会が成立した。フランスにおいては、一七七〇年の時点においてもなお、ベネディクト会修道院が四一二、シトー会修道院が二五一、カルトゥジオ会修道院が六六、プレモントレ会修道院が九二、アウグスティヌス隠修士会修道院が一五七、フランシスコ会修道院が五六八、ドミニコ会修道院が一七九、カプチン会修道院が四二九、カルメル会修道院が一九一も存在し、また一七八八年には、女子修道院がほぼ一五〇〇、修道女が三万七〇〇〇名も存在した。男子修道院の規律がとかく非難された反面、フランス革命政府は、修道女による民衆教育の情熱と意義を認めざるをえなかった。バイエルンにおいては、一七六九年に、特別布告によって托鉢修道会の活動が制限された。一七七八年には、フランシスコ会はわずかに四〇〇名あまりの修道士が、またカプチン会は四五〇名の会員が認められたにすぎない。オーストリアのヨーゼフ二世は、一七八一年に、有名な条令によって、「ただ瞑想生活を送るだけで隣人と市民社会の福祉に貢献することなき」修道院をすべて解散した。この時ほぼ七〇〇もの修道院が解散され、とくにカルトゥジオ会修道院はすべて解散されたのである。しかしまたこの条令は、大規模な修道院に広範囲な司牧権を移譲することになった。オーストリアは、重要なまた富裕な修道院が世俗化されることなく今日まで存続しているヨーロッパでも稀有な地域である。一七九〇年には、パリにおいて、修道院の全面的解散が宣言された。ナポレオン政府は、彼とその将軍が支配するすべての国において、すなわちベルギーにおいては一七九六年、イタリア王国においては一八〇六年、トスカナ大公国においては一八〇八年、そして教皇領においては一八〇九年より、この方針を実施しようとした。ジョゼフ・ボナパルトはナポリ王国の修道院の解散を急いだが、その時解散を免れたものは、彼の後継者マラーが一八〇九年以後完全に閉鎖した。スペインにおいては、ナポレオンの支配が不安定であったために、この禁止令は最初は不徹底であったが、一八二一年以後さらに強化されることになった。当時はなお修道院が一七〇〇も存在したが、その八〇〇が解散されたのである。また政府は、一八三五年に、修道士や修道女が一二名以下の修道院はすべて閉鎖するとした。一八三六年一月十八日、マドリッドに残っていた最後の三七の男子修道院が閉鎖された。ポルトガルにおいては、すでに修道院の全面的な解散が布告されていた。この動向はまた、中央アメリカから北アメリカにも波及した。啓蒙的な政府は、ことごとく反修道院政策を示したのである。一八七四年には、スイス連邦憲法が、「新しい修道院ないし新しい修道会の設立、あるいは解散した修道会ないし修道院の再建」を禁止した。このようにして、いまやすべてのものが世紀の趨勢に押し流されたのである。

しかしながら、修道思想はけっして消滅したわけではない。その弊害についての報告はやがて終息し、十九世紀には修道院新設の報告も聞かれるようになった。従来の修道会の最後の修道士が、一八二〇年ないし三〇年以後にいちはやく結集したのは、注目すべきことである。これらの修道会はローマの要請で復興し、また新しい修道会や新しい修族が成立した。これらの修道会には、無数の仕事が待ち受けていた。教育と伝道はその主要な任務であった。また貴族や個人が修道院を設立し、援助することも行なわれた。一方また、きわめて厳格な瞑想的修道会が人々を惹きつけた。十九世紀後期から二十世紀にかけての修道院は、多彩なパノラマを想わせる。そして修道院聖堂や建築や装飾にもまた、独自の様式が生まれた。ボイロンはその一例である。

当然のことながら、修道院建築は、もはやほとんど意義がなくなっていた。カルトゥジオ会のように中世の原型をそのまま踏襲する（六章図18）のでない場合には、それは孤児院や養老院とほとんど変わらない形のものになった。このようなわけで、いま修道会ごとに建築主題や配置形式を区別するのは不可能である。いまや修道院は、戒律生活を反映するものではなくなり、いずれも同じような形式を示したのである。このような例は、枚挙にいとまがない。

バイエルンのルートヴィッヒ一世は、一八二六年に、ゲオルグ・フリードリッヒ・ツィープラントに、聖ボニファティウスに献げるバジリカを依頼し、ギリシャ精神の記念碑である古代彫刻美術館に相対応するキリスト教の記念碑にしようと考えた。この計画はすでに一八二二年に決定していた（文献228）。ツィープラントは、一八二六年から二九年まで、この計画のためにイタリアに研究旅行した。「私は、ドイツとバイエルンの使徒聖ボニファティウスのためにバジリカ形式の聖堂をミュンヘンに建設したいと望んでいる」。王は最初の謁見の際に、この二十六歳の建築家に語った。「私はこのために貴君を選んだのである。私は内容形式ともに正当なバジリカを望んでいるので、貴君に数年間イタリアに行ってもらうことにした。貴君にはかの国のバジリカ

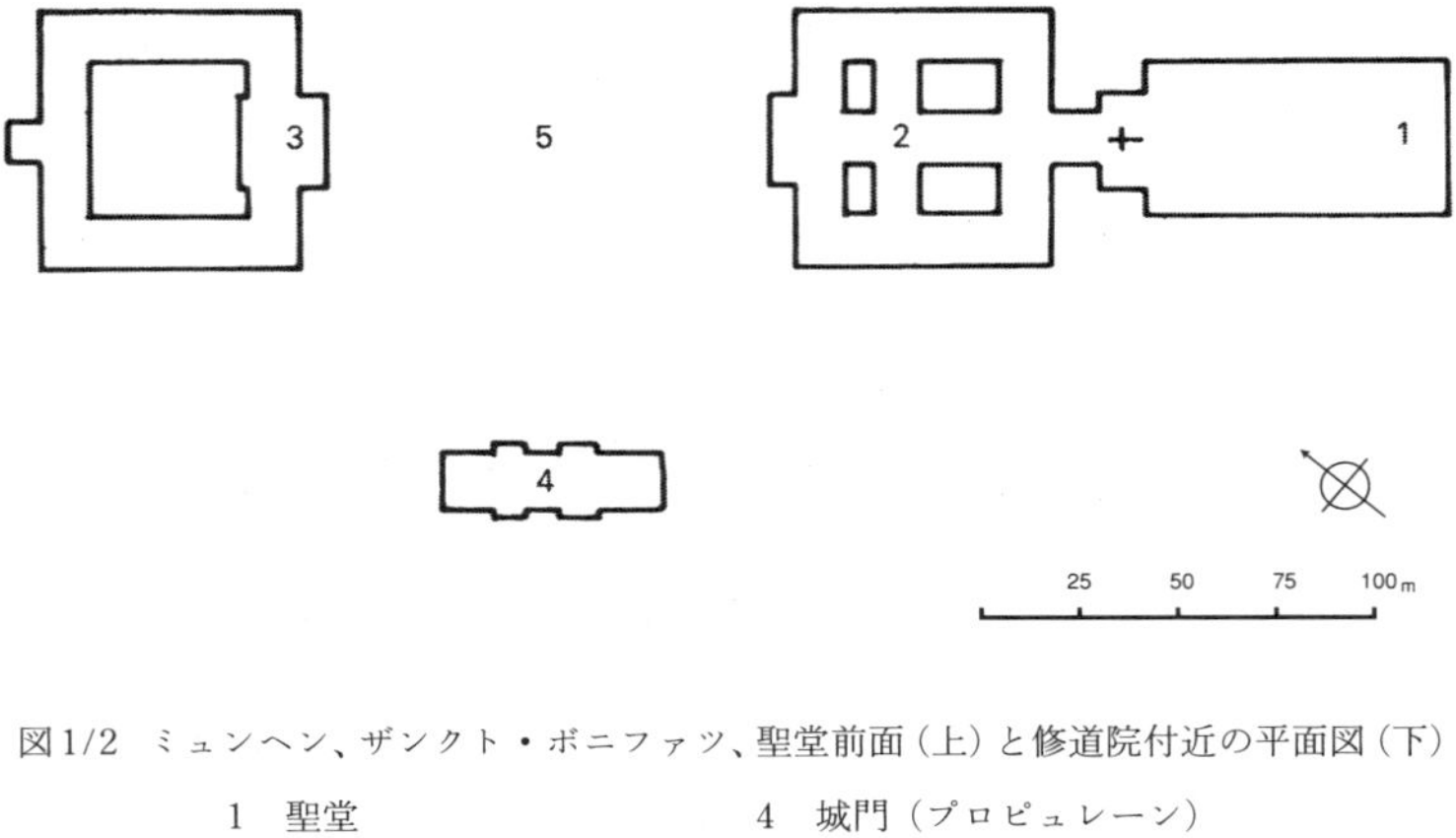

図1/2　ミュンヘン、ザンクト・ボニファツ、聖堂前面（上）と修道院付近の平面図（下）

1　聖堂　　　　　　　　　　4　城門（プロピュレーン）
2　修道院および博覧会会館　5　ケーニヒ広場
3　彫刻博物館

を十分研究して設計図を提出してもらいたい。私はこの定礎式を一八三五年の私の銀婚式の日に行ないたい。その際私は今日と同じ条件を求めるであろう。すなわち、このバジリカは彫刻美術館に対応し、コリント様式を採用し、また五廊形式で、ラヴェンナのサン・タポリナーレ・イン・クラッセの三廊式バジリカとほぼ等しい規模のものにしたいのである」。このように、王は最初から明確な考えを示したのである。この建築家は三年間イタリアで研究し、さらに定礎式まで六年の余裕が与えられた。この間に計画は拡大された。古代彫刻美術館の反対側は博覧会会館になり、ベネディクト会修道院を付加し、その後側に修道院聖堂であり、また教区聖堂でもある大規模なバジリカを建設することになった。この基本的思想は、厳粛な定礎式の際に再度確認された。このようにして王は、一個の礎石によって、芸術と学術と宗教の三つの建造物を提訴したのである。この修道院は、とくに学術研究のためのものになり、教区本部は別個に建設されることになった。この建造物は一八四七年に完成し、聖堂は一八五〇年に献堂された（図1）。

この修道院は、三階建てで、二つの中庭をそなえている。これは、今日州立古代美術博物館になっている博覧会会館と結合しているが、それは側面からみただけでは判らない。この修道院はまた、わずかではあるが、なおベネディクト会修道院の配置形式の痕跡を残している。すなわち、一階には——第二次大戦で破壊されるまで——大食堂があり、レオナルド・ダ・ヴィンチに倣って、ハインリッヒ・ヘスが最後の晩餐を描いた。またこの修道院においては、室ごとに詩篇や福音書や戒律が図像に示され、あるいは図像の代わりに銘文が刻まれて、それぞれの室の高い意義を表現した。二階は修道院長室と休憩室と現代文学の読書室になり、また聖職者と外来者のための十五の個室が設置された。そして三階は大集会室とより広い個室になり、図書室は北側すなわち博覧会会館寄りに設置された。このようにしてすべては適切に配置されたが、一方また聖堂との有機的な連繋が失われ、回廊が犠牲にされ、集会室と大食堂が別の階に別れるという欠点があった。要するに、この修道院は、その配置形式で基本理念を表現するのではなくて、あくまでも図像と銘文でそれを表現したのであ

図3　ラ・トゥーレット、西南からの眺め

る。このようにして、王の精神的文学的意図は、建造物の各部にまで浸透した。この修道院は、最初の意図に反して、完成後教区本部になった。ルートヴィッヒ一世は、一八四八年に退位した後に、この修道院を運営する基金を寄進した。彼は、すでに一八四六年に、この新しい修道院のために巡礼地聖堂アンデックスとそれに付属する建造物と土地と権利を獲得していた。このようにして彼は、この新しい修道院に、かつての世俗化で意義を失っていた古い伝統ある施設を結びつけたのである。

　われわれはいま、十九世紀の作例を一つだけとり上げたが、二十世紀の作例についてもまた、同じように一つだけとり上げることにしよう。それはラ・トゥーレットである。むろん、この一つの作例だけで、近代的修道思想による建築形式が完全に記述できるものではない。ここではただ、その創造性の方向を明らかにすることで満足しなければならない。ル・コルビュジエの作品は、この意味で独自の一貫性を示している。すなわち、この修道院複合体は、ドミニコ会の合理主義と明快性と厳格性と、この修道会がフランスで成立したという歴史を現代に向けて証言しているのである（図3・4）。

　ル・コルビュジエは、一九〇七年にイタリアを旅行した際に、フィレンツェ近郊のガルッツォのカルトゥジオ会修道院において深い印象を受けた[39]。そして彼は、一九五三年に、マルセイユのユニテ・ダビタ

図4　ラ・トゥーレット、全景

シオンの思想を展開するにあたって、ふたたびこの旅行メモに立ち帰ったのである。やがて彼は、独住生活と共同生活の相互作用の利点に着目した。彼はモデュロールを研究していくうちに、当時の旅行案内書にガルッツォを貫流している小川の名をとってエマと記されたカルトゥジオ会修道院における個室と共同空間の相互作用に、つよく心を惹かれたのである。ここにはすでに、彼が探し求めていた多数の人々の理想的な生活形式が示されていた。ここにおいて彼は、過去の修道会設立者と同様に、生活形式と生活計画の設計図を描こうと心に決めたのである。かつてのカルトゥジオ会修道士が個室で生活したように、いまやこの輝ける都市 Ville Radieuse の住民は、ル・コルビュジエが要求するすべてのものを完備したアパルトマンに居住することになった。彼が都市住宅の計画に従事していた一九五三年に、クートゥリエ神父は、彼にドミニコ会修道院の建築を依頼した。彼は、三

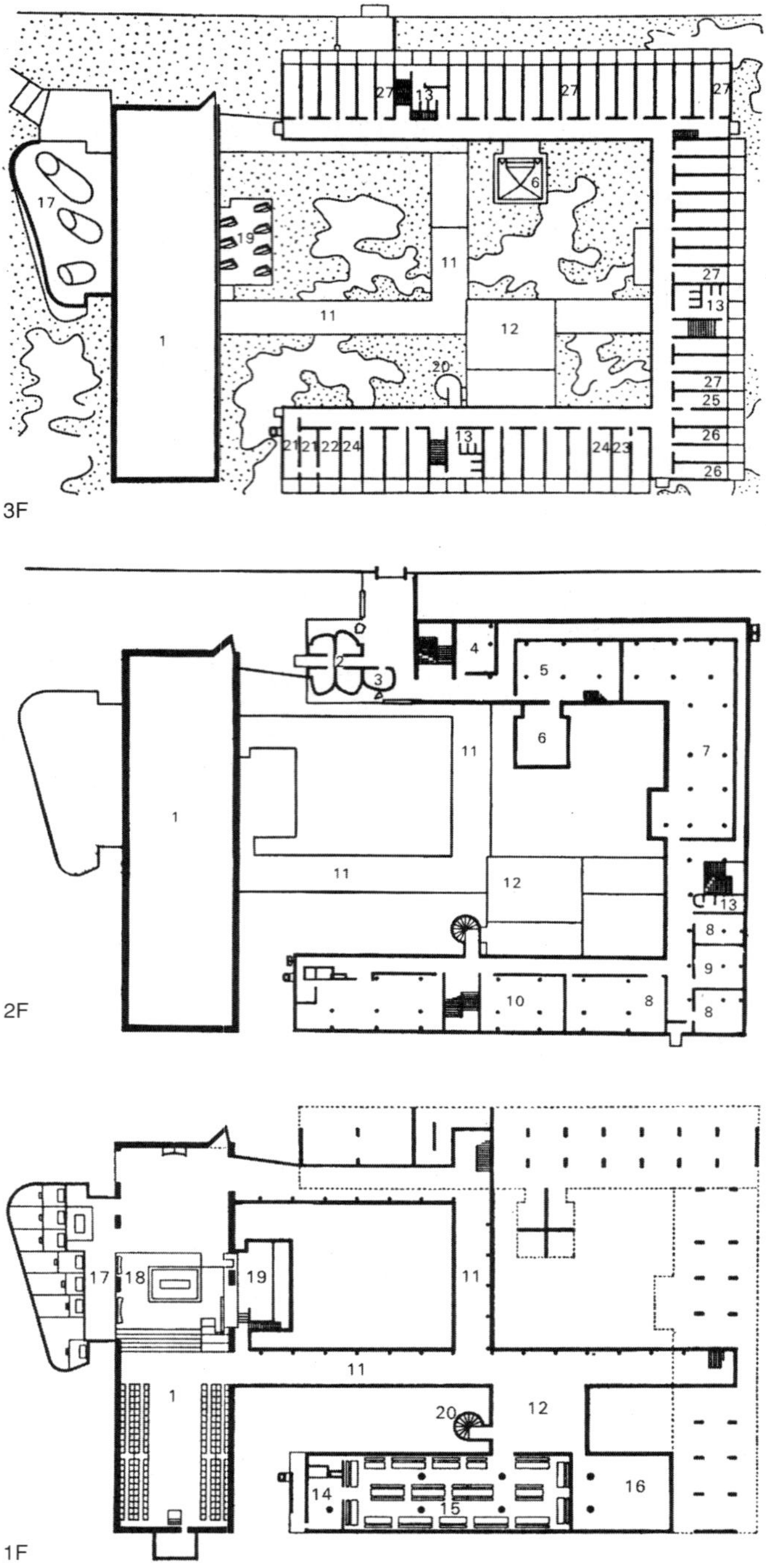

図5
ラ・トゥーレット、
各階の平面図

1　聖堂
2　応接室
3　受付
4　信徒室
5　信徒室
6　礼拝室
7　図書室
8　学習室
9　聖職者研究室
10　聖職者室
11　通路（回廊）
12　前室
13　衛生室
14　食器室
15　大食堂
16　集会室
17　小聖堂および礼拝堂
18　主祭壇
19　聖具室
20　螺旋階段
21　病室
22　医務室
23　外来者室
24　修道士室
25　学習監督室
26　修練士室
27　信徒室

年間この計画に没頭した。彼はこの神父の要請に従って、彼らが理想とする南フランスのシトー会修道院ル・トロネを研究した。彼の語るところによれば、この建築依頼者は一度として彼の計画に意義を唱えることはなかったという。これは、建築依頼者が彼の計画に匹敵できる明確な構想をもっていなかったということだろう。ここにおいて、永い伝統をもったベネディクト会修道院の配置形式は、修道院は聖職者の教育機関であり神学研究の中心でなければならないという中世のドミニコ会修道院の要求に基づいて、より完全な形で実現されたのである。これは一九六〇年に完成した。

リヨン南方のエヴー・シュル・ラブレルの村のラ・トゥーレット高地の落ちかかる斜面は、三段の平面に、すなわち地表の平面と二階の平面と三階の平面に整理された。この構想は、一階は聖堂、回廊、大食堂、集会室にし、三階は学習室、寝室にし、その中間の二階を研究室にしたのである。そして、この二階だけは一般公開されることになり、ここに入口が付加された。また、この平面には受付と四つの応接室があり、周囲を囲まれた最小空間に対する彼の特殊な趣好を現わしている。聖堂、回廊、大食堂、集会室は、従来のベネディクト会修道院と同様に一階に配置され、寝室は最上階に配置された。この最上階は、戒律が指示するように、病者と外来者と信徒と聖職者の個室に区分された。個室は、いずれも内側廊下にそって並び、すべて同一の長さと幅をもち、また従来の修道院建築とは反対に、明るいバルコニーから野の彼方を眺めることができるのである。二階の研究室の平面は、研究室、講堂、信徒室、修道士室になった。最大の広間は図書室であった。また小礼拝堂は、ちょうど噴泉室のように四角形の中庭の最良の位置にあって、尖った角錐形の屋根は、これが聖別化された建造物であることを示している。われわれは、ここにル・トロネの原型がそのまま生かされているのをみるのである。素材はすべてコンクリートで、打ち放しにされ、あたかも一気に鋳造されたような効果を示し、戒律の指示に従う精神をあますところなく表現したのである。ここには一つとして偶然的なものは存在せず、また一つとして個人的なものが残存していない。この形式は、まさしく明快で厳格で明瞭な精神の秩序を表現しているのである。

若きル・コルビュジエが現代の住宅都市の原型を感知したのは、とあるカルトゥジオ会修道院においてであった。彼は、共同空間にそって並びまたこの空間に開口する個室を、集合住宅の模範と考えたのである。そしていま、年老いた巨匠は、このドミニコ会修道院において、この思想をさらに拡大して世に示した。この作品は、たしかに未来への展望を示すものであったのである。

文書資料

I　聖ベネディクトゥスの戒律より

S. Benedicti Regula Monasteriorum, ed. Cuthbert Butler, 2. Auflage, Freiburg 1927.

この戒律は、五三四年よりモンテ・カシーノにおいて段階的に編集された。原本はランゴバルドの侵寇の後にローマへ持ち出され、七四二年にまたモンテ・カシーノにもどされたが、さらに八八三年のサラセンの侵寇の際にテアノに持ち出され、そこで八九六年に焼失してしまった。シャルルマーニュはこの写本を製作させ、さらに、これを八二〇年頃ライヘナウの二名の修道士が正確に筆写した写本が、ザンクト・ガレン修道院図書室の写本第九一四号として保存されている。文献批判に基づいた各版の中で、B. Linderbauer, *S. Benedicti Regula Monasteriorum*, Bonn 1928; C. Butler, *S. Benedicti Regula.* が勝れている。

また並記したドイツ語訳〔本書では省略〕は、P. Franz Faessler, in: *Die großen Ordensregeln*, hg. von Hans-Urs von Balthasar, Einsiedeln / Zürich / Köln 1948. に依った。

第三章　修道院において重要なことがらを実施する場合には、修道院長は全員を集めて、このことについて協議しなければならない。そして彼らの見解を聞いて自らもよく熟考し、もっとも必要だと想われることがらを実施しなければならない。それゆえにわれわれはすべてのことがらをよく協議するようにさだめよう。なぜならば主はなにが最良であるかということを若き人々に示したまうこともあるからである。……

第四章（よきいとなみを行なうための施設について）　……日々の生活においては、いかなる時でも慎重に行動しなければならない。神はすべての場所においてわれわれをみていられるのである。悪しき想いが心にめばえたならば、すぐにキリストの御前にそれを提示し、精神上の指導者に告白しなければならない。悪しきこと邪なることを口にするなかれ。多弁であるなかれ。空しきこと笑いをさそうようなことを口にするなかれ。笑いはつつしめ。……神の戒は日々実行しなければならない。心潔くあれ。なに人をも憎んではならない。なに人をも妬んではならずなにごとをも羨んではならない。諍うてはならない。僭上をつつしめ。年長者を敬い、若年者を愛しめ。……われわれは、この真の仕事場すなわち修道院の回廊区域において、共同体に定住して、このいとなみにはげもう。

第十六章（一日の礼拝について）　預言者は「日に七度われおんみを讃えん」と述べておられる。われわれは、この聖なる七という数を、早朝時課 Matutinum, 第一時課 Prima, 第三時課 Tertia, 第六時課 Sexta, 第九時課 Nora, 晩禱時課 Vespera, 最終時課 Completrium として、実施することにしよう。預言者が「日に七度われおんみを讃えん」といわれるのは、この時禱日課のことである。またこの預言者は夜間の礼拝について「われ夜半に目覚めておんみを讃う」と述べておられる。それゆえにわれわれは、この早朝時課、第一時課、第三時課、第七時課、第九時課、晩禱時課、最終時課において、われわれの創造主の正当な考えを讃えることにしよう。そしてまた夜間にも起きて主を讃えることにしよう。

第二十二章（修道士の就寝について）　修道士はそれぞれ別個の寝台で寝まなければならない。修道士は修道院長の指示に従って、生活に応じた寝具を用いること。そしてできるかぎり全員が一室で寝むのが望ましい。もし人員が多い場合には、年長者の監督の下に十名ないし二十名で一室で寝むようにしたい。寝室には、夜明けにいたるまでつねに灯火をともしておかなければならない。修道士は着衣のまま帯か縄をしめて寝むこと。また就寝中に傷つくことがないように、身辺に小刀を置いてはならない。要するに修道士は合図とともにただちに起床して人よりも早く合誦礼拝に加われるようにしていなければならない。……

第三十一章（総務長の任務について）　修道院における総務長（貯蔵庫管理者 Cellerarius）は、とくに聡明で心広く、節度あり、大食ならず、高ぶらず、粗からず、人をとがめず、遅からず、節倹にして謙譲で修道士全員の父たるべき者でなければならない。……修道院におけるすべての道具や品物は、聖具と同様に慎重に扱わなければならない。かかるものはけっして疎略に扱ってはならない。……

第三十六章（病める修道士について）　……病める修道士には個室を用意し、敬虔で心ゆきとどいた者が看護すること。病者には必要に応じて沐浴が認められる。しかしながら、健康な者の、とくに若年者の沐浴はあまり好ましくない。……

第四十五章（合誦礼拝の際に過失のあった者について）　詩篇の詠誦、交誦、朗読の際に過失のあった者、またこの礼拝を謙譲な心で果たさない者は、厳重に処罰されなければならない。なぜならば、このような者は、自らの疎略による過失を謙虚に改めないからである。……

第四十八章（日々の労働について）　怠惰は魂の敵である。それゆえに修道士は、一定時間労働し、また一定時間神について読書しなければならない。……四旬節の期間中は早朝より第三時の終りまで読書し、その後第十時の終りまで労働しなければならない。この四旬節の期間中は、各人はそれぞれ図書室の図書を熟読すること。この図書は四旬節のはじめに各人に与えられる。この読書期間中は、一名ないし二名の年長の修道士が修道院を巡回して、熱心に読書せず怠惰と饒舌で時をすごす者がないように監督しなければならない。……

第五十三章（外来者の接待について）　外来者はすべてキリストをお迎えするのと同じ気持で迎え入れなければならない。主は自ら「わたしが旅人であった時に、おんみらは迎え入れてくれた」といわれるであろう。……外来者を迎え入れたならば、礼拝に導き、修道院長かまたはその外来者が名指しした者が会うこと。また聖書を読んで聞かせてから鄭重にもてなさなければならない。……修道院長は外来者の手に水を灌ぎ、修道士と同様に、その足を洗ってやらなければならない。……修道院長と外来者の食事は別途に調理できるようにしておきたい。なぜならば、外来者は不定期にしかも常時やって来るものなので、このために修道士の生活が乱されてはならないからである。

第五十六章（修道院長の食卓について）　修道院長はつねに外来者および部外者とともに食事するように。もし外来者がない場合には、修道士の中の適当な者と食事すること。

第五十七章（修道院において手仕事に従事する者について）　修道院において手仕事に従事する者は、修道院長の許可を受けて、あくまで謙譲な心で、仕事に従事しなければならない。もし自分はこの手仕事によって修道院に役立っていると考える者があれば、この者はただちに仕事を止めさせなければならない。そしてこの者は、謙譲の心を示し修道院長から再度許可を受けた後において、はじめてこの仕事を続けることができる。……

第六十六章（修道院の接待者について）　……接待者は、門の傍に個室をおいて、つねに外来者を迎え入れられるようにしていなければならない。誰かが門を叩き、また貧者が助力を乞うたならば、「祝福あれ」と応答せよ。……また修道院はすべての必要設備、すなわち水路や粉挽所や庭園や仕事場を周壁の中にそなえているのが望ましい。……

II　ジュミエージュの修道院長聖フィリベルトゥス伝より

Vita S. Filiberti Abbatis Gemeticensis, auctore gemeticensi monacho anonymo, ed. Lucas d'Achery et Joh. Mabillon, in : Acta SS. Ord. S. Benedicti, Saec. II, Paris, 1969, p.819 sqq.

われわれは、シュロッサーの見解（文献27、一一頁以下）とは反対に、修道院建設の前提について記した最初の数節を翻刻して、その配慮を示すことにしたい。なお〔文中末尾近くの〕引用句は「詩篇」一一九、第一六五行。

五、しかしながら、完全なる人物はより完全なるものを求めるのがつねであるために、この主の聖職者は、聖者の修道院を一つ一つ巡って、聖なるいとなみに必要な事物を学びはじめた。彼はルクスィユとボッビオとまた聖コルンバヌスの戒律を遵守する修道院を視察し、とくにフランキアとイタリアとブルグンディアの全修道院を巡回し、賢い蜜蜂のような聡明なる深慮をもって、繁栄の様子を学びとった。

六、しかしながら神は、その聖なる光が大シャンデリアのようにあたりをくまなく照らすことを望まれるものであるがために、この聖なる人物の心に、自らも修道院を建設したいという決意の灯をともされた。かくて彼は、フランク王クロドウィクス（クローヴィス）とその妃バルデキルデ（バティルディス）より、ロートマゲンシア（ルーアン）の、いにしえよりゲメティクム（ジュミエージュ）とよばれていた土地を要請して、高貴なる修道院を建設したものである。

七、彼は聖霊に導かれて、その場所に、高い塔のある四角形の周壁をめぐらし、そこに来る者を受け入れる囲繞地を定めた。この育みの家は住む者の光である。東側には十字形の聖堂があり、中心には育みのマリア像がある。……神の聖者の小室は南側にあり、石の縁どりが一目を惹く。回廊は石造のアーケードで、各種の装飾が人の心を楽しませ、またその周囲には清水が音をたてて流れている。南側には全長二九〇歩、全幅五〇歩の二重の大寝室が聳えている。寝台はそれぞれの窓によって照明され、ガラスを透してさしこむ光で読書することができる。この階下には一対の広間があり、二つの目的に使用されている。すなわち、一方の広間には葡萄酒が貯蔵され、他の広間ではよき食事が用意される。ここにはキリストに仕えるのにふさわしい者が集い、なにものをも所有せずいかなる所得をも必要とせず、ただ主に願うことによってすべてのよきものが与えられ、「主よ、おんみの戒めを愛する者に安らぎありて躓きなし」と記された通りの生活が行なわれている。ここにはかぎりない愛と大いなる節度と奥ゆかしい謙譲があり、すべてが純潔なのである。

Ⅲ　アーヘン教会会議の布告（八一六年および八一七年）より

Synodi primae Aquisgranensis Decreta. および *Synodi Secundae Aquisgranensis Decreta.*

ルイ敬虔帝の要請により、アニアーヌのベネディクトゥスは八一六年八月と八一七年六月の二回にわたって修道士会議を主催し、聖ベネディクトゥスの戒律の実施規定を布告した。これはフランク王国の修道院全体の修道生活を統一するのが目的であった。この二つの布告を比較してみると、アニアーヌのベネディクトゥスが提起した八一六年の厳格な規定は、ライヘナウの修道院長ハイトーが先鋒であったと推定される反対派の穏和な規定によって、八一七年に緩和されたことが判る。この穏和な規定はザンクト・ガレンの平面図に反映している。すなわちこの規定は、ウォルター・ホーンが指摘しているように、修道院長の特別の地位とその居室区域と食堂のあり方を指示しているのである。ここではいま、戒律の意義を再確認することを目的とした規定を提示することにした。

テキストは Semmler, *Corpus consuetudinum Monasticarum*, I, Siegburg, 1963, S.451ff. u. 469ff. によった。

第一回アーヘン教会会議の布告、八一六年

われらの主イエス・キリストが生まれたまいしより八一六年目の年、また栄光の皇帝ルドウィクス（ルイ）の統治三年目の八月二十三日、修道院長はそれぞれ修道士とともにアーヘンのラテラン宮殿において会議を開き、共同討議と多数意志に基づいて、次の戒律の章句を堅持することを決議した。

第一章　修道院長は、修道院にもどったならば、ただちに戒律を熟読し、一語一語検討し了解し、主の導きによって、修道士とともに、これを実行するように努めなければならない。

第二章　修道士はすべてこの戒律を暗誦しなければならない。
第三章　聖務日課は、聖ベネディクトゥスの戒律に従って実施しなければならない。
第四章　修道士は、厨房や粉挽所やその他の仕事場において自ら労働し、また適当な時に自らの衣服を洗わなければならない。
第七章　沐浴は、聖誕祭と復活祭にのみ認めることにしたい。
第二十五章　修道院長も修道士も、外来者と修道院入口で食事してはならず、大食堂に迎え入れて、親しく会食しなければならない。ただし修道士は、他の修道士と同量の食事で満足すべし。もしこの外来者のために修道士の食事もふやさなければならない場合には、適当に考慮すること。
第二十六章　修道院雇用者は、修道士の共同食卓とは別の場所で修道士の後で食事すること。そしてその際、修道士と同じ章句の朗読を聴かなければならない。

第二回アーヘン教会会議の布告、八一七年

われらの主イエス・キリストが生まれたまいしより八一七年目の年、また栄光の皇帝ルドウィクスの統治四年目の七月十日、修道院長はそれぞれ修道士とともにアーヘンのラテラン宮殿において会議を開き、共同討議と多数意志に基づいて、次の戒律の章句を堅持することを決議した。
第四章　修道院長は、修道士や参事会員に個室を与えてもよいが、そこでは修道士が六名以下で居住することがないように監督しなければならない。
第五章　修道院の中には学校を置くべきではない。ただしこの学校が寄進された場合はこの限りではない。
第十四章　平信徒は飲食のために大食堂に入ってはならない。
第二十四章　外来修道士の寝室は、聖堂の傍に用意すること。
第二十九章　外来者と対談するのは、教養ある修道士を選ぶこと。

IV　フォントネル修道院長列伝より

これは、ルイ敬虔帝（八四〇歿）の統治の最後の数年間に、この修道院の無名の修道士によって記された *Gesta abbadum Fontanellensium* の抜萃で、Mon. Germ. Hist., Scriptores, Tom. II, ed. GEORG HEINRICH PERTZ, Hannover 1829 (Cap. 17 : *Gesta Ansgisi abbatis Fontanellensis coenobii*, p.296 sq.) によった。シュロッサーのテキスト（文献27）は多数の綴字上の誤謬を訂正し、自らの解釈を括弧にして挿入している。彼はまた、美術史上の一般の解釈に反して、cum diversis pogiis を cum diversis gradibus の意味に解釈している。

彼（修道院長アンセギス）は、この公的にしてまた私的な建造物の建設を開始し完成した。

彼はまず、全長二〇八歩・全幅二七歩もあるきわめて立派な修道士の大寝室を建設した。建造物はすべて六四歩の高さである。壁は堅固な赤い凝灰岩でつくられ、石灰モルタルで固められている。大寝室中央部の小室は、床は美しく装飾され、天井には立派な絵画がある。この建造物の上部には、ガラス窓があり、外壁の他はすべて堅牢な樫材で構築され、屋根瓦はすべて鉄釘でとめられている。この建造物は上下に梁が通っている。

彼はさらに、この大寝室とは別に、大食堂とよばれる建造物をたて、真中を壁で仕切って、一方を大食堂にし、また一方を貯蔵庫にした。これは大寝室と同じ素材を用いた同じ規模の建造物で、壁と天井はエクレシア・カメラケンシス（カンブレー）のすぐれた画家であるマダルルフォが装飾した。

第三のもっとも立派な建造物は、大翼部 domus major とよばれ、東向きに配置され、一端は大寝室にまた一端は大食堂に接している。彼はここに小室 camera と煖炉室 camiuata とその他多数の室を設置した。しかしながら、これは彼の死のために一部が未完成のままで終わった。

この三つの立派な建造物は次のように配置されている。大寝室は南北に配置され、その南端は聖ペトルス聖堂に接している。大食堂もまた南北に配置され、その南端はほとんど聖ペトルス聖堂の聖龕に接するほどである。大翼部はすでに述べた通りである。

聖ペトルス聖堂はこれらの建造物の南側にあり、東向きに配置されている。(アンセギスは)この聖堂の西側部分を全長・全幅ともに三〇歩拡張して、その上に階上室 coenaculum をおき、われらの主なる神とわれらの救世主イエス・キリストに献げようとした。しかしながらこれもまた、彼の急逝によって、未完成のままで終わった。彼は、この聖堂の塔の頂上に木の円柱でできた高さ三五歩もある四角形のピラミッドを付加し、鉛と錫と鍍金した銅で被い、三つの標識をつけるように命じた。それまではこの建造物はあまりにも質素であったのである。そして彼は、この塔と聖龕を再度鉛の瓦で葺かせた。さらに彼は、聖ペトルス聖堂の聖龕の北側にも建造物を付加したが、これは修道士が集まって各種の問題について討議する場所であるために、集会室 conventus あるいは集会所 curia あるいはギリシャ語で会議室 bouleuterion とよばれた。ここでは毎日、読書机において講読が行なわれ、戒律の権威が指示することがらをいかに実施すべきかについて討議された。彼はまた、ここに彼の名を記した記念碑を設置するように命じ、(神が)自分の生涯を終わらせたもうならば、ここに葬るように命じた。

「彼はまた、大寝室と大食堂と大翼部の前面に各種のアーチがある優美な柱廊を建設したが、この梁はいずれも上記の建造物の屋根の全長と等しい長さになっている。そしてこの大寝室前面の柱廊のほぼ真中と思われるところに、写本室ができた。」また大食堂の前面には図書室――ギリシャ語で小塔屋 pyrgiskos――ができ、この屋根瓦も鉄の釘でとめられた。

V　ヒルデマールによる聖ベネディクトゥスの戒律解説書（八五〇年頃）より

Expositio regulae ab Hildemaro tradita.

ヒルデマールはコルビー出身の修道士であり、これまたフランク出身のミラノ大司教アンギルベルト二世によって、ランゴバルドのチヴァーテの修道院に招聘された。彼はここで聖ベネディクトゥスの戒律を、パウルス・ディアコヌスによる最古の解説に従って弟子に講じ、それがいくつかの写本として今日に伝えられている。この抜萃は Mittermüller, *Vita et regula SS. P. Benedicti una cum expositio regulae,* Regensburg 1880, vol III. による。このテキストには弟子や筆記者による解説が混入しているが、ミッターミュラーはこれがヒルデマールによるものであると誤認している。

以下のテキストの最初の部分は、この戒律の難解な箇所である Officina vero, ubi haec omnia diligenter operemur, claustra sunt monasterii et stabilitas in congregatione. を説明しようとしている。この戒律においては、修道院全体がしばしば officina すなわち神の仕事場と記され、一方ヒルデマールのラテン語には混同があって、claustra という言葉で、ある時は基本建造物全体を示し、またある時は回廊だけを示しているので、正確に翻訳するのが不可能である。ここでは同一の言葉の異なった使い方に十分注意した。

修道院区域　仕事場 officina とは各種の仕事が行なわれる場所であり、ある者は衣服を縫い靴を縫い、またある者は太身細身の刀剣を鍛え、またある者は錠前を製作し、またある者は別の品物の製作に従事するのである。彼［聖ベネディクトゥス］はいみじくも、修道院の基本建造物区域を仕事場とよんでいるが、仕事場とは、このように、各種の工匠がそれぞれの仕事をする場所であることから考えても、修道院においてもまた各種のいとなみが相応の場所で実施されなければならない。すなわち、ある者は読書し合誦し、またある者は労働し手仕事にはげみ、さらにまたある者は炊事その他の仕事に従事するのである。……修道院という真の仕事場においては、神のみわざが行なわれ、またある種の（地上的な）いとなみが行なわれる。また彼がいみじくも、共同体に定住することができるからである。stabilitas in congregatione を命じておられるのは、これらのいとなみはあくまで共同体においてのみ正しく行なうことができるからである。おそらくある者はこのいとなみを別の場所において行ないたいというであろう。しかしそれは、許されない。なぜか。それは聖ベネディクトゥスが、われわれはこのいとなみをすべて基本建造物区域においてまた共同体に定住して行なうようにはげもう、と述べていられるからである。それゆえに、この基本建造物は、躓きの危うさに気づかぬ人々が躓きの恐れなしにこのいとなみが実施できるだけの規模でなければならない。この基本建造物は必要以上に小さくてもまた必要以上に大きくてもいけない。それゆえに修道院長は、基本建造物が、修道士の義務であるすべてのいとなみが実施できるだけの、すなわち衣服を縫い布を洗い読書しつつ逍遙できるだけの規模にし、また病室やその他の設備がそなえられるだけの規模にしなければならない。もしこの区域が必要以上に大きければ、修道士が往来する際に平信徒や部外者と顔を合わせて話をしたり、また修道院長の許可なしに品物を授受するなど、躓きの可能性が生ずるからである。同様にまたこの区域が小さくてなにかをするのに［あまりに］せまいと、［修道士は］定められた区域の外にはみ出てしまう。この許可なくしては立ち入ることのできない区域に対して、庭園は別途に考えてよい。要するに修道院長は、この基本建造物が、あくまでも共同体における定住生活の場になり、遍歴放浪の機会が起こらないようにしておかなければならない。修道院の回廊は、しばしば、各辺ともに百歩必要であり、それ以下では小さい（小さすぎる）といわれるが、これより大きい場合は差し支えない。［聖ベネディクトゥスによれば］回廊とは修道士が居住する柱廊によって囲まれた区域であると規定される。このようなわけで、すでに述べた各種の仕事、すなわち死者を埋葬したり病者を看護したりするのは、部外者にまかせるべきで、回廊で行なうべきではない。

病室　彼［聖ベネディクトゥス］が個室 cella とよんでいるのは、一個の建造物ではなく、基本建造物のことである。もし一つの個室に四名の修道士が居住して、その一名が死につつあり、他の一名が嘔吐し、他の一名が食事しようとし、さらに他の一名が死を待っているというような有様では、いったいどうなるであろうか。このような場合には、当然、すべての人々が一室にいることはできない。当然のことながら、食事しようとしている者は、嘔吐している者や死を待っている者やまた死につつある者とともにいることはできない。このような場合には、当然、それぞれの病気に対応した建造物が必要である。……この病室には、隣接して礼拝堂があり、病者が横になったままでミサが聴かれ、聖体が受けられるようでなければならない。……修道院長の個室もまた、修道院長自身が病気になった際にはその病室になり、どうしても必要な場合には外来者が他の病者の妨げになることなく彼と語りあえるようでなければならず、またすでに回復して起き上れる病者とともに食事できるようにしておかなければならない。

外来修道士の宿泊施設　［聖ベネディクトゥスの］戒律が、外来者の受け入れについて、「神の家は聡明なる者によって聡明に管理されなければならない」と述べているように、修道士の大寝室は平信徒の大寝室とは離れた場所になければならない。なぜならば、平信徒は夜半まで起きていて話したり慰んだりするのが許されるのに対して、修道士にはそれが許されず、静寂と礼拝が義務づけられているからである。また外来修道士の寝室は、彼らが単独で敬虔な気持で寝み、夜間にも随時起きて聖堂で礼拝できるように、聖堂に接した場所になければならない。しかしながらその従者は、別の場所で平信徒とともに寝まなければならない。こうしてあれば、遅くやってきた［この?］修道院の修道士もまたこの［外来修道士の?］寝室に泊り、修道士だけでともに食事しともに寝むことができるわけである。しかしながら、もしこの外来修道士の寝室が聖堂に接した礼拝に便利な場所になく、平信徒区域に接しているようでは、この神の家は聡明なる者によって聡明に管理されているとはいえないであろう。

VI　ファルファ修道院の記録（第二クリュニー、一〇四二年頃―一〇四九年）

Descripito Farvensis Monasterii.
Consuetudines monasticae, I, *Consuetudines Farvenses*, ed. Bruno Albers, Freiburg 1900, lib. II, cap. I, p.137-139.
この記録はファルファの実状にはあてはまらず、オディローのクリュニー修道院（第二クリュニー）の記録であることが、一般に了解されている。

聖堂は、全長一四〇歩、高さ四三歩あり、ガラス窓が一六〇ある。

集会室は、全長四五歩、全幅三四歩ある。この室の東側には四つの窓があり、また北側には三つの窓がある。そして西側は、二重円柱［?］による一二のアーケード［?］になっている。

談話室は、全長三〇歩、小室は、全長九〇歩である。

大寝室は、全長一六〇歩、全幅三四歩あり、ガラス窓が九七あるが、これは人が手をのばしただけの高さで、全幅は二歩半ある。壁体の高さは二三歩である。

手洗いは全長七〇歩、全幅二三歩である。ここには便座が四五あり、各便座の壁には高さ二歩、全幅半歩の換気窓fenestrulaがある。この手洗いの上部は木造で、高さ三歩、全幅一歩半の窓が一七ある。

煖房室calefactoriumは全長全幅ともに二五歩ある。聖堂入口からこの煖房室入口までの距離は、七五歩である。

大食堂は、全長九〇歩、全幅二五歩、壁体の高さは二三歩あり、その両側には高さ五歩、全幅三歩のガラス窓が一八ある。

修道士の厨房は、全長三〇歩、全幅二五歩あり、平信徒の厨房もこれと同じ規模である。

貯蔵庫は全長七〇歩、全幅六〇歩である。

施物室 elemosynarum は全長六〇歩、全幅一〇歩である。この全長は貯蔵庫の全幅に相当する。

聖堂入口 galilaea は全長六五歩あり、その前面には二基の塔がある。そしてこの塔の下は聖堂前庭 atrium で修道士が行進礼をする際に、平信徒はその妨げにならないように、ここに集まるのである。

南門から北門までは、二八〇歩ある。聖具室は、その端にある塔までふくめて全長五八歩もある。

聖母マリア礼拝堂は全長四五歩、全幅二〇歩、壁体の高さは二三歩である。

病者には六つの個室が用意されている。第一の個室は全幅二七歩、全長二三歩で、八つの寝台と八つの仕切り［?］があり、外側には柱廊があり、またこの病室専用の回廊は全幅一二歩である。第二、第三、第四の個室も、これと同形式である。第五の個室はやや小さく、ここで病者は安息日に洗足礼を受け、修道士は病者の衣服に着換える［?］のである。第六の個室は看護者が皿や［医療用の］器具を洗うためのものである。

聖堂入口の傍の居館 palatium は全長一三五歩もあり、修道院を訪れた人々が騎馬の従者とともに宿泊することができる。この建造物の一方の側は男性用で、四〇の寝台と同数の蒲団が用意され、また同数の手洗いがある。その反対側は貴族夫人や上流夫人の宿泊所で、三〇の寝台と三〇の手洗いがあり、一人一人の用に供されている。またこの居館の中央には大食堂と同様の食卓があり、男性と女性が会食できる。大祝祭日にはこの建造物は垂幕や布地で飾られ、また椅子も飾られるという。

この建造物に面して、別に、全長四五歩、全幅三〇歩の建造物がある。この全長は聖具室の全長と等しく、仕立工や製靴工が計理担当者から命ぜられた仕事をするのである。ここには全長三〇歩の大きな仕事机が用意され、さらにこれに付属する机とあわせると、全幅が七歩にもなる。この建造物と聖具室と聖堂と聖堂入口の間の区域は、平信徒の墓地である。

南門から北門にかけて西向きに、全長二八〇歩、全幅二五歩の建造物がある。これは厩舎で、中に仕切りがあり、その階上は雇用者が食事し就寝する広間で、全長八〇歩、全幅四歩の食卓が用意されている。そして外来者の中でさきに述べた居館に泊ることのできない者は、ここに泊ることになるのである。

この建造物の端では、外来者の中で従者を連れていない人々が集まって、習慣に従って、施物担当の修道士から食物飲物を受けるのである。

修道士の大食堂の外部には、手洗いから六〇歩離れた場所に［？］一二の地下室と一二の浴槽が用意され、定められた時に沐浴できるようになっている。

そしてこの場所の背後には修練士室があり、四つに区切られている。その第一は瞑想の場所であり、第二は休息の場所であり、第三は就寝の場所であり、第四の場所の側面には手洗いがある。

これに接してまた別の個室があり、金細工工やエマイユ工やガラス工が集まって仕事をするのである。

この沐浴室と修練士室と金細工室との間にはさらに、全長一二五歩、全幅二五歩の建造物があり、パン焼き室まで達している。このパン焼き室は、端の塔までふくめて、全長七〇歩、全幅二〇歩である。

Ⅶ　クリュニー修道院長オディロー（九九四―一〇四九）伝より

Vita Sancti Odilonis, auctore Jotsaldo Sylviniacensis monacho. Migne, *P. L.*, CXLII, col. 908.

……このようにして彼［オディロー］は、内面的な徳行とともに、また輝かしい努力をもって、聖なる場所に建造物を建設し、改築し、装飾したのである。彼は、自らの拠点であるクリュニーの建造物を――聖堂の壁体の他は――内外ともにすべて、彼自身で改築し、各種の装飾をほどこしたのである。彼はまた最後［の数年間］に、大理石の円柱で飾られた素晴らしい回廊を建設したが、これはこの地域の果てからデュレントゥース（デュランド）河とローダヌス（ローヌ）河の急流を多大の労力をはらって搬んできたものである。このようなわけで彼は、歴史家がオクタヴィアヌス・カエサルは煉瓦のローマを継承して大理石にして遺譲したと記しているのに倣えて、木造の修道院を継承して大理石にして遺譲した、と賞讃され揶揄された。

彼はまた聖ペトルス祭壇上の天蓋の製作を開始し、その円柱を銀で被い美しい黒金象嵌をほどこした。

Ⅷ　ペトルス・ダミアヌスのフランス旅行記とアルプス以北の行程について

De Gallica Patri Damiani Profectione et eius ultramontano Itinere. Monumenta Germaniae Historica, Scriptores, vol. XXX, ii, p.1043.
これは無名の同行者が記した一〇六三年頃の手記である。

［クリュニーの］……この［神の］仕事場はすべて石造で、修道院の秩序に従って配置されている。聖堂は壮大で穹窿化され、多数の祭壇がしつらえられ、無数の聖遺物が顕示され、各種の財宝がみちあふれている。この修道院はきわめて大規模であり、修道士はあたかもこの美しさを慕って集まってきたのではないかと思われるほどである。大寝室は広大で、つねに三つの灯火がともり、よからぬことが起こらぬようにとこの場所を照らしている。大食堂には非信仰的な絵画はなく、きわめて聖なる姿であり、修道士が集まってくつろげる［会議ができる］だけの十分な広さがある。仕事場と水を必要とする場所には、すべて、隠蔽された水路によって、たくみに給水が行なわれている。この修道院はすべての点で、まさしく驚嘆に値するものである。

IX　聖フーゴーが神の啓示によってクリュニーの聖堂を質的にまた量的に改善するように命ぜられたことについて

Qualiter beatus Hugo divina revelatione admontus Cluniacensis basilicae structuram in qualitate et quantitate melioraverit. Bibliotheca Cluniacensis, ed. Martinus Marrier et Andreas Quercetanus, 1614, Nachdruck 1915, Spalte 457f., Cap. de alicuius miraculorum quorundam S. Hugonis Abbatis relationis manuscriptae collectore monacho quodam, ut videtur, Cluniacensi.

……すなわちこの修道院長［フーゴー］が、グンゾーというかつてバルマ（ボーム）の修道院長であり質素謹厳で聞こえた人物をここ［クリュニー］に迎え入れていた際に、彼［グンゾー］は卒中にかかって意識朦朧となり、生死の境を彷徨ううちに、ある夜枕許に使徒ペトルスと大殉教者ステファヌスが現われて、その第一の人物である聖ペトルスが、あなたがたはどなたですかという質問に答えて自分と他の二名の名を名乗った後に、兄弟よ、疾く起きて、修道院長であるフーゴーに、この聖堂はいまやせまく、多数の修道士を収容することができなくなっているので、より大きなものに改築していただきたく、また必要な経費については考慮するから心おきなくなしとげていただきたい、と伝えるように命じた。これに対して［グンゾーは］、このようなお話をお伝えすることはできません、なぜならば私の言葉はとても信じてもらえるとは思えないからです、と答えた。すると使徒ペトルスは、われわれはとくにおんみを選んだのであり、おんみの健康が回復することが証拠になって、おんみの言葉は信ぜられるであろう、と述べた。彼はさらに続けて、もしおんみがこのことを正しく伝えてくれるならば、さらに七年の寿命を贈るが、もし聖フーゴーが躊躇していると、このことを伝えた者にふりかかっていた不幸が、今度は彼にふりかかるであろう、とつけ加えた。そして聖ペトルスは自ら細い縄をとって［この聖堂の］全長と全幅を割りだし、またその規模と形式を示して、これをよく記憶しておくようにと命じた。

かくて、このいまやまさに死の報が発せられるばかりになっていた修道士は起き上って、健康な姿で修道院長の前に現われたのである。そして彼は自らが見たこと聞いたことの一部始終を伝えた。聖フーゴーは、このまさに死なんばかりであった修道士が幻覚の後に再度健康を回復したのをみ、またもしこの事業の開始が遅れれば病がふりかかってくるかも知れないのに対して、この事業を開始しさえすれば天の加護がえられることを信じ、心安んじてこの事業を開始し、神の加護によって二十年のうちに、神の栄光の場所としてその規模と技巧がほとんど把握できないほどの驚異的な聖堂を建設したのである。

これは豪華そのものであり、あたかも天上の建造物が地上に実現されたような観があり、天使の回廊とさえよぶことができるであろう。これは十分に広く、あたかも牢獄から解放されたような爽やかさがあり、聖務日課の際に内陣がせまいために順序や位置が乱れたりまただれかが外にはみだしたりするということがなくなった。彼らは、聖堂入口が通過できるようになったために、日々復活祭を祝う歓びを覚え、新しい自由を愉しみ、広々としているために圧迫感を受けることがなく、神の瞑想に専念できるのである。しかしながら礼拝の場所は、建築技術にもましてここで礼拝する者ゆえに賞讃に値するというのでなければ、問題であろう。これはいま述べている建造物にもあてはまることであり、建築家の才能にもましてここで礼拝する者ゆえに賞讃されているのである。そして聖フーゴーは、この修道院と修道士の栄光を代表して、神と天使のみ前において素直に、主よ、私はあなたの聖堂の荘厳とあなたの栄光の場所を愛しております、ということができるのである。

X　聖ベルナルドゥスの建築における奢侈に対する論攻より（一一二四年頃）

S. Bernardi Abbatis - Apologia ad Guillelmum - Sancti Theoderici Abbatem, MIGNE, *P. L.*, CLXXXII, 914-916.

ベルナルドゥスはこの有名な弁護論の中で、ロマネスクの聖堂と回廊の建築における奢侈に反対している。これはまたクリュニー修道会とサン・ドニ修道院長スゲリウスに対する論攻でもある。そしてこれは、当時普及していたロマネスク様式を否定し、ゴシックの開始を用意することになる。この文書の最初の翻訳は、DEHIO-BEZOLT, *Die kirchliche Baukunst des Abendlandes*, S.552f. にみられる。ここではいま、その一部を補足し修正した。またこの文書の精神史的意義に関しては、E. PANOFSKY, *Abbot Suger*, Princeton 1946 ; O. v. SIMSON, *The Gothic Cathedral*, New York 1955, S.43ff. に詳しい。

私は、この聖堂の大いなる高さやはかりがたい長さやまた過度の広さや豪華な石工技術やたくみな絵画が、祈る者の心をそらせ礼拝のさまたげになり、過去のユダヤ人の祭式かと疑わしめるほどであることについては、あえて言及しようとは思わない。これはたしかに神を讃美するために献げられたものではある。しかしながら私は、一修道士として、あなたがた修道士に、かつて異教徒が異教徒に「あなたがた聖職者は聖所において黄金でなにをしようというのか」と問うたのと同じ質問を提起したい。すなわち私は、「あなたがた清貧を義務づけられた者が（私は言葉を問題にしているのではなく意味を問題にしているのである）真に清貧であるならば、聖所において黄金でなにをしようというのか」と問いたい。当然のことながら司教と修道士は立場が異なる。われわれは、司教の地位にある者が、賢き者も愚なる者もともに、精神の光輝によっては世俗の民衆を信仰に導くことができないために、とかく物質の光輝にたよらざるをえないという実情を知っている。しかしながら、われわれは民衆とはちがって、キリストのために豪華と精緻をしりぞけ、美しきもの耳ざわりよきもの香りよきもの舌ざわりよきもの手ざわりよきものなど、すべての肉体的な愉びを空しいとみなして、キリストに与かろうとしているのであるから、あえて問うが、かかるものによってわれわれはいかにして信仰に導かれることがありえようか。これら、愚直なる者を驚かしまた質朴なる者を楽しませるものが、なんの益があろうか。われわれは、民衆のいとなみを世に拡め、偶像に仕えるために、民衆の中に遣わされたのであろうか。

いまやここで明瞭といわなければならない。かかる偶像崇拝に他ならない貪欲は、いったいなにごとであろうか。われわれはこの現在の事実よりも、むしろ、今後の結果を怖れるのである。もしあなたがたが、それはどうなるでしょうかと問うならば、それは大変なことになると答えざるをえない、一度このような虚飾に費用をかけると、やがては各種のものに費用をかけるようになり、しかもこの費用が集中することになる。それというのは、豪華華美なる虚飾は、人々をして祈りの心を生ぜしめるよりもむしろ、自分もまたこのようなものを献げたいという気持にさせるからである。このようにして富は富をよび、金は金を引きよせる。私はこの仕組みについては知らないが、富があるところにはさらに安易に富が献げられていく。人々は黄金で被われた聖遺物に目をうばわれ、財布のひもをゆるめるのである。男女の聖者の像が立派に飾られれば、それはいよいよ聖なるものとして崇められる。人々は駆けよって口づけし富を献げ、聖なるよりも美なるがゆえに崇めるのである。そして聖堂には、宝石を嵌めた円型シャンデリアに代わってやがてはさらに多数の宝石で飾られた大円型シャンデリアがかかげられることになるであろう。そしてここには、技巧を凝らした重々しい青銅製の有枝燭台がおかれ、灯火よりもむしろ宝石がきらびやかに輝くことになるであろう。このようなものはいったい何のためにあるのか。懺悔の悔恨か、それとも、これをみての感嘆か。おお、空しき虚飾よ。これは空しいというよりも狂気に近い。聖堂の壁体は輝いてはいるが、貧しき者は苦しんでいる。その石材は黄金で被われてはいるが、その子らは裸のままである。貧しき者の献げものは、富める者の目を愉しませるにすぎない。好事家は愉しみ、貧しき者は満たされることがない。すくなくともわれわれは、人々に踏まれる鋪床に聖者の像を飾るべきではないのではないか。天使の顔はしばしば唾をはきかけられ、聖者の顔は過ぎ往く者に踏みつけられる。この聖者の図像を抑えることができないにしても、すくなくとも色彩を抑えることはできないのか。なにがゆえにこのすぐ潰されるものを飾るのか。なにがゆえにこのやがて踏まれるものを描くのか。美しき姿はやがては塵にまみれる。いずれにせよこれらのものは、貧しき者にとって、修道士にとって、また精神に生きる者にとって、なんの益があろうか。

さらにまた問題なのは、修道士が読書する場所である回廊にいる、あの醜なる美あるいは美なる醜ともいうべき怪物である。あの醜い猿や荒々しい獅子や奇怪なケンタウロスや半獣神や有翼の虎や戦う兵士や角笛をふく猟人はいったいなにか。またここには一頭多身の怪物や多頭一身の怪物がいる。またある獣には蛇の尾があり、獣の頭をした魚がいる。またここには前が馬で後ろが羊という怪物がいる。さらにはまたここには有角の馬がいる。要するにここには多様ないきものがいたるところに飾られていて、書物をよむよりも彫刻をよまされるという有様で、これに感嘆しているだけで一日が費やされ、神の戒について瞑想することができない。神よ、このような愚かさを慎まないまでも、すくなくともこの費えを惜しむべきではありますまいか。

XI　シトー修道会総会の建築および芸術についての慣例規則より（一一三四年以後）

Instituta generalis capituli apud Cistercium.

シトーにおける修道院長総会は、毎年、修道会全体に適用すべき規則を布告した。これがはじめて筆記されたのは一一三四年で、シトー会修道院建築史上独自の創造性が示された十年間に当たっている。それぞれの規則は、当然、この時点以前に成立したものである。

この抜萃は *Analecta Divionensia : les monuments primitifs de la Règle cistercienne, publ. d'après les manuscrits de l'abbaye de Citeaux*, par Ph. Guignard, Dijon 1878. に依った。Mortet-Dechamps, *Recueil de Textes relatifs à l'histoire de l'Architecture ...*, Paris 1929, 30ff. 参照。

第一章　修道院は、都市や城砦や村落に建てるべきではなく、遠くはなれた往き来しがたい場所に建てなければならない。

第十二章　修道院長と十二名の修道士は、新しい修道院を設立しなければならない。ただしそれは、場所と、聖堂、大食堂、大寝室、外来者や雇用者の個室などの建造物が用意されてから、選定されるべきである。

第二十章　聖堂および修道院の各室には、絵画・彫刻をかかげてはならない。このようなものは、人々の心をそらせ、よき瞑想と厳粛な宗教的規律のさまたげになるからである。ここにはただ塗装された木の十字架だけが認められる。

第二十一章　修道院の門外には、動物小舎の他は建造物をおいてはならない。それは誘惑のもとになる恐れがあるからである。

第三十一章　このようなわけで、もしこの規則に違反した建造物がある場合には、すぐに無償で除去しなければならない。

第八十章　ガラス窓は透明にし、十字架や図像を描いてはならない。

（一一五七年追補）第十六章　鐘塔は石造化してはならない。門外の建造物は除去しなければならない。

（一一八二年追補）第十一章　ステンドグラスは二年以内に除去すること。そしてこの期間がすぎたならば、それが除去されるまで、修道院長、副院長、貯蔵庫管理者は、週の六日目ごとにパンと水を断たなければならない。

（一二一三年追補）第一章　大参事会の権威により、この修道会は今後、救世主キリストの外は、図像と彫像を禁じ、鋪床や建造物や食事に手をかけることを禁ずる。また修道院長は文庫や手箱を保有してはならない。

XII　聖ベルナルドゥス伝より、クレルヴォーの第二修道院の建築について

S. Bernardi, Clarevallensis, vita prima, lib. II, auct. Ernaldo.
Mabillon, *S. Bernardi opera,* vol. II, 1690, cols. 1103-04 ; Migne, *P. L.,* CLXXXV, cols. 284-88 ; Mortet-Deschamps, 1929, 25f.

この物語はありのままが記述されて、この聖者の死後直ちに編集されたと推定される。このテキストは各部分に新鮮さが感じられる。たとえば、シトー会が修道院内部の給水設備に関心をもっていた事実は、ここではじめて明らかになるのである。

彼［ベルナルドゥス］は、この修道院の副院長にして血縁上精神上の近親者であり、聡明不屈にして後にリンゴネンシアの司教になった［一一三〇年よりクレルヴォーの副院長、一一三九年よりラングルの司教］ゴーデフリドゥスの助言を受けていた。

この副院長をはじめとして、共同体の将来のことを考えていた人々は、この聖者に、天上の問題はしばらく措いて地上に降りてくるように要請し、この修道院の現状を告げた。彼らは、現在の場所はせまく不便で多数の人々を収容することができず、また毎日のように加入者があるために、もはや現在の建造物ではどうにもならず、聖堂は修道士だけでいっぱいになってしまうということを告げた。そして彼らは、この下方にちょうど適当な平地があり、河の流れも具合がよく、修道院に必要な草原や耕地や果樹園や葡萄山をつくるだけの十分な広さがあり、またこの森林は閉鎖性が不十分であるが、ここに沢山ある石材でたやすく周壁をつくることができる、とつけ加えた。この聖者は、最初はこの計画を承認しなかった。「考えてもみよ――と彼はいった――現在の石造の建造物にはすでに多大の労力と費用がかかっており、また各室への給水には多大な費用がかかっている。もしわれわれがこのすべてを放棄したならば、世の人々は、

われわれが軽率であり気紛れであり多大なる富を——それはじつはありもしないのだが——無駄にしたと非難するであろう。しかしながらおんみらは資金がないことを知っているのであるから、福音書の言葉、『塔を建てるには費用を計算しなければならない』、あるいはまた『仕事をはじめて中断する者は、この人は建てかけたが仕上げられなかったといって嘲われた』ということを示したい」。

これに対して修道士は、「もし神が、この新しい修道院の完成後にここに居住する者を遣わされなくなるというのであれば、あなたの見解は正しく、建設を中止すべきでしょう。しかしながら神は日々この群を増やしておられるのですから、神が遣わされる者は謝絶するか受け入れるように用意するかいずれかにしなければなりません。ここに居住したいと思う者は、ここにその用意がないということを想像できるでしょうか。神はわれわれが費用を恐れて決定を遅らせるのをお喜びにはならないのです」と答えた。修道院長はこの言葉を聞きまた彼らの信頼と慈愛の心を悦んで、この計画を承認したのである。

ここに貴族テオバルドゥスは、多大の費用を負担し、さらに多くの援助を約束して、名を残した。またこの地方の司教や有力者や商人もこれを聞いて、自ら進んでこの聖なる事業に多大の援助を申し出た。このようにして大量の資材が集まり、技術者も集まり、また修道士はそれぞれの仕事に専心した。すなわちある者は樹木を倒し、ある者は石材を刻み、またある者は周壁を積み、さらにある者は河の水を分けて粉挽所へ導き入れたのである。そしてまた漂布工、粉挽工、製革工、鍛冶工など各種の工匠が必要な機材を整備し、一方、泡立つ水は建造物の下にもうけられた地下水路によって必要な場所に導かれた。そしてこの水は分かれてそれぞれの仕事場で役目をはたし、また修道院を清めた後に、もとの河にもどり、もとの流れにもどるのである。周壁は予想以上の速さで完成し広大な修道院全域を囲繞した。そして基本建造物が生まれ、また新しい聖堂は、あたかも生命と活力にあふれたいきもののように、大きくなっていったのである。

XIII　クレルヴォーの記述（十三世紀初期）

Descriptio positionis seu situationis Monasterii Clarae-Velensis, in: Migne, *P. L.*, CLXXXV, 569-571.

M. H. d'Arbois de Jubainville, *Etudes sur l'état intérieur des abbayes cisterciennes et principalement de Clairvaux au XIIe et XIIIe siècle*, Paris 1858, p.329-338. 参照。

この作者は、修道院の中を流れる河の様子を文学的に表現し、シトー会修道院における給水設備の特別の意義を示している。ここではテキストの重要部分を抜粋した。

もしあなたがクレルヴォーの様子を知りたいと思われるならば、この報告を鏡として、その姿を想像されんことを。すなわち、この修道院からほど遠からぬところに、二つの山があり、その間の狭い谷はこちらに近づくにつれて次第に拡がる。つまり、この修道院の半分は一方の山に、他の半分は他方の山にかかっているのである。……

修道院の背後の広大な平地は、大部分が修道院周壁で囲繞され、修道院の広さを示している。そしてここには、各種の果実をつけた多数の樹木があり、森かとみまごうばかりの果樹園になっている。そしてこの果樹園は、病者区域と接続し、病める修道士の安らぎの場となり、彼らは散策して心を和らげ、疲れた場合には快く憩うことができるのである。……

この果樹園がつきるところから、流れで区切られた四角形の庭園がはじまる。……この流れは、養魚と灌漑に、二重に利用される。これはかの有名なアルバ（オーブ）河の倦むことを知らぬ流れを引いたものである。すなわちこの水は、修道院内部の多数の仕事場を貫流し、それぞれの場所で役目をはたし、祝福を残していくのである。……この河は、彎曲した水路によって谷を二分しているが、この水路は自然にできたものではなく、修道士が掘ったものであり、これによって、流れの半分が修道院に導き入れられることになるのである。……

もしこの豊富な水が正規の水路から溢れ出ると、堰壁によって押しもどされ、その下部を流れ、河下でまたもとの河波に合流する。しかしながらこの門番ともいうべき堰壁が一度水を導入されると、それは激しく流れ入って挽臼を動かし、小麦を砕き、細かな篩を動かして小麦粉と麩をふるいわけるなど、いろいろ忙しく働くのである。この水はまた、隣の場所で、鍋や釜に汲みとられる。……しかしこの水はけっしてとどまることがない。これは、粉挽所において修道士の糧を用意したのと同様に、漂布所に流れ入って、彼らの衣服の世話をする。水は抗うことがない。……水は思い大杵を、いやむしろ鍛造機ともいうべき木の足を上下に動かして——これは漂布の際の跳躍する労働に当る——この苛酷な仕事をはたしてくれるのである。……そしてこの水は速い渦巻となって多数の水車を激しく廻し、泡をたててそこを離れ、ひとりでに穏やかに静かになるのである。

ついで水は製革所に流れ入り、修道士の靴の材料を用意する。この水はさらに小さく分かれて、それらを必要とするすべての場所で各種の仕事に従事し、炊事、篩わけ、轆轤細工、砕粉、給水、洗濯、粉挽きと、かいがいしく働く。水はけっして骨惜しみをしない。最後に……水は塵芥を片付け、すべてをきれいにして去っていく。このように水は、与えられた仕事を立派にはたして、ふたたび速い流れとなって河に注ぐ。……いまここでもう一度、この河から分かれて草原を蛇行する流れをみてみよう。……この流れは水路に導かれて仕事をした後に、ふたたびもとの河に合流する。いまやアルバ河は、すべての水を併せ、速い流れとなって斜面を下るのである。

XIV　フランシスコ会会則（一二六〇年）

フランシスコ会もまた建築の奢侈に対する規則を布告しているが、これは多くの点でシトー会の規則と一致している。この会則は一二六〇年にはじめて筆記され、一三一〇年のパドヴァの総会においてより厳格な形に改められた。ただしこれは聖堂建築についての規則であって、修道院についての規則ではない。

Fr. Ehrle, *Die ältesten Redactionen der Generalconstitution des Franziskanerordens*, in: Archiv für Literatur und Kirchengeschichte des Mittelalters, VI, 1892, S.69 u. S.87f., ; V. Mortet et P. Deschamps, *Recueil de Textes*, Paris 1929, S.285-287.

このフランシスコ会の一般規則は、一二六〇年六月十日、すなわちわれらの尊い神父であり、同僚であり第八代目の総長を務め後に聖ローマ教会の枢機卿に任ぜられた聖ボナヴェントゥーラの時代に、ナルボンヌにおいて編集され認定されたのに始まる。……

……しかしながら、精緻過剰な技巧は清貧に反するものであるから、絵画、彫刻、窓、円柱その他に技巧を凝らし、また全長、全幅、高さが不必要に大きな建造物を建てることは、厳しく避けなければならない。この規則を犯すものは厳しく罰せられるべきであり、責任者は即座に解任追放され、総長が再認するまでもとにもどることは許されない。また総長がこのような事実を見過ごしている場合には、外来監督者が取締らなければならない。

聖堂は、大会堂の他は、穹窿化してはならない。鐘楼は鐘塔の形式にしてはならない。また主祭壇の背後の中心窓に、磔刑像、聖処女、聖ヨハネス、聖フランシスクス、聖アントニウスの像を描く以外は、ステンドグラスに物語や図像を描いてはならない。そしてこのような図像がある場合には、外来監督者が撤去しなければならない。

XV オットーボイレン修道院長ルッペルト二世の日記より

このバロックの建築依頼者であるルッペルト二世は、帝国直属都市ヴァンゲンの鍛治工の子息で、修道院長職にあった一七一〇年から一七四〇年までの重要事項を十四巻に及ぶ厖大な管理日記に記している。この機構・規模ともにあくまでバロック的な建築は、「政治的 politica, 教会的 ecclesiastica, 経済的 oeconomica」なこの日記の中に、新聞記事、回章、記念文、布告、個人的意見、書翰、計算書の形で彷彿として現われる。この日記の合本は、この修道院長の自由でまた文学的に気取らない性格をよく反映し、またその素直な信仰と芸術に対する好意と建築に対する情熱を示している。

ここではノルベルト・リープによる抜萃（文献188、一〇一―一四頁、文献196、二八四―三二一頁）の一部を示すことにしたい。

【賛成と批判】

フュッセンのザンクト・マング修道院長ゲルハルト・オーバーライトナーの一七一三年十一月九日付書翰

あなたはお若い間は吝嗇になられることなく（失礼ながら）――それというのは年をとると人はとかくそうなるものですから――なにかの記念物を（私のところへ推薦されたヘルコーマーがつねにそう申しております）後世に残されるべきです。あなたが建てられる美しく壮大な建造物はすべての者が仰ぐことができますが、あなたの金庫にしまわれたままのお金はだれもみることができません。大金はとかく嫉妬をまねきやすいものですから、美しい建造物にしておくのがもっとも賢明です。

オットーボイレンの修道院建築は、宗教的謙譲さからほど遠く僭上であるというネレスハイム修道院長の批判に対する一七二四年五月二十三日付の反論

あなたのご批判は当たっていません。この神の家を建設するのは、あくまでも聖三位一体の栄光と修道会と修道院のためをはかってのことです。私はかならずや神の愛と人々の賞讃がえられると考えていましたが……いまは人々の賞讃はあきらめて、神が嘉したまうだけを期待します。……幸いなことに、すでに大部分は完成しました。私はもはやこれを中断することはできませんし、神が望まれるかぎりやりとげるつもりです。

【建築計画と建築意図】

一七二七年十月二十日の日記

資金と忍耐と慎重は、建築における三つの条件である。

一七二六年十月三十一日の日記

私は、これ以上のものができると信じている。しかしながら建築に際してはすべてが思いのままになるわけではない。建築には資金とともに忍耐が必要であり、またすべてをうまく運営する知恵と建築についての判断力と着想が必要であり、これがなければ資金も忍耐もすべてが水泡に帰してしまうのである。……

一七三六年三月一日の日記

私はこの数日間、これまで壁体建築を担当してくれたジンペルト・クラーマー氏と新しい修道院聖堂について話し合い、すでに提出されている多数の聖堂図面の中から幾つかを取り出し、その最良と思われるものに対して、彼が立面図を製作してみせてくれるように依頼し、彼は了承してくれたのである。ところがこの後でまったく別の図面が提示されたので、模型を造らせてそれによって大略の姿を判断しようと考えている。こうすれば聖堂の内部外部がどのようになるかが解るであろう。

一七三九年三月三十一日の日記

壁体建築家のジンペルト・クラーマー氏は、この冬、木の模型を製作してくれた。これは屋根の上に高い円蓋をのせることもまた屋根の下に半円蓋をおくこともできるようになっているので、この二つの形式の相違をみて選択し、それに応じて基礎工事を考えることができる。高い円蓋には利点と欠点がある。高い円蓋を採用すれば、聖堂の外観は豪華壮大になり多くの場所から仰がれるが、これは基礎工事に多大の費用がかかる。半円蓋の場合は、聖堂の外観はそれほど目立ったものにはならないが、基礎工事が容易であり、高い円蓋を採用した場合に比べて内部が快適なものになるであろう。この高い円蓋は頂塔までふくめて二二五フィートにもなるのに対して、低い円蓋は一七五フィートという適当なものである。

一七三九年六月六日の日記

建築専門家を別途に採用して、壁体建築家と共同作業させるべきではないか、という意見は、これまでにもあった。しかしこれはいま無意味なことで、ジンペルト・クラーマー氏は、神の御名において定められた基礎の上に建築を進めることになるであろう。このような意見は建築家同士の対立意識とエゴイズムによるもので、なんとかして聖堂建築の栄誉に与りたいということであろう。この全体の図式とすでに設定された基礎は変更する必要はなく、すべてこれでいいのである。

一七三九年十二月六日の日記

ランズベルクの建築家ドミニクス・ツィマーマンは、二つの聖堂図面を設計した。これはどちらも立派なものであるが、とくに楕円円蓋の図面は素晴らしい。これはまさに神の御恵みによる着想である。一方正規円蓋の図面もたしかに美しいが、これは実際の場所に対してあまりにも高くまたあまりにも長い。またこれは前者に比べて、費用がかかるし、快適なものにはならないであろう。なるほどこれは大いなる尊厳と壮大さをみせてはいるが、この場所が夏期にも冬期にも風や嵐を受けることを考えれば、このようなものを建てるべきではない。これはつねに補修の費用がかかるであろう。私はいろいろな点から考えて、あえて第一の図面を選ぶつもりである。聖堂の全長はこの場所と調和し、図面上二六〇フィートになり、病者の庭園には接触しない。全幅もまたこの場所と調和し、修道院建造物ともよく調和している。

これは神の聖堂にふさわしいまた修道士にふさわしい尊厳と壮大さと威風を示すことになるであろう。これは修道院のすべての建造物を凌駕すべきである。なぜならば、神の栄光はすべてに優先するからである。

一七二六年十月三十一日の日記

私はこの建築が現代の様式と調合し、神の栄光を示すとともにまた世俗とも調和するように努力している。

一七二二年五月二十八日の日記

回廊の絵画は、よき思想を生みだすものにしたいというのが、私の念願である。

一七三六年十月十三日の集会決議

「神の御名においてまたキリストの栄光において新しい聖堂の建設に着工」。
これに対する修道院長の宣言「私は、この聖堂建設に全力を捧げます」。

【芸術家に対する非難と賞讃】

一七二七年十月二十日の日記

秋期決算におけるストゥッコ技術者への支払いについて——今後は彼らも我慢してもらわなければならない。これは当然である。建築依頼者は彼らのいうがままの有様で、彼らをつなぎとめておこうにも、彼らは他の仕事口を知っているのでどうにもならない。

一七二六年十二月三日の日記

B［ベルクミラー］氏は現代芸術家とみなされているのであるから、なにかやってもらわなければならない。

一七二四年六月一日の日記

アミゴニス祭壇図像について――……この美しく崇高な作品は、すべての人々が賞讃してくれる。建造物全体と絵画について――この立派な場所では、修道院長も修道士も、永い礼拝と祈禱を献げることになるであろう。

一七二二年二月十五日と一七二三年四月二十日の日記

画家ヒエロニムス・ハウの作品について――これらの絵画はたしかによくできてはいるが、彼らは私の意図を一向に理解してくれない。私ははじめから意図を指示しているにもかかわらず、彼らは主要図像と副次図像の相関関係を考えてくれない。たとえ私が彼らに、前もってこの図像の位置を石墨で示して了解と訂正を求めるように命じても、彼らはけっしていうことを聞いてくれないのだ。

絵画はよくできているが、主要図像と副次図像を並列・調和させようという最初の構想は生きていない。

【完成の歓び】

一七二九年一月十五日の日記

われわれでさえ、すなわち今日生き永らえているわれわれでさえも、もはや従来の修道院の姿を想像することはできない。まして従来の修道院をみたことのない者は、いかにしてその姿を想像することができるであろうか。

訳者あとがき

本書は、さきに『西ヨーロッパの修道院建築――戒律の共同体空間』(鹿島出版会、一九七四年)の書名で刊行した訳書の新版である。

原著の Wolfgang Braunfels, *Abendländische Klosterbaukunst*, Köln, 1969. は、叢書 DuMont Dokument の一冊として刊行された。発刊後ほどなくして英語版、スペイン語版が上梓され、当初から名著としての名声を得たが、それは主として、この書のすぐれた「方法論」によるものであろう。

すなわち原著は、千五百年に及ぶ西ヨーロッパの修道思想修道活動を通観しつつ、これの実施される修道院建築の核心である修道院基本建造物――修道院聖堂とともに袖廊にいだかれ、禁域 clausura と総称される、回廊 claustra、集会室 capitulum、大食堂 refectorium、大寝室 domitorium、さらに噴泉室 lavabo など、機能的に区分された主要建造物――を建築主題 Baumotiv として、これらが簡潔緊密にまとまった配置形式 Kloster-schema を基礎概念として考察叙述を展開する。

この基礎概念は、むろん過去の無数の実例のなかから読み取られるものであるが、著者はこれを、自覚的に改めて読み込んでいるのであり、これによって実例を選択し、評価しているのである。この基礎概念の原理化は、著者のあまりにも当然であるが西ヨーロッパの研究者としての正統な批判哲学と解釈学をしめすものであり、この一貫した方法が叙述を平明にし、原著を名著とする根拠となっているのである。

原著はまた、この基礎概念を豊富な文書資料《ドキュメント》から論証する。これは著者の美術史学者としての基本的姿勢によるものであり、この修道院建築という問題が、豊富なすぐれた実例とともに豊富な文書資料をもつことが、豊饒な成果を約束しているのである。

原著の叙述はきわめて平易な言葉により音楽的リズムで展開する。各段落は精密な起承転結がなだらかに起伏し、各章は楽曲的に構成され、各章の末尾はさりげない表現のなかにふかい象徴性が華麗なコーダとなる。

旧版の刊行から三十五年を経た現在、修道院という特殊なテーマに対する認知度ははるかに高まり、基本資料の邦訳が刊行されるなど、考察のための環境はかなり整備されたように見える。

また建築ということについても、一般の関心は大きく広がったようである。建築を文化とみるのは自明のこととされ、建築というコンセプトには、建築の集合体としての都市、道路、各種の土木建造物その他がひろく介入し、環境、自然、景観、廃墟、地霊の支配する聖地点 mysterium tremendum といった人間の手によらないものまでが包含されるようになった。それは疑問とか批判とかいうことを超えて、建築とは何かという根本問題をだれもが考えざるをえなくなっている事実をしめしている。

今回版を改めるにあたっては、訳語や固有名詞表記などをある程度現在の慣行に従って変更し、また図版についても、より本文との連繫が明確になるようレイアウトを一新した。右のような現状のもと、本書が西欧の修道思想の本質を理解するための、あるいはまた建築の根本問題を考察するための「現代の古典」として、新たな読者に迎えられることを願うものである。

なお最後になったが、訳書をこのように新しい形で刊行できるのは、ひとえに八坂書房社主八坂立人氏のご理解による。また担当してくださった八尾睦巳氏のご尽力による。お二人のご厚意に深く感謝申し上げる。

訳者

二〇〇九年七月

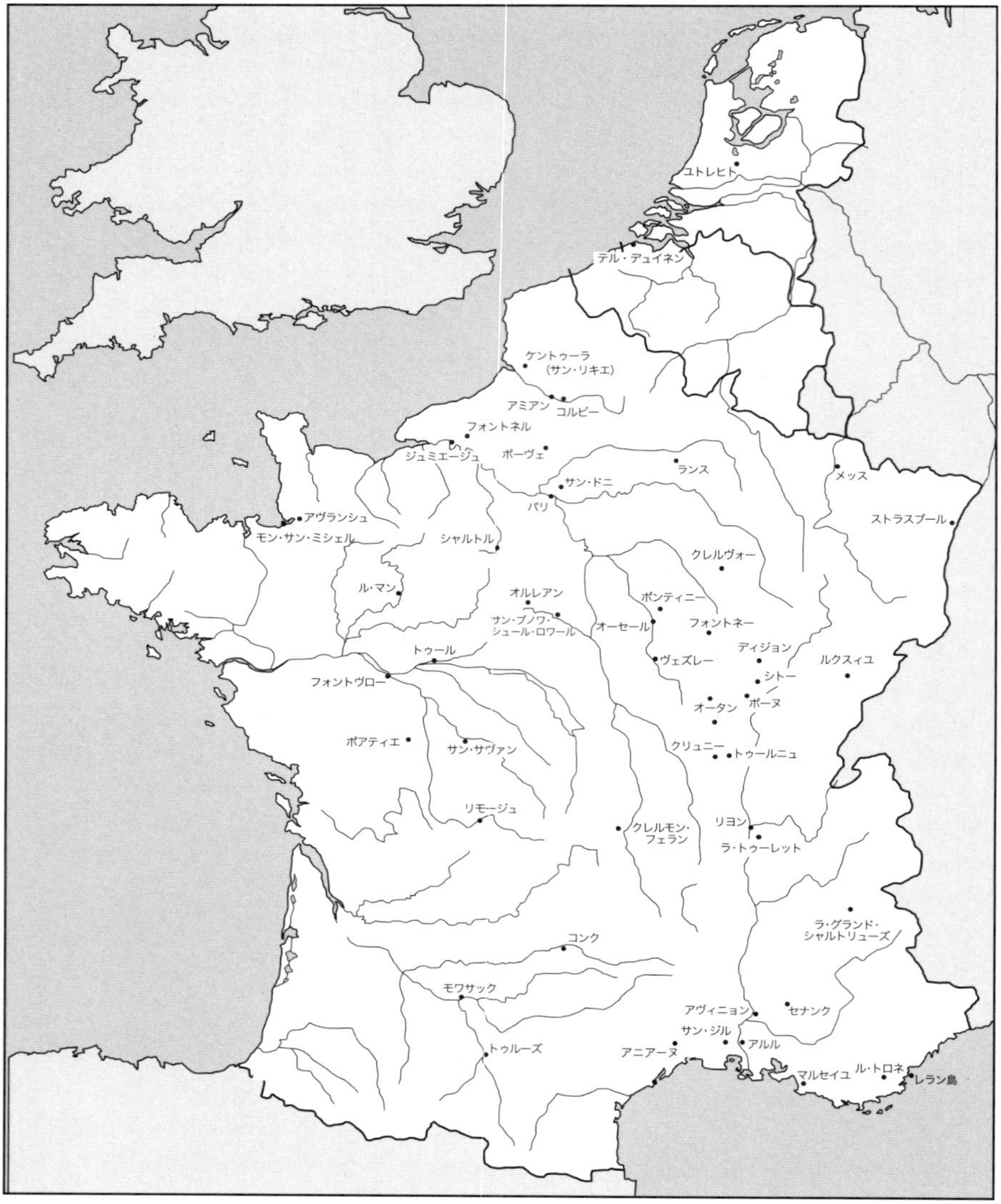

【関連地図1】

フランス・ベルギー・オランダ

ドブラン
リリエンタール
ブラウンシュヴァイク
ミンデン
ヒルデスハイム
マクデブルク
ミュンスター
クヴェドリンブルク
コルヴァイ
パーダーボルン
エッセン
カンプ
ケルン
インデン
アーヘン
ボン
ジークブルク
ヘルスフェルト
フルダ
リンブルク
マリア・ラーハ
バンツ
マインツ
ヒンメロート
トリーア
バンベルク
ロルシュ
ヴュルツブルク
ヴォルムス
エーベルバッハ
ニュールンベルク
ハイルスブロン
シュパイアー
グロース・コーンブルク
マウルブロン
エルヴァンゲン
レーゲンスブルク
ストラスブール
ヒルザウ
フライジング
ヴィーブリンゲン
アウクスブルク
ミュンヘン
ツヴィーファルテン
オットーボイレン
ヴァインガルテン
ザーレム
ザンクト・
ブラージエン
ライヘナウ
ヴェッソブルン
ケンプテン
バーゼル

【関連地図2】

ドイツ

【関連地図3】

スペイン・ポルトガル

【関連地図4】

イタリア・スイス・オーストリア

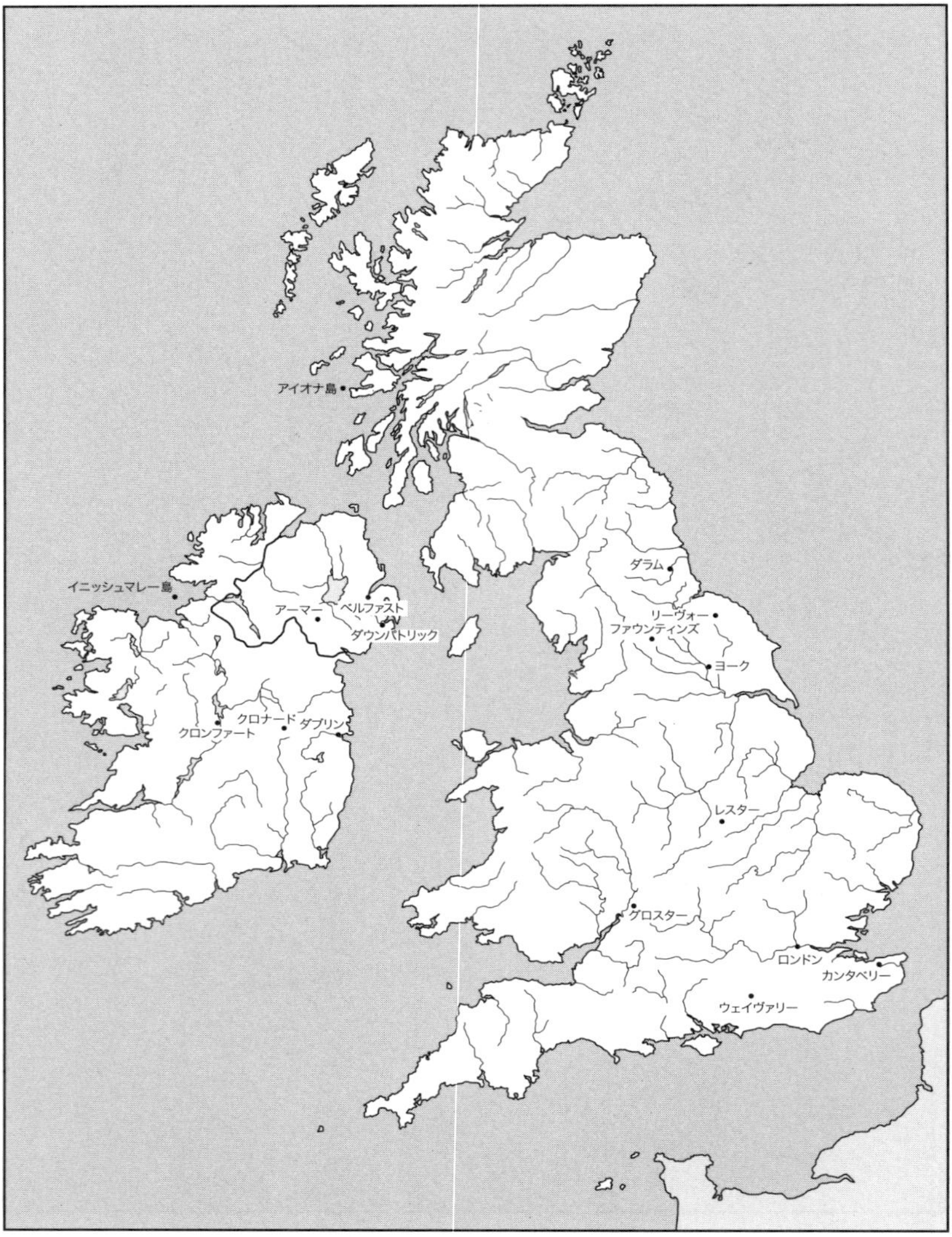

【関連地図5】

イギリス・アイルランド

人名索引

＊印は関連図版のある頁であることを示す

【ヤ】

【ラ】

地名・修道院名索引

＊印は関連図版のある頁であることを示す

【マ】

原 註

1) Mann, A., *Großbauten vorkarlischer Zeit und aus der Epoche von Karl dem Großen bis zu Lothar I.,* in: *Karl der Große, Lebenswerk und Nachleben,* hrsg. von Wolfgang Braunfels, Bd. III, *Karolingische Kunst,* Düsseldorf 1965, S. 320.

2) Hubert, J., *L'Europe des Invasions,* Paris 1967, S. 64.

3) 文書Ⅲ（本書338-9頁）、第2章。

4) Gerstenberg, K., *Die deutschen Baumeisterbildnisse des Mittelalters,* Berlin 1966, S. 5.

5) Effmann, W., *Centula-St.Riquier, Eine Untersuchung zur Geschichte der kirchlichen Bau-kunst in der Karolingerzeit,* Münster 1912, S. 56.

6) Levillain, L., *Les statuts de l'abbaye de Corbie promulgués par Adlard en 822,* in: *Le Moyen Age* XIII, 1900, p. 352ff.

7) Cipolla, C., *Una 'Abbrevatio' inedita dei beni dell'abbazia di Bobbio,* in: *Rivista Storica Benedittina* I, 1906, p. 3ff.

8) Dopsch, A., in: *Vierteljahrschrift für Sozial- und Wirtschaftsgeschichte,* XIII, 1916, S. 41-70.

私は、ウォルター・ホーン（カリフォルニア大学バークレー校）が、ザンクト・ガレンの計画平面図についての論文を原稿の段階で通覧させてくれたことに感謝している。

9) Mittelmüller, R., *Vita et Regula SS. P. Benedicti una cum expositione Regulae a Hildemaro tradita,* Ratisbonae 1880.

ヒルデマールは、アンギルベルト2世（824-860）によってコルビーからコモ湖畔チヴァーテの修道院へ教師として招聘され、その教説は850年頃弟子によって筆記された。

10) Marrier, Dom M. und Duchesne, A., *Bibliotheca Cluniacensis,* Paris 1614, reprinted, Protat frères, Macon 1915:

SP. 1666（1245年の記述）: Et sciendum est quod infra ambitum monasterii Cluniacentis, habuit hospitum domnus Papa cum Capellanis suis, et cum omni privata familia. Et Eps. Silvanectensis cum familia. Domnus Rex Franciae cum matre sua, et fratre suo, et sorore sua, et cum tota ipsorum familia privata. Et domnus Imperator Constantinopolitanus cum tota familia, et multi alii milites Clerici, Religiosi, de quibus non fit mentio. Et tamen nunquam propter hoc Monachi amiserunt dormitorium, neque refectorium, neque Monasterium, neque Capitulum, neque Infirmiriam, neque Cellariam, neque Coquinam, neque aliquam de Officinis deputatis Conventui.

11) Wilmart, Dom A., *Le Couvent et la bibliothèque de Cluny vers le milieu du XIe siècle,*

in: *Revue Mabillon* 11 (1922), 89-124.

12) コナントが、最初の見解を変えて噴泉室を回廊南側の中央から南西の隅に移転させているのは正当だと考えられる。

13) Otto Bischof von Freising, *Chronik oder die Gescshichte der zwei Staaten,* übers. von Adolf Schmidt, hrsg. von Walter Lammers, Darmstadt 1960, S.560ff.

14) Simson, O. von, *The Gothic Cathedral,* 1958, S.93ff.

15) Meglinger, J., *Descriptio Itineris Cisterciensis,* in: Migne, *P.L.,* CLXXXV bis, Sp.1566-1622.

16) Esser, K. H., *Über den Kirchbau des Hl. Bernhard von Clairvaux,* in: *Archiv für mittelrheinische Kirchengeschichte* 5, 1953, S.195-221. エッサーはこの論文の中で彼の発掘作業に基づいた基礎平面図を提示し、そこにベルナルドゥスが居住しまたアシャールがこの建築のために活動したことを証示している。

17) プールビュによる建造物や翼部の記録には誤謬がある。とくに回廊の東側翼部と南側翼部をとり違えているのは、明らかに誤りである。

18) Leistikow, D., *Hospitalbauten in Europa aus zehn jahrhunderten. Ein Beitrag zur Geschichte des Krankenhausbaues,* Ingelheim 1967, S.29f.

19) *La Chartreuse de Champmol,* Catalogue de l'Exposition au Musée de Dijon en 1960.

20) フランシスクスは最初、今日サンタ・キアラがあるサン・ジョルジョの近くの小さな墓地に埋葬された。都市前面の刑場に面した懸崖に埋葬されたいという願いが、じつは後世の敬虔な捏造であるというヘルトラインの見解には承伏しがたい。なぜならばこの刑場に死するということこそキリストに倣う者としての抒情的厳格主義を忠実に実行することであり、この意味においてはじめて、あの異常な場所に墳墓聖堂が建設されたことが理解できるからである。

21) すなわち、小さな新しいシュタウフェン宮廷とハーゲナウ市は、人口が3,000以上になることはなく、おおむね2,000以下であったのに対して、11もの修道院があった。プレモントレ会修道院1189-1789年、フランシスコ会修道院1222-1789年、クララ会女子修道院1280-1299年、アウグスティヌス隠修士会修道院1282-1789年、ドミニコ会修道院1293-1789年、女子懺悔会修道院1310-？年、グリエルモ会修道院1311-1614年、ヨハネ騎士修道会修道院1354-1535年、ベギン会修道院1390-1789年、イエズス会修道院1604-1765年、カプチン会修道院1628-1789年。この中の6つはフランス革命まで存続した。

22) Hauck, A., *Kirchengeschichte Deutschlands,* Berlin 1958[9], Bd. IV, S.409.

23) Davidsohn, R., *Forschungen zur geschichte von Florenz* IV, Berlin 1908, S.483.
この著者は、1385年にピサの修道士バルトルスの夢にサンタ・クローチ

ェの建築依頼者である修道院長ジョヴェナーレ・デッリ・アリが現われて、自分は地獄において、この素晴らしい驚嘆すべき同時にまた嫌うべき作品をつくり上げたその同じ槌によって永遠に顳顬を打たれている、と語ったことを述べている。数世紀を経た今日においても、この修道会員が永遠の槌によって瞑想を妨げられるという怒りは理解できる。

24) Richa, G., *Notizie istoriche delle chiese fiiorentine devise ne suoi quartieri,* Firenze 1754/62.

25) 私の知るかぎり、14世紀初期以前の集会室の絵画で今日も残存しているのはブラウワイラーのそれだけではないかと思う。これを建築したアミリウス（1135-1149）の初期の活動については、Beseler, H., *Zu den Monumentmalereien im Kapitelsaal von Brauweiler,* in: *Jahrbuch der Rheinischen Denkmalpflege,* XIII, 1960, S.98-124. を参照。多様な図像主題と集会室の関係については資料がない。Clemen, P., *Die romanische Monumentalmalerei in den Rheinlanden,* Düsseldorf 1916, S.358-404.を参照。

26) Marrier, Dom M. und Duchesne, A., *Bibliotheca Cluniacensis,* Paris 1614, reprinted, Protat frères, Macon 1915.

Sp.1640（1049-1109年の記述）: Ista domus Refectorii habetur gloriosa in picturis tam novi quam veteris Testamenti, principium fundatorem et benefactorem Coenobii Cluniacensis cum immensa imagine Christi, et repraesentatione magni ipsius iudicii ...

27) Vertova, L., *I cenacoli fiorentini,* Turin 1965.

28) Cohn, W., in: Offner, R., *A critical and historical corpus of Florentine painting,* New York 1956, vol.VI, Section III, S.122-135.

29) Braunfels, W., *Anton Wonsams Kölnprospekt von 1531 in der Geschichte des Sehens,* in: *Wallraf-Richartz-Jahrbuch* XXII, S.115-136.

30) モン・サン・ミシェルにもまた、これと似た納骨堂があった。Schmitt, O., *Zur Deutung des spätromanischen Zentralbaus auf der Komburg,* in: *Die Klosterbaukunst,* 1951.

31) 自分は、E. コロワイエの1872年の旧い解釈に従った。最近の研究では、この広間は15世紀に修道士が大寝室を廃止した後に大食堂として使用したのであろうとしている。細い窓が56もあるのは、これが各寝台を照明したためで、ここが大寝室であったことを示している。クリュニーの大寝室にもきわめて多数の窓があった。このような窓はあくまで大寝室に必要なものであって、大食堂には無用である。これは修道士の昼の休息時の読書の便をはかってのものなのである。

32) 部分的平面図に示される王宮区域を平面図全体の中に正しく再現するのは、不可能である。

33) Grimschitz, B., *Johann Lukas von Hildebrandt,* Wien-München 1959, S.99.

34) Boesch, G., *Vom Untergang der Abtei Reichenau,* Zürich 1956.

35) この部分についてはすでにMontalembert, *Les moines d'occident,* Paris 1860-77. が言及している。

36) Goffient, H. J. F., *Documents pour l'histoire de l'abbaye d'Orval:* Annales de l'institut archéologique du Luxembourg V, 1867, p.165; III. Pillage et incendie de l'abbaye d'Orval en 1637.

37) 註35参照。

38) Hautecœur, L., *Histoire de l'architecture classique en France,* Teil II, Paris 1948.

39) Serenyi, P., *Le Corbusier, Fourier, and the Monastery of Ema,* in: *The Art Bulletin* XLIX, 1967, S.227-286. 参照。ここにはLe Corbusier, *The Marsailles Block,* London 1953, S.45 とLe Corbusier, *Modulor,* Cambridge Mass. 1954, S.27f.からの引用がある。また修道院の機能分析についてはRowe, C., *Dominican Monastery of La Tourette,* in: *Architectural Review,* 1129, 1961, S.400-410. 参照。

参考文献

西ヨーロッパの修道思想とその建築にかんする文献を選択してここに提示するのは、二つの意味がある。その一つは、この書を記すにあたって引用した文献を明示することであり、他の一つは、この書で述べた重要な作例の他にもいかに広大な研究分野があるかということを理解していただくためである。これらの文献はまずこの書の章の標題別に配列し、また同じ章の中では、それぞれの文献の発表年次別に配列した。この文献一覧表の標題は、それぞれの文献が本文の中でどのような意味をもつかということを簡単に示すものである。ここに掲げたものは、西ヨーロッパの修道院にかんする文献のごく一部にすぎない。完全な文献表をつくることは、とうてい不可能であろう。

1 修道院および修道院建築の歴史

a) 基礎文献

1 Hallinger, K., *Corpus Consuetudinum Monasticarum,* Siegburg 1963

2 Hélyot, P., *Dictionnaire des Ordres réligieux,* ed. M. L. Badiche, in: Migne, J. P., *Encyclopédie Théologique,* vols. XX-XXIII, 1847-59

3 Lenoir, A., *Architecture monastique.* Collection de documents inédits sur l'histoire de France, 3e série, Archéologie VII, Paris 1852

4 Migne, J. P., *Dictionnaire des Abbayes,* 1856

5 *The Cambridge Medieval History,* ed. H. M. Gwatkin, Cambridge 1911-36

6 *Sancti Benedicti Regula Monasteriorum,* ed. Lutzbertus Butler, Freiburg 1927

7 Hilpisch, St., *Geschichte des Benediktischen Mönchtums,* Freiburg 1927

8 Heimbucher, M., *Die Orden und Kongregationen der katholischen Kirche,* München-Paderborn-Wien 1933/34 ; Neudruck 1965

9 Heussi, K., *Ursprung des Mönchtums,* Tübingen 1936

10 Dom Cottineau, K., *Répertoire topobibliographique des abbayes et des prieurs,* 2 vols., Macon 1939

11 Schmitz, Ph., *Geschichte des Benediktinerordens,* Zürich-Einsiedeln 1947-1960, 4 Bde.

12 Balthasar, H.-U. von, *Die großen Ordensregeln,* Einsiedeln-Zürich-Köln 1948

13 *Die Klosterbaukunst,* Arbeitsbericht der deutsch-französischen Kunsthistorikertagung, Mainz 1951

14 Eschapasse, M., *L'Architecture Bénedictine en Europe,* Paris 1963

b) 地域別各論

15 *Monasticon Anglicanum,* Sir William Dugdale, London 1817-30

16 Knowles, D. and Hadcock, R. N., *Medieval Religious Houses in England and Wales,* London 1946-53

17 Knowles, D., *The Monastic Order in England,* Cambridge 1950

18 ——, *The Religious Orders in England,* 3 vols., 1956-1961

19 Cook, G. H., *English Monasteries in the Middle Ages,* London 1961

20 Sanderius, A., *Chorographis sacrae Brabantiae,* Brussel 1659

21 Germain, M., *Monasticon Gallicanum,* reprint, ed. Peigné-Delacourt, 1882

22 Grossi, P., *Le abbazie benedictine,* Firenze 1957

23 PUIG I CALDAFALCH, *L'arcitectura romànica a Catalunya,* Barcelona 1909
24 LAMPEREZ Y ROMEA, V., *Historia de la arquitectura christiana española en el edad media,* 3 vols., Madrid 1930
25 AZCARATE, J. M. DE, *Monumentos españoles,* 3 vols., Madrid 1953

2 ベネディクト会修道院配置形式の成立

a) 基礎文献

26 VOGÜE, M., *Syrie Centrale, Architecture civile et religieuse de Ier au 7e siècle,* 4 vols., Paris 1865-97
27 SCHLOSSER, J. VON, *Abendländische Klosteranlagen des frühen Mittelalters,* Wien 1889
28 HAGER, G., *Zur Geschichte der abendländischen Klosteranlage,* in: *Zeitschrift für christliche Kunst* 14, 1901
29 FRENDEL, J., *Ursprung und Entwicklung der christlichen Klosteranlage,* Diss. Bonn 1927
30 BUTLER, H. C., *Early Churches in Syria,* Princeton 1929
31 DEHLINGER, A., *Die Ordensgesetzgebung der Benediktiner und ihre Auswirlung auf die Grundrißgestaltung des benediktinischen Klosterbaus in Deutschland,* Borna-Leipzig 1936
32 AUBERT, M., *Origines du plan bénédictin,* in: *Bulletin Monumental* 1937
33 PRINZ, F., *Frühes Mönchtum in Frankreich,* München, Wien 1965

b) 修道院別各論

34 HÉLYOT, P., *L'Abbaye de Corbie,* Louvain 1957
35 HUGOT, L., *Kornelimünster, Untersuchung über die baugeschichtliche Entwicklung der ehemaligen Benediktinerklosterkirche,* Diss. Aachen 1965
36 EFFMANN, W., *Die Kirche der Abtei Corvey,* Hrsg. A. Fuchs, Paderborn 1929
37 GROSZMANN, D., *Die Abteikirche zu Hersfeld,* Kassel 1955
38 RAUMANT, E., *The Cloister of Jumièges,* in: *British Archeological Association* 3rd series XX-XXI 1957-1958
39 MARIS, H., *L'Abbaye de Lérins,* 1909
40 CRISTIANI, L., *Lérins et ses fondateurs,* Paris 1946
41 SELZER, W., *Das karolingische Reichskloster Lorsch,* Kassel 1955
42 CHRIST, H., *Die sechs Münster der Abtei Reichenau von der Gründung bis zum Ausgang des 12. Jahrhunderts,* Reichenau 1956
43 LOT, F., *Hariulf, Chronique de l'abbaye de Saint-Riquier,* Paris 1894

44 ——, *Nouvelles recherches sur le texte de la chronique de l'abbaye de Saint Riquier par Hariulf,* in: *Bibliotheque de l'école de Chartres,* LXXII 1941
45 HUBERT, J., *Saint Riquier et le monachisme bénédictin en Gaule a l'époque carolingienne,* in: *Settimane di Studio del Centro Italiano di studi sull'alto medioevo,* IV, Spoleto 1957
46 BERNARD, H., *Premières Fouilles a Saint-Riquier,* in: *Karl der Große* Bd. 3, hrsg. von W. Braunfels und H. Schnitzler, Düsseldorf 1963

3 ザンクト・ガレンの平面図

47 KELLER, F., *Bauriß des Klosters St. Gallen vom Jahre 820,* Zürich 1844
48 BOECKELMANN, W., *Die Wurzel der St. galler Plankirche,* in: *Zeitschrift für Kunstwissenschaft* Bd. 6, 1952
49 REINHARDT, H., *Der Klosterplan von St. Gallen,* St. Gallen 1952
50 BOECKELMANN, W., *Der Widerspruch im St. Galler Klosterplan,* in: *Zeitschrift für Schweizerische Archäologie und Kunstgeschichte* Bd. 19, 1956
51 SCHÖNE, W., *Das Verhältnis von Zeichnungen und Maßangaben im Kirchengrundriß des St. Galler Klosterplans,* in: *Zeitschrift für Kunstwissenschaft* Bd. 14,1960
52 WECKWERTH, A., *Die frühchristliche Basilika und der St. Galler Klosterplan,* in: *Zeitschrift für Schweizerische Archäologie und Kunstgeschichte* Bd. 21, 1961
53 POESCHEL, E., *Kunstdenkmäler des Kantons St. Gallen* Bd. 3, Basel 1961
54 DUFT, J., *Studien zum St. Galler Klosterplan,* in: *Mitteilungen zur Vaterländischen Geschichte,* Hrsg. von Historischen Verein des Kantons St. Gallen, St. Gallen 1962 (mit Beiträgen von B. BISCHOFF, W. HORN u. a.)
55 REINLE, A., *Neue Gedanken zum St. Galler Klosterplan,* in: *Zeitschrift für Schweizerische Archäologie und Kunstgeschichte* Bd. 23, Siegburg 1963/64
56 HORN, W., *Das Modell eines karolingischen Idealklosters nach dem Plan von St. Gallen,* in: *Ausstellungskatalog Karl der Große,* Aachen 1965
57 ——, *The 'Dimensional Inconsistencies' of the Plan of Saint Gall and the Problem of the Scale of the Plan,* in: *The Art Bulletin,* XLVIII 1966, S. 285

4 クリュニーおよびクリュニー会修道院

a）基礎文献

58 DUCKETT, G. F., *Visitations and Chapters General of the Order of Cluni, in respect of Alsace*

and Lorraine etc. 1269-1529, London 1893
59 Valous, G. de, *Le Monachisme clunisien des origines au 15e siècle. Vie intérieure des monastères et l'organisation de l'ordre,* Paris 1935
60 Lamma, P., *Momenti di storiografia cluniacense,* Roma 1961
61 *Status, chapitres généraux et visites de l'Ordre de Cluny,* Paris 1965
62 Virey, J., *Un ancien plan de l'Abbaye de Cluny,* Macon 1910
63 Mettler, A., *Kloster Hirsau,* Augsburg 1928
64 Greiner, K., *Kloster Hirsaus Geschichte durch 11 Jahrhunderte,* Calw 1929
65 Smith, J. M., *Cluny in the XI-XII Centuries,* London 1930
66 Schapiro, M., *The Romanesque Sculpture of Moissac,* in: *Art Bulletin* XIII 1931
67 Stockhausen, H. von, *Romanische Kreuzgänge in der Provence,* in: *Marburger Jahrbuch für Kunstwissenschaft* 1933
68 Evans, J., *The romanesque architecture of the order of Cluny,* Cambridge 1938
69 Deshalieres, F., *Abbaye de Cluny,* in: *Bulletin Monumental* Bd. 105, 1947
70 *Travaux du Congrès à Cluny* 1949, Dijon 1950
71 Evans, J., *Cluniac Art of the Romanesque Period,* Cambridge 1950
72 Viery, J., *L'Abbaye de Cluny,* Paris 1950
73 Linck, O., *Mönchtum und Klosterbauten Württembergs im Mittelalter,* Stuttgart 1953
74 Rey, R., *L'art des cloîtres romans,* Paris 1955
75 ——, *Les cloîtres historiés du Midi dans l'art roman,* in: *Mémoires de la Société Archéologique du Midi de la France* 23, 1955
76 Tellenbach, G. (Hrsg.), *Neue Forschungen über Cluny und die Cluniazenser,* (Autoren: Wollasch, Mager, Diener) Freiburg 1959

b）コナントの著作

77 Conant, K. J., *Medieval Excavations at Cluny, the season of 1928,* in: *Speculum* 1929
78 ——, *The third church at Cluny,* in: *Medieval Studies in Memory of Kingsley Porter* II, Cambridge 1937
79 ——, *A Cluny, congrès scientifique en l'honneur des Saintes Abbés Odon et Odilon,* Dijon 1950
80 ——, *Cluny I and Cluny II,* in: *Bulletin Monumental* 1951
81 ——, *Medieval Excavations at Cluny, Final Station of the Project,* in: *Speculum* 1954
82 ——, *New Results in the Study of Cluny Monastery,* in: *Journal of the Society of Architectural Historians,* Oktober 1957
83 ——, *Études nouvelles sur l'abbaye de Cluny,* in: *Bulletin de la société nationale des antiquités de France* 1957

84 ——, *Dernières découvertes à Cluny,* in: *Bulletin de la société nationale des antiquités de France* 1959
85 ——, *Systematic Dimensions in the Buildings of Cluny,* in: *Speculum* 1963
86 ——, *Cluny II and St.Bénigne at Dijon,* in: *Archeologia* Nr. 99, 1965

5 シトーおよびシトー会修道院

a) 基礎文献

87 Jogelinus, G., *Notitia abbatiarum ordinis Cisterciensis per orbem universum libros X complerea,* Koeln 1640
88 ——, *Gallia christiana in provincis ecclesiasticas distributa,* Paris 1715
89 Marténe et Durand, *Dialogus inter cluniacensem monachum et cisterciensem, Thesaurus novus anecdotum,* Parisiis 1717
90 Jubainville-Guignard, *Les monuments primitifs de la règle cistercienne,* Dijon 1878
91 Canivez, J. M., *Statuta capitulorum generalium Ordinis Cisterciensis ab anno 1116 ad annum 1786,* Louvain 1933ss
92 Aubert, M., *L'architecture cistercienne en France,* Paris 1947
93 Dimier, M. A., *Recueil de plans d'églises cisterciennes,* Paris 1949
94 *Mélanges St. Bernard, XXIV Congrès de l'Association Bourguignonne des Sociétés Savantes 1953,* Dijon 1954
95 Paris, J., *Du premier esprit de l'ordre de Citeaux,* Paris 1954
96 Bouyer, L., *La spiritualité des Cisterciens,* Paris 1954
97 Leclercq, J. u.a., *S. Bernardi Opera,* 3 vols., Romae 1957-63
98 Lekai, L. und Schneider, A., *Geschichte und Wirken der Weißen Mönche,* Kempten 1958
99 Griesser, B., *Exordum magnum cisterciense,* Romae 1961
100 Zakar, P., *Die Anfänge des Zisterzienserordens,* in: *Analecta Sacri Ordinis Cisterciensis* 10, 1964
101 Meer, F. van der, *Atlas de l'Ordre Cistercien,* Haarlem 1965

b) 概説

102 Rüttimann, H., *Der Bau- und Kunstbetrieb der Cistercienser unter dem Einfluß der Ordensgesetzgebung im 12. und 13. Jahrhundert,* Bregenz 1911
103 Rose, H., *Die Baukunst der Zisterzienser,* München 1916
104 Kingsley-Porter, A., *Romanesque Sculpture of the Pilgrimage Roads,* Boston 1923
105 Aubert, M., *L'architecture cistercienne au XIIe et au XIIIe siècle,* in: *Revue de l'Art,* 1937

106 Mahn, J. B., *L'ordre cistercien et son gouvernement des origines au milieu du XIIIe siècle (1098-1265),* 1945/51

107 Esser, K. H., *Über die Bedeutung der Zisterzienserkirchen,* in: *Arbeitsbericht, Klosterbaukunst* 1951

108 Lefevre, J. A., *Le vrai récit primitif des origines de Citeaux et-il Exodium Parvum? Le Moyen Age* 61, 1955

109 Hahn, H., *Die frühe Kirchenbau der Zisterzienser, Untersuchungen zur Baugeschichte von Eberbach und ihren europäischen Analogien im 12. Jahrhundert,* Berlin 1957

110 Winandy, J., *Les origines de Citeaux et les travaux de M. Lefevre,* in: *Revue Bénedictine* 57, 1957

111 Dimier, M. A., *L'art cistercien,* 1962

c）地域別各論

112 Clemen, P., *Die Klosterbauten der Cisterzienser in Belgien,* Berlin 1916

113 Sauer, J., *Die Cistercienser-Orden und die Deutsche Kunst des Mittelalters,* Salzburg 1913

114 Mettler, A., *Mittelalterliche Klosterkirchen und Klöster der Hirsauer und Zisterzienser in Würtemberg,* Stuttgart 1927

115 Krausen, E., *Die Klöster des Zisterzienserordens in Bayern,* in: *Bayerische Heimatforschung* Heft 7, München 1953

116 Eydoux, H. B., *Die Zisterzienserabtei Bebenhausen,* Tübingen 1950

117 Dörrenberg, J., *Das Zisterzienserkloster Maulbronn,* Würzburg 1938

118 Clasen, W., *Die Zisterzienserabtei Maulbronn im 12. Jahrhundert und der bernhardinische Klosterplan,* Kiel 1956

119 Hope, J., *Fountains Abbey,* 1900

120 Bilson, J., *The Architecture of the Cistercians in England,* in: *Archeological Journal* 1901

121 Chavanne, J. de, *Le débuts des abbayes cisterciennes dans les anciens pays bourguignonnes,* 1953

122 Horn, W. und Born, E., *The Barns of the Abbey of Beaulieu and its Granges of Great Cuxwell and Beaulieu-St.Leonards,* Berkeley and Los Angeles 1965

123 Ranjard, M., *L'Abbaye de Noirlac,* in: *Monuments historiques de la France* 1957

124 Fontaine, C., *Pontigny, abbaye cistercienne,* 1928

125 Serafini, A., *L'Abbazia di Fossanova e le origini dell'architettura gotica nel Lazio,* Roma 1924

6　カルトゥジオ会修道院

a）概説

126 LE MASSON, *Annales ordinis Cartusiensis,* I. Teil, Correriae 1687, ²Meudon 1898

127 *Maisons de l'ordre des Chartreux,* Montreuil sur Mer 1913

128 VÖLCKERS, O., *Die Klosteranlage der Kartäuser in Deutschland,* in: *Zeitschrift für Bauwesen* 71, 1921

129 BAUMANN, E., *Die Kartäuser,* Münster 1930

130 MÜHLBERG, S. D., *Die Klosteranlage des Kartäuserordens,* ungedr. Diss., Köln 1949

131 MEYER, A. DE et SMET, J. M. DE, *Guigo's 'Consuetudines' van de eerste kartuizers,* Brüssel 1951

b）修道院別各論

132 LE FEBVRE, I. A., *La Chartreuse de Notre-Dame-des-Prés* , a Neuville sous Montreuil-sur-Mer 1881

133 MONGET, C., *La Chartreuse de Dijon,* 3 vols., Montreuil-sur-Mer 1898

134 BAUER, J., *Die ehemalige freie Reichskartause Buxheim,* München 1936

135 BLIGNY, B., *Recueil de plus anciens actes de la Grande-Chartreuse (1086-1196),* Grenoble 1958

136 ARENS, F., *Bau und Ausstattung der Mainzer Kartause, Beiträge zur Geschichte der Stadt Mainz* 17, Mainz 1959

7　托鉢修道会の修道院

a）概説

137 MEYER, J., *Chronica brevis Ordinis Praedicatorum,* Vechta 1927

138 SESSEVALLE, F. DE, *Histoire générale de l'ordre de Saint François,* Paris 1935

139 BENNETT, R. F., *The early Dominicans. Studies in 13th-century Dominican history,* Cambridge 1937

140 WALZ, P. A. M., *Compendium historiae ordinis praedicatorum.* Editio altera recognita et aucta, Romae 1948

141 WAGNER, E., *Historia constitutionum generalium Ordinis Fratrum Minorum,* Romae 1954

142 GRUNDMANN, H., *Religiöse Bewegungen des Mittelalters,* Darmstadt 1961

b）地域別各論

143 Krautheimer, R., *Die Kirchen der Bettelorden in Deutschland,* Köln 1925

144 Konow, H., *Die Baukunst der Bettelorden am Oberrhein,* Diss., Freiburg 1938

145 Fait, I., *Die Bettelordenskirchen zwischen Elbe und Oder,* Diss., Greifswald 1953

146 Thode, H., *Franz von Assisi und die Anfänge der Kunst der Renaissance in Italien,* 1885, [4]Wien 1934

147 Kleinschmidt, B., *Die Basilika San Francesco in Assisi,* Berlin 1915-26

148 Donin, R. K., *Die Bettelordenskirchen in Österreich,* Baden/Wien 1935

149 Frankl, P., Besprechung von Donin: *Die Bettelordenskirchen in Österreich,* in: *Kritische Berichte* Heft 1, 1937

150 Bürger, F., *Die Franziskanerorden in der Schweiz,* 1926

151 Oberst, J., *Die mittelalterliche Architektur der Dominikaner und Franziskaner in der Schweiz,* Zürich-Leipzig 1927

8　第8章で扱った修道院の個別建築史

エスコリアル *El Escorial*

152 Rotondo, *Historia descriptiva, artistica y pintoresca del monasterio del Lorenzo, communamente llamado el Escorial,* Madrid 1856-61

153 Siguenza, F. J. de, *Fundacion del Monasterio de El Escorial,* Neuauflage Madrid (1963)

154 *Centenario de la Fundacion del Monasterio de San Lorenzo el Real el Escorial* 1563-1963, 2. Band

フルーリー（サン・ブノワ・シュール・ロワール） *Fleury à Saint-Bénoit-sur-Loire*

155 Chenesseau, G., *L'abbaye de Fleury à Saint-Bénoit-sur-Loire. Son histoire, ses institutions, ses édifices,* Tours 1931

グロース・コーンブルク *Groß-Komburg*

156 Gradmann, E., *Die Kunst und Altertumsdenkmale im königreich Württemberg,* Inventar 1907

157 Mettler, A., *Die ursprüngliche Bauanlage des Klosters Komburg,* in: *Württembergische Vierteljahrshefte für Landesgeschichte,* Neue Folge 20, 1911

158 Linck, O., *Vom mittelalterlichen Mönchtum und seinen Bauten in Württemberg,* Stuttgart 1953

モン・サン・ミシェル *Mont-Saint-Michel*

159 Corroyer, E., *Description de l'abbaye du Mont Saint Michel et de ses abords,* Paris 1877

160 Gout, P., *Mont Saint Michel,* 2 vols., Paris 1910

161 Besnard, Ch.-H., *Le Mont Saint Michel,* Paris 1912

162 Mauclair, C., *Le Mont Saint Michel,* Grenoble 1931

163 Bazin, G., *Le Mont Saint Michel,* 1938

164 *Millénaire du Mont Saint Michel,* Catalogue de l'exposition, Paris 1966

モンレアーレ *Monreale*

165 Scheppard, C., *The iconography of the cloister of Monreale,* in: *The Art Bulletin* 31, 1949

166 Salvini, R., *Il chiostro di Monreale,* Palermo 1962

オビエド *Oviedo*

167 Selgas, F. de, *El origin de Oviedo,* in: *Boletin de la Sociedad Española de Excursiones* XVI (1908), p. 102-125

168 Manzanares, R. J., *Fragmentos romanicos del monasterio de San Vicente de Oviedo,* Oviedo 1952

169 Chueca, G. F., *Casas Reales en monasterios y conventos españoles,* Madrid 1966

ポブレ（ポブレート） *Poblet*

170 Amador de Los Rios, R., *Burgos. Barcelona (Molina)* 1888. XXVI (España, sus monumentos y artes ... 1884-91)

171 Torres Balbas, L., *Arte Almohade, arte nazari, arte mudejar,* Madrid 1949 (Ars Hispana)

サンタ・マリア・ポンポーサ *Santa Maria Pomposa*

172 Salmi, M., *L'Abbazia di Pomposa,* Roma 1950

ザンクト・パンタレオン *St. Pantaleon*

173 Beseler, H., *Fragen zum ottonischen Kreuzgang des Pantaleonklosters in Köln,* in: *Forschungen zur Kunstgeschichte und christlichen Archäologie,* Bd. 3, Wiesbaden 1957

トゥールニュ *Tournus*

174 Gaudillière, A., in: *Bourgogne Romae,* Paris 1955, S. 27-66

9　バロックの貴族修道院

a）概説

175 Hartig, M., *Bayerns Klöster und ihre Kunstschätze,* Bd.1, München 1913

176 Herrmann, W., *Der hochbarocke Klostertypus,* Diss., Leipzig 1928

177 Lemperle, H., *Oberschwäbische Klosteranlagen der Barockzeit und ihre Beziehung zur Landschaft,* Diss., Frankfurt 1936

178 Kräusel, I., *Die deutschen Klosteranlagen des 17. Jh.,* Diss., Frankfurt am Main 1953

179 Kohlbach, R., *Die Stifte Steiermarks,* Graz 1953

180 *Barock in Oberschwaben,* katalog der Ausstellung, Weingarten 1963

181 Evans, J., *Monastic Architecture in France from the Renaissance to the Revolution,* Cambridge 1964

182 Burrough, T. H. B., *South German Baroque,* London 1965

183 Röhrig, F., *Alte Stifte in Österreich,* Bd.1, Wien-München 1966

b）修道院別各論

アインジーデルン *Einsiedeln*

184 Kuhn, A., *Der jetzige Stiftsbau Maria-Einsiedeln,* Einsiedeln 1913

185 Birchler, L., *Einsiedeln und sein Architekt Br. C. Moosbrugger,* Au 1924

186 ——, *Die Kunstdenkmäler der Schweiz* Bd.1

ケンプテン *Kempten*

187 Rottenkolber, J., *Geschichte des hochfürstlichen Stiftes Kempten,* München 1933

188 Roediger, M., *Die Stiftskirche St. Lorenz in Kempten,* Burg bei Magdeburg 1938

189 Schnell, H., *Die fürstabtliche Residenz in Kempten,* München 1947

190 Petzet, M., *Stadt und Landkreis Kempten,* München 1959

クロスターノイブルク *Klosterneuburg*

191 Scicola, G., *Jacob Prandtauer, Entwurf für das Kloster Klosterneuburg,* in: *Jahrbuch des Stiftes Klosterneuburg* Nf Bd. 1

192 Röhrig, F., *Stift Klosterneuburg, Augustiner-Chorherrenstift,* München/Zürich 1958

メルク *Melk*

193 Kummer, E., *Stift Melk und seine Geschichte,* in: *Katalog der Barockausstellung 'J. Prandtauer und sein Kreis',* Wien 1960

オクセンハウゼン *Ochsenhausen*

194 Schefold, M., *Reichsabtei Ochsenhausen,* Augsburg 1927

195 Schnell, H., *Reichsabtei Ochsenhausen,* Kleiner Kunstführer 304/305, München 1950

オットーボイレン *Ottobeuren*

196 Lieb, N., *Ottobeuren und die Barockarchitektur Ostschwabens,* Diss., München 1931

197 Schnell, H., *Ottobeuren, Kloster und Kirche,* München 1936

198 Lieb, N., *Abt Rupert Ness von Ottobeuren,* in: *Lebensbilder aus dem bayerischen Schwaben,* hrsg. von Freiherr von Pölnitz, Bd. 1 München 1952

199 ——, *Benediktabtei Ottobeuren,* ²München 1954

200 Kolb, Ä. und Tüchle, H. (Hrsg.), *Ottobeuren, Festschrift zur 1200 Jahrfeier,* Augsburg 1964

201 ——, *Benediktinerabtei Ottobeuren,* Ottobeuren 1966

ザンクト・ブラージエン *St. Blasien*

202 Schmieder, L., *Das Benediktinerkloster St. Blasien,* Augsburg 1929

ザンクト・フローリアン *St. Florian*

203 Hollnsteiner, J., *Das Chorherrenstift St. Blasien,* Augsburg 1929

204 Kirchner-Doberer, E., *Stift St. Florian,* Wien 1948

テーゲルンゼー *Tegernsee*

205 Hartig, M., *Die Benediktinerabtei Tegernsee*

フォーラウ *Vorau*

206 Meeraus, R., *Das Chorherrenstift Vorau,* Wien-Augsburg-Köln 1928

207 Fank, P., *Das Chorherrenstift Vorau,* ²Vorau 1959

ヴァインガルテン *Weingarten*

208 Herrmann, W., *Zur Bau- und Künstlergeschichte von Kloster Weingarten,* in: *Münchner Jahrbuch der Bildenden Kunst* NF 3, 1926

209 Drissen, J. H., *Die barockarchitektur der Abtei Weingarten,* Diss., Frankfurt am Main 1928

210 Schnell, H., *Weingarten,* Großer Kunstführer 5, München 1950

211 Raichle, A. und Schneider, P., *Weingarten,* München 1953

212 *Die Kunst und im königreich Württemberg,* Inventar 1907

ヴェッソブルン *Wessobrunn*

213 Hager, G., *Die Bautätigkeit im Kloster Wessobrunn und die Wessobrunner Stukkatoren,* in: *Oberbayerisches Archiv für vaterländische Geschichte* Bd.48 1891

ヴィーブリンゲン *Wiblingen*

214 Feulner, A., *Kloster Wiblingen,* Augsburg 1925
215 Schwenger, H., *Abtei Wiblingen,* München 1930

ツヴィーファルテン *Zwiefalten*

216 Fiechter, E., *Zwiefalten,* Augsburg 1927

10　世俗化と新傾向

a）概説

217 Wolf, A., *Aufhebung der Klöster in Innerösterreich 1782-90,* 1871
218 Erzberger, M., *Die Säkularisation in Württemberg,* 1902
219 Scheglmann, A. M., *Geschichte der Säkularisation im rechtsrheinischen Bayern,* 3 Bde., Regensburg 1903-08
220 Lesne, E., *Histoire de la propriété ecclésiastique en France,* Lille 1910
221 Buholzer, J., *Die Säkularisation katholischer Kirchengüter während des 18. und 19. Jh.,* Luzern 1921
222 Kastner, K., *Die große Säkularisation in Deutschland,* 1926
223 Hughes, P., *The Reformation in England,* 3 Bde., London 1951-54

b）修道院別各論

ラ・トゥーレット *La Tourette*

224 Henze, A., *La Tourette, Le Corbusier's erster Klosterbau,* Starnberg 1963

オルヴァール *Orval*

225 Tilliere, N., *Histoire de l'abbaye d'Orval,* Gembloux 1897, hauptwerk; gek. ^{3}1927

ライナウ *Rheinau*

226 Erb, A., *Das Kloster Rheinau und die helvetische Revolution,* Zürich 1895
227 Boesch, G., *Vom Untergang der Abtei Rheinau,* Zürich 1956

ザンクト・ボニファツ（ミュンヘン） *St. Bonifaz in München*

228 Stubenvoll, B., OSB, *Die basilika und das Benediktinerstift St. Bonifaz in München, Festschrift zum 25 jährigen Jubiläum,* München 1957

［著者］
ヴォルフガング・ブラウンフェルス
Wolfgang Braunfels（1911-1987）
ドイツの文化史家、美術史家。1911年ミュンヘン生まれ。パリにおいてアンリ・フォションの、ボンにおいてE. R. クルティウスの薫陶を受ける。アーヘン工科大学美術史学科、ミュンヘン大学美術史学科の教授を歴任。とりわけ中世イタリアの建築史とカロリング朝時代の文化に明るく、*Mittelalterliche Stadtbaukunst in Toskana* など著書多数。また *Karl der Größe. Lebenswerke und Nachleben,* 4 Bde., 1965-68 などの大冊の編纂にも尽力した。邦訳に『西洋の都市—その歴史と類型』（日高健一郎訳、丸善、1986年）がある。

［訳者］
渡辺 鴻（わたなべ・こう）
1930年生まれ。東京大学文学部美学美術史学科卒。
1990年まで電通在職。2005年まで複数の大学で非常勤講師（一般芸術学、映像論）。
著書に『図説 神聖ローマ帝国の宝冠』（八坂書房、2008年）、訳書にG.ツァハリアス『バレエ 形式と象徴』（美術出版社、1965年）がある。

［図説］西欧の修道院建築

2009年 9月10日 初版第1刷発行

訳　者　渡辺　鴻
発行者　八坂立人
印刷・製本　モリモト印刷(株)

発行所　(株)八坂書房
〒101-0064 東京都千代田区猿楽町1-4-11
TEL.03-3293-7975 FAX.03-3293-7977
URL.: http://www.yasakashobo.co.jp

ISBN 978-4-89694-940-7

関連書籍のご案内

修道院文化史事典

P・ディンツェルバッハー／J・L・ホッグ［編］ 朝倉文市［監訳］

カトリックの主要な修道会について、歴史、霊性等の基本的な情報を的確に整理・網羅し、さらには中世以来の文化史的業績を文学、美術、音楽、教育などの分野別に検証する。豊富な図版をまじえてそれぞれの修道会の特徴をわかりやすく解説した、ヨーロッパ文化の理解に欠かせぬ一冊。

七八〇〇円

中世修道院の世界 ―使徒の模倣者たち

M-H・ヴィケール［著］ 朝倉文市［監訳］

安定と変革を繰り返しつつ発展を遂げた中世ヨーロッパの修道制の軌跡を、「使徒的生活」というモチーフに着目して、コンパクトかつ陰影豊かに捉えた名著。教会史・修道院史の理解に欠かせない貴重な史料、「メッス司教クロデガングの司教座聖堂参事会会則」全訳を併録。

二八〇〇円

［図説］神聖ローマ帝国の宝冠

渡辺 鴻［著］

千年の歴史を誇る「神聖ローマ帝国冠」を、成立にまつわる謎から宝石や図像の配置に秘められた意味まで、あらゆる角度から解説。帝国ゆかりの他の宝冠についても詳述した、ヨーロッパの歴史的王冠の豪華絢爛たるアンソロジー。

五八〇〇円

西欧中世の社会と教会 ―教会史から中世を読む

R・W・サザーン［著］ 上條敏子［訳］

教皇を頂点とした教会諸組織の変容の過程を、社会変動との関わりにおいて鮮やかに浮き彫りにし、教会史に社会史の地平を拓いた刺激あふれる通史。とりわけ修道会各派の盛衰と宗教運動の興隆を描いた後半は圧巻。

四八〇〇円

中世の言語と読者 ―ラテン語から民衆語へ

E・アウエルバッハ［著］ 小竹澄栄［訳］

教養ある読者・聴衆の不在という特異な文化状況のなか、中世のラテン語はどのような変貌を遂げ、最終的にいかにして克服されたか？――不朽の名著『ミメーシス』の補遺との位置づけのもと、渡米後に満を持して筆を起こし、近代語成立前夜までのドラマを鮮やかに描き切った渾身の論集、待望の邦訳。

四八〇〇円

フランスの聖者たち ―古寺巡礼の手帖

渡邊昌美［著］

サン・ドゥニ、モン・サン・ミシェル、コンクなど、中世フランスに栄えた大小の霊場を巡り、聖者崇拝の遺物や記録の背後に見え隠れする信仰と生活の実像を鮮やかに捉えた名著、待望の新版。再刊にあたり図版を一新し、また小説家小川国夫とのサンチャゴ巡礼をめぐる対談を併録。

二八〇〇円

表示価格は本体価格